성공한 독립운동은 흔적이 없다

- 울진이상촌비사사건 -

일러두기

책의 주인 장식 선생은
우리의 역사 속에 숨바꼭질 중인 독립운동가이다.

일대를 살펴보면서 조국의 독립을 위하여 많은 활동을 하였다.
하지만 시작들은 있는데 끝들이 없으니,
있는 흔적조차 흐릿하여 결과를 찾을 수 없다.

한국독립운동사는 보이는 것이 전부가 아닌 까닭으로
비록 늦은 감은 있지만,
다음의 근거를 기준으로
선생의 발자취를 찾아 옮겨본다.

하나. 울진유지들이 헌정한 일선(一仙) 장식의 묘갈문(墓碣文)
둘. 국가기관에 등록된 자료
셋. 신문의 보도 자료
넷. 울진군지 등 지역사의 자료
다섯. 증언 등에 의한 추정되는 합리적 의문과 사실들이다.

이 책을 통하여 그동안 우리가 잊고 있었던
조국 독립을 위한 장식 선생과
울진인의 열정을 확인할 기회가 되었으면 한다.

'한국독립운동사는 보이는 것이 전부가 아니다.'

숨은 독립운동가 | 일선(一仙) 장식(張植) 선생의 울진이야기

성공한 독립운동은 흔적이 없다

- 울진이상촌비사사건 -

장영태 지음

 멘토르

장식 캐리커처(周, 2023.)

| 들어가며 |

누구든 하고픈 일을 하고 싶어 한다.

오랫동안 계획한 일을 할 때도 있지만, 때론 불현듯 생각이 나는 일을 할 때도 있다. 이렇게 불현듯 생각나는 일을 할 때 우린 느낌(feel)이 온다고 하며, 이런 feel이 반복되면 우연히 하는 일조차 나에게 주어지는 숙명인 것처럼 느껴진다.

장식 선생의 일대를 살펴보면서 몇 번의 시행착오와 후회를 하면서도 다시 컴퓨터 앞에 앉아 있는 나를 볼 때면 업보라는 생각에 미친 듯이 자판을 두들겼다.

젊은 시절 동영상을 제작한다고 여러 장의 사진을 두고 한참을 들여다보았더니 사진 속에 그 사람의 향기를 느낄 수 있었다. 그런데 장식 선생의 일대를 펼쳐보면서 당신에게서 나는 향기는 알 수가 없다. 정확히 말하자면 이해되지 않는 것들이 너무나 많다. 무엇이 이토록 한 사람의 정신을 지배하였기에 40여 년을 한 지역에서 처절한 투쟁을 전개하며 삶을 지탱하게 하였을까?

일제강점기에 40여 년을 국내의 한 곳에서 독립운동을 전개했다는 것은 불가사의한 일이다. 물론 가늘고 길게 살며 투쟁할 모양새면 가능한 일일 수도 있지만, 이렇게 살아도 힘든 삶이 일제강점기의 민중들이며 살아 있는 그 자체가 애국자일 것이다.

2006년 국가보훈처의 공훈심의위원회에서 장식 선생의 공훈을 심의할 때 울진군지에 가장 많이 언급되는 사람답게 여러 사건에 연루된 흔적과 배후에 있었던 것은 확인이 되었지만, 결정적인 단서를 찾지 못하였다. 그래서 마지막으로 탐문을 하고자 조사관이 울진에 사는 나이 든 동네 어른들을 찾았다고 한다.

구전(口傳)에 의하면 장식 선생은 2~3일 간격으로 자전거를 타고 온 순경이 집을 감시하고 갔다 하는 특요(特要-특별요시찰) 대상이었다. 이런 이유로 하루를 멀다 하고 사건의 연속인 마을에서 열 가지 중 한 가지만 잘못해도 섭섭한 것이 마을의 인심인데, 하물며 이 당시 어린 나이의 아이들에게 물어본들 무엇을 알고 답할 수 있었을까?

보이는 것만이 전부가 아니며 성공한 독립운동은 흔적을 찾지 못하는 사실이 한국독립운동사의 특징이고 보면, 자손들조차 알 수 없었던 장식의 일대는 탐문으로 확인되지 않는다. 결국 '적극적인 독립운동 공적이 불분명함'으로 결정된 사실을 통보받았다.

이 일화를 언급하는 이유는 장식 선생의 공훈을 심사하는 과정에서 국가보훈처의 잘못을 논하고자 하는 것이 아니라 40여 년을 한 지역에서 치열한 삶을 살면 독립운동을 전개할 수 있었던 장식 선생의 치밀함과 능력에 놀라움을 금치 못하기 때문이다.

지금은 인터넷의 이기로 많은 사실이 밖으로 드러나고 있는 가운데 장식 선생에 대한 합리적 의심이 사실로 밝혀지고 있다. 그렇지만 성공한 독립운동은 흔적이 없다는 책의 부제처럼 그 행적을 찾아 명확히 밝히는 일은 아직도 진행형(ing)이다.

장식 선생은 어린 시절 신민회의 간부였던 스승 주진수 선생을 따라서 만흥학교의 설립에 참여하는 등 일찍부터 국권회복운동에 앞장섰다. 어쩌면 장식 선생 또한 신민회의 회원이었을 가능성이 있음을 훗날 울진의 독립운동사에서 확인된다.

장식 선생의 청년 시절은 신민회 재외독립운동기지 건설의 강원도 대표였던 주진수 선생의 비서로 임명되어 강원도인의 만주 이주를 주도했고, 같은 또래의 젊은 청년들이 신흥강습소의 고급반에서 군사훈련을 받을 때 장식은 이곳의 관계자였다. 주진수 선생이 105인 사건으로 투옥되자 신흥강습소에서 영어 강사를 했던 이시영 선생의 서사(書士)가 되어 독립군 양성에 매진하였고, 가뭄과 흉년 그리고 중국인들의 텃세 등으로 한 끼를 때우기 힘들었던 절박했던 시절에 좁쌀 장수를 하며 이시영 선생을 도왔다.

주진수 선생의 출옥과 함께 독립운동 자금 조성을 위하여 1914년경 고향으로 돌아온 장식 선생은 선일약국을 개점하고, 재외독립운동기지의 안정적인 독립자금 조성을 위해 전력을 다하였다. 이런 와중에 울진의 3·1만세운동을 진두지휘하고, 시대를 앞서 울진청년회를 조직하는 등 민중 계몽운동을 통한 조국의 독립운동에 헌신하였다.

신민회가 그러하였듯이 장식 선생은 교육과 언론에 집중하여 울진강습소와 울진제동학교의 설립을 주도하였으며, 울진제동학교 소년단을 집대성하고 경비를 전액 부담하였다. 그리고 동아일보·시대일보·조선일보 등 울진지국을 운영하며 일제에 대한 항쟁으로 언론을 이용하였다. 또한, 울진청년회의 사상단체 정진회를 이끌며 울진독립운동의 사상 체제를 정립하였으며, 더 나아가 강원도 영동지역 사상단체들의 중심에 있었다.

이렇게 장식 선생이 뿌린 독립운동의 씨앗은 울진청년회에서 시작되어 신간울진지회와 혁명적농민조합으로 전개된다. 이 과정에 울진제동학교 소년단 출신들은 자연스럽게 혁명적농민조합에 참여하며 한국독립운동사에 한 획을 남긴 울진창유계의 주체적인 역할을 담당하였으니, 시대를 앞선 장식 선생의 통찰력은 1930~40년대 울진독립운동의 뿌리가 되었다.

그리고, 조국의 독립을 맞이하게 된 장식 선생은 혼미해진 정신과 피폐한 건강 상태를 무릅쓰고 마지막 사업에 몰두하였다. 마지막 사업으로 스승 주진수 선생의 만흥(晚興)을 세상에 널리 알리고자 노력하였으나, 끝을 보지 못하고 1957년에 세상을 떠난다.

장식 선생의 일대 중에서 특히 관심이 집중되는 내용은 주진수와 황만영 선생이 주도한 고려혁명당의 활동 자금으로 추정되는 군자금의 조성에 있다. 이를 위하여 장식 선생은 강원도 전체의 신간회 설립에 적극적으로 개입하였고, 신간울진지회(新幹蔚珍支會)의 설립과 울진이상촌사업(蔚珍理想村事業)을 시행하여 독립운동자금의 조성을 위해 전력을 다한 사실이다.

하지만 울진이상촌사업이 종료된 2년 뒤 관련자 10명은 강릉검찰국에 구속수사를 받은 후 11개월 뒤 면소 판결이 결정된 사실을 역사는 혐의가 없었던 것으로 기록하며, 이상촌 건설을 위한 농촌 계몽운동으로 오판하였다. 이는 울진이상촌비사의 진실을 제대로 확인하지 못한 결과였음이 지금에서야 조금씩 드러나고 있다.

사람들은 대부분 인생의 중요한 활동에서 변환점을 갖는다. 그렇다면 장식 선생에게서 독립운동에 대한 변환점은 크게 세 번에 걸쳐 찾아왔음이 확인된다. 첫 번째는 이시영과 함께했던 신흥강습소 시절의 절박한 상황은 의기만으로 조국의 독립은 찾을 수 없다는 교훈을 얻었다. 이는 안정적인 군자금의 조성이 얼마나 중요한가를 뼈저리게 느끼게 한 경험으로 훗날 울진독립운동의 정체성을 확인하게 되는 이유가 되었다.

두 번째는 울진이상촌비사로 강릉검찰국에서 구속수사를 받은 11개월 동안 스승 주진수를 비롯한 동토의 동지들에게 군자금을 지원하지 못한 사실에 대한 깊은 좌절과 반성이었다. 그리고 울진인들은 비밀을 무덤까지 가지고 갔으니 지금도 숨바꼭질 중이다.

세 번째는 1936년의 슬픔은 한 사람으로 감당할 수 없는 시련이었다. 부친과 아들 그리고 스승을 한 해에 함께 떠나보낸 사실은 슬픔이 모여 아픔이 되고 아픔은 병이 되었지만, 일제는 이에 아랑곳하지 않고 더욱더 가혹하게 탄압하였다. 하지만 군자금 조성과 조국의 독립을 위한 활동은 멈출 수 없는 일이었기에 방법의 전환을 통하여 밖으로 드러내지 않으며 염화시중(拈花示衆)의 이심전심(以心傳心)으로 실질적인 울진독립운동의 정신적 지주가 되었다. 이런 와중에도 장식 선생은 자신의 안위를 위해 민중들을 선동하고 강요하지 않았다.

장식(張植)의 독립운동(獨立運動) 이야기는 대부분 울진이라는 지역적 한계를 벗어나지 못하고 있어 사료적 가치가 빈약한 듯 보이지만, 일제강점기(日帝强占期)의 시대적 상황을 고려하면 이런 한계는 오히려 더 높이 평가받아야 할 사실들이다.

그렇다면 40여 년의 긴 세월을 일제의 간섭과 감시 속에서 살아남을 수 있었던 힘의 원천은 무엇인가?

이 힘의 원천을 찾아보는 것은 장식 선생을 비롯한 울진인의 숭고한 정신을 이해하고 후손들에게 물려주어야 할 우리들의 책무일 것이다. 장식 선생의 일대를 정리하면서 1930~40년대 울진독립운동사가 모래알같이 산만했던 사실에 대한 이유를 이제야 찾은 듯하다. 그동안 장식 선생에 대한 잘못된 평가는 역사가 제대로 된 사실을 기억하지 못하였거나, 독립된 조국의 시대적 상황이 기록하는 것을 주저하게 하였을 것이다.

장식 선생의 일대를 살펴보면 울진의 독립운동사는 다른 지역과 달리 독특한 특징이 있었다. 1930년대의 국내 상황이 그러했듯 대부분 지역이 사회주의 사상으로 팽배했던 시절이었다. 그런데 울진은 민족주의 운동을 바탕으로 사회주의운동을 전개한 사실은 한국독립운동사에서 주목받았지만, 구체적인 조사와 연구가 미흡하였다. 다행하게도 장식 선생의 일대에서 작게나마 이유가 확인되고 있어 책 속에서 함께 찾았으면 한다.

울진이상촌비사에 연루된 10명은 '성공한 독립운동은 흔적이 없다'는 이 책의 제목처럼 우리가 찾아야 할 숨겨진 독립운동가들일 것이다. 면소 판결된 사실이 혐의가 없음이 아닌 이유로 이들의 숭고한 정신이 폄하되지 말아야 한다.

끝으로 울진독립운동사의 연구에 함께 고민해 주신 많은 이들과 책의 출판을 위해 관심과 지도를 아끼지 않은 김진문 울진학연구소장과 장국중 울진장씨대종회장 그리고 어둠 속에서 용기를 갖게 해준 출판사 ㈜멘토르 정연금 대표께 먼저 감사를 드린다.

이 책을 통하여 '임금은 울진을 버렸어도 울진은 나라가 위급할 때마다 분연히 일어나 충의(忠義)를 지켜왔던 이들의 땀과 진정성'이 올바른 평가를 받을 수 있기를 소원하며 이 땅 위에 살아있는 우리에게 기억되었으면 한다.

| 차례 |

5 _ 들어가며

【제1장】전국구 장식은 울진(蔚珍)에 없다

17 _ 1. 어쩌다가 이런 일이! 숨겨진 독립운동가 장식 선생

21 _ 2. 숨바꼭질 중인 장식의 한국독립운동사

【제2장】피는 물보다 진한 울진장씨 고산성파다

27 _ 1. 집안 내력(來歷)은 에너지고 책무이니 피는 못 속인다

31 _ 2. 피는 물보다 진하다

【제3장】물보다 진한 왕피천은 내앞마을로 거슬러 올랐다

45 _ 1. 왕피천의 뜨거운 피는 1%의 영감을 깨운다

48 _ 2. 피는 물보다 진하지만 구슬이 서말이라도 꿰어야 보배다

【제4장】독립운동의 서막 - 자신(自新)하다

59 _ 1. 자신(自新)은 나 스스로 이기는 힘을 기르는 것

73 _ 2. 신교육(新教育)의 실력양성은 나라의 병을 고친다

만주로의 이주 – 꿈은 꾸는 자의 몫이다 【제5장】
1. 제자야! 너는 역시 계획이 다 있구나 _ 85
2. 의기만으로 조국의 독립은 오지 않는다 _ 93

울진독립운동의 초석(礎石)을 다시 세우다 【제6장】
1. 약(藥)은 사람의 병뿐만 아니라 나라의 병도 고친다 _ 103
2. 울진의 3·1만세운동 대신 가슴팍 시린 이국만리의 동지들을 택했다 _ 112
3. 조국독립의 주체는 민중이며, 그 중심에 청년이어야 한다 _ 122

문화(文化)는 금옥패서(金玉敗絮)의 이간질이다 【제7장】
1. 문회는 빛 좋은 개실구의 이간질이나 _ 131
2. 양질호피에 실력 양성의 교육을 더 한다 _ 139

신간울진지회는 백두대간을 넘어 동해를 품다 【제8장】
1. 조국의 독립에 너와 내가 따로 없다 _ 159
2. 백두대간을 소통하며 신간회 설립을 이끌다 _ 162
3. 선일약국에서 피어오른 연기는 망향대를 감싸고 동해를 품었다 _ 170
4. 신간울진지회는 역사(歷史)의 주인(主人)이었다 _ 181

【제9장】보이는 것이 전부가 아니다. - 울진이상촌비사사건

187 _ 1. 독립운동은 보이는 것만이 전부가 아니다

195 _ 2. 성공한 독립운동은 흔적을 찾기 어렵다

210 _ 3. 기획부동산 ′The 담덕′을 고발하다

217 _ 4. 약속의 땅인가 만남의 땅인가 -′금화′

218 _ 5. 못다 한 ′The 담덕′의 아우성

【제10장】슬픔이 모이면 아픔으로 병이 된다

233 _ 1. 또 다른 이야기 하나 - 병의 시작은 이별이다

237 _ 2. 영글다 만 꽃은 그릇의 크기를 알 수 없다

244 _ 3. 또 다른 이야기 둘 - 슬픔이 모이면 병이 된다

【제11장】누군가는 독립의 종을 울려야 한다

251 _ 1. 독립운동은 보이는 것이 전부가 아니다

252 _ 2. Made In Japan의 불온 분자들의 온상 '울진(蔚珍)'

254 _ 3. 강산은 변해도 변하지 않은 특별요시찰인 '장식(張植)'

255 _ 4. 변절인가 내일의 종을 울리기 위한 '안배'인가?

259 _ 5. 스승에게 배운 통찰력은 '강단을 거부하다'

261 _ 6. 목숨을 건 연극은 현실이 되다

264 _ 7. 전국구 장식은 이름뿐이었다

【제12장】사이불사애국지혼(死而不死愛國之魂)을 제(祭)하다

269 _ 1. 착함은 복으로 돌아오니 뜰 안에 자손이 가득하다

271 _ 2. 사이불사애국지혼(死而不死愛國之魂)을 제(祭)하다

나가기 【부록】 _ 275

1. 울진장씨 중랑장공파 계열 고산성파 세계도 _ 276
蔚珍張氏 中郎將公派 系列 古山城派 世系圖

2. 장식 이력서(張植 履歷書) _ 278

3. 만흥학교 출신 관계자 및 (졸업)수학생 명단 _ 286

4. 신간울진지회 임원 명단 _ 288

5. 신간울진지회·혁명적농민조합·창유계 관련자 명단 _ 290

6. 찾아보기 _ 293

7. 영감(靈感)을 확인하게 한 책과 자료들 _ 300

8. 못다 한 한 장의 사진 속 이야기 _ 302

일선공(一仙公) 장식(張植) 선생(1941년-당 51세, 고산성파 - 단체 사진 캡처)

제 1 장

전국구 장식(張植)은 울진(蔚珍)에 없다

1. 어쩌다가 이런 일이! 숨겨진 독립운동가 장식 선생... 17

　하나. 1962년 행정구역 개편에 따른 역사의 단절이다... 18

　　둘. 우리들의 역사를 지키지 못한 노력의 부족이다... 19

2. 숨바꼭질 중인 장식의 한국독립운동사... 21

　하나. 장식의 주위는 흔적들이 보이지 않는다... 21

　　둘. 선일약국의 정체성이다... 22

　셋. 초록은 동색이니 스승 주진수의 영향을 가장 많이 받는다... 22

넷. 주진수와 함께했던 시간은 울진독립운동사가 아닌 한국독립운동사이다... 23

四吾堂各題(사오당각제) 1. 耕吾田(경오전)[1]

나의 밭을 갈다.

장만시 글, 전광홍 譯

鞭牛靑驍理荒田	맑은 새벽 소를 몰아 황전(荒田)[2]을 갈자니
朝露溥溥草似烟	이슬이 너무 많아 풀이 연기로 보이네
漠漠春疇歌犢鼻	봄 밭에서 소 쫓은 노래 흥얼대다 보니
卻忘斜日掛山巓	해가 서산머리에 걸린 줄도 몰랐네.

【ima-1.】 밭갈이 - 네이버 발췌

---

1) 장식의 7대조 장만시(張萬始, 1696~1769.)는 청파문집 5권을 남겼고, 울진문화원은 장만시의 시문을 정리하여 「청파유고」에 수록하였다. 청파유고 실린 장만시의 시편 중 '사오당'을 소재로 하여 시문의 주제에 따라 작성한 '사오당각제(四吾堂各題)'를 덕초 전광홍의 역(譯)으로 한편씩 옮겨봄.
2) 황전(荒田): 농사를 짓지 않은 황폐한 땅을 말함.

1. 어쩌다가 이런 일이! 숨겨진 독립운동가 장식 선생

울진의 독립운동사에 가장 많이 등장하는 인물은 일선(一仙) 장식(張植) 선생이다. 그동안 장식 선생의 행적을 찾기가 매우 힘들었지만, 지금은 인터넷이란 문명의 이기는 찾지 못한 많은 자료를 우리에게 보여주고 있다.

【사진 1-1】張植 - 한국 근현대 인물 자료(국사편찬위원회)3)

국사편찬위원회의 한국 근현대사 자료관에 등재된 '장식(張植)'4) 선생은 당당한 '울진인(蔚珍人)'으로, 해당 자료관 인물편의 울진인은 '주진수, 황만영, 장식, 최익한, 전영경' 정도다.5)

그런데 울진 문화콘텐츠6)들의 주요 키워드에 장식 선생은 없다.

어쩌다 이런 일이! 울진에 있어야 할 사람이 전국에는 있고, 울진에 없는 이유는 무슨 까닭일까?

그래서 아래의 다른 키워드로 검색하였더니 다음과 같이 해당 검색어의 붙임 내용으로 나온다.

하나. 독립유공자 장호명(張祜明)의 부(父)

둘. 울진청년회의 간부로 활동

셋. 선일약국과 신간울진지회의 간부로 활동

넷. 울진 3·1만세운동 시 독립선언문의 전달자로 확인된다.

---

3) 장식(張植), 한국사 데이터베이스, 한국 근현대사 인물편(국사편찬위원회, 웹사이트:db.history.go.kr)
4) 장식(張植, 1890~1957.), 울진 근남면 내앞마을의 숨겨진 독립운동가, 반드시 한자어 '張植'으로 검색해야 함. 국사편찬위원회의 출생 연도가 1889년 기축(己丑)생이지만, 족보에는 1890년 경인(庚寅)생임.
5) 해당 인물편의 울진인 현황은 본 조사의 시작인 2021년을 기준으로 하며, 2022년도의 해당 자료관에 탑재된 울진인은 다수가 늘어났음.
6) 울진콘텐츠는 주로 울진군지(2001.과 2022.)와 디지털울진문화대전 등을 주로 참조함.

언젠가 봉화에서 울진으로 들어오는 초입에 '충절의 고향 울진'이라는 표지석이 세워져 있었다. 울진은 진정 충절의 고장인가? 한때 나라는 울진을 버렸어도 울진의 마음은 늘 변함이 없었다. 울진인은 이성계의 역성혁명에 반대하고 고려에 충성했다는 이유로 과거시험과 등용에서 제한시켰던 조선이다. 하지만 울진은 나라가 힘들 때마다 의연히 일어나 조국을 지켜 왔다.

특히, 한국 근현대사의 울진은 어느 고장보다 주체적으로 조국의 독립을 위해 치열한 삶을 살아 온 곳이다. 한 예로 신흥무관학교로 잘 알려진 서간도 독립운동기지의 강원도인은 울진인을 지칭[7]할 정도로 이들의 나라 사랑은 남달랐다.

보라! 북로군정서 여단장 최해[8]는 신민회의 만주 이주비 100원이 없어 주진수[9] 선생(이하 주진수라 함)의 만주 이주에 함께 하지 못한다. 결혼 2개월의 아내를 설득하여 둘은 죽변항에서 작은 배를 타고 원산을 거쳐 육로로 서간도의 류하현을 찾았다. 그리고 신흥무관학교를 졸업하고 북로군정서에서 여단장을 맡으며 독립운동을 전개한 의기가 넘치는 울진인(蔚珍人)이다.

하지만, 울진은 항상 그래왔던 것처럼 한국의 근현대사에서도 소외가 되었는데 굳이 또 다른 이유를 찾는다면,

하나. 1962년 행정구역 개편에 따른 역사의 단절이다

이 당시 울진은 다른 군(郡)들보다 활발한 독립운동을 하였음에도 강원도에서 경상도로 시집을 보낸 자식처럼 남남이다. 2017년 강원도청이 발간한 강원도사[10]를 살펴보면 타군에 비하여 울진군의 내용과 조사가 미흡했다는 사실을 알 수 있다. 그렇다고 경상북도의 독립운동사에서도 울진군은 당시의 강원도로 별반 다를 것이 없는 관심 밖이다.

울진은 격동하는 근현대사의 시대적 환경 속에서 중심을 잃고 역사의 변방에서 머물며, 눈에 보이는 직관적인 사실에 안주하여 연구와 고찰이 부족하였다. 그 대표적인 사례가 울진이상촌비사사건(蔚珍理想村秘社事件)에 참여한 영양의 조훈석이다.

---

7) 백운선생실록, 18쪽(전영경, 1959.)
8) 최해(1895~1948.)는 울진 매화면 덕신리 출신으로 신흥무관학교를 졸업하고 북로군정서의 여단장을 역임했고, 건국훈장 독립장(1977.)에 추서됨. 최해는 만흥학교와 대흥학교의 출신으로 보이지 않으며, 주진수·황만영과 함께 서간도 이주에 함께 하지 못한 이유는 이주비 100원을 낼 수 없었던 것으로 추정됨.
9) 주진수(1875~1936.)의 호(號)는 백운(白雲), 울진군 죽변면 후정리 출신 독립운동가. 신민회 강원도 대표와 만흥학교(울진 매화면 소재)의 대표 설립자. 만주 신흥학교 설립에 참여하는 등 만주 방면 독립운동가로 대통령 표창(1968.)과 건국훈장 애국장(1991.)에 추서됨. 이 글의 주인 장식은 주진수의 제자이자 비서임.
10) 강원도사(강원도, 2017.)

조훈석은 1926년 6월경 영양에서 울진으로 와 울진청년회에 가입하였고, 울진청년회를 대표하여 강원도 청년연맹에서도 활동하였다. 그리고 신간울진지회의 발기인과 초대 정치문화부 총무간사를 역임하였고, 울진이상촌비사에 가담한 후 사업이 종료되자 1930년 10월경 영양으로 돌아갔다.

그런데 이런 조훈석을 울진역사는 이름을 오기할 정도로 자료의 검증이 부족하였다. 이는 강원도의 울진과 경상북도의 영양이 서로 다른 행정구역으로 생긴 역사의 단절을 설명하는 대표적인 사례이다.

둘. 우리들의 역사를 지키지 못한 노력의 부족이다

울진인들이 한국의 근현대사에서 소외된 또 다른 이유는 역사의 중심에 있었음에도 연구와 고찰이 부족한 사실이 원인이 된다.

신민회의 재외독립운동기지 건설의 강원도 책임자인 주진수와 안동의 유학자들과 함께한 황만영[11] 선생(이하 황만영이라 함)은 현재 아주 핫(hot, 뜨거운)한 이회영 일가(一家)의 만주행 이주 이야기에 묻혀버렸고, 최익한[12] 선생(이하 최익한이라 함)은 사회주의 사상과 광복 이후의 이력으로 조사와 연구는 금기(禁忌)되는 분위기였다.

최근 울진군에서도 많은 관심을 가지고 울진독립운동사를 재조명하려는 의지를 보여주고 있지만, 전시 효과에 치중한 느낌이다. 그 대표적인 사례가 황만영의 생가 복원 사업이다. 황만영의 생가 복원 이전에 당신이 남긴 한국독립운동사의 발자취를 더 고찰하고 연구해야 했다. 아직도 일부 자료에 황만영은 신간울산회장으로 나온다.

황만영은 1925년 5월에 이상룡을 모시고 상해로 갔다. 이상룡이 임시정부의 초대 국무령을 3개월 만에 사임하고 만주로 돌아올 때, 황만영은 상해임시정부에서 요직을 주겠다는 권유를 뿌리치고 이상룡을 수행하였다. 그리고 그해의 8월에 군자금 확보를 위해 고향으로 잠입하여 울진에서 갖고 간 독립자금이 10만원 이었다. 10만원에 대한 출처를 아직 밝히지 못하고 있지만, 황만영이 울진에 머물렀던 기간에 장식 선생(이하 상식이라 함)이 주도한 울진이상촌비사사건과 신간울진지회(新幹蔚珍支會)의 설립 등 여러 사건이 울진에서 일어났다.

---

11) 황만영(黃萬英, 1875~1939.)의 호(號)는 국오(菊塢)이며, 울진인으로 울진 사동 대흥학교 설립자임. 만주 방면 독립운동가로 신흥강습소에서 재정을 담당하였고, 대한민국 상해임시정부에 참가했으며, 신간울진지회의 초대 회장을 역임함. 1995년 건국훈장 애족장에 추서됨.

12) 최익한(崔益翰, 1897~미상)의 호(號)는 창해(滄海)이며, 울진출생의 사회주의 운동가. 영남학파 곽종석에게 한학을 수학한 후 서울의 중동학교를 졸업하고, 기독청년회(YMCA)에서 영문학을 수학함. 1924년까지 상해임시정부 군자금 모금 이유로 복역 이후 일본 와세다 대학 정경부를 졸업함. 1927년 조선공산당에 입당하여 간부로 활동하였으며, 광복 후 김일성대학에서 교수를 역임함. 저서로는 '실학파 정다산' 등이 있음.

이제라도 울진의 독립운동사를 체계적인 연구를 통하여 울진인들이 한국독립운동사에 끼친 노력을 밝혀야 한다. 지금처럼 울진독립운동사의 주요 키워드인 장식은 울진에 없고, 주진수·황만영과 함께 안동의 독립운동사에서 쉽게 찾게 되는 부조화를 떨쳐 내야만 한다.

조용한 울진(蔚珍)이다.
그래서 안타까움에 가슴이 아프다.

이제라도 진정한 울진의 정체성을 찾을 중요한 몇 가지는 체계적이고 총체적인 연구가 선행되어야 한다. 이는 한국 근현대사의 독립운동사는 **'보이는 것이 전부가 아니기 때문이다.'**

【사진 1-2】장식(張植) 선생의 생가(2023. 송죽)

2. 숨바꼭질 중인 장식의 한국독립운동사

장식(張植)의 일대(一代)를 살펴보면서 선입견으로 조사할 수 없지만, 어찌 동기가 없이 연구를 할 수 있겠는가? 장식은 필자의 증조부가 된다. 어려서부터 전해 듣고 보아온 일부 자료들에 대한 의구심과 합리적인 의심이 당신의 발자취를 따라가면서 자료들을 찾다 보니 뒤늦게나마 진실을 조금씩 보게 되었다.

이런 안타까움은 장식의 행적을 찾아가면서 무슨 이유로 한국독립운동사에서 숨겨져 있었던 것일까? 후손이라는 이유를 뒤로 하고 가능한 객관적인 사실을 중심으로 살펴보도록 한다.

먼저 장식이 한국독립운동사에서 숨겨져 있었던 이유를 다음과 같은 추정할 수 있다.

하나. 장식의 주위는 흔적들이 보이지 않는다

장식과 주진수, 장식과 성재 이시영[13] 선생(이하 '이시영'이라 함)에 대한 기록을 찾기 어렵다. 주진수의 중년 초상을 찾아보려 하지만 없는 사진을 어떻게 찾는단 말인가? 정말 없는 것일까? 또한, 이시영의 일대기(一代記)에서 유독 신흥강습소[14]의 기록이 없는 사실을 역사학자들은 궁금증을 갖고 있다.[15]

이시영은 이회영[16]의 동생으로 신흥강습소를 함께 만든 최대의 주주임에도 불구하고 이때의 행적들은 다른 시기들에 비하여 미미하다. 장식의 이력서[17]에 의하면 이때 신흥강습소에서 이시영의 서사(書士)로 좁쌀 장사하며 독립군 양성에 전념했다고 한다.[18] 장식이 참모로 있던 시절 함께한 독립운동가들 행적들도 찾을 수 없는 공통분모가 있다.

---

13) 이시영(1869~1953.)의 호(號)는 성재(省齋)이며, 형인 이회영과 함께 신흥강습소 설립에 참여하고 대한민국임시정부 국무위원과 대한민국 초대 부통령을 역임. 건국훈장 대한민국장(1949.) 추서됨. 이시영이 신흥강습소 영어 강사 시절에 장식이 서사를 했다고 함. 서사는 오선지 위에 알파벳을 적어 주던 이른바 필경을 말하며, 성재가 영어 강사를 했다는 기록 또한 장식의 이력서에서만 확인되는 독립운동가임.
14) 신흥강습소는 1911년 6월 10일 신민회의 재외독립운동기지 건설 계획에 의해 만주 지린성 류하현 삼원보에 처음으로 세운 학교이며, 이후 신흥중학교와 신흥무관학교로 발전함.
15) 신흥무관학교와 이시영의 독립운동. 16쪽(성재 이시영 선생 60주기 추모학술회의. 김병기, 2013.)
16) 이회영(1867~1932.)의 호(號)는 우당(友堂)으로 이시영의 넷째 형. 만주 신흥학교의 설립자이자 만주 독립운동 기지 건설의 중심인물로 아나키스트 운동가임. 건국훈장 독립장(1962.)에 추서가 됨.
17) 장학중(1935~2010.)의 호(號)는 석소(石笑)와 촉암(燭巖)을 사용한 장식의 장손으로 부친이 일찍 세상을 떠나 조부와 함께 생활한 까닭에 장식의 이력서를 자세히 작성할 수 있었음(2006년 보훈처에 제출한 자료임)
18) 백운선생실록(전영경, 1959.)과 장식의 이력서(장학중, 2006.)

둘. 선일약국의 정체성이다

선일약국(仙一藥局)은 약국인가 아니면 동네의 사랑방인가? 선일약국은 이 당시 울진 북부지역에서 양약을 팔 수 있었던 유일한 판매처로써 약종상 면허를 갖고 한약까지 조제 했던 약국이었다. 그리고, 약국 내에 동아일보와 시대일보 및 조선일보의 울진지국 사무실을 함께 두어 기자들이 모여들었으니 울진의 사랑방 역할을 톡톡히 하였다.

그런데 선일약국이 독립운동 자금의 공급처였다면 그토록 오랜 시간을 운영할 수 없었을 것이 일반적인 판단이다. 반대로 독립운동의 공급처로 오랜 시간 동안 유지하였다면 이 힘의 원천은 무엇이었는지 알아볼 필요가 있다. 자손들조차 선일약국이 일선(一仙) 장식의 호(號)를 거꾸로 한 이름의 약국임을 알지 못했으니, 이 어처구니없는 사실을 누구에게 말하겠는가?

시간이 흘러 생각들이 바뀌고 그동안 알지 못했던 일부의 사실들이 밝혀지면서 선일약국과 함께 장식의 진면목(眞面目)이 세상 밖으로 모습을 드러내고 있다. 작은 시작이지만 선일약국이 독립기념관의 국가수호사적지로 조명을 받고 있다니 그나마 다행한 일이다.

셋. 초록은 동색이니 스승 주진수의 영향을 가장 많이 받는다

장식은 주진수의 미러급[19] 복사판으로 신민회(新民會)의 정신과 맥을 같이 하는 주진수의 사상과 철학을 그대로 이어받았다. 주진수는 대한제국의 시기에 국권 회복을 위한 애국 계몽운동가로 활동하였고, 만주로의 이주 후 민족주의를 바탕으로 서간도 신흥무관학교 설립과 상해임시정부에서 간부로 활동하였다.

그리고, 러시아를 중심으로 민족운동을 전개하면서 1926년경 정의부의 민족유일당 운동에 참여하여 좌우의 합작을 통한 조국의 독립에 노력하였으나, 시대적 조류인 독립운동을 이념적 운동으로 승화시키려는 좌경화의 경향에 함께 했다.

이렇게 결성된 고려혁명당은 결국 내부의 분열과 일제의 집요한 탄압으로 해체되었으며, 이런 일련의 과정은 국내에 있는 장식에게 투영되어 민족주의와 사회주의를 넘나들며 조국 독립을 위한 운동을 전개하게 된다. 고려혁명당을 일제는 '현 사유재산제도를 부인하며 조선 독립을 위한 결사'로 규정한 사실은 장식의 울진이상촌비사와 닮은꼴이며, 대한정의부의 민족유일당 운동은 장식이 주도한 강원도의 신간회 설립과 같은 모양새다.

주진수의 사상과 철학을 이어받은 장식은 신민회의 정신을 근간으로 하여 울진의 독립운동을 전개하였다. 하지만 1920~30년대에 팽배했던 사회주의 경향은 울진에서 독립운동을 주도한 장식을 공산주의를 포지(抱持)한 사회운동가로 분류되어 광복 이후 정부로부터 제대로 된 평가를 받지 못했다.

---

19) 미러급이란 '거울에 비친 듯 같다'는 뜻으로 진품과 같은 최고의 모조품을 말함.

그런데 울진의 독립운동사는 다른 고장과 다른 독특한 특징이 있음을 여러 연구 자료에서 조사되고 있으며, 그 중심에 장식이 있었음이 확인되고 있다. 따라서 울진독립운동사를 체계적이고 심층적으로 연구하여 장식을 비롯한 울진인들의 진면목(眞面目)을 찾아내어 제대로 된 평가가 이루어져야 한다.

넷. 주진수와 함께 한 시간은 울진독립운동사가 아닌 한국독립운동사이다

앞에서 살펴본 바와 같이 1911년경 류하현에서 강원도 사람을 일컫는 말은 울진인을 지칭할 정도로 많은 사람이 이주하여 울진인의 위상은 대단하였으며, 그 중심에 주진수와 황만영 그리고, 장식이 있었다.

그동안 만주 독립운동기지에서 울진인들의 활동들은 지역 중심의 울진군지(蔚珍郡誌)와 증언 등으로 사료의 가치가 부족하였다. 하지만, 이상룡을 중심으로 안동 문화권의 독립운동사가 재조명되면서 울진에 대한 자료들이 함께 드러나고 있다. 특히, 장식의 경우 그동안 만주에 있는 기록들은 울진군지와 일부 울진의 자료에서만 확인되어 사료의 가치가 지역적 한계를 벗어나지 못하였다. 그러나, 안동 문화권의 독립운동사에서 장식이 만주에 있었던 사실이 확인되어 울진의 자료들이 사실임이 증명되었다. 따라서 장식의 묘갈문과 울진군지를 중심으로 울진독립운동사를 재조명하고, 한국독립운동사에서 장식에 대한 올바른 역사적 평가를 위하여 다음과 같은 순서에 따라 살펴보도록 한다.

      하나. 울진유지들이 헌정한 일선공의 묘갈문
        둘. 국가기관에 등록된 자료 등,
        셋. 신문의 보도 자료 등,
        넷. 울진군지 등 기록 자료 등,
      다섯. 증언에 의한 추정되는 합리적 의문과 사실 등

한국독립운동사는 보이는 것이 전부가 아니다. 그들의 처절했던 희생을 생각하면 그동안 찾지 못한 역사적 사실들을 찾아 밝힘에 주저하지 말아야 한다.

그동안 숨겨진 독립운동가인 일선 장식의 일대를 중심으로 우리의 주위에 아직도 숨바꼭질 중인 독립운동가를 찾아야 한다. 어쩌면 울진이상촌비사사건의 울진인들이 그들일 수 있다.

그래서 장식의 일대와 함께 숨겨진 울진의 독립운동사를 고찰해 보고자 한다.

【한사이 1.】 일선공(一仙公) 장식(張植) 선생의 묘 - 행곡리 금산(송죽, 2020.)[20]

---

20) **한** 장의 **사**진 속 **이**야기 1. - 한 장의 사진이 담은 이야기의 시작은 장식 선생의 묘갈문에서 출발한다. 사진 속의 무덤은 일선공 장식 선생의 묘이며, 묘 앞에 있는 비석은 자손들이 여럿 있었어도 여력이 없어 비석을 세우지 못하였다. 하지만 이를 안타깝게 여긴 울진의 유지들이 십시일반 모금하여 묘비를 세우고 헌정했으니, 이 글의 줄거리가 되는 묘갈문은 이 비석에 새겨진 비문이다. 앞의 좌대와 둘레석은 후손들이 나중에 정비하였음.

제 2 장
피는 물보다 진한 울진장씨 고산성파다

1. 집안 내력(來歷)은 에너지고 책무이니 피는 못 속인다... 27
    하나. 묘비는 세월의 풍파에도 변함이 없다... 27
    둘. 짱짱한 내앞마을은 울진에도 있다... 28

2. 피는 물보다 진하다... 31
하나. 무인들이 즐비한 울진의 인물사에 문성(文成)이란 시호를 받은 이가 있다... 31
    둘. 자연인 장만시(張萬始)는 뼛속까지 선비였다... 33
    셋. 효(孝)는 실천(實踐)이며, 선행(善行)은 효(孝)에서 시작된다... 36
    넷. 작은 것도 소중히 여기는 가풍(家風)은 역사(歷史)가 되었다... 38

四吾堂各題(사오당각제) 2. **飲吾天**(음오천)21)

나의 샘물을 마시다.

장만시 글, 전광홍 譯

一念長懷十九泉	오직 일념(一念)으로 십구천(十九泉)22)을 생각하니
濛濛流出碧山邊	끝없이 푸른 산을 감돌아 흐르네
有時掬飲淸塵慮	때때로 움켜 마시며 정신이 맑아지는 것은
活水源頭儘淡然	활수(活水)의 원천(源泉)이 담연(淡然)23)하기 때문이다.

【ima-2.】 우물샘 - 네이버 발췌

---

21) 장식의 7대조 장만시(張萬始), 1696~1769.)의 청파유고 실린 '사오당각제(四吾堂各題)'의 두 번째 시편으로 덕초 전광홍의 역(譯)으로 옮겨봄.
22) 십구천(十九泉) - 차의 대가인 당나라 '육우'가 품평했다는 최고의 샘물로 불교에서 신성시하는 세계임.
23) 담연(淡然) - 담연 하다(욕심이 없고, 깨끗하다)

1. 집안 내력(來歷)은 에너지고 책무이니 피는 못 속인다

하나. 묘비는 세월의 풍파에도 변함이 없다

일선공(一仙公) 장식(張植) 선생의 묘비는 자손들이 세울 여력이 없어 울진의 유지들이 헌정(獻呈)하였다. 울진군지(蔚珍郡誌)의 자료에 의하면 '1957년 4월 1일에 별세하니 향리의 여론은 더 많은 업적이 있다 하며, 울진유지 일동이 묘비(墓碑)를 세우고 추모하였다.[24]'라고 전한다.

묘갈문은 무덤 앞의 비석에 새기는 글이다. 죽은 사람의 신분, 성명, 자손, 출생일, 사망일 등 기본적인 사항을 먼저 기록하다 보니 행적은 공간의 제약으로 내용을 함축하여 새기게 된다. 물론 기록할 내용이 많은 경우 한하며, 한자와 한글의 기록 공간은 확연하게 차이가 있어 한 사람의 일대(一代)를 한자(漢字)로 기록하면 의외로 공간을 채우기가 쉽지 않다.

숨겨진 독립운동가 장식 선생(이하 장식이라 함)에게 있어 묘갈문(墓碣文)은 행적을 찾는 중요한 단서이다. 하지만, 울진의 독립운동사에 이름이 가장 많이 나오는 인물답게 여러 사건이 간결한 내용으로 기록되어 있어 자세한 내용을 살펴보지 못하는 아쉬움이 있다. 전해 오는 이야기에 의하면 울진과 외지의 많은 인사들이 장식의 사망 소식을 듣고 비통한 심정을 시문(詩文) 등으로 보내왔다고 한다. 이 자료를 행곡 자택에 보관해 두었는데 집을 무상으로 빌린 세입자가 방의 문풍지 등으로 사용했다고 한다. 자손이 거주하지 못한 이유로 다른 자료들 또한 소실되었다 하니 이 얼마나 안타까운 일인가?

장식의 일대(一代)를 묘갈문에 기록된 순서에 따라 살펴보면서 서문은 책의 끝에 언급하는 것이 좋을 듯하며, 먼저 출생과 관련된 조상의 뿌리와 정신세계를 울진장씨 대동보[25]에 실린 원문과 국역을 옮겨본다.

『公字建中貫蔚珍戶部尚書諱末翼后至諱萬始號靑坡曾祖曰道謙祖曰錫夏考曰奎漢號竹此妣新安朱景和女生高宗庚寅入月十九日』

【공의 자는 건중(建中)이요. 관은 울진이며, 호부상서 휘 말익(末翼)의 후손이니, 휘 만시(萬始)에 이르러 호는 청파(靑坡)이고, 증조부는 도겸(道謙)이요 조부는 석하(錫夏)요 아버님은 규한(奎漢)이니 호는 죽차(竹此)이다. 어머니는 신안 주경화(朱景和)의 따님이다. 공이 고종 27년경인 8월 19일에 출생하니】

---

24) 울진군지, 하(下) 제2편 제1장 제8절 충의편, 10~11쪽(울진군, 2001.)
25) 울진장씨 대동보(大同譜)(울진장씨 대종회, 1998.)

 장식의 일대(一代)를 중심으로 울진의 역사와 숨은 이야기들을 함께 살펴보지만, 한국독립운동사는 우리가 본 것이 전부가 아닐 수 있음에 사실을 바탕으로 찾아야 한다.

둘. 짱짱한 내앞마을은 울진에도 있다

 장식(1890~1957.)은 경북 울진군 근남면 행곡리 2리 내앞마을에서 태어났다. 행곡 2리의 또 다른 이름은 천량암의 살구(쌀구)와 천전(川前)의 내앞마을이다.

 그런데, 내앞마을은 안동에도 있다. 의성김씨 집성촌인 천전(川前)의 내앞마을은 김대락26)을 중심으로 25명이나 되는 독립운동가들을 배출한 고장으로 한국독립운동사에 중요한 역할을 담당했던 독립운동의 성지(聖地)이다.

 지금은 이회영 일가의 만주 독립운동기지 건설과 함께 안동 유학자들의 독립운동사가 재조명되어 안동 내앞마을은 지금 아주 핫(hot)한 독립운동의 요람(搖籃)으로 난리 블루스(?)다.

 그런데 울진의 내앞마을은 조용하다.

【사진 2-1】 안동의 내앞마을 소식(네이버 자료 발췌 2021.)

---

26) 김대락(1845~1914.)은 안동의 유학자. 1907년 안동의 근대식 협동학교 설립. 1910년대 서간도 이주자들의 정신적 지주. 만주 이주 시절을 기록한 '백하일기(白下日記)'는 왜곡 없는 사실의 정확성이 매우 높은 사료로 가치가 높음. 1990년 건국훈장 애족장에 추서됨.

일제강점기 안동 내앞마을 출신 백하 김대락(金大洛)은 66세 고령에 만주로 이주하여 서간도 독립운동기지의 건설에 정신적 지주 역할을 했다. 이 당시 나라의 어려움에 충의를 지키려는 안동 유학자들의 의연한 모습들은 조선 후기 나라를 어렵게 했던 안동의 권문세가들과 비교를 하면 또 다른 반전이다. 이들의 가슴 뭉클한 이야기는 최근 발견된 김대락(金大洛)의 '백하일기(白下日記)'에 잘 드러난다.

공교롭게도 장식의 만주 방면 독립운동에 대한 자료를 그동안 찾기 힘들었다. 안동 내앞마을 출신 김대락의 백하일기는 울진 내앞마을 출신 장식이 1912년 1월 5일(음력) 만주 유하현에 있었던 사실을 확인시켜 주는 중요한 단서가 되었다.

한국의 전통 마을들은 대체로 마을을 상징하는 그 무엇을 가지고 있다. 울진 행곡 내앞마을의 초입에 천연기념물 제409호인 처진 소나무는 350년 수령을 자랑하며 기풍 있는 마을의 풍모를 느끼게 한다. 그런데, 나무 아래의 작은 전각은 한국 마을들에서 볼 수 있는 성황당이 아니라 주명기의 효자각[27])이 있다. 흔하지 않은 이 조합은 일반적이지 않을 것 같은 마을의 정신 세계관을 엿볼 수 있게 한다.

【사진 2-2】 내앞마을 초입의 천연기념물 제409호 처진 소나무 전경(송죽, 2023.)

---

27) 주명기(朱命杞)의 호(號)는 치암(致菴)이며 학문이 높고 효성이 뛰어나 1808년 순조 8년에 효자로 정려됨. 주명기는 장식의 5대조 장동유의 스승으로 장동유 또한 고종 6년에 효자로 정려됨.

다음은 울진 행곡리의 처진 소나무의 이야기를 옮겨본다.

> 경상북도 울진군 근남면 행곡리에 있는 소나무. 천연기념물 제409호로 매우 희귀한 소나무로 수령이 약 300년[28] 정도 되며, 높이 15m, 가슴둘레 2m, 근원경 둘레 3.2m, 가지 길이 동서 15.5m, 남북으로 15m, 그리고 가지가 아래로 축 늘어져 있어 전체적인 형태는 속리산의 정이품송을 닮았다.[29]

울진 행곡의 내앞마을의 처진 소나무는 멋진 삿갓형의 풍모로 매우 특이한 희귀종이다. 중심부의 줄기는 굵고 곧으며, 아래로 처진 가지의 그늘은 세상의 모든 것을 품고 지켜주는 것 같다.

가지가 처진 소나무는 조선팔도에 흔하지만, 처진 소나무와는 엄연히 다르다고 한다. 가지 처진 소나무의 종자를 심으면 가지가 똑바로 뻗어 가고, 처진 소나무의 종자를 심으면 가지가 모종과 같이 아래로 처지는데 이는 유전적으로 고착된 형질의 차이라고 한다.

그리고, 처진 소나무는 또 다른 두 가지의 형태가 있다. 버들형은 일정 높이까지 위로 솟다가 가지를 한 번에 늘어뜨리는 모습이고, 삿갓형은 줄기가 위로 올라가면서 가지를 늘어뜨리기를 반복하는 모양이 불교의 보살 정신을 떠오르게 하는 형상이란다. 이렇게 울진 행곡 내앞마을의 처진 소나무는 보기 좋은 삿갓형이다.

왜! 바로 자라야 할 나무가 아래로 성장하는 것인가?

효자각은 역행의 기를 누르기 위한 안배인가,
아니면 곧게 뻗은 굵은 줄기는 만물의 근원이 효(孝)임을 강조하는 것인가?

이렇게 장식(張植)은
울진의 행곡 내앞마을에서 태어났다.

【사진 2-3】 주명기의 효자각 (송죽, 2023.)

---

28) 지금은 약 350년으로 추정하고 있으며, 일부 자료에는 세월이 정지되어 있음.
29) 울진 행곡리 처진소나무(한국민족문화대백과, 1999.)

2. 피는 물보다 진하다

하나. 무인들이 즐비한 울진의 인물사에 문성(文成)이란 시호를 받은 이가 있다

장식의 관(貫)은 울진(蔚珍)으로 호부상서(戶部尙書) 장말익(張末翼)[30]을 시조로 하며, 후대에 이르러 청파 장만시(張萬始)와 효자 고산 장동유(張東維)의 후손이다. (중략) 부친은 죽차 장규한(張奎漢)이고, 모친은 주경화(朱景和)의 딸이다.

울진장씨의 시조인 문성(文成) 장말익(張末翼)은 장정필[31] 5세손으로 호부상서(戶部尙書) 문하시중(門下侍中) 평장사(平章事) 상주국 삭방도안렴사(上柱國 朔方道按廉使) 울진부원군(蔚珍府院君)으로 시호는 문성공(文成公)이며, 울진 고성리에 있는 월계서원[32]의 주인이다.

우리의 역사 속에 문성(文成)이란 시호를 받은 이가 거의 없다. 고려의 최아(崔阿)·안향(安珦)·김인존(金仁存)이고, 조선시대는 율곡 이이(栗谷 李珥)의 시호가 문성(文成)이다. 그러나, 퇴계 이황도 받지 못한 문성(文成)이란 시호(諡號)를 고려 초에 울진 부원군인 장말익이 받았다.

【사진 2-4~5】 장말익 신도비(좌)와 월계서원 전경(우), (울진장씨 대동보, 1998.)

장말익의 위패를 모신 월계서원은 1856년 월계사에서 시작하여 1862년(철종 13년)에 서원으로 배향되어 백두대간의 끝자락에 학문의 중심이 되었다.

---

30) 장말익((張末翼)은 고려 정종 2년(1036년) 입향하여 울진군을 채읍(采邑)으로 울진군(蔚珍君) 부원군에 봉(封)해짐. 따라서 자손이 인관(因貫)하고 울진의 입향조(入鄕祖)가 됨.

31) 장정필(張貞弼)은 왕건 증시(贈諡) 충헌공(忠獻公) 예문관대제학(藝文館大提學) 삼한벽상(三韓壁上) 삼중대광(三重大匡) 아부공신(亞父功臣) 태사(太師)임 - 안동의 삼태사 중 한 명으로 안동장씨의 시조임.

32) 월계서원(月溪書院)은 철종 13년(1862년)에 지방 유림의 공의로 울진장씨의 시조인 장말익(張末翼)과 그의 8세손 장양수(張良守)의 학문과 덕행을 추모하고 위패를 모신 서원임.

울진 부원군이 문성(文成)이니, 그 당시의 울진은 글(文)을 숭상하고 잘했던 고장으로 여겨진다. 그런데, 문무의 차별을 떠나 조선시대의 울진은 무슨 이유로 무인들만 즐비했을까?

역성혁명의 조선에 반대한 대가(代價)는 참혹하고 비참하였다. 울진[33]은 과거시험에 응할 수 없었고, 세종조에 이르러 대과(문과)를 열어주었지만, 합격해도 하급 관리에 머물러 청운의 꿈을 접어야 했던 울진인(蔚珍人)이다. 그래서 단절된 400년의 학문은 무엇으로 보상받아야 하는가?

지금의 울진은 격암 남사고[34] 선생의 학풍(學風)을 유학자인가 아닌가의 논쟁으로 뜨겁다.

장식의 고산성파(古山城派)는 울진장씨 11세손 장인숙[35](중랑장공파 시조)의 계보로 울진장씨 20세손 장위한(張衛翰)을 시조로 한다. 장위한과 아들 장만시(張萬始)가 구만동에 태어나 거주하였으나, 한때 후손들이 행곡에 이주하면서 평해파의 행곡으로 분류되기도 하였다.

【사진 2-6~7】 장위한 교지-절충장군행용양위(좌), 통정대부(우), (울진장씨 고산성파)

장위한의 11세손 장학중(張學重-장식의 손자)에 이르러 가문의 이름을 고산성파(古山城派)로 정하였다. 이는 장위한의 증손자 장동유(張東維)의 효행과 학문의 성취를 후손들이 가문의 가훈으로 삼길 바라는 의미이다.

장동유(張東維)는 자호(自號)를 고산(古山)으로 하고 평생 고산성(古山城) 아래에 은둔하며 학문에 전념하였고, 효행이 남달라 고종 8년에 효자로 정려되었다.

---

33) 울진의 유학(幼學)자 중에는 한 때 본관(本貫)을 평해(平海)로 하여 과거시험을 보기도 했음.
34) 남사고(1509~1571.), 호는 격암(格菴), 울진 근남면 수곡리 출생. 토정 이지함과 함께 한국의 대표적인 예언가로 역학과 천문을 비롯하여 모든 학문에 두루 통달하였던 학자로 평가받는 울진의 정신세계에 중심이 되는 학자임.
35) 울진장씨 고산성파는 장말익(1세손)을 시조로 장인숙(11세손)의 중랑장공파로 중파하며, 장위한(20세손)에 이르러 고산성파로 분파하니 장식은 울진장씨 28세손, 중랑장공파 17세손, 고산성파 8세손임.

둘. 자연인 장만시(張萬始)는 뼛속까지 선비였다

울진장씨(蔚珍張氏) 20세손 장위한의 아들 장만시(張萬始)[36]는 호가 청파(靑坡)이며, 국보 181호 장양수 홍패[37]의 왼편에 배접이 된 시문의 주인이다.

【사진 2-8】 국보 181호 장양수 홍패 (울진장씨 대종회)

다음은 장만시가 1738년에 헌정(獻呈)한 장양수 홍패에 배접한 시문[38]을 울진장씨 대동보에서 옮겨본다.

> 공(公)의 휘(諱)는 양수(良守)이며, 고려 희종조 성효부왕 원년에 사신으로 중국도 다녀오셨는데 그때가 중국 태화 5년 을축 사월 일이었다. 또 병과에 급제한 때에도 남송 령종 개희 원년인 그때였다. 그 후 관작이 봉익대부 임령원부사 전리판서 상호군에 올랐다.
>
> 슬퍼도다.
>
> 여러 가지 관이등용문시험에 응했던 문권들은 비록 전쟁의 불속에서 분실되고 소멸이 되었을 과중에도 황장보첩만은 오백여년이나 유전해 내려와서 문장과 덕업유풍이 여러 사람의 이목에 환하게 비취 주어 흡사 당시의 상황을 그대로 알게 하나, 한 외진 시골에 사는 자손들이라 점점 잊어버리게 된다면 실로 슬픈 일이 아니겠는가!
>
> 후손들은 경건한 마음으로 이 보첩을 꼭 지켜 보전하기를 바라는 마음 간절하도다.
>
> 숭정후갑자무오(崇禎後甲子戊午)[39]

---

36) 장만시(張萬始, 1696~1769.)는 호(號)는 청파(靑坡), 울진에 은둔하며 5권의 청파문집을 남긴 장식의 7대조임.

37) 장양수 급제 패지(고려 희종 원년), 우리나라에서 전해 내려오는 가장 오래된 홍패, 1975년 국보 181호로 지정됨. 지금은 울진 월계서원 내 경덕사에 보관 중이며, 배접의 시문은 1738년에 장만시가 장양수 홍패를 찾아 울진장씨 문중에 헌정할 때 기록함. 국보 181호는 배접 된 시문이 포함되어 있음.

38) 장양수 홍패에 배접이 된 장만시의 시문(울진장씨 대종회, 1988.)

39) 갑자무오(甲子戊午)는 1738년이며, 장만시의 나이는 당시 43세였음.

전하는 말에 의하면 선조들의 문장과 덕풍유업을 기리기 위하여 가문에서 소장했던 장량수 홍패에 시문을 적어 배접하고 큰 문중에 돌려주었다. 당시 청파 장만시의 노력이 없었다면, 국보 181호 장양수 홍패는 우리들의 곁에 남아 있지 않았을 것이다.

청파(靑坡) 장만시(張萬始)는 청운의 꿈을 뒤로 하고, 자연을 벗 삼아 청파문집 5권[40]을 남겼다. 장만시는 자연 속에 은둔하였지만, 선비의 기개만은 잃지 않았다. 청파문집은 핍박받는 백성들의 아픔과 관료들의 부정부패를 탄식하며 안타까움을 거침없이 시로 표현한 내용들이 많다. 다음은 청파 문집에 남아 있는 장만시의 한탄을 시로 표현한 내용들이다.

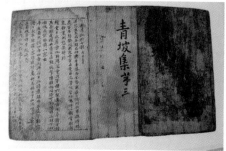

【사진 2-9~10】 청파 문집 2권(좌)과 3권(우)(청파 장만시, 울진장씨 고산성파)

① 읍민탄(흉년에 백성의 시름을 한탄하며),
② 포민탄(어민들의 흉어를 시름을 한탄하며),
③ 협민탄(흉년에 산민의 시름을 한탄하며),
④ 분세탄(세정을 한탄하며),
⑤ 부인탄(어려운 시기 부자들의 행태를 한탄하며),
⑥ 빈민탄(가난한 이들의 어려움을 한탄하며),
⑦ 매조탄(곡물거래소의 부당한 거래로 시름하는 백성을 한탄하며),
⑧ 탄어사란형(어사의 이유 없는 형벌을 한탄하며) 등

이런 시문은 청파의 곧고 강직한 선비적 성향을 볼 수 있으며, 시문을 보면 격이 없이 술술 나오는 촉물성고(觸物成句)[41]의 자연스러움과 박학다식한 그의 학문적 깊이를 가늠해 볼 수 있다. 반대로 "태수청정", "군수 남운도 읊", "태수 상의" 등을 통해 관료들의 칭송도 아끼지 않았다.

---

40) 청파문집 5권은 덕초 전광홍의 譯으로 3권의 청파유고(靑坡遺稿)로 남아 있음(울진문화원, 2001.)
41) 촉물성고(觸物成句)는 사물을 보기만 해도 쉽게 하나의 완결된 글귀가 나온다는 뜻임.

다음은 청파문집 제3권의 매조탄(買糶歎)[42]을 옮겨본다.

▶ 買糶歎(매조탄) 곡물거래소를 한탄한다.

黎元簇立擁司倉
려 원 족 립 옹 사 창 43)　　백성들이 선혜청 창고 앞에 구름처럼 모였는데

糶祖分籌兩戶房
조 조 분 조 양 호 방　　곡식은 양쪽 고방에 가득가득 쌓여 있건만

善賈寧論高下價
선 가 녕 론 고 하 가　　구황 대책이 도리어 농간 대책이 되어

無錢難買斗升粮
무 전 난 매 두 승 량　　돈이 없으면 한 되의 곡식도 구할 수 없네

村氓子子愁塡壑
촌 맹 자 자 수 전 학　　빈민의 수심은 구름과 같은데

邑漢營營喜積岡
압 한 영 영 희 적 강 44)　　모리배 놈들의 기쁨(곡식)은 산처럼 쌓아 두네

空橐帶腰無活氣
공 탁 대 요 무 활 기　　축 늘어진 몸에 텅 빈 자루를 차고

歸來薄暮傀廚膛
귀 래 박 모 괴 주 당　　집에 돌아오니 아궁이와 솥을 보기 부끄럽네

이렇듯 청파 장만시의 유업을 후손들은 그가 남긴 '사오당(四吾堂)'의 현판과 함께 가문의 표본으로 삼았다.

四吾堂(사오당)

耕吾田(경오전)　나의 밭을 갈고
飮吾泉(음오천)　나의 샘물을 마시며,
臥吾堂(와오당)　나의 집에 누워서
送吾年(송오년)　나의 일생을 보낸다.

【사진 2-11】 장만시의 사오당(四吾堂) 현판(울진 읍내리 소재)

---

42) 매조탄(買糶歎), 덕초 전광홍 譯 (청파유고, 울진문화원 2001.)
43) 黎元簇立擁司倉黎(黎-검을 려, 많다), 元(으뜸 원: 백성), 簇(가는 대 족, 무리), 倉(곳집 창: 선혜청으로 옮겨서 그 창고를 가겟방으로 사용한대서 유래된 말): 백성들이 선혜청 창고 앞에 구름처럼 모였음.
44) 邑漢(압한: 모리배들, 고을 邑은 아첨할 압), 營營(영영: 이익을 얻으려고 골돌함). 岡(산각등성이 강)

장만시는 사오당(四吾堂)을 시문의 소재에 따라 구절이 바꿔 가며 사용하였는데, 대표적인 예로 와오당(臥吾堂)을 시문에 따라 수오천(守吾天)으로 바꿔 사용했다.

사오당(四吾堂)을 호(號)로 사용하는 동명은 여럿이다. 장만시보다 앞선 이도 있어 청파가 따라서 한 것으로 보이나, 이는 학문적 교감으로 이해해야 할 것 같다. 왜냐하면 사오당(四吾堂)의 건립을 축하하는 유학자들의 시문[45]들이 이를 증명한다.

청파(靑坡) 장만시(張萬始)의 사오당(四吾堂)은 단순히 4가지를 소유하는 것이 아니다. 중용(中庸)의 덕을 간파한 유가(儒家)의 선비[46]로서 과유불급(過猶不及)의 삶에 충실하였고, 또 다른 한편으로는 도가(道家)의 삶인 무위자연설(無爲自然說)[47]을 실천했던 현대판 자연인(自然人)이다.

장식에게도 장만시의 선비적 기질과 도가의 무위자연설은 그의 호(號)인 일선(一仙)에서 느낄 수 있다.

셋. 효(孝)는 실천(實踐)이며, 선행(善行)은 효(孝)에서 시작된다

'효(孝)'는 고산성파의 근간(根幹)으로 현존하는 고산성파 소장 유물들 가운데 선친에 대한 자료들이 많다. 이 중에서 장응채(張應彩)의 '선고처사부군실기(先考處士父君實記)'[48] 등은 대표적인 자료이며, 이런 가풍은 효(孝)를 근본으로 한다.

이런 까닭에 가문의 원류인 고산(古山) 장동유(張東維)[49]는 장응채의 아들로 1869년 고종 8년에 효자로 정려된 고산성파의 대표적인 인물이다.

장동유의 효행은 부모에게만 지극한 것이 아니라, 형제와 스승에게까지 덕행을 실천한 다채로운 기록들이 남아 있다.

경상북도 유형문화재 395호로 지정된 '장처사전'(필사본/ 28.5×17.5Cm)은 장동유의 효행을 전기형식으로 상세하게 기록한 책으로, 울진유지들이 그의 포상을 청원하는 상소의 초안을 함께 수록한 필사본이다.

---

45) 사오당 축하 시문(경상북도 유형문화제 제395호 시문 001~003호)
46) 학식은 있으나 벼슬하지 않은 사람으로 행동과 예절이 바르며 의리와 원칙을 지키고 재물을 탐내지 않는 고결한 인품을 지닌 사람을 이르는 말임.
47) 무위자연설(無爲自然說): 사람의 힘을 더하지 않은 그대로의 힘인 자연의 경지를 일컫는 설임.
48) 장만시의 아들 장응채(張應彩)가 부친의 행적을 기록한 필사본임.
49) 장동유(張東維, 호는 고산(古山), 1778~1861.) 정조~철종 시대의 인물로 1869년 고종 8년에 효자로 정려된 가문을 대표하는 사람으로 그의 정신세계는 고산성파의 근간이 됨. 행곡리 처진소나무 아래에 있는 효자각의 주인 치암 주명기는 장동유의 스승이기도 함.

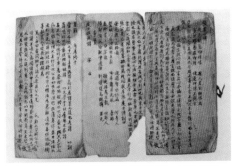

【사진 2-12~13】 선고처사부군실기(좌), 장처사전(우), (경상북도 유형문화재 제395호, 고산성파)

효자 장동유의 덕행을 울진디지털문화대전[50]의 내용을 발췌하여 정리하면 다음과 같다.

하나. 장동유는 일찍이 아버지의 상을 당해 효를 다하지 못하였으나, 어머니의 상을 당하자 여막[51]을 짓고 묘를 지켰다. 현몽(現夢)으로 샘을 파서 물을 얻으니, 지극한 효자라고 고을 사람들은 칭찬하였다.

둘. 장동범(형)이 병(病)에 들자 17년 동안을 지극정성으로 간병하였다.[52]

셋. 스승인 치암(致菴) 주명기(朱命杞)가 홀아비로 살고 있음에 조석으로 음식을 제공하고 등창을 빨아 가며 심상 3년간을 돌보며 제자의 도를 다하였다.

넷. 장동유의 효행을 기리기 위해 세운 효자각(孝子閣) 주변의 언덕에 큰 나무가 태풍으로 넘어졌는데도 지붕의 기와가 한 장도 다치지 않는 것을 보고, 고을의 사람들은 공의 지극한 효성의 음덕이라고 하였다.

장동유의 효행과 덕행에 감읍(感泣)한 울진유지들의 청원으로 고종 6년(1869년)에 정려(旌閭)의 효자각을 마을의 입구[53]에 세웠다.

【사진 2-14~15】 장동유의 효자각(좌)과 효자각 내(內) 효자비(우)]

---

50) 디지털울진문화대전(울진군): 울진군의 역사와 문화유산을 포함한 정치, 경제, 사회의 변화, 발전상 등에 관한 정보를 집대성한 온라인 지식백과사전임.
51) 여막(廬幕)은 혼백이나 신위를 지킨 자리 옆이나 무덤 가까이에 짓고 상제가 살던 초막을 말함.
52) 장동유는 장만시의 손자이자 장응채(張應彩)의 둘째 아들이다. 장동유의 형인 장동범은 슬하에 장계두가 있었지만, 장계두는 아들이 없었다. 장계두는 사촌 동생 장계연의 아들 셋 중에서 장남인 장도겸을 양자로 입적시키니, 장도겸은 장식의 증조부가 됨.
53) 경상북도 울진군 울진읍 고성리 333-2번지 청고동 마을의 입구에 위치함.

효자각의 정려판에는 '효자학생장동유지려(孝子學生張東維之閭)'라고 적혀 있으며, 정려를 명한 예조입안(禮曹立案)의 문서가 울진장씨 고산성파에서 보관 중이다.

【사진 2-16】효자 장동유의 정려판 - 울진읍 고성리 333-2 효자각 현판

울진군지에 의하면 장동유의 학문 세계는 치암(致菴) 주명기(朱命杞)의 제자로 성리학에 이해가 매우 높았으며, 역학에 대한 깊은 학문적 성찰이 있어 「역학해(易學解)」[54]등의 저서가 있었다고 한다.

장동유는 인륜의 기본을 효(孝)로 보았으며, 이런 그의 삶은 높은 학문적 이해에도 효(孝)의 실천을 위해 고산성(古山城) 아래에서 은둔할 수밖에 없었다. 이러한 가문의 가풍은 장식(張植)의 여러 행적에서도 나타난다.

넷. 작은 것도 소중히 여기는 가풍(家風)은 역사(歷史)가 되었다

울진장씨(蔚珍張氏) 고산성파(古山城派)는 가문의 짧은 역사(1657~2023. 366년, 14대)에도 조상에 대한 사랑이 남다르다. 장양수 홍패는 그 대표적인 사례이며, 현재 안동의 국학진흥원에 기탁된 경상북도 유형문화재 제395호 122점은 가문의 가풍을 짐작하게 하는 유물들이다.

경상북도 유형문화재 122점을 살펴보면, 일부 자료는 국가의 문화재로 지정될 수 있는 사료적 가치가 매우 높은 것도 있지만, 대부분의 고문서는 개별적으로 사료의 가치가 높지 않다.

하지만, 일반적으로 조선 중후반의 같은 종류의 자료들이 여러 시대에 걸쳐 꾸준하게 보관하고 있는 한 가문의 자료는 거의 없다. 이는 그 당시의 사회현상과 경제 동향 등을 정확하게 파악할 수 있는 중요한 자료가 되어 일괄 '**경상북도 유형문화재**'로 지정되었다.

---

54) 장동유의 저서 역학해(易學解)는 주역(周易)의 괘를 풀어서 만물(萬物)의 변화(變化)를 설명하는 학문으로 역학은 음양(陰陽)과 신인 교감(交感)의 신비(神祕·神秘)를 연구(研究)하는 어려운 학문임. 장동유의 역학해는 이를 쉽게 풀이한 책으로 장식이 소장하고 있었다면 어린 나이에 역학의 성취가 쉬웠을 것으로 추정됨.

이렇게 일괄 지정에 대한 학계의 평가는 단순한 문화재의 의미뿐만 아니라 학술적으로 가치가 매우 높은 자료[55]라는 것이 문화재청의 의견으로 중요한 의미가 있다.

문화재청의 국가문화유산 포털 2022에 올라와 있는 울진장씨 고산성파 소장 고문서에 대한 평가를 옮겨본다.

【사진 2-17】 문화재청 국가문화유산 포털 2022.

이들 자료는 시기가 확인되지 않는 것도 있지만 대부분 15세기 말에서 20세기 초(1487년~1901년)에 이르는 것들로 산만한 경향이 있지만, 이 가문에 속한 사람들의 학문적 교유 관계뿐만 아니라 사회·경제적 동향 등을 포괄적으로 보여주는 것이라는 점에서 중요한 의미를 지닌다.

이 중에서 가문의 가족관계의 변화양상을 보여주는 **호구단자는 노비를 주축으로 한 그들의 재산 상황을 구체적으로 알려주는 자료이다. 특히 장동범(張東範)이 40대에서 60대에 이르는 기간 동안 3년마다 관아에 제출한 호구단자는 이 가문의 재산변동 상황을 극명하게 보여주는 것으로, 향촌 재야 사족의 경제 동향을 계기적으로 파악할 수 있는 학술적 가치가 높은 자료로 평가된다**

---

55) 울진장씨 고산성파 소장 고문서(문화재청, 국가문화유산 포털 2022.)

울진장씨(蔚珍張氏) 고산성파(古山城派) 소장 유물은 안동에 소재한 한국국학진흥원에 기탁되어 보관하고 있으며, 인터넷 포털 검색창에도 자세히 검색되어 많은 이들의 연구 자료에 활용되고 있다.

울진장씨 고산성파 소장 고문서
출처 : 네이버 지식백과
http://naver.me/5SWqSBok

울진장씨 고산성파 소장 고문서

[정의] 울진장씨 고산성파에서 소장하고 있는 고문서. [...

terms.naver.com

【사진 2-18】 울진장씨 고산성파 소장 고문서(네이버 검색창 2021.)

장식의 부친 죽차(竹此) 장규한[56)]은 울진 연호정[57)] 건축기를 작성한 유학자다. 기록에 의하면 '1922년 당시 울진군수 이기원(李起遠)이 고을의 선비들과 함께 옛 동헌(東軒)의 객사 건물을 옮겨 세우고 연호정(蓮湖亭)이라 개칭하였다.' 한다.

얼마 전 고산성파의 자택에서 연호정 건축기의 원본이 발견되었다. 원본의 마지막 이름 이 이기원으로 되어 있으나, 관인과 서명은 없는 것으로 보아 장규한이 군수를 대신해서 글을 쓴 초고인 것으로 추측된다.

【사진 2-19】 연호정 건축기 원본 (장규한, 울진장씨 고산성파)

---

56) 장규한(張奎漢, 1869~1936.), 호(號)는 죽차(竹此). 기품이 호방하고 시원스러우며 일찍이 문학을 성취하였음. 산업진흥을 위해 수리시설을 넓게 개발하니, 많은 사람이 그의 노력에 대해 신뢰하고 따랐다 함.
57) 연호정(蓮湖亭)은 1815년 향원정(香遠亭)이 퇴락하자 있었던 자리에 1922년 옛 동헌의 객사를 옮겨 세운 정자. 경상북도 울진군 울진읍 연지리에 위치함.

연호정 건축기가 고산성파에 있는 이유를 찾기 위하여 이 당시 연호정 증축(이전)에 대한 신문 자료 등을 찾아보았지만 확인되지 않았다. 당시 매일신보는 군수의 작은 소식도 보도하고 있는 것에 견주어 보면 이상한 일이다. 어쩌면 이기원 군수는 옛 동헌 객사의 처리에만 관심이 있고 연호정의 증축에는 관심이 없었던 것이 아닐까? 그렇다면 최소한 이기원 군수가 연호정 증축을 위해 적극적으로 나섰던 것으로 기록된 울진군지의 내용은 수정되어야 한다.

아니면 우리가 찾지 못한 것일까? 아마도 일제강점기에 지역유지들의 울진 사랑과 울진의 혼을 찾기 위한 노력이 당시 울진군수인 이기원을 설득하고 동헌의 낡은 객사를 처리하려는 의도와 타협할 수 있었을 것으로 보인다.

그리고 장규한은 연호정 증축을 위해 많은 기부금을 내었다고 하며, 연호 정자와 함께 시문58)이 남았다. 그리고, 그의 호기(豪氣)는 송이산59)을 마을에 기증했다고 하며, 택호는 담덕이다. 이런 부친 장규한의 정신세계와 경제적 여유로움은 장식에게 든든한 후원자가 되었다.

장식의 뜨거운 피는 이런 토양 속에서 만들어져 울진독립운동의 등불이 된다.

【사진 2-20~23】 울진 연호정과 현판(송죽-2023.)

---

58) 제10장 235쪽 죽차 장규한의 한시 '연호정' 참조함.
59) 행곡리의 마을 산으로 송이가 나오는 대흥리 소재의 산이다. 이 당시에는 송이가 나지 않았다고 함.

【한사이 2.】 울진 촛대바위(송죽-2023.)[60]

---

60) 한 장의 사진 속 이야기 2. - 울진 산포리의 촛대바위는 장식의 손자 장학중의 이야기를 품고 있는 바위이다. 해안도로의 공사 당시 폭파할 수밖에 없다는 공사관계자의 보고에 울진 부군수 장학중이 삼고초려 하며 살려낸 까닭이다. 지금은 울진을 대표하는 작은 명소가 되어 지역민들의 염원이 담긴 망망대해의 등불이 되었다. 이런 사연을 아는 이는 장학중의 호(號)를 석소(石笑-돌의 미소)에서 촉암(燭巖)으로 불렀음.

제 3 장
물보다 진한 왕피천은 내앞마을을
거슬러 올랐다

1. 왕피천의 뜨거운 피는 1%의 영감을 깨운다... 45
  하나. 내를 거슬러 오른 왕피천은 총명함을 일깨운다... 45
  둘. 천전(川前)은 왕피천을 다시 만나 영남의 뜰에 드날린다... 45

2. 피는 물보다 진하지만 구슬이 서말이라도 꿰어야 보배다... 48
  하나. 울진장씨 고산성파의 다양한 학문적 이해는 장식에게 전해진다... 48
  둘. 백아일기의 출연료를 백 년이 지난 지금 받는다... 50
  셋. 논은 밭이 아니며, 방공호는 입구가 커야 한다... 51
  넷. 영남으로의 유학은 더 큰 세상을 위한 안배였다... 54

四吾堂各題(사오당각제) 3. 守吾天(수오천)61)

나의 하늘을 지키며

장만시 글, 전광홍 譯

一片胸62)中別有天   한 조각 가슴속에 별유천(別有天)63)이 있는데
恐爲眞宰外邪牽   마음이 외물(外物)에 유혹될까 두렵다네
何能養我牛山木   나도 년산(年山)의 나무를 잘 길러 가지고
夜氣淸明暎玉淵   야기(夜氣)의 청신(淸新)함으로 옥연(玉淵)을 빛추리

【ima-3.】 오로라 - 행섭, 2018.

---

61) 장만시(張萬始, 1696~1769.)는 수오천(守吾天)을 와오당(瓦吾堂)으로 구절을 바꿔 가며 사용함.
62) '흉'의 한자를 찾지 못하여 비슷한 뜻의 흉(胸)으로 옮김.
63) 송죽 譯 - ■별유천(別有天): 속계를 떠난 또 다른 세계인 탐욕이 없는 경지 또는 마음, ■외물(外物): 바깥 세계의 사물인 속세의 탐욕 등, ■년산(年山): 나이가 든다는 표현으로 일생을 살아가면서, ■야기(夜氣): 밤의 눅눅하고 차가운 기운을, ■청신(淸新): 맑고 선명한 새로운 빛으로, ■옥연(玉淵): 마음 깊은 귀한 곳인 별유천을 의미함.

1. 왕피천의 뜨거운 피는 1%의 영감을 깨운다

하나. 내를 거슬러 오른 왕피천은 총명함을 일깨운다

장식(1890~1957)의 성장기와 관련된 자세한 내용은 없으며, 그의 묘갈문과 손자 장학중이 작성한 이력서가 주요 자료이다. 먼저 울진장씨 대동보에 수록된 묘갈문의 원문과 국역을 인용하면,

『(生高宗庚寅入月十九日) 穎悟絶人自齠文理大就出語己驚人』

【(고종 27년경인 8월 19일 출생하니) **남보다 뛰어나게 총명하여 이를 갈 나이에 문리가 크게 성취되었고, 말을 하면 반드시 사람들을 놀라게 하였다.**】

손자 장학중이 작성한 장식의 이력서에 의하면 그는 어릴 적 한학을 수학한 것으로 기록되었지만, 누구의 문하에서 배웠는지는 구체적인 내용이 확인되지 않았다. 주진수와 사제(師弟)의 인연을 맺기 전 어릴 적부터 한학을 배웠다고 하며, 전하는 이야기에 의하면 주진수와 장식은 일반적인 스승과 제자의 관계가 아니라는 장식의 진면목(眞面目)을 보고 주진수가 스승을 자처한 것이라 한다. 이런 내용은 묘갈문의 제한된 공간에 남겨야 할 더 중요한 기록이 있어 생략한 듯하다.

묘갈문의 내용을 살펴보면, '**이를 갈 나이에 문리가 성취되었고, 말을 하면 반드시 사람들을 놀라게 하였다.**'라 한다.
이를 갈 나이면 7~8세 정도이며 문리에 성취하였다 하는 것은 아마도 '남보다 총명하여 어린 나이에 학문의 이치를 알았다'라는 뜻이다. 또한, '말을 하면 반드시 사람을 놀라게 하였다'에서 '반드시'는 필요한 말만 하는 신중한 태도를 의미하며, 나이에 어울리지 않은 식견은 사람들을 놀라게 하였다는 의미를 포함한다.

둘. 천전(川前)은 왕피천을 다시 만나 영남의 뜰에 드날린다

묘갈문(墓碣文)의 다음 내용을 살펴보면,

『年十四五受易學遊嶠南以神童稱』

【나이 14~ 15세에 역학(易學)을 배우러 영남에 유학하였는데 신동으로 칭하였다.】

 어린 장식의 총명함은 나이 14~15세 때 주역(周易)을 배우기 위해 영남으로 유학을 다녀온다. 묘갈문에 기록되어 있지 않지만, 주진수는 장식에게 영남으로 가 주역(周易)을 배워 오도록 했다고 하며, 여기서 영남은 안동과 인근 지역을 지칭하며 2년의 짧은 기간에 주역을 마치고 돌아왔다고 하니 장식의 총명함은 사실인 듯하다.

 고산성파의 자택에서 장식의 것으로 확인되는 주역(周易) 학습장이 여러 권 발견되었다. 주역을 배울 당시 공책으로 촘촘하게 작성한 내용과 어려운 글자들은 그의 학문적 깊이를 가늠케 한다. 문득 장식의 주역 학습장에서 5대조 고산 장동유의 저서「역학해(易學解)」가 떠오른 것은 피가 물보다 진하다는 속담처럼 가문의 내력으로 여겨진다.

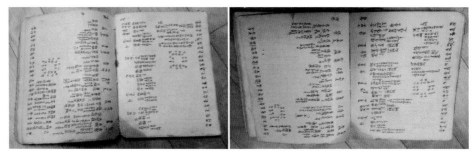

【사진 3-1~2】장식의 주역 학습장(울진장씨 고산성파)

 신동으로 불린 장식은 역학에 대한 학문적 성찰과 영남으로의 유학에서 얻은 몇 가지의 내용은 한국독립운동사의 일부 사실들을 유추하게 한다.

 하나. 울진장씨 고산성파 소장 고문서들 가운데 예언서들이 다수 포함이 되어 있어 장식에게도 가문에 내려오는 다양한 학문적 경향을 찾을 수 있다.

 둘. 만주 방면의 독립운동가들은 대부분 이명(異名)을 사용하였다. 장식의 이명은 확인되지 않아 만주 행적들을 찾기가 더더욱 힘들다. 그런데 최근에 아주 핫한 김대락의 백하일기(白下日記)에서 장식이 만주에 있었던 사실이 확인되었다. 역학을 배우러 영남으로의 유학 시절 또는 다른 이유로 서로가 교분이 있었을 것으로 추정되며, 이런 이유로 김대락은 장식의 이명이 아닌 본명을 일기로 기록하게 되었다.

 셋. 울진에는 100년이 넘은 교회가 있다. 울진 최초의 교회인 행곡교회는 1917년 울진읍의 군사 숙소를 매입하여 이축하고 예배당으로 사용하였다. 그런데, 예배당 마루의 바닥에 은폐된 지하 기도실이 만들어져 있다.

　교회에서는 방공호라 하지만 지하의 기도실로 들어가는 입구의 모양새는 누가 보아도 방공호는 아니다. 그럼, 누가 왜 만들었을까?

넷. 신민회의 서간도 독립운동기지 최종답사를 주진수를 비롯한 이회영의 일행
이 함께 다녀온 것으로 되었지만, 일부 자료에 의하면 이회영 일행의 답사
후 주진수가 자비를 들여 다녀왔다고 한다. 안동의 유학자 이상룡과 김대락
은 주진수의 서울 소식을 듣고 일언지하(一言之下)에 만주로의 이주를 실행
했다. 이 서울 소식이 주진수의 만주 답사이며, 서간도 독립운동기지 건설의
최종답사를 주진수가 자비를 내어 갔다면 아마도 장식이 동행했을 것으로 추
측된다.

지금까지 살펴본 바에 의하면, 장식의 총명함과 역량은 청년 시절에도 남달랐던 사실
들이 여러 자료에서 확인되고 있다. 주진수의 제자로만 알았던 18세의 젊은 청년은 만
흥학교 설립에 사재를 각출하고 참여한 사실이 이를 증명한다.[64]

또, 1911년경 만주로 이주한 울진의 청년들은 대부분은 신흥강습소와 신흥무관학교의
학생이었지만, 장식은 관리자의 일인으로 주진수의 비서와 영어 강사였던 성재 이시영
의 서사(書士)[65]로 활동하였는데 이 당시 장식의 나이는 22세였다.

【사진 3-3】 신흥무관학교 육군 창작뮤지컬 포스터 (2019.)

---

64) 백운선생실록, 14쪽(전영경, 1959.)
65) 울진유지들이 헌정한 묘갈문과 장식의 이력서(장학중, 2006.)

2. 피는 물보다 진하지만 구슬이 서말이라도 꿰어야 보배다

하나. 울진장씨 고산성파의 다양한 학문적 이해는 장식에게 전해진다

울진군청이 조사하여 보고한 「2004 일반동산문화재 다량 소장처 실태조사의 보고」[66] 의 울진장씨 고산성파 소장 고문서에 대한 기록은 다음과 같다.

'장응채(울진장씨 고산성파의 3세손)가 직계 조상의 사적과 함께 단군조선 이래 조선 숙종 때 까지 우리나라의 역사를 간략하게 정리한 **『가국록(家國錄)』등으로 유교적 가학(家學)의 정립을 위한 이 가문에 노력의 일단을 보여주고 있다.** 그러나, 여기에다 당시 세간에 전해 지고 있던 『설심부(雪心賦)』, 『청오경(靑烏經)』과 같은 풍수서(風水書)와 『정선육임대전(精 選六任大全)』, 『찰기(察機)』, 『통신묘결(通神妙訣)』 등의 점술서(占術書)가 다수 소장된 것 에서 알 수 있듯이 **그들의 학문적 경향과 성격이 유교에만 국한된 것이 아니었다는 사실 을 엿볼 수 있다.'**

울진장씨(蔚珍張氏) 고산성파(古山城派)의 다양한 학문적 경향을 엿볼 수 있는 경상북도 유형문화재 제395호에 등재된 관련 고문서들을 살펴본다.

1) 풍수서(風水書)인 「설심부(雪心賦)」와 「청오경(靑烏經)」 등이다.

[설심부/복용천/필사본/31.0*20.5cm]

설심부는 당나라 때 유명한 풍수가 '복용천'이 지은 풍수 지리학으로 필사본이다.
설심부는 풍수지리학의 풍수적 의미 외에 문학적 가 치 또한 높은 책이라고 한다.

【사진 3-4】 설심부 - 울진장씨 고산성파(국학진흥원 기탁 자료)

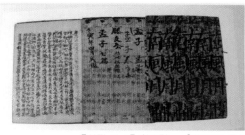

[청오경/필사본/18.0*26.1cm]

청오경은 중국 한나라 때 풍수지리학자 청오가 묘터를 정하는 데 필요한 사항을 정리한 책이다.
1866년(고종3) 왕명으로 간행된 목활자본 (규장각 도서)을 필사한 필사본으로 추정된다.

【사진 3-5】 청오경 - 울진장씨 고산성파(국학진흥원 기탁 자료)

66) 2004 일반동산문화재 다량 소장처 실태조사의 보고(울진군, 2005.)

2) 점술서(占術書)인 『정선육임대전(精選六壬大全)』[67]과 『찰기(察機)』 그리고, 『통신묘결(通神妙訣)』 등[68]이다.

[정선육임대전/필사본/26.0*24.2cm]

우리 나라에서
인간의 주명(推命)에 관해 이용되었던 문헌으로는
"육임대전(六壬大全)"이 있다.
※ 주명(推命)
 -사주를 분석·종합하여 길흉화복을 주리하는 것

【사진 3-6】 육임대전 - 울진장씨 고산성파(국학진흥원 기탁 자료)

[찰기/필사본/26.5*24.7cm]

"찰기"는 신라의 제20세 풍월주 예원의 애첩으로,
아버지는 염장이며 어머니는 찰인의 딸이다.
신라의 또 다른 세력인 가야파의 우두머리 "찰인"이
정치적 싸움에서 살아남기 위한 안배로 딸과 외손녀
를 정략결혼을 시킨 그들의 이야기를 손으로 옮겨
놓은 필사본으로 주정된다.
※ 풍월주; 화랑도의 우두머리를 지칭함.
※ 찰인; 화랑 아래 낭도 조직을 이끈 가야파의 수장

【사진 3-7】 찰기 - 울진장씨 고산성파(국학진흥원 기탁 자료)

[통신묘결/필사본/19.7*18.0cm]

통신묘결(通神妙訣)은 정신이 신령과 서로 통하는
방법에 대한 비서(秘書)로 주정되며 자세한 내용은
추후 살펴보도록함.

【사진 3-8】 통신묘결 - 울진장씨 고산성파(국학진흥원 기탁 자료)

 울진장씨 고산성파의 고문서에서 보여주고 있는 다양한 학문적 경향은 조선시대 울진인의 정체성을 확인할 수 있다. 울진인이라는 이유로 대과(문과-文科)에서 배제되었고, 대과에 문을 열어주었던 시기는 하급 관리나 한직에 머물렀다. 따라서 젊은 유학(幼學)들은 청운의 꿈을 뒤로 하고 은둔하며 다양한 학문을 접하는 이가 많았다. 이러한 시대적 상황은 무과(武科) 또는 잡과(雜科)에 응시하는 울진 사회의 전반적인 분위기를 반영했으며 대표적인 인물이 격암 남사고 선생이다.

---

67) 정선육임대전(精選六壬大全)은 중국 명나라 곽재래(郭載騋)의 육임대전 12권의 저서 중에서 중요한 일부 내용을 옮긴 필사본임.
68) 이외에도 예언서와 점술서는 '금후운보', '패설(稗說)' 등이 있음.

둘. 백하일기의 출연료를 백 년이 지난 지금 받는다

장식에게 영남으로의 유학은 몇 가지 중요한 의미가 있다.

첫째, 만주독립운동과 관련하여 그동안 장식의 자료들은 울진군지 등으로 국한되었지만, 백하일기에서 만주에 있었다는 사실이 확인됨으로써 사료의 지역적 한계를 벗어날 수 있다.

둘째, 다음 편에서 언급될 '원근에 원조를 구하니 흥기하는 자가 많았다.'의 이유로 영남으로의 유학을 통하여 얻은 인연은 훗날 대의를 위한 학교의 설립에 협조하는 이들이 많았다.

셋째, 영남의 유학으로 얻은 또 하나의 인연은 영양남씨의 영해인을 큰며느리로 맞이하게 된다. 큰며느리 남차남의 조카가 현재 영양남씨 송정공파의 19대 원손이다. 이렇듯 혼인으로 맺어진 관계는 끈끈한 조국애로 거듭났다.

만주에서 활동한 독립운동가들은 대부분 이명(異名)을 사용하였으나, 장식의 이명은 확인되지 않고 있어 만주에서의 행적들도 찾기가 힘들다. 그런데, 공교롭게도 장식과 함께 했던 독립운동가들 역시 장식과 같이 있었던 시기의 행적이 다른 시기에 비해 상대적으로 빈약하다. 예를 들면 이시영의 경우 그의 일대기 중에서 꼭 있어야 할 신흥강습소 자료가 흔치 않은 이유를 사학자들은 의구심을 갖는다.[69]

최근 들어 한국독립운동사에 아주 핫한 안동 내앞마을의 유학자 김대락의 백하일기[70]는 장식이 만주에 있었던 사실을 확인시켜 주었다. 백하일기(白下日記)는 안동의 유학자 김대락이 재외독립운동기지 건설을 위해 만주로 이주했던 시절에 쓴 일기이다. 백하일기의 역사적 가치는 사심 없이 사실 그대로를 기록함으로써, 이 당시 만주의 독립운동사를 정확하게 살펴볼 수 있는 매우 정확한 사료로 평가받고 있다. 만약 장식이 만주에서 이명을 사용하였더라도 김대락은 만주 이주 전 안동에서 서로 만났을 것으로 추측되며, 장식의 스승 주진수와 김대락은 혼인 관계[71]로 맺어진 일가친척이라 하니 가능한 일일 것이다. 그래서 김대락은 장식을 이명이 아닌 본명을 일기에 기록하였을 것이다.

1월 5일 따뜻함. (˜ 중략), 오후에 울진에 살던 주병륜과 장식이 다녀갔다.

---

69) 성재 이시영 선생 추모 60주기 추모학술회의 16쪽(신흥무관학교기념사업회, 2013.)과 신흥무관학교 기념단지 조성사업 타당성 용역 보고서 33쪽((주)프랜즈, 2014.)
70) 백하일기, 제5장 73쪽(김대락, 1912.) - 임자록(壬子錄) 또는 비망록이라는 91면의 일기임.
71) 일부의 기록에서 김대락과 주진수는 집안끼리의 혼인 관계로 맺어진 사이라고 한다. 하지만 주진수의 족보에서 아직 이러한 사실을 찾지 못하였고, 황만영은 혼인으로 형성된 관계가 확인됨.

백하일기는 그동안 장식과 관련된 자료들이 울진이라는 지역적 한계를 벗어나지 못하였으나, 일부라도 한국독립운동사에서 찾을 수 있는 계기가 되었다. 이는 장식의 묘갈문의 '영남에 유학하였는데'는 장식이 이명(異名)을 사용한 유무와 관계없이 김대락의 일기에 장식으로 기록이 되었다. 백하일기는 울진이라는 지역적 한계를 벗어나 장식을 평가하는 중요한 자료가 되며, 장식과 관련된 또 다른 기록인 최해의 회고록은 사료의 가치 측면에서 본인이 아닌 아들이 쓴 회고록이라는 점에서 아쉬움이 남는다.

셋. 논은 밭이 아니며, 방공호는 입구가 커야 한다

1897년 우리나라 최초의 교회인 정동교회(감리교)가 문을 열고 10년이 갓 지난 오지(奧地) 중의 오지인 행곡에 울진 최초의 교회[72]가 설립되었다. 한국침례교회사에 여섯 번째로 세워진 교회이고 보면, 행곡인들의 신앙심은 대단하였음을 짐작하게 한다. 그리고, 현재 남아 있는 구예배당은 1917년에 이축이 되어 100년의 역사가 넘는 문화재청 지정 등록문화재이다.[73]

【사진 3-9~10】 행곡교회 전경(좌)과 구예배당 전경(우)(송죽, 2023.)

행곡교회의 역사는 1907년 전도사 손필환이 방문하고, 1908년 11월 15일 창립자 전성수가 남규백의 초당채를 빌려 설립 예배를 시작하면서였다. 지금의 구예배당은 1917년 울진 읍성의 병사 숙소를 매입하여 행곡 1리 샘실 뜰(논)이 가운데 땅[74]에 이축하였다.

행곡교회는 전치규와 전병무 목사 그리고 남석천 성도 등 세 분의 순교자를 배출한 침례교회의 성지다. 한국 침례교회 순교자들은 한국전쟁 당시 공산당에 의한 순교자들이 대부분이지만, 전치규 목사는 이례적으로 1944년 함흥감옥에서 일제의 고문으로 순교하였다.

---

72) 소재지: 경상북도 울진군 근남면 행곡리 102-1
73) 대한기독교 침례교회의 구예배당은 2006년 경상북도 등록문화재 제286호로 지정됨.
74) 실제 이곳은 논 한가운데에 있는 작은 땅으로 직접 가서 보면 착각할 수 있는 은폐된 땅임.

【사진 3-11~12】 전치규 목사 순교비와 대한민국 근대문화유산 (네이버에서 퍼옴)

그런데 행곡교회는 다른 교회와 다른 특이한 점들이 있다.

첫째, 먼저 주택지가 아닌 습지인 논의 한가운데 건물을 이축하였다.

둘째, 습지로 여겨지는 구예배당 마루바닥의 아래 지하에 작은 기도실이 있다.

【사진 3-13~15】 행곡교회 은신처-마루바닥과 입구 및 내부(송죽 2019.)

기도실의 모양새를 보면 누가 보아도 한 명이 겨우 들어갈 입구다. 교회에서는 방공호라지만, 방공호면 입구가 아주 넓어야 하지 않는가? 장식의 손자 장학중의 증언에 의하면 타지에서 온 독립운동가들의 비밀 은신처였다 한다. 샘실 뜰의 인적이 드문 곳에 습기가 많은 논 위에 건물을 이축하고 세운 예배당의 지하에 은신처가 있었다고 누가 의심하였겠는가? 다시 말하면 건물을 이축한 후에 지하 벙커를 몰래 팠다는 결론이다.

의구심을 갖는 또 하나는 습지인 논의 한가운데 습기가 없는 곳을 누가 알았을까? 만약에 독립운동가들의 은신처였다면 교회의 존폐가 걸린 중요한 일로 비밀 유지가 우선이다. 그래서 영남에서 역학을 배우고 돌아온 장식이 의심스러운 대목이다.

장식은 행곡교회의 설립과 건물 이축 시에 적극적으로 개입하고, 많은 기금을 출연(出捐)하였다. 그런데 무슨 이유로 설립에 참여한 일부 인사들과 함께 행곡교회를 떠났다고 한다. 장식이 행곡교회를 떠난 자세한 이유를 후손들은 알 수 없었다. 다만, 장식이 뒷날 감리교 인사들과 접촉이 잦은 사실로 보아 종교적 세계관의 차이 또는 독립운동과 관련하여 교회를 보호하려는 신도들과의 이견 때문으로 추측했다.

그러나, 장식의 일대를 연구하면서 이 시기는 장식이 만주에서 돌아와 선일약국을 운영할 때이며, 군자금 전달책이 필요한 시기다. 교회의 은신처는 행곡교회의 존립에 대한 중요한 문제로 비밀이 유지되어야 하며, 계속하여 사용할 목적이라면 장식은 겉으로 교회를 떠나야 했을 것이다.

두 번째 의구심은 왜 감리교회가 아닌 침례교회인가? 이 당시 침례교회가 지방의 교회 설립에 많은 재정적 지원을 해줄 여건이 안 되었으며, 감리교에 비하여 독립운동과 다소 거리가 있었다. 필자가 2021년 조사 당시 침례교의 순교자 대부분은 6·25 전쟁 당시의 순교자들이었으며, 일제강점기는 3명의 순교자가 있었던 것이 확인되었다. 만약 행곡교회가 감리교단이었다면 일제의 감시에 자유롭지 않았으며, 침례교인 까닭에 일제의 감시가 느슨했던 점을 장식은 역이용한 것으로 보인다.

세 번째 의구심은 지하 기도실의 존재는 교회의 존폐와 관련된 중요한 사안으로 과연 교회가 도와주었을까? 신도들은 전혀 몰랐던 사실과 전치규 목사와 같이 일제강점기의 몇 안 되는 침례교 순교자가 행곡교회에서 나왔다는 사실은 교회가 도왔다는 증거이다.

일부 교인들이 한국전쟁 이후에 만들어졌다고 주장하지만, 단언컨대 교회의 기도실이 아니다. 그들은 일제강점기에 지하 벙커가 있었다는 사실을 몰랐을 것이다. 교회의 관계자는 인근의 영덕교회[75]도 행곡교회처럼 지하에 기도실을 둔 곳도 있다고 한다. 하지만 누가 논의 바닥에 땅을 파고 한 사람만 들어갈 기도실의 출입구를 은폐하면서 만들겠는가? 이는 비밀 벙커의 용도를 이해하지 못했거나, 행곡교회가 살기 위한 자구책 중 하나였을 것이다. 세상에 비밀이 없듯이 인근 교회의 지하 기도실이 일제강점기에 만들어졌다면, 만약 적발될 행곡의 지하 벙커에 대한 문제가 교회의 존폐에 대한 문제로 확산될 것을 염려한 안배로 보인다. 그래도 지하의 작은 벙커의 입구를 은폐하면서 만들지 않았을 것으로 행곡교회가 영덕지역의 교회보다 먼저 세워졌다.

지금의 지하 벙커는 한국전쟁 이후 시멘트로 벽을 보수하여 어느 정도 기도실의 형태를 갖췄지만, 교회의 위치와 은폐된 입구는 합리적인 의구심을 갖기 충분하다.

정리하면, 울진의 최초교회가 행곡에 있었고, 일제강점기에 한국침례교사에 특별한 순교자인 전치규 목사를 배출했으니, 행곡교회는 목회를 떠나 한국독립운동사에 올바른 평가를 받아야 한다.

【사진 3-16】 전치규 목사(디지털울진문화대전-울진군, 2023.)

75) 영덕읍교회는 1908년 12월에 화개교회로 설립하였고, 영해교회는 1919년 3월에 설립된 이 지역에서 가장 오래된 교회이다. 모두 대한예수교장로회(당시 대한예수교북장로회) 소속으로 행곡교회와 종파가 다르다. 앞으로 행곡교회와 함께 영덕지역의 교회사를 연구할 필요가 있음.

넷. 영남으로의 유학은 더 큰 세상을 위한 안배였다

스승 주진수는 신민회의 재외독립운동기지 건설을 위한 서간도의 사전답사를 다녀온 것은 사실이다. 신용하는 신민회의 재외독립운동기지의 건설을 위한 과정[76]에 대하여 다음과 같이 설명하고 있다.

> 신민회는 만주에 무관학교와 독립군기지를 만들기 위해 1910년 4월 안창호·이갑·유동열·신채호·김희선·이종호·김지간(金志侃) 등을 출국시켰다. **1910년 가을에는 이동녕 · 주진수 등이 만주 일대를 비밀리에 답사하여 후보지를 선정하고,** 1910년 12월부터 선발대인 이동녕·이회영 조가 비밀리에 독립군기지의 건설을 위한 단체 이주를 시작하였다.

신민회의 재외독립운동기지 건설에서 가장 큰 수학은 신흥무관학교의 졸업생들이 펼친 한국독립운동사의 큰 발자취라 하겠다. 이 중심에 아나키스트 우당 이회영과 그를 포함한 여섯 형제의 이야기가 장안의 화제이고 보면, 많은 이들은 주진수가 서간도의 답사를 어떻게 다녀왔는지는 관심이 없다. 그래서 한국독립운동사 연구에서 주진수 등의 역할은 관심에서 멀어진 느낌이다.

독립운동기지와 관련된 만주 답사의 시작을 1904년 이회영과 이동녕의 상동교회 및 상동청년학원을 중심으로 이상설을 간도 용정촌(龍井村)에 파견한 때부터라는 설과 곧이어 이동녕과 여준이 1906년 서전서숙(瑞甸書塾)을 건립한 시기를 만주 답사의 시작이라고 주장하는 설도 있다. 그러나, 본격적인 만주 독립운동기지의 건설 계획은 1907년 신민회가 결성된 이후 조직적으로 전개된 것으로 보는 것이 타당하다.

1910년 가을(11월~12월)로 추정되는 주진수의 재외독립운동기지 답사가 자비로 다녀온 것이 사실이라면 다음 두 가지의 중요한 의미를 찾을 수 있다.

> 첫째, 이회영이 1910년 8월 하순에 이동녕과 장유순 그리고 이관직과 함께 지물(紙物) 장수 보따리를 짊어지고 압록강을 넘어 만주 일대를 답사하고 돌아온 뒤에 주진수의 답사가 이루어진 사실이다. 이는 일부 신민회 회원들은 1차 만주 답사의 결과 보고에 대한 만주 이주의 확신이 없었다고 판단된다.

> 둘째, 주진수의 만주 답사 이후 안동의 유학자 김대락과 이상룡 등은 답사 보고를 듣고 일언지하(一言之下)에 만주행을 강행한 사실이다. 이는 앞서 다녀온 일행들의 보고 사실에 만주 이주에 대한 확신이 없었던 신민회 회원들이며, 이들의 요청으로 다녀왔을 것으로 추정된다.

---

76) 신민회의 결성과 활동(신용하, 1997. 민족문화대백과사전)

위 가정을 간략하게 정리하면, 주진수는 이회영 일행의 답사 이후 일부 확신이 없었던 신민회 회원들의 요청으로 최종답사를 다녀온 것으로 보인다. 신민회의 공식적인 답사였는가의 여부는 확인할 수 없으나, 주진수의 답사 이후 안동의 유학자들을 대표하는 김대락과 이상룡은 바로 이주를 결심하고 실행에 옮겼다. 이는 안동의 유학자들은 이회영 일원의 만주 답사에 대한 믿음이 부족하여 주진수에게 요청했을 가능성이 있다. 그렇다면 주진수는 안동 유림의 지원을 받아 다녀왔을 가능성이 농후하다. 이러한 추정은 주진수의 서울 소식을 듣고 노구(老軀)를 이끌며, 일사천리로 만주행을 실행한 안동 유림의 확신에서 확인된다.

여기서 주목해야 할 또 하나의 물음은 주진수의 마지막 만주 답사에 장식이 수행했을 것으로 추측된다. 이는 영남에서 역학(易學)을 배워 오도록 한 장본인이 주진수이고, 장식은 주역에 통달한 신동이 아닌가? 그래서,

어쩌면 영남 유학은 더 큰 세상을 위한 스승 주진수의 안배일 것으로 추측된다.

주진수의 만주 답사는 자비로 다녀온 여부와 관련이 없이 한국독립운동사에 중요한 역할을 했음에도 이회영 일가에 가려져 제대로 된 평가를 받지 못하였다.

이제라도
울진독립운동사의
체계적인 조사와
연구를 통하여
울진인들의 정체성을 찾아
그들이 한국독립운동사에
끼친 사실에 따라
올바른 평가를 받을 수
있도록 해야 한다.

【사진 3-17.】 행곡교회(행곡침례교회) 위성사진(다음 지도, 2023.)[77]

77) 행곡 1리 샘실 마을의 앞에 있는 작은 평야 지대의 가운데 위치한 교회는 어렴풋이 보면 논의 가운데 교회가 있는 지형으로 자세히 관찰하지 않으면 논으로 착시현상을 갖게 하는 곳임(다음 지도, 2023.).

【한사이 3.】 행곡교회 전경 - 샘실마을의 뜰 가운데에 서 있는 교회의 전경[78] (송죽, 2023.)

---

78) 한 장의 사진 속 이야기 3. - 조용한 한국의 마을 전경이다. 기름진 샘실 뜰은 행곡인들의 경제적 여유
를 주었고, 자손들에게 새로운 학문을 접하는 기회를 제공하였다. 그런데 이 뜰 가운데는 목숨을 건 선조
들의 비밀이야기가 전해오며, 비밀이 지켜질 때 비밀일 수 있음에 지금까지 논쟁 중이다. 행곡교회의 지하
벙커는 방공호가 아니며 절대 기도실도 아닌 독립운동의 비밀 아지트였음.

제 4 장

독립운동의 서막 – 자신(自新)하다

1. 자신(自新)은 나 스스로 이기는 힘을 기르는 것... 59

하나. 빼앗긴 국권회복운동에 나이는 문제가 되지 않는다... 60

둘. 만흥(晚興)은 조국 독립의 그날에 취할 흥겨움이다.... 62

셋. 울진의 정기는 남수산을 감돌아 매화 뜰에 꽃피운다... 63

넷. 만흥은 자신(自新)으로 새롭게 거듭난다.... 64

다섯. 최고의 민족자본은 교육(教育)이다... 69

2. 신교육(新教育)의 실력양성은 나라의 병을 고친다... 73

하나. 경신(儆新)은 '새로운 것을 깨치는 것'... 75

둘. 경신(儆新)은 울진에서 꽃을 피우다... 79

四吾堂各題(사오당각제) 4. **送吾年**(송오년)[79]

나의 일생을 보내며

장만시 글, 전광홍 譯

靜裏優遊五十年　　靜心工夫를 한 오십년 하다 보니
時隨啼鳥任蹁躚　　때로는 새울음 따라 깊이 빠져본다네
江山日月閒長臥　　江山과 日月에 따라 한가히 누었으니
榮辱無心學鷺眠　　榮辱에 무심한 鷺眠[80]을 배우겠네

【ima-4.】 한강 – 한상일 2022.

---

79) 송오년(送吾年)은 장만시(張萬始, 1696~1769.)의 무위자연설과 같은 도가의 삶을 엿 볼 수 있는 시(詩)임.
80) 鷺: 해오라기 로, 眠: 잠잘 면

1. 자신(自新)[81]은 나 스스로 이기는 힘을 기르는 것

신민회는 1907년 4월에 조직되어 국권 회복을 목적으로 교육을 통한 실력 양성을 도모하고자 전국에 근대식 학교를 세운다. 울진 최초의 근대식 학교인 '만흥학교'도 백운 주진수가 중심이 되어 1907년 10월 울진군 매화면 매화리에 설립이 되었다.

장식(張植)은 14~15세에 영남에서 역학을 배우고 돌아와 만흥학교의 개교까지 2년의 기간은 행적이 묘연하다. 묘갈문의 기록에는 없으나 이 시기에 결혼을 한 것으로 보이며, 장식의 첫 부인 유씨(劉氏)[82]가 1907년 5월에 방년 18세의 나이에 졸(卒)한 기록을 족보에서 찾았다. 그러나, 언제 결혼했는지는 확인할 수 없다.

첫 부인 유씨(劉氏)는 울진 최대의 거부인 말루 유부자의 친조카이다. 유재업(劉載業)[83]의 조카사위라는 이유만으로 당시 울진 사회에서 어린 장식의 위상이 어떠했음을 미뤄 짐작할 수 있다. 그런 조카가 꽃을 피우기도 전인 방년(芳年) 18세의 나이에 유명을 달리했으니, 유씨 일가의 슬픔은 무슨 말로 설명하겠는가? 이런 사실로 울진지역에서 두 가문 사이에는 보이지 않은 장벽이 가로막혀 있었다.

유씨 부인은 행곡리 금산 자락에 묻혔고, 세월이 흘러 장식(張植)이 죽자 유씨 묘역의 지척에 안장되었다.

유씨 부인에게 자손이 없었다. 하지만, 성묘 때면 다른 조상에 비해 부족함이 없도록 준비하던 손주며느리의 정성이 떠오른다. 세월이 흘러 말루 유부자의 원손이 갖고 있던 북면 하당리의 작은 야산을 손주며느리가 매입하고 당신의 남편이 묻히니, 내력을 아는 이는 두 집안의 '결자해지(結者解之)'라 하였다.

【사진 4-1】 유재업 가옥(김진문 2007.)

손주며느리는 세월이 흘러 거동이 힘든 아흔의 나이지만, 할머니의 극락왕생을 위하여 얼마 전 구인사에서 천도제를 올렸다 한다. 일백 년의 세월이 흘러도 변함없는 손주며느리의 마음에 왠지 가슴이 저려 온다.

후일 유씨 부인의 사촌 유문종이 장식을 도와 울진제동학교의 설립 시 사재를 내어 기부하니, 누구에겐 적은 돈이 남들에겐 큰 힘이 되어 민족사학의 발판을 만들게 된다.[84]

---

81)「대한신민회 통용장정」제2장 제1절의 목적을 스스로 이기는 힘인 '자신(自新)이여야 한다'로 규정함
82) 강릉유씨(1890~1907.), 부친은 재천(載天)이고, 조부는 한열(翰烈)이며, 증조부는 흥철(興喆)이다. 외조부는 김해 김창열(金昌烈)이시니 꽃도 피기 전인 방년 18세의 나이에 세상을 떠났음.
83) 유재업(劉載業, 1845~?), 큰아들은 유문종이고 셋째 손자 유영국은 한국을 대표하는 추상 화가임.

하나. 빼앗긴 국권회복운동에 나이는 문제가 되지 않는다

장식의 묘갈문에 기록된 10대 후반의 행적을 울진장씨 대동보(大同譜)의 원문과 국역을 두 편으로 나눠 옮겨본다.

『弱冠入朱白雲鎭壽晩興學校 (奮發義氣求助近遠而興起者多)』

【(나이) 스물에 주백운(朱白雲) 진수(鎭壽)의 만흥학교에 들어가 (의기를 분발하여 원근에 가서 원조를 구하니 흥기하는 자가 많았다.)】

만흥학교는 1907년 10월경 개교하며 이때 장식은 18세의 나이다.[85] 18세의 나이는 중학교 과정의 학생 나이로는 어리지 않다. 그럼 '약관(弱冠)'의 나이에 주백운 진수의 만흥학교에 들어가~'의 '약관(弱冠)'은 학생의 신분이 아닌 사실을 반증한다.

그동안 만흥학교의 설립과 관련하여 울진군지[86]에 의하면,

1907년 10월에 영동(嶺東)의 신교육을 발전시킨 신민회(新民會) 강원도 대표이며 독립협회 회원인 동시에 관동학회 회원인 백운(白雲) 주진수(朱鎭洙)가 구국의 원대한 대의(大義)를 품고 지방의 인재 양성을 통한 신문명을 보급하기 위해 **남상정(南相禎)·주병웅(朱秉雄)·곽종욱(郭鐘郁)·전오규(田五奎)·최정순(崔正淳)·진규환(陳奎煥)·전주석(田周錫)** 등과 같이 울진 최초의 매화만흥학교(梅花晩興學校) 설립을 발기하고, 애국 동지인 국오(菊嗚) 황만영(黃萬英)이 사동(沙銅)에 대흥학교(大興學校)를 설립하였다.

라고 기록되어 있다.

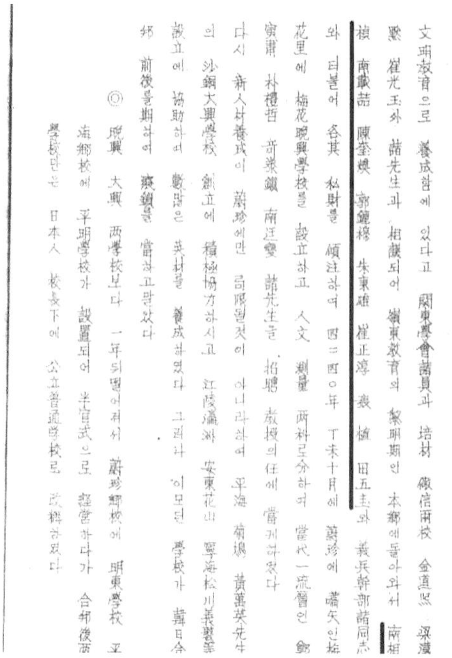

【사진 4-2】백운선생실록 14쪽(전영경, 1959.)

---

84) 유문종(劉文鍾, 1866~1951.) 1925년 민족정신 함양과 인재육성(人材育成)을 위한 울진제동학교(蔚珍濟東學校) 설립에 거금(巨金) 일천 원(당시 농우(農牛) 1마리 20원)을 기부하였음.
85) 여기서 나이는 묘갈문의 작성 당시의 만 나이가 아닌 통상 집에서 부르는 나이로 표기함.
86) 울진군지. 2-7-2 일제의 침략과 식민지 체계의 기반 구축(울진군. 2001.)

 문제는 이 당시 울진군지의 기초 자료가 되었던 백운선생실록[87]의 내용 중에서 남재철과 장식의 이름이 누락 되었다. 같은 자료에서 인용하면서 두 사람이 빠지게 된 이유는 무엇일까? 만흥학교의 설립과 관련하여 백운선생실록의 내용을 옮겨보면,

> '(중략) 영동교육(嶺東敎育)의 이명기(梨明期)인 본향(本鄕)에 돌아와서 남상정·**남재철**·진규한·곽종욱·주병웅·최정순·**장식**·전오규와 의병간부제동지(義兵幹部諸同志)와 더불어 각기(各其) 사재(私財)를 경주(傾注)하여(이하생략)'

 필자는 울진군지(蔚珍郡誌)를 다시 편찬한다는 소식을 접하고 그동안 새롭게 조사된 사실들을 해당 편찬위원회에 제출하였다. 비록 일부이지만 2022 울진군지에 반영된 것을 확인하였다. 이 중에서 다행스러운 일은 만흥학교의 설립자 명단에 빠진 두 사람의 자리를 제대로 찾아 줌으로써 울진의 정체성을 찾을 수 있는 길이 열렸다.

 혹자는 만흥학교 설립의 참여가 뭐 그렇게 중요하다며, 야단법석을 떤다고 눈살을 찌푸리기도 하였다. 이는 울진의 근현대사에 중심이었던 주진수를 제대로 알지 못한 이유이며, 그도 그럴 것이 주진수는 1911년 1월경(양력) 만주로 이주한 후에는 울진에서 행적을 찾을 수 없기 때문이다. 하지만 그의 사상과 철학은 제자이자 비서인 장식에게 투영되어 울진에서 살아 숨 쉬고 있었다. 이런 이유로 만흥학교의 설립 과정은 울진인의 정체성을 확인할 수 있는 중요한 자료가 되기 때문이다.

 주진수가 펼친 독립운동의 근간(根幹)은 신민회의 자신(自新)으로 학교설립을 통한 민족자강(民族自强)의 정신은 울진의 장식을 통하여 울진강습소와 울진제동학교로 발전하며 울진독립운동사에 큰 영향을 주었다.

 장식이 그동안 만흥학교의 설립자에서 누락 된 것은 어린 나이와 주진수와의 특별한 사제 관계 때문으로 '약관(弱冠)'을 잘못 해석한 것으로 풀이된다. 실제 만흥학교의 제자들은 나이가 많은 이도 있었지만, **중학교의 교육과정에서 18세는 절대 약관(弱冠)이 아니며, 장식은 당당한 만흥학교 설립자의 한 사람이었다.**

 어린 나이임에도 불구하고 빼앗긴 조국의 국권 회복을 위한 장식의 첫 발걸음은 제대로 평가받아야 한다.

---

87) 백운선생실록, 14쪽(전영경, 1959.), 2005년에 주진수의 후손 주극중이 필사본을 제작함.

둘. 만흥(晩興)은 조국 독립의 그날에 취할 흥겨움이다

만흥학교(晩興學校)의 만흥(晩興)은 무엇인가?

회제(晦齊) 이언적(李彦迪)[88]의 만흥은 '저녁의 흥취'라 했다. 유배 시절을 석양을 바라보고 하루를 마무리하며 흥에 취했다. 서애(西厓) 유성룡(柳成龍)[89]은 정자에 앉아 세상을 바라보니 희뿌옇던 안개가 사라지며 향기롭고 꽃다운 풀이 봄날 강변에 지천으로 드러나는 풍경을 바라보며 노년을 보냈다는 정사만흥(精舍晩興)에서 '때늦은 만년(晩年)의 흥치'를 표현했다.

그럼, 주진수의 만흥(晩興)은 무엇인가?

학교의 이름은 대체로 지역의 이름을 따라가거나 설립 이념을 표현한다. 만흥(晩興)이 지역명이 아니라면 어떤 설립의 의미를 담았을까? 하지만 주진수의 만흥을 우리는 정확게 알지 못하였다. 어쩌면 그동안 우리는 찾으려 노력조차 하지 않았다.

만흥학교를 이해하려면 백운(白雲) 주진수(朱鎭洙)와 신민회(新民會)를 살펴보아야 한다. 주진수는 독립협회와 관동학회[90]의 회원으로 활동하다 신민회(新民會)에 가입하여 재외독립운동기지의 건설을 위한 강원도 대표를 맡았다.

신민회는 교육으로 신지식을 습득한 민족 간부들을 양성하여 국권회복운동을 전개하고자 한 단체였다. 국권회복운동의 출발은 '자신(自新)'으로, 민중 스스로 이기는 힘을 키우기 위해 신교육(新敎育)을 배워야 하며, 이를 위한 역점 과제로 학교를 설립하였다. 이에 만흥학교도 신민회의 결성 이후인 1907년 10월에 개교한다. 결국 만흥학교의 설립 목적은 잃어버린 국권을 회복하는 것에서 시작하여 훗날 조국의 독립에 있었다.

만흥의 만(晩)[91]은 또 다른 사전적 의미인 '끝' 또는 '시간상의 끝'의 뜻을 품고 있다. 주진수의 만흥을 정확히 알 수 없으니 잠시 눈을 감아 과거로 돌아가 보라! 나의 만흥(晩興)은 국권 회복의 끝인 조국 독립을 쟁취한 그날의 감격이 '흥(興)'으로 돌아오니 가슴이 북받쳐 오른 기쁨이 느껴진다.

그렇지만 아직도 우리는 주진수의 만흥(晩興)을 정확히 알지 못하며 짐작만 할 뿐이다.

---

88) 회제(晦齊) 이언적(李彦迪, 1491~1553), 시호는 문원(文元). 조선시대 최초의 철학적 사유인 태극 논쟁을 벌인 성리학의 거두로 이선기후설(理先氣後設)과 이기불상잡설(理氣不相雜說)을 강조하는 사상을 확립했으며 이는 이황에게 계승되어 영남학파의 근간이 되었음.
89) 서애(西厓) 유성룡(柳成龍, 1542~1607.), 시호는 문충(文忠). 조선 중기의 문신이며 서예가임.
90) 관동학회는 1907년 7월 동도흥학회(東道興學會)로 발족해 1908년 3월 관동학우회로 발전하였고, 곧 관동학회로 개칭한다. 서울에 중앙회를 두고, 각 지역에 지회를 설립한 애국계몽운동 단체임.
91) 晩: 저물 만, 저물다, 해 질 무렵, 늦다, 때가 늦다, 끝, 시간상의 끝의 뜻이 있음.

셋. 울진의 정기는 남수산을 감돌아 매화 뜰에 꽃피운다

설립 과정과 관련하여 또 하나의 궁금증은 왜 매화리에 울진 최초의 근대학교를 세웠을까? 라는 의문이다. 주진수의 고향인 죽변면의 후정리나, 군 소재지의 읍내에 학교를 설립하였다면 이렇게 궁금하지 않았을 것이다. 그런데 매화리에 학교를 세운 이유는 무엇일까?

매화리에는 남수산(嵐峀山)이라는 명산이 있고, 산자락의 아래는 대의(大儀)를 위해 능히 곳간을 내어 줄 종가(宗家)들이 자리 잡고 있었다.

남수산은 격암(格庵) 남사고(南師古)가 학문을 닦았던 곳이며, 임진왜란 때 일본의 고승 현소(玄蘇)가 조선의 정기를 막기 위하여 쇠말뚝을 봉우리에 박았다는 울진 사상의 원류인 주산(主山)이다.

그리고, 남수산 아래에 파평윤씨·강릉최씨·담양전씨의 종가(宗家)와 울진장씨·영양남씨·신안주씨 등의 집성촌이 있었다. 이들은 주진수와 쉽게 의기투합하며 학교설립에 자신들의 자산을 내어 주었던 의기 넘치는 유가의 가문으로써 학교설립에 참여한 이들은 자신들의 가문을 대표하고 있다. 그리고, 1939년 중학교 과정의 울진공립농민학교(후일 울진공립여자실천학교로 변경됨)가 매화리에 설립된 것도 우연이 아니다.

산은
내 앞에
있는 것이 아니라
내 안에 있다. 유영국

【사진 4-3~4】남수산[92] 전경 (스토리울진, 2023.) / 산[93] (유영국, 유영국미술문화재단 제공 2023.)

백운선생실록에 학교의 설립자 및 수학생 62명의 명단[94]이 기록되었고, 북로군정서 사령관인 최해의 해고록에 일부의 명단이 확인되었다. 만흥학교의 출신들은 주진수와 함께 만주로 이주하여 조국의 독립을 위해 헌신하시다 순국한 사람과 울진에 남아 울진청년회와 신간울진지회를 통하여 민중계몽 및 독립운동을 실천한 이들이 대부분이다.

---

92) 매화면 매화리의 남수산은 만흥학교의 뒤편에 병풍처럼 자리 잡은 한국의 명산임.
93) 유영국미술문화재단으로부터 제공(허가)을 받아 수록함.
94) 만흥학교 졸업생 또는 수학자 명단은 이외 다수의 사람이 확인되고 있어 추가 조사가 필요함.

넷. 만흥은 자신(自新)으로 새롭게 거듭난다

만흥학교의 교육과정은 지금의 중학교 과정으로 설립되었으며, 인문과 측량의 두 교과[95]를 가르쳤다. 만흥학교에 대한 기록의 특이한 점은 이 당시에 현재의 지역 중심 거점학교 교육과정을 실천하고 있었다는 사실이다.

먼저 인문 교과에 대한 자료를 울진군지에서 찾아보면,

> 당시 국내 최고의 애국 계몽가였던 정인숙(鄭寅肅)·기태진(奇泰鎭)·남정섭(南廷燮)·박예철(朴禮哲)을 초빙하여 양교(兩校)에서 강의하도록 하였다.

여기서 양교(兩校)는 만흥학교와 사동(沙洞)의 대흥학교(大興學校)이며, 두 학교는 이렇게 교육과정을 공유하고 있었다.

주진수의 적극적인 권유와 지원으로 세워진 황만영의 대흥학교이고 보면 만흥학교의 교육과정을 공유하는 것은 특별한 일이 아닐 것이다.

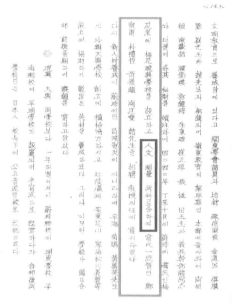

【사진 4-5】백운선생실록 14쪽(전영경 1959.)

다음으로 측량 교과에 대한 자료는 울진군지 등에 그 기록을 찾지 못하였다. 이 당시 측량 교과와 같은 신학문(新學文)을 지방의 학교에서 교육과정으로 편성한다는 것은 쉽지 않은 선택이다. 그리고, 측량 교과의 강사를 구할 수도 없을 시기에 지방의 작은 학교에서 감당할 운영비는 어떻게 마련하였는지 궁금하지 않을 수 없다.

그런데 백운선생실록과 울진군지에 의하면 주진수는 가까운 울진의 사동과 영해의 병곡뿐만 아니라 안동과 강릉에까지 학교설립을 지원한 것으로 기록되었다. 측량학과의 관련된 자료는 안동의 '화산의숙(花山義塾)' 설립자인 이익구(李翊九)[96]의 기록에서 찾았다. '일본인 2명의 측량 관련 교사를 초빙하였으나, 경술국치(1910년) 후 일본으로 돌려보내고 학교를 폐교 하였다'[97]는 내용은 몇 가지의 사실을 추정케 한다.

---

95) 백운선생실록 14쪽(전영경, 1959.)과 울진군지(울진군, 2001.).
96) 이익구(李翊九, 1838~1912.). 자는 능백(能伯)이고 호는 항제(恒齊), 밀양인으로 '화산의숙' 설립자임.
97) 정헌 이종상 문인록(네이버 2020.).

하나. 측량 교과에 대한 구체적 사실은 그동안 측량 교과가 만흥학교의 교육과정에 적용되어 실천되었는가의 사실에 대한 진일보한 자료가 되었다.

둘. 화산의숙은 1910년 경술국치 후 학교를 폐교하였다는 사실은 모범이 되었던 만흥학교의 폐교가 결정적인 이유로 추정된다.

셋. 폐교된 이유에 대하여 자세한 설명은 없으나, 또 다른 사실인 설립자 이익구는 폐교 후 두문불출한 후 졸(卒)하였다는 기록이다. 이는 만흥학교와 같이 만주 이주 때문에 폐교가 된 것이 아닌 자립으로 측량 교과를 운영할 수 없었던 이유가 원인으로 판단된다. 일부의 기록에 석주 이상룡과 김월송[98] 등이 화산의숙 관련자로 만주 이주에 함께한 것으로 기록된 사실은 추후 연구를 통하여 살펴보도록 한다.

넷. 만흥학교의 폐교가 화산의숙의 폐교로 이어졌다면 이 당시 주진수의 역량이 어느 정도인지를 가늠할 수 있다.

또 다른 관련 자료는 영해의 안동권씨 종중(宗中)이 1909년 3월 7일경 설립한 녕동학교(寧東學校)의 교육과정에서 찾을 수 있다.

대한매일신보[99]는 '경북 영해군에 사는 권순모씨가 자기의 종중과 협의하고 녕동학교를 설립하였는데 측량과를 먼저 가르치고 심상고등과를 또 교수하기로 교섭 중이라 하더라'라고 보도하였다.

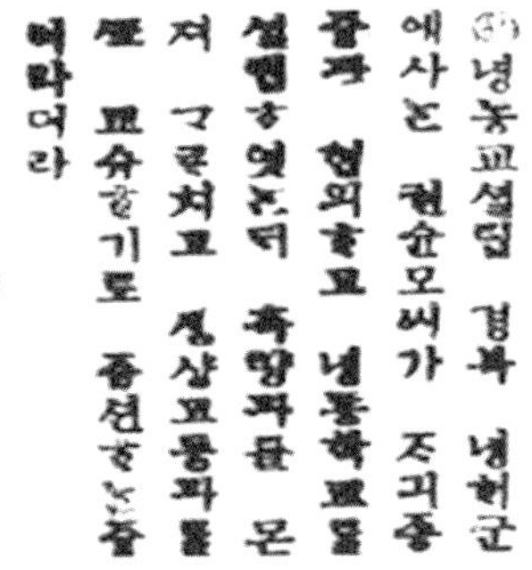
(잡) 녕동교셜립 경북 녕해군
에사ᄂᆞᆫ 권슌모씨가 ᄌᆞ긔종
즁과 협의ᄒᆞ고 녕동학교를
셜립ᄒᆞ엿ᄂᆞᆫᄃᆡ 측량과를 몬
져 ᄀᆞᄅᆞ치고 심샹고등과를
또 교슈ᄒᆞᆯ기로 쥬션ᄒᆞᄂᆞᆫ즁
이라더라

【사진 4-6】 녕동학교 설립 보도(대한매일신보, 1909.3.7.)

얼마 후 녕동학교는 1910년 측량과를 폐강하고 심상고등과를 중심으로 대제학교(大濟學校)로 이름을 바꾼다. 녕동학교의 측량과에 대한 영덕군의 평가는 '교사 수급 등 지역적 한계성을 극복하지 못하여 제대로 운영이 되지 않았다' 하였다. 결국 녕동학교의 측량과는 교사 수급의 문제로 제대로 운영하기가 어려웠던 것으로 판단된다.

한시적인 녕동학교의 정체성을 찾기 위하여 근현대사의 영덕지역 사립학교들의 일람을 살펴보았다.

---

98) 김월송(1877~1950.), 경북 안동 출신 의병가, 상해임시정부 참여, 만주 정의부 교육회장, 삼원포 독립군 군관학교 교관, 1948년 월북, 애국투사후원회부위원장을 역임함.(조선향토백과사전)

99) 녕동학교(寧東學校) 설립 보도(대한매일신보, 1909.3.)

학교명	지역	연도	설립자·주도자	교육과정	출전
장사학교	남정면	1908	장사교회	미상	• 영덕군지(2002)
爲山學校	축산면	1909.5.	김유진 외 34	미상	• 대매 1909.3.14. • 황성 1909.3.15.
寧東學校	병곡면	1909	안동권씨 종중	• 측량과 • 심상고등학과	• 대매 1909.3.7.
협창학교	영해면	1910.6.	남세혁(?) 등	미상	• 영덕군지(2002)
大濟學校	병곡면	1910	權寧鎬	미상	• 황성 1910.3.22.
一新義塾	지품면	?		미상	• 영덕군지(2002)
盈新學校	영덕읍	?		미상	• 영덕군지(2002)

【표 4-1】 한말 영덕지역 사립학교 일람(영덕군·영덕문화원 2019.)

위의 내용을 살펴보면 녕동학교는 만흥학교가 1907년 10월에 설립된 후 1년 5개월이 지난 1909년 3월에 개교한다. 그리고, 만흥학교의 폐교와 같은 시기에 녕동학교의 측량 교과가 폐강되는 공통점이 있다.

다른 점으로는 만흥학교는 만주로의 이주에 의한 폐교가 결정적인 이유라면, 녕동학교의 측량 교과는 화산의숙처럼 자립으로 운영할 수 없었던 까닭이다.

그동안 만흥학교와 주진수의 기록에서 녕동학교와 관련된 내용을 찾지 못하여 두 학교의 연계성을 확인하지 못하였는데, 영해의 송천의숙(松川義塾)을 조사하는 과정에서 송천정사(松川停舍)를 교실로 함께 사용한 사실을 찾았다.

송천의숙은 주진수의 제자 곽무100)와 장식이 교편을 잡은 곳으로 녕동학교와 같은 건물을 사용하고 있었다면 만흥학교와 교육과정을 공유했을 것으로 추정된다.

일단 녕동학교의 측량교과에 대한 설명은 접어 두고, 우리의 근대 측량은 언제 시작되었는지 알아볼 필요가 있다.

【사진 4-7】 송천정사(독립기념관 국가수호사적지)

가장 앞선 기록은 1896년 한성판윤 이채연이 주도한 한성부 도시개조사업 당시에 측량이 이루어진 사실은 이 시기부터 근대식 측량이 시작된 것으로 추정한다.

---

100) 곽무(郭武, 1889~1920.) 이명는 곽종목이다. 울진 근남면 구산리 출생. 만흥학교를 졸업하고 영해 송천의숙(松川義塾)에서 교사로 활동하다 1910년 만주로 이주함. 신흥무관학교를 졸업하고 1915년 이후 부민단(扶民團)과 한족회(韓族會)에서 활동함. 육영소학교(育英小學校) 교장으로 활동하던 중 1920년 11월경 일본군에 의해 순국함. 젊은 나이에 사망한 곽무는 1999년 정부로부터 건국훈장 애국장에 추서됨.

근대 측량과 관련하여 두 번째 기록은 1898년 양지아문[101]의 수기사로 미국인 크럼 (R.E.Krumm)이 초빙될 당시 20명의 견습생이 배출되었다. 그리고, 세 번째 기록은 측량 기술을 가르친 서울의 사립 흥화학교(興化學校)[102]의 졸업생 80명을 중심으로 양지 아문에서 7개월의 교육과정을 거쳐 측량기사로 배출한 사실이다. 하지만, 모두 한성부 도시계획 설계보다 늦은 기록들이다.

특히, 주목할 사항은 양지아문이 폐지된 이후에 측량 교과는 뜻있는 선각자들의 노력으로 일부 중학교 교육과정에서 명맥을 유지하였다. 그 대표적인 사례가 1900년대 측량 기술교육을 주도한 서울 종로구의 흥화학교다. 흥화학교는 민영환이 설립하였으며, 경북에 2개의 지부를 두었다. 하나는 대구의 흥화학교이며, 또 다른 하나는 안동의 지부로이 지역의 최초 근대학교였다고 한다. 하지만, 안동 최초의 근대식 학교는 협동학교(協東學校)이며, 지금까지 밝혀진 17개 교육과정[103]에서 측량과목에 대한 기록은 찾을 수 없어 앞으로 조사가 필요한 부분이다.

만흥학교의 측량과도 이런 역사적 사실을 배경으로 1907년 10월에 개설되었다. 그런데, 주진수와 관련하여 서울의 측량 실업학교인 '영돈측량학교(永敦測量學校)'[104]에 대하여 알아볼 필요가 있다. 영돈측량학교는 안동권씨(安東權氏) 종중에서 문중(門中)의 자제들에게 측량 기술을 가르치기 위해 1908년 11월 광화문에 설립한 학교이다. 영해의 녕동학교 역시 안동권씨 종중에서 1909년 3월에 설립한 학교이며, 두 학교는 같은 맥락에서 설립된 것으로 보인다.

그런데 영돈측량학교의 측량과는 정상적인 교육과정이 운영된 것으로 보이지만, 폐교와 관련된 기록은 없다. 녕동학교 측량과는 폐강 시기로 보아 영돈측량학교의 폐교가 직접적인 원인이 아닌 것으로 보이며, 다음과 같은 가설을 가능하게 한다.

하나. 어쩌면 영돈측량학교와 녕동학교는 만흥학교와 교사 인프라를 함께 공유하였다. 주진수는 만흥학교 측량과의 운영에 어려움을 극복하기 위해 서울의 안동권씨 문중을 설득하여 영돈측량학교의 설립에 간여하였다. 그리고, 울진에서 가까운 영해의 병곡에 녕동학교를 설립하게 하여 만흥학교 측량과와 교사 인프라를 공유하게 된다.

---

101) 양지아문은 대한제국 때의 탁지부에 속하여 토지측량의 일을 맡아보던 관청. 광무 2년(1898.)에 설치가 되었지만, 광무 6년(1902.)에 지계아문과 통합됨.
102) 흥화학교(興化學校)는 민영환(閔泳煥)에 의해 설립된 근대사립학교이다. 심상과(尋常科)·특별과·양지과(量地科)로 나누고, 영어·일어·측량술을 가르쳤다. 민영환이 사망한 후 경영이 곤란하였으나, 황실과 학부(學部)의 보조와 유지들의 의연금으로 명맥을 유지하다가 1911년에 폐교가 됨.
103) 협동학교는 안동 최초의 근대식 3년제 중등교육 기관으로 전체 3년 과정 가운데 현재 전해지고 있는 2학년 교과 과정은 17개의 과목(수신·국어·역사·지리·외국지지·한문·작문·미술·대수·지리·체조·창가·화학·생물·동물·식물·박물 등)으로 구성되었는데, 측량과는 확인되지 않았음.
104) 영돈측량학교는 안동권씨(安東權氏) 종중에서 문중(門中)의 자제들에게 측량 기술을 가르치기 위해 1908년 11월경 한성에 설립된 사립 실업교육 기관임.

둘. 녕동학교는 서울 종중의 지원으로 송천정사를 교실로 함께 사용했던 송천의숙
으로부터 교육과정을 공유하고 만흥학교의 교육과정을 벤치마킹하여 설립했다.

셋. 주진수는 이 당시 서울에 중앙회를 둔 관동학회의 회원으로 활동하면서 만흥
학교 교사 초빙을 위하여 서울 생활이 잦았다. 주진수는 재력이 있는 서울의
안동권씨 종중을 설득하고 의기투합하여 광화문에 영돈측량학교를 설립한다.
그리고, 만흥학교와 가까운 곳인 영해의 병곡에 안동권씨 종중에서 운영하는
녕동학교를 설립함으로써 측량과의 교사를 두 학교가 공유하려고 하였다.

이런 가설의 근거로 첫째, 주진수는 안동의 유림과 밀접한 관계를 유지하고 있었으며,
영돈측량학교의 설립은 만흥학교보다 1년 늦게 설립된 사실이다. 둘째, 안동권씨의 본
향인 안동의 종중에는 측량 교과와 관련된 학교의 설립이 확인되고 있지 않다. 하지만,
안동의 화산의숙이 안동권씨 종중과 연계되었는가는 계속 조사할 필요가 있다. 그리고
실제 녕동학교의 측량과는 수업을 몇 번 하지 못하였다고 한다.

최근 울진의 자료에서 만흥학교 측량과의 기록을 찾았다. 경상북도 독립기념관 국가공
훈록의 독립운동가 전재호[105]의 기록에서 '(중략) 이후 고향으로 돌아와 매화리 만흥학교
에서 측량학을 공부함'이라는 사실의 짧은 기록은 만흥학교의 측량과는 실제 교육과정
에서 운영되었다는 사실의 진일보한 자료가 된다.

하지만, 이렇듯 측량에 대한 시대적 필요성을 예측하고 교육과정에 편성한 이들의 역
사적 평가는 곧 있을 조선총독부의 토지조사사업으로 토지측량이 계획된 사실로 미뤄
시대를 통찰한 이들의 안목과 실천력을 주목해야 하는 이유다.

참고로 일제강점기 울진군의 보통학교 현황을 살펴보면 다음과 같다.

학교명	지 역	연 도	대표 설립자	비 고
만흥학교	매화면 매화리	1907년 10월	주진수	1910년 국취 시 일본 관헌에 의하여 폐지
대흥학교	기성면 사동리	1908년 4월	황만영	1910년 국취 시 일본 관헌에 의하여 폐지
명동학교	울진읍 읍내리 향교	1908년 9월	준공립	1912년 울진공립보통학교로 승격
평명학교	평해읍 평해리 향교	1909년 3월	준공립	1912년 평해공립보통학교로 승격
정명학교	기성면 정명리	1911년 4월	지방유지	1912년 운영난으로 폐지
제동학교	울진읍 읍내리	1922년 4월	지방유지	1943년 일제에 의해 강제 폐교, 울진보통학교로 병합[106]

【표 4-2】일제강점기 울진군의 보통학교 현황(울진군, 2001.)

---

105) 전재호(田在浩, 1883~1967. 이명은 전세호·전동배. 울진 북면 부구리 출신 독립운동가). 1907년 신돌석 의
병장이 울진 수복을 위해 공격할 때 분진의 선봉장으로 1990년 건국훈장 애국장(1980년 건국포장)에 추서됨.
106) 울진군지(울진군, 2001.)의 일부 내용이 잘못되어 수정함.(울진제동학교의 폐교는 1938년이 아니라 1943
년이며, 일제에 의하여 강제 폐교됨)

다섯. 최고의 민족자본은 교육(教育)이다

장식의 혈기 왕성한 10대 후반의 또 다른 행적을 살펴보면,

『(*弱冠入朱白雲鎭壽晩興學校*) **奮發義氣求助近遠而興起者多**』

【(*스물에 주백운(朱白雲) 진수(鎭壽)의 만흥학교에 들어가*) **의기를 분발하여 원근에 가서 원조를 구하니 흥기하는 자가 많았다.**】

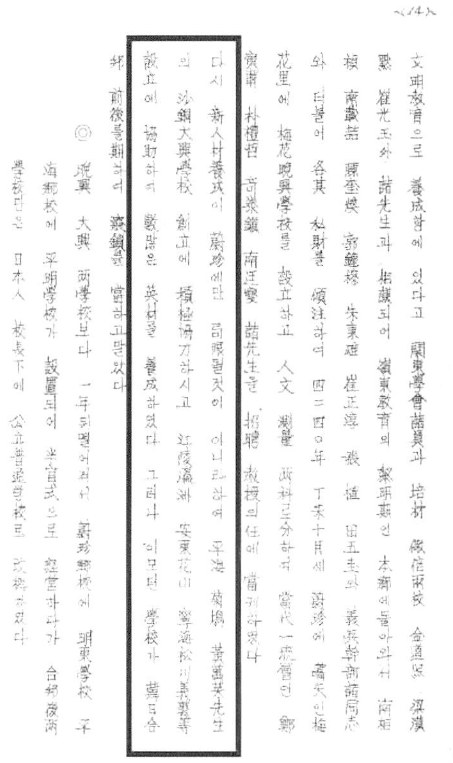
〈14〉
文明敎育으로 養成함에 있다고 關東學會諸員과 培材 儆信兩校 金道熙 深潭
默 崔光玉外 諸先生과 相議되어 嶺東敎育의 黎明期인 本郡에 돌아와서 南相
稷 南載喆 禹奎燮 鄭鐘穆 朱東建 崔正淳 張 植 田五圭와 義兵幹部諸同志
와 더불어 各其 私財를 傾注하여 四二四〇年 丁未十月에 蔚珍에 萬人이 梅
花里에 梅花晩興學校를 設立하고 人文 測量 兩科로 分하여 當代 一流會인 鄭
寅轍 朴禮哲 河泰鎭 南廷燮 諸先生을 招聘 敎授의 任에 當케하였다
다시 新人材養成이 蔚珍에만 局限될것이 아니라하여 平海 [illegible] 黃萬英先生
의 沙銅大興學校 創立에 積極協力하시고 江陵瀛州 安東花山 寧海松川義塾等
設立에 協助하여 數많은 英材를 養成하였다 그러나 이모든 學校가 韓日合
邦 前後를 期하여 [illegible] 當하고 말았다
◎ 說明 大興 兩學校보다 一年前에 세워진 蔚珍郡校에 明東學校 [illegible]
海郷校에 平明學校가 設置되어 [illegible]으로 經營하다가 合邦後에
學校들은 日本人 校長下에 公立普通學校로 改稱하였다

【사진 4-8】 백운선생실록 14쪽(전영경 1959.)

앞글에서 장식은 스승인 주진수의 만흥학교 설립 시 사재를 내어 학교설립에 동분서주하였음을 확인하였다.

아울러 지금 살펴볼 내용은 '의기를 분발하여'와 '원근(遠近)에 가서 원조를 구하니'와 '흥기(興起)하는 자가 많았다'이다.

'의기를 분발하여'는 국권 회복을 위한 대의명분이며, '원근(遠近)'은 울진뿐만 아니라 인근 지역으로까지 국권회복을 위한 활동들을 확대하였음을 의미한다.

백운선생실록과 울진군지의 기록에 의하면 '주진수는 신인재 양성을 위하여 사동의 대흥학교 설립에 적극 지원하고, 강릉의 영주의숙·안동의 화산의숙·영해 병곡의 송천의숙 설립에 협력하여 수많은 인재를 양성하였다'라고 기록되어 있다.

장식은 스승 주진수를 도와 신민회의 학교설립을 위하여 동분서주하며 가까운 평해와 영해는 물론 먼 거리에 있는 강릉과 안동 등지에까지 모범을 실천하였다. 그리고, 영해의 송천의숙에서 만흥학교 출신의 곽무와 함께 교편을 잡기도 하였다.

이런 주진수를 중심으로 함께 했던 이들의 국권회복운동의 노력에 대하여 만흥학교의 설립 1주년을 맞이하여 대한매일신보(1908.10.1.자)는 이렇게 보도하였다.

　　강원도 울진군에 사는 주진수 씨가 수백 금을 기부하여 학교 건물과 서책을 구매하고 교사를 초빙하고 청년을 모집하여 학교를 세운 후 개교부터 지금까지 반년에 매일 쓰는 교비를 힘껏 보태주고 있다고 한다.

　주진수 혼자서 수백 금을 기부한 것이 아니라 지역의 뜻을 같이하는 제 동지들의 노력으로 가능한 일이었다. 이런 가운데 약관의 장식(張植)은 스승을 도와 학교의 설립에 참여하고 자신(自新)을 위한 노력에 최선을 다하였으니, 당신의 묘갈문에 **'약관의 나이에 주백운(朱白雲) 진수(鎭壽)의 만흥학교에 들어가 의기를 분발하여 원근에 가서 원조를 구하니'**라고 울진의 유지들은 비문에 남겼다.

　다음은 '흥기(興起)하는 자가 많았다.'라는 사실에 대하여 주목하고자 한다.

　흥기(興起)란, '떨치고 일어남, 세력이 왕성해짐, 의기(義氣)가 일어남' 등의 표현이다. 여기서는 원조를 구하는 자를 도와주는 것에서 그치지 아니하고, 의기투합하여 같은 일에 분연히 일어섬을 의미한다. 이에 대한 이해는 그 당시 신민회의 목적과 강령을 알아볼 필요가 있다. 1907년 조직된 신민회(新民會)의 회원들이 세운 학교들의 세 가지 특징[107]을 살펴보면,

　첫째, 중학교를 세웠다. 민중이 자발적으로 기금을 모아 세운 학교들은 대부분 소규모의 소학교였다. 신민회는 중등교육을 통하여 민족간부를 양성해 국권 회복에 참여하도록 했다.

　둘째, 학교의 '모범'을 만들었다. 전국 각지에 중학교를 세울 수는 없어 중요 지역에 모범이 될 만한 중학교를 세운 뒤 민중에게 학교의 '모형'을 제시해 줌으로써, 민중이 자발적으로 비슷한 학교를 설립할 수 있도록 유도[108]하였다.

　셋째, 사범교육을 실시해 교사를 양성했다. 신민회는 그들이 설립한 중학교에서 사범교육을 받은 청년들이 교사의 길을 걷도록 많은 힘을 썼다. 그리하여 그들이 전국 각지에 흩어져 학교를 세우고 청소년들에게 국권 회복에 적합한 신교육을 시켜서, 교육을 통한 구국 운동이 전국에 파급되게 하였다.

　이런 신민회의 노력으로 전국에 많은 학교가 설립되었으며, 이동휘 1인이 세운 학교만 100여 개나 되었다.[109]

　장식은 만흥학교의 설립에 참여하면서 스승 주진수를 도와 다음과 같은 일들을 전개하였으며, 이런 일련의 과정들은 다름 아닌 신민회의 강령과 이념을 실천하고 있었다.

---

107) 신민회의 결성과 활동(신용하, 1997. 출처: 민족문화대백과사전)
108) 학교의 설립에 자발적으로 참여하는 자가 많았다는 것을 '흥기(興起) 하는 자가 많았다'로 표현함.
109) 신민회의 결성과 활동(신용하, 1997. 출처-민족문화대백과사전)

첫째, 중등 과정의 만흥학교를 세워 민족간부를 양성하고 국권 회복 운동에 참여하도록 지원하였다.

　　울진의 3·1만세운동은 만흥학교 출신 졸업생들이 중심이 된 신교육을 통한 민족간부를 양성한 결과물이다. 이들의 뜨거운 조국애는 3·1만세운동 참가자 외에 국내외를 막론하고 조국의 독립을 위하여 노력하다 돌아가신 이름을 남긴 독립운동가는 물론 이름조차 남기지 못하고 눈을 감은 많은 애국 열사들이 있었다.

둘째, 만흥학교는 민중들에게 모범적인 학교를 제시하고 지역 스스로 힘으로 학교를 설립하도록 유도하였다.

　　주진수는 만흥학교를 설립하고, 이듬해 울진 사동의 대흥학교[110] 설립 시 적극적인 지원을 한다. 또한, 신인재(新人材) 양성을 울진에서는 물론이고 강릉의 영주의숙(瀛洲義塾)·안동의 화산의숙(花山義塾)·영해의 송천의숙(松川義塾) 등 학교설립의 지원을 적극적으로 하였다.[111] 이는 신민회의 '모범'을 통한 자발적인 동참을 '흥기(興起)'라는 의미로 해석할 수 있다.

셋째, 사범교육을 실시해 교사를 양성했다.

　　장식과 곽무는 만흥학교 졸업생들로 영해의 송천의숙 교사[112]를 했다. 특히, 곽무는 만주 이주 후 신흥무관학교를 졸업하고, 만주의 육영소학교 교장을 역임하였다.

이상과 같이 주진수는 민족 자강의 신교육을 통한 국민의 실력 양성을 위하여 만흥학교를 설립하였고, 인근 지역으로 확대하여 민중계몽과 국권 회복을 도모하고자 노력하였다. 제자 장식은 이런 스승의 대의에 좇아 약관(弱冠)의 나이에도 불구하고 사재를 내어 학교의 설립에 참여한다. 그리고, 원근으로 나아가 국권 회복을 위해 동분서주하였으니 이런 대의에 함께 하는 이가 많았다.

이런 장식의 활동에는 부친 장규한의 적극적인 지원이 있었던 것으로 여겨지며, 앞으로 전개될 장식의 운명을 결정하는 든든한 후견인(?)이었다.

만흥학교는 1910년 후반경 일제의 탄압으로 폐교되었다고 역사는 기록한다. 일제의 탄압이 심했음은 당연한 일이지만, 가장 큰 이유는 신민회의 재외독립운동기지 건설을 위한 만주로 이주한 때문이다.

---

110) 주진수는 국오 황만영이 세운 사동의 대흥학교에 교사와 자금을 보내 주는 등 적극 지원하였음.
111) 울진군지(울진군, 2001.)과 백운선생실록(전영경, 1959.)
112) 송천의숙(松川義塾)은 영해의 송천정사에 있던 소학교이다. 장식은 만흥학교의 설립자 겸 졸업생으로 곽무와 함께 송천의숙에서 교편을 잡은 기록이 있다. 안동권씨 일족이 운영한 녕동학교(寧東學校)도 송천정사를 빌려 운영하였음.

만흥학교는 더 큰 목적을 위해 자체 해소한 것으로 봐야 한다. 이는 더 큰 대의를 위해 스스로 길을 찾은 울진인의 정체성과 명예를 지키는 것이다. 이들의 이주는 일제의 탄압에 무릎 꿇고 물러선 것이 아니라 새로운 대안을 찾아 주체적으로 나선 이들의 용기는 참(眞) 울진인이며 대(大)한국인이다.

숨겨진 독립운동가 일선(一仙) 장식(張植) 선생!
장식의 조국 독립운동을 위한 서막은,

'약관의 나이에
주백운(朱白雲) 진수(鎭壽)의 만흥학교에 들어가,
의기를 분발하여 원근에 가서 원조를 구하니 흥기하는 자가 많았다'로 시작된다.

신흥무관학교(新興武官學校)의
신흥(新興)은
'신민회가 나라를 흥하게 한다.'이다.

나에게
만흥학교(晚興學校)의
만흥(晚興)은
'조국 독립의 그날에
맞이할 흥겨움' 이다.

【사진 4-9】 주진수 선생 기념비(울진 매화리 기미독립 만세공원, 스토리울진 2022.)

2. 신교육을 통한 실력양성은 나라의 병을 고친다

1907년 4월 신민회가 결성된 이후부터 주진수가 학교설립을 위해 분주히 움직인 결과 1907년 10월에 만흥학교는 개교한다. 이때 장식도 스승을 도와 학교설립을 위해 동분서주하며 열심히 활동한 사실을 울진유지들은 '의기를 분발하여 원근에 가서 원조를 구하니 흥기하는 자가 많았다'라고 묘갈문에 기록하였다.

만흥학교를 필두로 인근의 학교설립을 위해 원근 각지를 돌며 원조를 구하니 흥기 한 자가 많았으며, 이들은 스스로 학교를 설립하였다. 주진수를 비롯한 만흥학교의 출신들은 이들의 학교가 자리를 잡을 수 있도록 적극적으로 협조하니, 관무와 장식이 송천의 숙에서 교편을 잡은 것도 이런 이유에서다.

그리고 장식의 이력서[113]에 1909년 4월부터 1912년 3월까지 경신학교에서 수학한 것으로 기록되었지만, 수학한 시기가 애매하다. 먼저 경신학교 입학과 관련하여 집에서 전하는 이야기는 장식은 입학이 아닌 편입학하고 월반하였다 한다. 지금은 가능할 수 없는 일이지만 이 당시에는 지방의 유능한 젊은 인재를 서울의 독지가들이 지원하는 경우가 많았다. 이 당시 서울 독지가의 능력으로 학생을 편입학과 월반을 시키는 일은 어려운 일이 아니었을 것이다. 장식의 경우 서울의 어느 독지가가 도와주었는지는 알 수 없으나, 주진수와 함께 관동학회와 신민회 회원으로 활동한 경신학교 교사 김도희[114]가 연결하여 준 것으로 보인다.

장식의 보이지 않은 기록을 확인하는 일은 매우 어렵다. 그래서 장식이 경신학교에서 수학(修學)한 사실들을 펼쳐 놓고 정리해 보고자 한다.

- 4-1. 1909년 4월 경신학교에 편입학하여 1912년 3월까지 수학한 것으로 기록되어 있다. (장식의 이력서-장학중)

- 4-2. 1911년 1월 주진수와 함께 만주 이주 시 지린성의 류하현에 있었음. (백운선생 실록 및 최해의 회고록)

- 4-3. 1912년 1월 5일에 김대락의 집을 방문하였다. (백하일기, 양력으로 1912. 2. 22.)

- 4-1의 내용으로 장식이 경신학교에 편입학한 사실에 대하여 정확한 자료가 없다. 하지만 여러 정황으로 보아 경신학교에 다녔던 것은 사실이다. 언제 편입학하고 휴학 (?)했는지는 확인하기 어렵지만, 여러 가지 자료를 통하여 추론해 보고자 한다.

---

113) 장식의 손자 장학중이 작성하여 2006년 국가보훈처에 제출한 장식의 이력서(장학중, 2006.)
114) 김도희(金道熙), 경신학교 교사, 경신학교 출신으로 동창회에서 중요한 역할을 함. 주진수와 관동학회와 신민회 회원으로 재외독립운동기지의 건설 등 105인 사건으로 징역 7년을 선고받음.

▫ 4-2 내용으로 백운선생실록에 의하면 주진수는 만주 이주 시 장식을 비서로 임명한
다.[115] 비서직을 수행하면서 학생 신분을 유지할 수 없다면 겨울방학을 고려하
여 1911년 3월 이전까지 경신학교에 수학한 것으로 추정된다.

또 다른 기록은 북로군정서 여단장인 최해의 아들 최기룡이 작성한 부친의 회고
록[116]에 의하면 류하현의 삼원포에 먼저 도착한 일행 중에 장식이 있었던 것이
확인되었다.

▫ 4-3의 내용은 백하일기의 사료적 가치로 보아 장식이 지린성 류하현의 삼원포에 있
었으며, 김대락의 집을 방문한 것은 사실이다.

  그렇다면 장식은 경신학교를 언제부터 다녔는지는 정확히 알 수 없지만, 손자 장학중
의 이력서에 1909년 4월부터로 기록한 사실은 문제가 되지 않을 것 같다. 울진군지의
기록에 의하면 3·1만세운동의 주인공 정재용을 '동창[117] 선배 정재용'이라 기록했다.
1911년 6월 경신학교를 졸업했다는 정재용은 1886년생으로 장식이 1890년생이니 4살
이 많은 연배의 동창생으로 추정하면 장식은 3학년으로 편입학을 한 것으로 추측된다.

  경신학교는 1891년 언더우드 학당에서 예수교 학당으로 개명하고 5년제의 입학 연령
을 10세로 하였다. 1906년 졸업장에 3년제로 변경된 사실이 있으며, 1909년 8월 12일
사립학교령에 따라 4년제 사립 경신학교로 설립을 인가받았는데 장식이 편입학 시기와
겹친다. 그리고, 이 당시 경신학교는 학년의 시작이 3월이 아니라 9월이었고, 졸업은 6
월인 사실을 다음의 자료에서 확인되었다.

 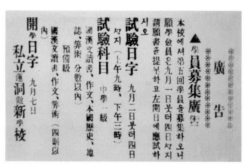

【사진 4-10~11】1906. 오천경 졸업증서[118] / 1909. 학생모집공고[119] (경신중고등학교, 2021.)

---

115) 백운선생실록 14쪽(전영경 1959.)
116) 최해(崔海)의 회고록(최기룡 – 경북독립기념관, 2005.)
117) 동창(同窓)은 같은 학교에서 수학한 사람 또는 같은 학교를 같은 해에 나온 사람으로 동창 선배는 나이
   가 많은 동기생을 의미함.
118) 1906년 졸업한 4명 중 한 명인 오천경의 졸업장으로 졸업 일자가 6월 2일로 확인됨. 졸업장에는 3년간
   전 교과를 수학한 것으로 보면, 1906년은 3년제인 것으로 확인됨.
119) 1909년 예수교회보에 실린 경신학교 학생모집 공고이다. 학생(學生)을 학원(學員)이라 했으며, 학년의 시
   작을 9월부터인 것이 확인됨. 학생 전형 방법은 국어 한문·국사·지리·산술 등을 시험으로 모집하였고, 모집
   인원은 1학급 20여 명이었음.

장식은 언제까지 경신학교에 다녔을까? 라는 물음은 1911년 1월 초(양력) 북로군정서 최해의 회고록에 의하면 장식이 류하현 삼원보에 있었다고 한다. 그리고, 주진수는 만주 이주 때 장식을 비서로 임명했다는 사실로 보아 이 시기는 방학 중인 사실과 휴학했을 가능성이 있다.

또 다른 가설은 만주 이주를 주도한 주진수는 105인 사건[120]으로 투옥되었다. 장식은 이 시기에 경신학교를 다녔을 것으로 추정하면, 1912년 1월 5일(양력 1912. 2. 22.)에 만주에 있는 김대락의 집을 방문할 당시는 겨울방학으로 이때 휴학을 결정한 상태였을 것이다. 장식의 이력서에 1912년 3월까지 경신학교에 수학한 것으로 기록된 사실은 겨울방학임을 고려하면 가능한 일이다.

그리고. 장식은 만주로 돌아와 김대락의 집을 방문할 때쯤 이시영의 비서가 되어 독립군 양성에 힘을 기울인 것으로 추정된다.

장식은 이렇게 자신(自新)을 위한 경신(儆新)의 실력 양성에 힘을 쓰게 됨으로써 경신에서 새롭게 거듭난다.

하나. 경신(儆新)은 '새로운 것을 깨치는 것'

장식에게 있어 경신학교(儆新學校)는 중요한 의미가 있다. 독립운동의 서막을 알리는 신민회의 '자신(自新)'은 자기 스스로 이기는 힘인 실력 양성을 위한 신교육(新敎育)을 배워야 한다. 아무리 신동이라 하여도 물리나 화학 같은 신지식을 짧은 시간 독학으로 성취하기 어렵다.

경신학교는 미국 북장로교의 목사 언더우드가

【사진 4-12】 1909년 4회 졸업식 (서울시교육청)

    1885. 4. 5.에 입국하여

    1885. 4. 8. 광혜원에서 **화학과 물리**를 가르침

    1886. 자택에서 고아 한 명을 데리고 언더우드 학당을 운영

---

120) 105인 사건은 일명 안명근 사건이라고 하며. 1911년 조선총독부의 초대 총독인 데라우치 마사다케(寺內正毅)를 암살하려다 실패에 그친 사건을 일컫는다. 그러나 사실 이 사건은 당시 국내 최대의 비밀결사(秘密結社) 조직이었던 신민회(新民會)를 뿌리 뽑기 위해 일제가 조작한 것일 뿐. 총독의 암살 계획은 근거가 없는 허위 날조된 사건임.

1902. 연지동의 예수교 학당

1905. 경신학교로 개명

1915. 4. 미국 기독교 북장로교와 **남북감리교** 그리고 캐나다 장로교 선교부 연합
    위원회의 공동 관리로 연합대학 인가를 받게 되며 후일 연희전문학교와 연
    세대학교의 전신이 됨.

1951. 경신중학교와 경신고등학교로 분리

1964. 학교법인 경신학원으로 인가

그동안 북장로교가 중심이 되었던 경신학교는 학교 운영에 새롭게 참여하게 되는 미국
의 남북감리교의 종교적 이념으로 후일 경신학교 학생들이 3·1만세운동 시위에 전교생이
참여하는 이유가 되며, 장식에게 독립운동의 조력자로 감리교의 교인들이 자리매김하게
된다.

장식의 경신학교 관련 자료를 찾기 위하여 학교를 방문하기로 결심하고, 먼저 학교의
행정실로 전화 민원이 되는지 확인해 보았다. 경신학교는 1951년 경신중학교와 경신고
등학교로 분리되었는데 당시가 중학교 과정이라 경신중학교로 전화했다.

방학이라 3차례나 걸쳐 중학교로 전화한 끝에 통화되었는데, 고등학교 행정실로 연결해준
다며 기다리라고 한다. (처음에는 너무 친절하더라)

    (중략)

행: 개인정보 때문에 가족관계 증명서가 필요합니다.

장: 증조부님인데 가능할까요?

행: 그래도 요즘은 함부로 확인해 드리지 못해요! (이 때까지는 좋았다)

장: 1910년 전후의 자료인데요? (이제야 내용을 파악하고, 차츰 불편한 언색이다)

행: 없어요!

장: 없다니요?

행: 6.25 전쟁 당시 폭격으로 자료가 모두 소실 되었어요.

장: 예! 다른 방법은 없을까요? 제가 듣기로는 학교 기념관이 있다면서요. 그럼 그 곳
    의 자료를 볼 수 없을까요? 아님 기념관으로 전화 연결을 부탁드리면 안 될까요?

행: 안 돼요. 연결할 수도 없고, 기념관 관련 민원은 모두 제가 처리해요.

    (이하 생략)

　결국 시간을 내어 경신중학교를 방문하기로 하였다. 100년 넘는 자료이고 보면 쉽지 않을 것 같아 경신중학교를 퇴임한 지인의 찬스를 사용하여 학교를 함께 방문했다. 학교는 서울 도심의 공동화 현상으로 학생이 줄어 폐교 위기에 있으며, 행정실은 중·고를 통합하여 운영하고 있었다.

　전통의 학교답게 동문회 관련 업무는 고등학교 담당자가 체계적으로 관리하고 있었다. 연초의 바쁜 와중이라 지인을 잘 아는 행정실장이 자세히 안내해 주었다.

　먼저 졸업생 명부는 소실되고 없다고 한다. 그런데 한국전쟁 이후 졸업생들을 찾아 물어물어 확인하여 수록한 명단이 있다고 하며, 맞을 확률은 99%라고 하니 설레는 마음으로 직접 확인했다.

【사진 4-13~15】경신학교 졸업생 명부 (경신중고등학교, 2021.)

실: 있나요?

장: 없네요.

실: 보여드릴 수 있는 자료는 이것이 전부입니다. 어쩌죠?

장: 괜찮습니다. 허허

실: 이때가 아마 5년제였을 거예요?(추후 조사한 결과는 과도기의 애매한 학년제였다)

장: 아! 그래요. (다시 확인하여 본다)

장: 없군요.(행정실장이 매우 난감한 표정이다)

장: 언더우드 목사가 원래 고아나 경제적으로 어려운 사람들을 모아 가르쳤다고 하는데, 지금 생각해 보면 졸업을 한 것이 아니라 수학을 했다고 하니 졸업생 명부에 없을 수 있겠군요!

실: 어떻게 알았습니까?

장: 인터넷에 다 나와요! 그런데, 졸업생 숫자가 들쑥날쑥하죠?

실: 글쎄요?(실제로 사진에서처럼 졸업생 숫자가 일정하지 않다.)

실: (지인의 얼굴을 한번 보고) 100주년 기념관을 한번 보시겠어요?

장: 감사합니다.

졸업생들의 수를 확인한 결과,

년 도	1910	1911	1912	1913	1914	1915
졸업생수	13명	9명	7명	14명	17명	8명

공교롭게도 1912년 졸업생은 7명으로 제일 적다. 아마도 수학한 학생보다 졸업생이 적은 이유는 시대적 어려운 상황임을 알 수 있다. 장식은 편입학으로 월반하며 수학(修學)을 했다고 하며, 스승 주진수와 함께 또 다른 대의를 위하여 졸업하지 않았을 것으로 판단 된다. 그리고 이 당시는 5년제[121]라 하니 자료를 다시 한번 확인해 보기로 했다.

【사진 4-16~18】경신학교 100주년 기념관 전경(경신중고등학교 2021.)

경신학교 100주년 기념관은 행정실의 옆 교실 3칸 정도를 활용하여 만들어 놓은 아담 한 전시실이다. 한국독립운동사에 한 획을 긋는 경신학교라 생각하면 왠지 초라함을 감 출 수 없었다. 하지만, 둘러보면서 한국 근대사에 한 축을 담당한 민족의 사학다운 경신 의 숨결이 느껴진다.

【사진 4-20~22】경신학교 100주년 기념관 내 정재용선생 유품(경신중고등학교 2021.)

전시실을 둘러보면서 사진 촬영을 허락받았다. 촬영을 하던 중에 정재용 선생의 유물 이 전시되어 있었다. 자세히 알아보고 싶지만 바쁜 사람에게 무리일 것 같아서 다음 기 회로 미뤄 두었다.

---

121) 사립학교령(19089.8.12.)에 따라 4년제 사립 경신학교로 설립을 인가받은 사실로 학년은 과도기에 있었 던 시기임.

그리고, 헤어지기 직전 감사하다는 말에 행정실장이 또 머쓱해진다. 이내 많은 도움이 되었다며,

'오늘 방문으로 조사를 할 방향이 선명해지고, 덕분에 조사할 때 가지치기가 잘되어 일하기가 쉬워졌다' 하니,

행정실장이 '전공이 역사입니까?' 하고 내게 물어 보며, 책을 한 권 선물로 주었다. 하지만 어디선가 씁쓸해진 느낌은 학생의 수가 줄어들어 폐교의 위기에 있는 경신중학교라고 하니 더욱 마음이 불편하였다.

둘. 경신(儆新)을 울진에서 꽃을 피우다

경신중학교를 방문하고 돌아온 후 새로운 사실을 알았다. 행정실장에게 선물 받은 책은 '사진으로 보는 경신학교 130년사'로 학교의 역사가 130년이라니 놀랍다.

그런데, '사진으로 보는 경신학교 130년사'[122]의 책 속의 '본관 죤디웰슨 기념당 우편엽서'[123]는 1910년에 경성우체국 발행 우편 엽서이다. 이 속에 있는 학생의 숫자가 180여 명이다. 4년제로 인가되면서 다섯 학년으로 가정하여도 한 학년에 35명이 넘는다.

【사진 4-23】 경신학교 죤디웰스기념당 우편엽서(경성우체국 발행, 경신중고등학교 2021.)

---

122) 개교 130주년 기념 출판물 사진으로 보는 경신학교 130년사(경신중·고등학교, 2016.)

123) 1910년 7월 10일 해당 건물 앞에서 하복 차림의 전교생과 교직원들이 기념 촬영을 경성우체국에서 우편 엽서로 만들었다. 그리고, 경신 학생들은 고향에 있는 부모님들께 보내는 용도로 사용하였는데, 학교의 홍보 효과가 높은 동시에 경제적 부담이 많은 당시 지방의 학부모들에게 자긍심을 갖게 하는데 충분했으며, 1910~1912년까지는 창설자 언더우드(원두우) 목사가 교장으로 재취임할 때라고 함.

그런데 한해의 졸업생이 열 명 내외면 이 무슨 해괴한 일인가?

그렇다면 당시 학생들의 2/3 이상은 졸업하지 못했다는 결론이다. 무슨 이유인지 모르지만, 장식 역시 졸업하지 못한 사연이 같았을 것으로 판단된다.

장식이 경신학교에서 수학 당시 사용하였을 것으로 확인되는 테니스 라켓과 케이스를 본가에 무상으로 살던 세입자가 버렸다고 한다. 당시에는 중요하지 않고 필요가 없는 물건이라 모두가 관심이 없었지만, 지금 생각해 보면 자손들이 생가에서 기거하지 않았으니 가문의 자랑인 ′작은 것도 버리지 않은 전통′이 무슨 소용이었겠는가?

장식의 여러 행적으로 보아 자신(自新)을 위하여 경신학교에 다녔던 것은 사실이다. 그 이유는 경신의 교육철학과 교육과정들이 울진에서 다음과 같이 꽃을 피우니, 그 밑거름은 경신(儆新)이었다.

하나. 언더우드는 예수교 학당 시절부터 학생들에게 물리와 화학을 가르쳤다고 한다. 장식은 경신학교에서의 짧은 수학(修學)이었지만 배운 신학문으로 울진 북부지역 유일한 양약 취급면허와 1923년은 서면 일대의 의생 면허까지 취득하였다. 그리고, 장식은 선일약국을 통하여 외상장부를 사용한 합법적인 방법으로 군자금을 조성하고 전달했으니, 어찌 약이 환자만 고치는가 빼앗긴 나라의 병도 고쳤다.

둘. 경신학교 졸업생 정재용의 외침은 후배 장식을 통해 울진의 하늘 아래 울려 퍼졌다. 탑골공원에서 정재용의 독립선언문 낭독은 예정된 시나리오가 아니었다. 정재용은 감리교 인사[124]들의 연락과 물건을 전하기 위해 탑골공원으로 나갔다. 이곳에서 장식은 경신학교 동창 선배 정재용을 만났고, 3·1만세 거리 시위를 참가하였다. 그리고, 가슴에 품고 가져온 독립선언문은 울진 3·1만세운동의 시작이 되었으니, 태화관으로 떠난 33인을 대신한 경신학교 출신 정재용의 외침은 울진의 산야에서 다시 듣게 되었다.

셋. 경신학교 제9대 교장 최태영[125]은 크리스마스 때면 성극의 주인공으로 수업에 참여했다. 아마도 연극은 경신학교 교육과정에 포함되어 있었던 것 같다. 울진의 최초의 연극인 아브라함 링컨은 노예해방을 조국의 독립에 빗댄 연극 작품으로 장식이 극본을 쓰고 주연(奏演)[126]하며 연출을 한 사실이 있다.

---

124) 장식은 여러 행적과 기록에서 감리교의 인사들과 교류가 많았음.
125) 최태영(崔泰永, 1900~2005.) 서울출생, 경신학교 졸업, 경신학교 제9대 교장, 서울대학교 법학대학 교수와 학장을 역임함. 105세의 나이로 사망한 최장수 대한민국 학술원 회원이기도 함.
126) 주연(奏演)은 지금의 배경음악으로 이를 접한 사람들이 받은 문화적 충격은 훗날 묘갈문에 기록함을 주저하지 않았음.

이는 경신학교에서 배운 신교육(新教育)이 애국계몽운동의 소재로 활용되어 울진 최초의 근대 연극이 되었으니 경신의 배움이 향토 문화의 기초가 되었다.

이렇듯 자신(自新)은

'새로운 것에 대한 깨달음'의 경신(儆新)이다.

장식은 경신의 수학을 통해 자신(自新)으로 거듭났다.

경신(儆新)의 배움은 환자의 병을 고치는 일 외에도 나라의 병 또한 치유한다.

【사진 4-24】경신중고등학교 전경 & 마크 (경신중고등학교, 2022.)

▼ 4-1. 문고 1부(도서실)

▼ 4-2. 정구(庭球) 코-트

▼ 4-3. 체조실항(實沆)

【한사이 4-1~3.】중동학교 기념 우편엽서(1929년 추정, 울진장씨 고산성파)127)

127) 한 장의 사진 속 이야기 4. - 서울의 중동학교를 배경으로 한 우편 엽서이다. 중동학교와 관련된 것이면 장식의 장남 장호명이 수학한 시기인 1928년에서 1930년 초로 추측되지만, 연도는 정확하지 않다. 다만 1920년대 후반 서울 사립중학교의 교육과정을 살펴볼 수 있는 중요한 자료로 판단됨.

제 5 장
만주로의 이주 – 꿈은 꾸는 자의 몫이다

1. 제자야! 너는 역시 계획이 다 있구나... 85
    하나. 제자는 비서로 거듭난다... 85
    둘. 고속철보다 빠른 서간도의 이주길... 90

2. 의기만으로 조국의 독립은 오지 않는다... 93
하나. 만주의 삶. 그리고 성재(省齋) 이시영(李始榮)의 비서가 되다... 93
    둘. 백하일기에 장식이 출연한다... 97

四時(사시) 1. **春景**(춘경)[128]

봄　　　장만시 글, 전광홍 譯

千林紅影轉　　천림에 붉은 꽃 피고
白草翠光浮　　백초에 푸른 빛 뜨네
活畫江山裏　　살아있는 한 폭의 그림에서
閒看物色稠　　조물주의 치밀함을 구경하네

【ima-5.】 매화 - cafeinfofam 2023

---

128) 장식의 7대조 장만시(張萬始), 1696~1769.)의 사시(四詩) 중에서 첫 구절인 봄의 풍경부터 한편씩 덕초 전광홍의 역(譯)으로 옮겨본다.

1. 제자야! 역시 너는 계획이 다 있구나[129]

하나. 제자는 비서로 거듭난다

장식은 신민회의 만주 이주 시 스승 주진수를 따라 울진을 떠났다. 그동안 장식의 만주 관련 자료들은 찾기 힘들었는데, 그 이유를 찾아 정리하면 다음과 같다.

첫째, 만주 방면 독립운동가들은 대부분 이명을 사용하였는데 장식의 이명은 찾지 못했다.

둘째, 몇몇 독립운동가들의 일대에서 장식과 함께했던 시절의 자료는 다른 시기에 비하여 상대적으로 내용이 빈약하다.

셋째, 장식의 어린 나이와 짧은 만주의 생활 등이다.

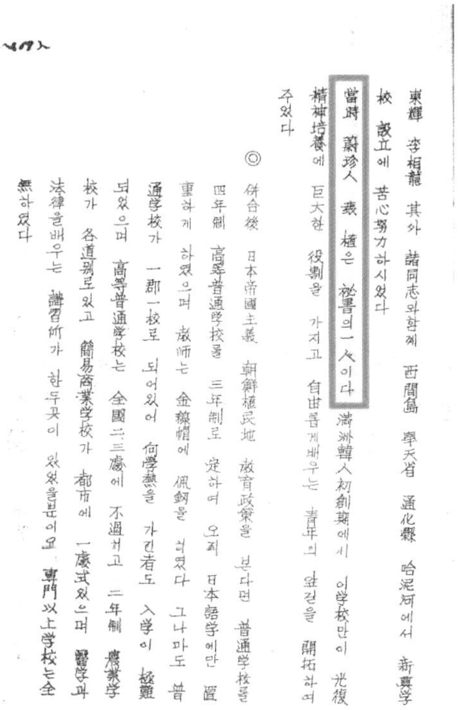
東輝 李相龍 其外 諸同志와함께 西間島 奉天省 通化縣 哈泥河에서 新興学
校 設立에 苦心努力하시었다
當時 蔚珍人 張 植은 秘書의一人이다 滿洲韓人初創期에서 이学校만이 光復
精神培養에 巨大한 役割을 가지고 自由롭게배우는 青年의 앞길을 開拓하여
주었다
◎ 併合後 日本帝國主義 朝鮮植民地 敎育政策을 본다면 普通学校를
四年制 高等普通学校를 三年制로 定하여 오직 日本語学에만 置
重하게 하였으며 敎師는 金線帽에 佩劍을 하였다 그나마도 普
通学校가 一郡一校로 되어있어 向学熱을 가진者도 入学이 極難
되었으며 高等普通学校는 全國二三處에 不過하고 二年制 農業学
校가 各道別로있고 簡易商業学校가 都市에 一處式있으며 醫学과
法律을배우는 講習所가 한두곳이 있었을뿐이요 專門以上学校는全
無하였다

【사진 5-1】 백운선생실록 19쪽(전영경, 1959.)

만주로 향한 장식의 행적을 찾는 일은 어려움이 많지만, 한발 한발 당신의 발자취를 찾아가 본다.

먼저, 스승 주진수는 만주로의 이주에 앞서 제자 장식과의 관계를 재설정하는 일부터 시작하였다.

주진수는 어린 나이의 제자 장식을 신민회 활동에 많이 참여시켰다. 장식의 발자취를 따라가다 보면 그가 하는 많은 일은 신민회의 정강을 실천하고 있는 것을 발견할 수 있었다. 그래서 어쩌면 장식이 신민회의 회원일 것으로 추측이 된다.

전국 800여 명의 신민회 회원 중에서 비슷한 나이의 회원[130]이 있는 것을 보면 가능한 일이다.

신민회의 조직은 종선으로만 이어져 당사자 2인 외 다른 회원은 알지 못하였고

---

129) 영화 '기생충'의 아들아! 역시 너는 계획이 다 있구나'라는 명대사를 장식의 통찰력을 빗댄 표현임.

130) 구찬회(具燦會, 1890~1910.), 신민회 회원, 만주 방면 독립운동가, 1910년 옥중 사망, 1977 건국포장, 1990년 건국훈장 애국장 추서됨. 구찬회는 장식과 출생 연도가 같다.

횡선으로는 누가 회원인지 전혀 모르게 하였으니, 장식이 신민회 회원인지는 본인과 상관인 스승만이 알 뿐이다.

주진수는 1896년 독립협회에 가담하면서 일찍이 재외 독립운동기지 건설을 위한 구상을 시작한 것으로 보이며, 구체적인 계획은 1907년 4월 신민회가 조직되면서 가시화되었다. 일제는 1909년 10월 안중근이 이토(伊藤博文)를 총살한 사건으로 다수의 신민회 간부를 구속하였다가 이듬해 2월에 석방이 되자 신민회는 1910년 3월에 긴급 간부회의를 갖고 재외독립운동기지 건설 계획을 본격화했으며, 10월~12월의 만주독립운동기지의 최종답사를 기점으로 주진수는 장식을 비서로 임명하였다.[131]

비서의 직함이 갖는 의미는 스무 살이 넘어선 장식에게 명확한 역할을 통한 성장의 기회를 주었다. 또한, 비서를 두게 된 주진수는 다소 산만했던 신흥강습소 내에서 상대적으로 높은 위상을 갖게 되었다.

그의 묘갈문은 만주에서의 독립운동을 이렇게 설명했다.

『自失國後渡江就李公始榮新興學校組織獨立軍公爲秘書職』

【나라를 잃은 뒤로부터 압록강을 건너가 이시영(李始榮)씨와 신흥학교에서 같이 독립군을 조직하고 비서직을 맡았다.】

그런데 묘갈문의 내용으로 보아 장식은 또 누구의 비서인가?

사건의 배경은 1911년 1월 초[132], 주진수 일행은 서간도 유하현 삼원보 추가가로 집단 이주를 하였다. 그런데 이때 주진수는 105인 사건[133]에 연루되어, 1911년 1월에 독립군기지 창건을 추진했다는 이유로 양기탁(梁起鐸)·임치정(林蚩正) 등 신민회의 간부로 활동하던 16명과 함께 보안법 위반으로 구속이 되었다. 그해 7월 22일 경성지방법원에서 보안법 위반 혐의로 징역 2년 형을 언도받고 옥고를 치른 후 만주로 돌아와[134] 독립군 양성을 위한 활동에 매진한다. 1913년 10월 제2심에서 무죄선고를 받았지만 옥고를 모두 치른 뒤의 일이다.

---

131) 사진 5-2 참조, 백운선생실록 19쪽(전영경, 1959.)

132) 기록에 나온 일자들이 음력과 양력이 혼재됨. 1911년 1월 1일이 양력이라면 음력으로 1910년 12월 1일이며, 음력이라면 1911년 2월 3일이다. 여기서는 양력으로 출발 시기를 12월로 보는 것은 음력의 기록이다.

133) '데라우치 총독암살미수사건' 또는 '선천사건(宣川事件)' 등으로도 불리며, '105인 사건'이라는 명칭은 제1심 재판에서 105명이 유죄 판결을 받은 것에서 비롯되었다. 일제가 조선을 강점한 직후에 민족의식이 높았던 황해도와 평안도 지역의 민족운동을 탄압하려고 데라우치 총독에 대한 암살 미수사건으로 날조하여 일으킨 사건임.(105인 사건, 두산백과)

134) 일부 기록에 의하면 출옥 후 가족을 데리고 만주로 왔다고 하는 내용은 잘못된 내용으로 안동의 유림과 울진의 황만영 등은 1차로 가족 일가를 데리고 1910년 12월에 출국했다. 그리고 주진수는 1911년 1월 초에 출발하였는데, 직계 가족을 고향에 두고 망명하기에는 대의명분이 서지 않는다. 따라서 일부 기록은 오기거나 남아 있던 일부 가족을 데리고 갔을 것임.

따라서 주진수가 옥고를 치르는 동안 장식은 성재 이시영의 비서[135]로 거듭난다. 이런 인연은 장식이 울진 독립운동의 몸통이라는 가정 아래 1940년대의 울진 독립운동 단체가 중경의 임시정부에 독립운동 자금을 전달하려 했던 이유 중 하나로 추정된다. 이 당시 성재 이시영은 중경임시정부의 재무부장을 역임하고 있었다.

주진수의 옥사에 대한 기록을 살펴보면서 두 가지 의문점이 발견된다.

첫째, 신흥학교 설립과 주진수의 구속 시기가 겹친다.

백운선생실록에 의하면, **'선생은 성재 이시영 선생의 경륜을 도와 (중략) ~제동지와 함께 서간도 봉천성 통화현 합리하에서 신흥학교 설립에 고심 노력하시었다.'**[136]라고 기록되어 있다.

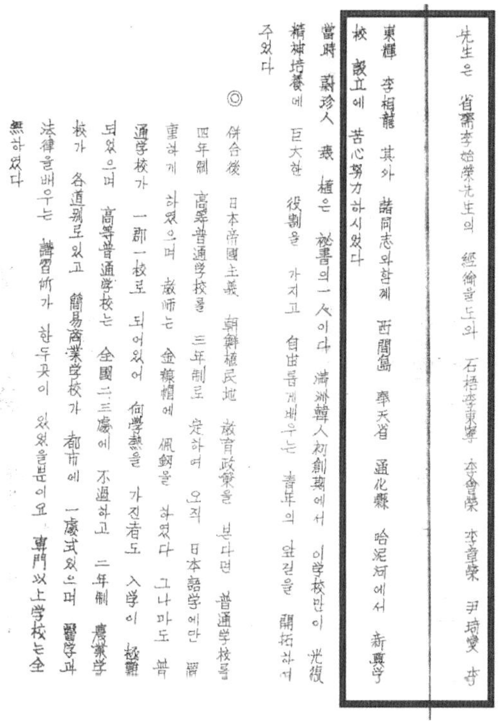
先生은 省齋李始榮先生의 經綸을도와 石梧李東寧 李會榮 李章寧 尹琦燮 李
東輝 李相龍 其外 諸同志와함께 西間島 奉天省 通化縣 哈泥河에서 新興學
校 設立에 苦心努力하시었다
當時 蔚珍人 表 植은 秘書의 一人이다 滿洲韓人初創期에서 이學校만이 光復
精神培養에 巨大한 役割을 가지고 自由를 찾게배우는 靑年의 앞길을 開拓하여
주었다
◎ 併合後 日本帝國主義 朝鮮植民地 敎育政策을 본다면 普通學校를
四年制 高等普通學校를 三年制로 定하며 오직 日本語學에만 置
重하게 하였으며 敎師는 金線帽에 佩劍을 하였다 그나마도 普
通學校가 一郡一校로 되어있어 向學熱을 가진者도 入學이 極難
되었으며 高等普通學校는 全國 二三處에 不過하고 二年制 農業學
校가 各道別로 있고 簡易商業學校가 都市에 一處式 있었으며 醫學과
法律을 배우는 講習所가 한두곳이 있었을뿐이요 專門以上學校는 全
無하였다

【사진 5-2】 백운선생실록 18~19쪽(전영경 1959.)

먼저 주진수가 '**신흥학교 설립에 고심 노력하시었다.**'라는 내용은 오기이다. 학교의 설립은 1912년 봄에 이루어지며 이 시기의 주진수는 감옥에 있었다.

자료에 의하면 1910년 12월 이회영과 이시영의 6형제가 지린성(吉林省) 류하현(柳河縣) 삼원보(三源浦)로 이주한 후 1911년 5월 자치기관인 경학사(耕學社)를 조직하고, 6월 10일에 신흥강습소(新興講習所)를 설립하였다.

1912년 봄에 신흥강습소는 통화현(通化縣) 합니하(哈泥河)로 교사(校舍) 8동을 신축하여 이전하고 학교를 정식으로 설립한 후 1913년 5월에 학교의 명칭을 신흥중학교(新興中學校)로 바꾸었다.[137]

그렇다면 주진수와 이시영이 만날 수 있었던 시기는 만주 이주 초기와 주진수가 출옥한 시기로 한정된다. 만약 만주 이주의 초기에 만났다면 봉천성 통화현 합리하가 아

135) 장식의 이력서에 성재 이시영의 비서라는 직함 대신 '서사(書士)'라는 직함으로 기록된 것이 구체적임.
136) 백운선생실록, 18~19쪽(전영경. 1959.)
137) 신흥무관학교(新興武官學校)(두산백과, 네이버 2022.): 최범산 압록강 아리랑 310쪽에 합니하로 이주한 시기를 1912년 3월로 기록이 됨.

니라 지린성 류하현 삼원보이며 신흥학교가 아닌 신흥강습소이다.

또한, 주진수가 출옥한 후 이시영과 함께 신흥학교 설립에 노력했다면, 1913년 이시영이 신흥학교를 떠날 때까지 봉천성 통화현 합니하에서다.

하지만 전자가 더 설득력이 있어 합니하의 신흥학교가 아닌 삼원보의 신흥강습소일 것으로 판단되며, 이와 관련된 연구 자료는 신흥무관학교 102주년 기념학술회의의 『신흥무관학교와 이시영의 독립운동[138]』편에 다음과 같이 자세히 언급되었다.

> (중략) 신민회 간부와 회원들의 독립운동기지건설 방략에 따라 1910년 12월 하순부터 1911년 초에 걸쳐 많은 사람들이 만주를 향해 떠났다. 서울에서 이회영 6형제를 비롯하여 안동지방의 혁신유림 김대락, 이상룡, 김동삼과 **주진수의 가족 등이 일단이 되어 압록강을 건너** 황도천을 경유, 유하현 삼원포로 집결했다. 이들은 뒤이어 속속 도착하는 이주민들과 함께 추가가를 중심으로 신한촌을 건설하였다. (12쪽)

> (중략) **주진수의 가족 등이 일단(一團)이 되어 유하현 삼원포에 집결하였다.** 이들을 중심으로 1911년 봄 교민들의 자치단체인 경학사를 조직하고 사관 양성 기관으로 신흥강습소를 창설하였다. 신흥강습소는 신흥중학, 신흥무관학교 등으로 명칭을 바꾸면서 1911년부터 1920년까지 10여 년 동안 3,500여 명의 독립군 기간요원을 양성했으며 이들이 우리나라 독립 무장투쟁의 근간(根幹)이 되었다. (20쪽)

이와 같은 상세히 기록이 있는 것으로 보아 '105인 사건'으로 주진수가 구속되기 직전 이시영과 독립군 양성에 고심 노력하시었고, 주진수가 구속되어 옥고를 치르는 동안 장식은 이시영의 비서로 거듭난다. 이런 혼란은 『백운선생실기』를 쓴 산해 전영경[139]은 당시 주진수와 만주에 함께 있지 않았고, 주진수의 출옥 시기와 이시영의 만주를 떠난 시기가 불명확하기 때문이다.

둘째, 주진수는 '105인 사건'에 연루되어 언제 구속되고 석방되었는지 불명확하다

주진수가 구속될 당시의 죄목은 재외독립군기지의 창건을 추진했다는 이유이며 신민회의 간부로 활동하던 양기탁(梁起鐸)·임치정(林蚩正) 등과 함께 16명이 보안법 위반으로 구속되었다. 그리고, 1911년 7월 22일 경성지방법원에서 징역 2년을 언도받았다.

출옥한 시기를 일부의 기록에서 1912년 7월로 조사된 내용은 오기로 보인다. 이 시기를 석방한 기간으로 볼 때 구속 후 조사일을 최대로 하여 산입해도 2년이 되지 않는다. 그리고 105인 사건의 일지를 보아도 제1심(1912.9.28.)에서 105명은 징역 5년 이상의 유

---

138) 신흥무관학교와 이시영의 독립운동 12쪽과 20쪽(김명기, 신흥무관학교 기념사업회, 2013.)
139) 전영경(田永璟, 1897~1980.), 호는 산해(山海), 울진 고성리 출신, 만주 방면 및 울진 독립운동가, 치안유지법 위반으로 3년의 옥고를 치른 사실이 있음. 1982 건국포장. 1990 건국훈장 애국장에 추서됨.

죄 판결을, 18명은 무죄로 석방되었지만 18명에 포함되지 않았을 것으로 보인다.

그리고, 제2심(1913.9.28.) 재판에서는 99명에게 무죄를, 윤치호·양기탁·안태국·이승훈·임치정·옥관빈 등 6명에 대해서만 징역 5~6년이 선고되었는데, 이 판결들은 1913년 10월이 되어 최종 확정되었다.[140] 만약 1912년 7월의 출옥을 사실로 가정하면 명확한 이유가 있어야 할 것으로 보이지만 특별한 이유가 없다.

이를 정리하면 주진수의 정상적인 출옥은 조사 기간을 산입해도 가장 빠른 시기는 1913년 1월 이후부터이며, 늦어도 1913년 7월 22일 이전이다. 또한, 복역 후 특별사면일 경우에는 1912년 7월도 가능하다. 하지만 만주 이주 시 많은 울진인을 독려했고, 사전답사를 다녀온 기록 등은 무죄로 보지 않았을 것이다. 그렇다면 1913년 3월경으로 이시영이 신흥학교를 떠나기 전까지 함께 했을 수 있다.

따라서 주진수는 만주 이주 시 류하현 삼원보의 신흥강습소와 출옥 후 통화현 합리하의 신흥중학교 설립 시 이시영을 도와 독립군의 양성에 고심 노력한 사실을 구분하여 기록하여야 한다.

다음은 주진수의 105인 사건 판결문의 일부를 발췌한 내용이다.

【사진 5-3~4】 주진수 판결문 주문과 마지막 면 (행정안전부 국가기록원)

피고 주진수는 유생으로 그의 고향에서 학교를 경영하고 있던 자인데, 명치 43년 8월경 교사를 뽑기 위해 상경하여 김두희 집에 머물던 중 구한국이 제국에 병합되자 그 시정부에 대하여 분개하였다. 이때 김도희로부터 서간도로 이주하여 토지를 구입하고 농업을 경영하여, 학교와 교회를 설립하여 청년의 교육과 큰 단체를 조직하여 신영토를 형성하여 국권 회복을 계획하자는 내용의 권유를 받고 이에 찬성하였다.

그 준비를 위해 동년 9월 중 본인이 서간도를 시찰하여 돌아왔고, 동년 12월 중순 양기탁 집에서 단체이주를 협의에 참여하여 그의 출신지인 강원도(江原道) 일원의 이주민을 모집하고 사무를 담당하였다. 이어서 피고 자신이 이주하기 위하여 명치 44년 1월 초순 그의 고향

---

140) 징역 선고를 받은 6명도 1915년 2월 12일 일왕 다이쇼(大正)의 즉위식에 특별 사면되어 석방됨.

마을의 자산을 매각하고 먼저 그의 가족을 서간도로 출발시켰으며, 김도희와 협의한 후 피고
가 맡아놓은 박만준의 돈의 일부를 사용해 서간도에 초지와 가옥을 구입하여 단체이주의 준비
를 위해 그 목적 수행에 힘을 쓴 자이다.

명치 44년(1911년) 7월 11일 경성재판소 형사부(경성지방법원, 1911.7.22.)

【설명 5-1】주진수 판결문 국역본 일부 발췌 (행정안전부 국가기록원, 2022.)

주진수는 '105인 사건'의 구속 당시 만주에 있었던 관계로 1911년 1월에 구속되지 않
았다. 독립군 기지의 안위를 위해 만주를 떠나 고국에서 붙잡혔을 가능성이 농후하다.
출옥 일자가 1912년 7월경에 대한 기록은 타당성이 부족하며, 1912년 9월 28일 제1심
에서 무죄로 결정되어 출옥했을 가능성은 더욱더 없다.

따라서 백운실록의 '동지와 함께 서간도 봉천성 통화현 합리하에서 신흥학교 설립에
고심 노력하시었다.'는 지린성(吉林省) 류하현(柳河縣) 삼원보(三源浦)에서의 신흥강습소
(新興講習所)[141]와 봉천성 통화현 합리하의 신흥중학교 설립의 설립에 고심 노력하실
때'의 일로 수정되어야 한다. 그리고, 장식은 주진수가 복역할 시기에 성재 이시영의 비
서로 거듭나며 독립군 양성에 매진했다.

나. 고속철보다 **빠른** 서간도의 이주길

울진인들의 서간도 이주는 주진수가 만주독립운동기지의 최종답사를 다녀온 이후에 **빠르**
게 진행되었다. 이를 눈치챈 일제의 탄압이 시작되고 몰래 재산을 급히 처분하는 과정에서
많은 어려움을 겪은 사실은 전국적으로 비슷한 상황이었지만, 이주자들이 많았던 울진에서
는 더욱더 힘이 들었다.

그러나, 주진수 일행의 만주 이주에 대한 자세한 기록은 없다. 아니면 안전을 위해 기
록을 남기지 않았을 것이다. 주진수 일행은 동지 황만영이 떠난 직후 바로 출발하였다고
하니, 울진 출발 일자는 1월 초경(양력)으로 추정된다. 이런 까닭에 서간도의 이주에 대
한 별다른 기록이 없어 글의 내용이 고속철도보다 **빠른** 이주 길이 되었다.

울진인들의 만주 이주에 대한 기록이 명확하지 않은 이유 중 또 다른 하나는 떠난 시
기에 대하여 음력과 양력을 같이 사용한 것을 여과 없이 기록에 남긴 것이 한 원인으로
보인다. 비록 남아 있는 자료가 부족하지만, 울진인들의 만주 이주에 대한 기록을 살펴
보면, 울진 사동의 황만영 일가는 안동의 김대락 일행과 같은 시기인 1910년 12월 24일
(양력)에 출발했다.

---

141) 1911년 5월 자치기관인 경학사(耕學社)를 조직하고, 6월 10일에 신흥강습소(新興講習所)가 설립됨.

먼저 김대락의 여정을 따라가면 다음과 같이 유하현에 미리 와 있던 동지들과 만난다.

안동 ⇨ (도보 2~3일) **추풍령** ⇨ (기차 1일) **서울** (10일 머문 후) ⇨ (기차) **의주**(1911.1.7. 도착-1/6 백마역 도착 기록도 있음, 이하 동년은 생략) ⇨ **압록강 도강**(1월 8일) ⇨ **안동**(현재의 단동) ⇨ (1월 11일, 마차 540리 길) ⇨ (1월 15일) **항도촌**(정착) ⇨ **유하현 1차 답사**(2월 14일) ⇨ **유하현 2차 답사**(2월 25일) ⇨ (4월 11일) **항도촌 출발** ⇨ **유하현 도착**(4월 18일)[142]

그리고 주진수 일행은 동지 황만영이 떠난 직후 바로 출발하였다고 하니, 울진 출발 일자는 1월 초경(양력)으로 확인되며, 음력으로 1910년 12월이다.

황만영과 주진수 일행이 울진을 떠난 뒤 홀로 아내를 데리고 류하현 삼원보로 찾아간 울진인이 있으니, 북로군정서 여단장을 지낸 독립운동가 '최해(崔海)'였다. 최해의 아들 최기룡이 쓴 『청산리(靑山里) 독립전쟁(獨立戰爭)과 최해(崔海)』의 회고록에서 당시의 상황을 다음과 같이 기록하니 가슴이 저려 온다.

> 고향을 떠날 때 어머니는 동제 고목나무 밑에서 못 가겠다고 몇 번이나 발버둥을 쳐보았지만 이미 허사였고, 남부여대하여 **죽변항**에 이르러 조그만 배에 타서 함경도 **원산**까지 가서 육로 길을 걸어 두만강을 건너 목적한 북간도 **유하현에 정착**하게 되었습니다.

최해[143]는 1910년 9월 27일 결혼한 뒤 서간도로 이주하기 위해 고향을 떠났다. 당시 최해는 먼저 도착한 만흥학교의 사람들을 부러워하는 대목으로 보아 만흥학교와 대흥학교를 다녔던 사실이 없는 것으로 보인다.[144] 최해의 집은 매화와 사동 사이에 있는 덕신으로 만주 이주에 대한 소식을 쉽게 접할 수 있었던 것 같다. 하지만 최해는 이들의 일행에 같이 합류하지 못한 이유는 당시 신민회가 만주 이주를 위한 대상자를 뽑을 때, 재외 독립운동기지 정착을 위한 자금 100원을 가진 사람을 우선으로 선발하였기 때문으로 이는 의기만으로 동참을 할 수 없었던 시대적 상황이었다. 그리고, 『청산리(靑山里) 독립전쟁(獨立戰爭)과 최해(崔海)』의 자료에서 장식의 행적을 다음과 같이 찾아볼 수 있다.

【사진 5-5】최해, 2월의 독립운동가(경북독립기념관)

---

142) 백하일기(김대락. 국학진흥원 테마스토리) - 김대락의 만주로의 이주 기록임.
143) 최해(崔海, 1895~1948.), 울진 매화면 덕신리 출신. 신흥무관학교 졸업. 김좌진의 북로군정서 여단장을 역임함. 건국훈장 독립장(1977.)에 추서됨.
144) 만흥학교 설립 및 제자의 명부에 최해는 없음(주진수 선생 사업추진현황, 주극중)

(중략) 뿐만 아니라 주진수가 설립한 만흥학교의 졸업생 곽종욱(郭鍾郁)·주대근(朱大根)·진규환(陳奎煥)·황의영(黃義英)·황진환(黃鎭煥)·윤인보(尹仁甫)·**장식(張植)**·황병문(黃炳文)·전오규(田五圭)·주병웅(朱秉雄)·남재수(南載洙)·윤병헌(尹炳憲)·주병륜(朱秉輪) 등이 서간도로 이주하였다.[145]

울진인들의 만주 이주에 대한 평가는 서간도로 이주한 동포들 사이에 강원도 사람을 지칭하면, 바로 울진인이라고 할 정도의 위상이 높았다고 한다.[146] 그 중심에 강원도 대표 주진수와 신흥강습소의 재무를 담당했던 황만영이 있었다. 하지만, 주진수는 이주 직후 '105인 사건'으로 구속됨으로써 서간도에서 울진인들의 구심점은 다소 잃게 되었다. 이런 가운데에서도 울진인들의 조국 사랑과 처절했던 삶은 계속 진행되었고 이들의 행적을 자세히 전할 길이 없지만, 일부 확인된 내용을 살펴본다.

김대락의 백하일기(白下日記)에 울진인들의 이야기가 일부 언급이 되었다.

1911년 1월 15일, 김대락은 서간도의 첫 조선인 정착지인 항도촌에 도착했다. (중략) 특히, **울진에서 온[147] 사람들은** 방 하나에 여러 사람이 기거하여 그 비좁음은 말로 표현할 수 없었다. (이하생략)

1911년 4월 11일, 김대락 일행은 유하현으로 길을 떠났다. (중략) 그리고 이 길에는 김대락 식솔들만 간 것은 아니었다. 상주의 김사용과 남해의 윤일, **울진 사람들도 함께 길을 갔다. 울진 사람은** 어머니와 아내를 데리고 가는데, 이고 지고 따르는 걸음이 언뜻 보아도 힘들어 보였다. (이하 생략)

또한, 최기룡의 『청산리(靑山里) 독립전쟁(獨立戰爭)과 최해(崔海)』편을 살펴보면,

이시영씨가 세운 신흥무관학교가 있어서 독립군 간부를 양성하는 곳이었는데, 아버지는 그 학교에 **입학하여 교육을 받고 독립군의 간부로 활약**하게 되었으며, 이로 인하여 어머니는 연약한 여자의 몸으로 황무지를 개간하여 농사를 짓지 않으면 안 될 운명에 처하였습니다. 말이 개간이지 황무지를 개간한다는 것은 초인간적인 고초를 겪어야 하였으며, 남자도 아닌 여자의 몸으로서 그야말로 눈물겨운 고난을 겪고 이끌어 나가 조와 수수 및 감자 등의 농작물은 풍작을 이루게 되었으니, 그때의 기쁨은 평생 잊지 못하였다 합니다.

이렇듯 울진인들의 만주 이주는 조국 독립을 위한 처절한 몸부림으로 목숨을 초개와 같이 버리며 싸운 선조들이 있었다. 하지만, 울진의 기록에는 이들의 모습을 찾을 수 없다.

---

145) 이달의 독립운동가, 최해의 공훈록(경상북도 독립운동기념관, 1915.)
146) 백운선생실록, 18쪽(전영경, 1959.)
147) 울진에서 온 사람들은 주진수 일행이 아니라 황만영 등과 함께 이주한 사람들임.

2. 의기만으로 조국의 독립은 오지 않는다

하나. 만주의 삶. 그리고 성재(省齋) 이시영(李始榮)의 비서가 되다

먼저 앞글에서 살펴본 바와 같이 성재 이시영의 일대 (一代) 중에서 있어야 할 신흥강습소의 기록이 거의 없다. 이 당시 이시영의 대외적인 역량으로 보나, 신흥강습소의 최대 주주인 점을 고려하면 당연히 있을 기록이 부족하다. 이시영의 행적을 상세히 기록한 박창화의 '성재소전'[148]에서도 신흥강습소의 구체적인 이야기는 한두 편에 불과하다. 이시영의 독립운동사를 연구하는 학자들은 이 부분에 대하여 의구심을 갖지만, 한국 근대사에 너무 많은 일을 한 당신이고 보면 이 부분은 큰 문제가 되지 않았다. 그래서 더 이상의 조사와 연구의 진척은 없었다.

【사진 5-6】 성재 이시영, (한민족 문화대백과사전)

장식은 류하현에서 22살의 청년들이 걸었던 학생의 길을 가지 않았다. 어린 나이에 주진수의 비서라는 직함을 갖고 만주로 이주하여 독립운동기지 건설에 참여한 교직원으로 기록이 되었다. 그렇지만, 만주 이주 전 송천의숙에서 교편을 같이 잡았던 한 살 위의 곽무(郭武)는 신흥무관학교를 졸업한 학생으로 국가공훈록에 등재되어 있다.

그리고, 최기룡의 『청산리(靑山里) 독립전쟁(獨立戰爭)과 최해(崔海)』의 자료에 장식은 만흥학교의 주진수 제자로 등장하지만, 신흥강습소의 울진 출신 학생들의 근황에 나오지 않고 있다.

최해는 울진 출신의 **황병우(黃炳禹)·황병일(黃炳日)·황병탕(黃炳湯)·주대근(朱大根)·이규동(李圭東)** 등과 함께 신흥강습소 고등군사반을 졸업하였을 것으로 보인다. 이 중에서 황병우·황병일·황병탕은 울진군 기성면 사동리 출신의 황만영(黃萬英)과 함께 유하현으로 이주하여 신흥강습소를 졸업하고 신흥강습소의 주역이 되었으며, 주대근은 원남면 화매리 출신으로 사립 만흥학교를 졸업하고 서간도 유하현으로 이주한 인물이다. 그리고 이규동은 평해읍 직산리 출신으로 5형제가 아버지 이희영을 모시고 유하현으로 망명하여 신흥강습소를 졸업하고, 1917년 해룡현(海龍縣) 오인반(五人班)에서 부민단 지부를 맡았으며, 1918년 길림성 영길현 신안촌(新安村)에서 신창학교(新昌學校)를 설립하고 청소년들에게 민족교육과 군사훈련을 시켰다.

---

148) 성재 이시영 소전(박창화, 을유문화사, 1984.)

이렇게 어린 나이의 장식이 학생의 신분이 아닌 관리자로 참여하게 된 이유는 다음과 같이 세 가지로 정리된다.

첫째, 신동으로 불릴 만큼 명석하였고, 영남에서의 유학을 통하여 한인촌에 거주하는 안동의 유림으로부터 능력을 인정받았다.

둘째, 주진수의 비서라는 역할이 학생이 아닌 교직원으로 활동하였다.

셋째, 경신학교의 수학으로 신학문에 대한 자신(自新)을 갖춘 경력을 인정받았다.

이상과 같이 장식은 신흥강습소에서 학생이 아닌 교직원으로서 독립군 양성에 힘을 기울인다. 특히, 이시영과 장식의 만남에 대한 구체적인 자료는,

하나. 백운선생실록의 '선생은 성재 이시영 선생의 경륜을 도와 이동녕, 이회영, 이장영, 윤기섭, 이동휘, 이상용 그 외 제동지와 함께 서간도 봉천성 통화현 합니하에서 신흥학교 설립에 고심 노력하였다. **당시 울진인 장식은 비서의 일인이다.**'

☞ 105인 사건으로 주진수가 구속되고 그해 겨울(1912년 2월)부터 출옥한 기간까지 장식은 이시영의 비서로 독립군 양성을 위한 노력을 매진하였다.

둘. 장식의 묘갈문에 **'나라를 잃은 뒤로부터 압록강을 건너가 이시영(李始榮)씨와 신흥학교에서 같이 독립군을 조직하고 비서직을 맡았다.'**

☞ 장식의 비문은 앞에서 언급한 바와 같이 울진의 유지들이 뜻을 모아 세운 비석임을 확인했다. 비록 개인의 비문이지만, 1957년 독립운동으로 전 재산을 바친 까닭에 빈털터리가 된 장식의 후손들은 비석을 세울 능력이 없었다. 그래서 울진의 유지들은 공의 업적을 제대로 평가하지 못함을 원통하며 십시일반으로 기금을 모아 세웠던 비석이다.

성재 이시영의 비서(祕書)를 한 것으로 기록한 내용이 사실로 보는 이유는 울진의 유지들은 없는 허구의 내용을 기록하기 위해 헌금을 내지 않았을 것이다.

셋. 장식의 공적서[149]에 **'이시영(李始榮) 선생이 신흥강습소에서 영어(英語) 강사를 할 때 서사직(書士職)으로 粟(좁쌀) 장사로 군량미를 지원하였고,'**이다.

☞ 한국의 독립운동사에 찾아보기 쉽지 않은 기록으로 이시영이 신흥강습소에서 영어를 가르쳤다는 내용이다. 어떤 자료에도 나오지 않은 사실을 장식의 손자가 작성한 공적서에 담겨있다.

이시영은 독립운동에 투신하기 전 구한말의 조정에서 맡은 그의 직책은 외부

---

149) 2006년 장식의 손자 장학중이 작성한 장식의 공적서로 당시 장식의 국가유공자 공적 심사 자료임.

교섭 국장이었다. 아마도 역관이 있었어도 이시영은 어느 정도 영어에 능통했을 것으로 보인다. 이 당시 장식의 이력서에 이시영의 서사(書士)였다고 기록되어 있다. 백운실록에 비서(祕書)로 기록된 것보다 구체적인 사실로 서사(書士)는 대서나 필사(筆寫)를 업으로 하는 사람을 의미하는 명사이다. 이 당시 영어에 서툰 학생들에게 글쓰기를 함께 해줄 보조(필사를 도와주는 자)가 필요했을 것 같으며, 서사가 더 구체적인 기록이고 보면 장식의 이력서와 공적서는 사실성이 높은 자료로 판단된다.

여기서 주목할 또 하나의 사실은 1913년 극심한 가뭄과 흉년으로 만주의 생활은 끼니조차 연명할 수 없는 상황이 도래했다. 이런 상황에 접하자 장식은 좁쌀 장사를 하면서 이시영을 도와 독립군 양성에 매진했다고 전한다. 실제로 이시영은 장사와 막일을 전혀 할 줄 모르는 이른바 양반(?)이었다. 독립운동 역시 자금 없이 불가능하다는 것을 뼈저리게 느낀 장식은 많은 고민과 함께 독립운동의 방법적 모색을 찾아야 하는 당위성을 찾기 시작했다.

【사진 5-8】신흥무관학교 (우당기념관)　　　【사진 5-9】신흥무관학교 전경 (물길 손길 블로그)

이시영이 합니하를 떠나는 시기에 대하여 서로 다른 기록들이 남아 있다. 대부분 1913년 봄으로 기록되어 있지만, 성재소전은 그해 초가을에 떠났다고 한다. 먼저 신흥무관학교 102주년 기념학술회의 『신흥무관학교와 이시영의 독립운동』[150]에 실린 이시영의 기록을 옮겨본다.

1913년 3월경 신흥무관학교를 주도적으로 이끌고 있던 **이동녕·이회영·이시영에게 국내에서 급한 연락이 왔다. 수원에 거주하는 맹보순으로부터 일본 형사가 이동녕·이회영·이시영·장유순 등을 체포하러 만주로 떠났으니 피신하라는 정보이다.** 이들은 즉시 의논 끝에 행선지를 정했다. 이동녕은 이상설이 있는 러시아의 블라디보스토크, 이회영은 국내, 이시영은 봉천으로 떠나기로 작정하였다. 이후 이회영은 다시 북경으로 건너가 활동하였고, 이시영은 북경과 상해 방면으로 가서 독립운동을 계속하였다. 이동녕·이시영 등이 노령·봉천으로 떠난 후에는 윤섭·김창환 등이 주민들에게 구걸하다시피 하여 근근이 신흥학교를 유지했다.

---

150) 신흥무관학교 102주년 기념학술회의 「신흥무관학교와 이시영의 독립운동」, 17쪽(김병기, 한가람역사문화연구소 전문위원, 2013.)

또 다른 자료인 이시영의 일대를 상세하게 기록한 『성재소전』에서는 다음과 같이 전한다.

1913년 초가을 무렵, 당시 러시아령에 머무르고 있던 이상설로부터 통신 왔는데, 그 내용은 대략 이러하였다. '근간 일본의 오사카(大阪) 마이니치(每日)신문에 이시영은 만주(滿洲)의 무관제왕(無冠帝王)이라 하였고, 또 만주 일대의 살인강도 두령이라는 기사가 있어 일본 전체가 주목하게 되었다(되어). 앞으로 **무도(武道)한 참해(慘害)가 닥쳐올 것이니 타처로 피신하라**'[151]

정보의 전달은 여러 경로로 다양하게 접할 수 있다. 그런데 성재소전에 의하면 이시영은 1913년 중국의 동삼성(봉천성. 길림성. 흑룡강성)과 러시아령의 연해주를 돌며 시국 강연을 하였으며. 그 당시 폭우를 만난 것으로 보아 여름인 듯하다. 그리고, 9월에 베이징으로 가서 위안스카이(袁世凱)에게 동삼성 교포 문제와 원조를 얻고자 한 사실이 있다. 그렇다면 이시영이 신흥학교를 떠난 시기는 초가을 이후이며, 여러 자료에서 봄으로 추정한 것은 만주와 연해주 일대의 시국 강연 겸 시찰하러 간 내용을 떠난 시기로 본 것 같다.

이시영이 만주를 떠나기 직전 주진수는 출옥하게 되어 장식은 다시 주진수의 비서로 돌아오지만, 만주 생활은 고난의 연속에서 벗어나지 못했다. 신민회의 만주 이주 시 지속적인 독립운동의 자금 공급처로 이주한 동포들에게서 십시일반 지원받아 군자금을 조성하여 운영하고자 계획을 하였다. 하지만 극심한 가뭄과 흉년으로 하루 한 끼의 끼니를 걱정해야 하는 극심한 상황에서 동포들은 기근과 풍토병까지 시달려야 했다.

더욱이 중국인들의 텃세로 인한 횡포는 독립운동의 자금을 마련하기보다 하루의 삶을 유지하기가 힘들 정도였다.

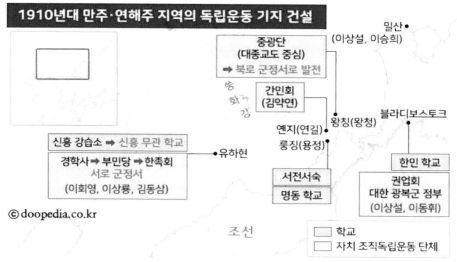

【사진 5-10】 1910년대 만주·연해주 지역의 독립운동 기지(두산백과)

151) 성재 이시영 소전(성재소전). 49쪽(박창화. 을유문화사. 1984.)

나. 백하일기에 장식이 출연한다

백하일기(白下日記)는 일제강점기 안동의 유학자 백하(白下) 김대락(金大洛)[152]의 만주 이주 기록이다. 만주 이주 당시 66세의 노구를 무릅쓰고 재외독립운동기지 건설을 위해 이주 길에 오른 김대락은 1911년의 「서정록(西征錄, 68면)」, 1912년의 「임자록(壬子錄, 또는 비망록, 91면」, 1913년의 「계축록, (99면)」이라는 표제를 붙인 3년의 기록을 일괄 『백하일기(白下日記)』라고 한다.

한국독립운동사에서 백하일기의 사료적 가치는 신흥무관학교가 재조명되는 과정에서 역사적으로 주목받고 있다. 백하일기는 만주 이주 한인들의 정착 과정을 사실대로 기록한 일기로 희소성과 정확성이 높은 자료이다. 이 당시의 만주 관련 일기들은 개인의 의도가 짙은 내용이 많은 것에 비하면 백하일기는 일상의 생활을 사실 그대로 기록한 의도성이 적어 사료적 가치가 높은 자료이다.

1912년 1월 5일(양력으로 1912년 2월 22일) 백하일기에 장식(張植)이 출연한다.

■ 010
(唐中宗在房陵投一石於空中曰。我爲帝此石不墜。果爲柳枝所掛而不墜。　張
憑作母誄云。夫人之德。非誄不顯。　種李不成桃、種禾不生豆。山谷詩注。
韓昭凡事如僧、剃髮無有寸長。)漢趙禹曰。富人之子。內無智略。如木偶人
之衣繡。　至日獻履襪於舅姑。踐長至之義。(出崔浩禮儀)　心神丹。元字守
靈。出黃■■汗血。大宛多善馬。言其先天馬子也。)

張植(蔚珍居人。)來見。　夕張道植(密陽居人、新入而自奉天遊
覽。)韓鳳樹(朔州居人、今住太平溝。)來宿。道植云。見皇城
新聞。而天子
將揖遜而官天下。嗚乎。盛哉。生乎四千四百年之
後。復見四千四百年以前之事。未知朝覲之日。
亦有薦舜之天耶。晴。李甥自鄒街來傳李時榮之
言。曰。下尾墟有野土屋子云。蓋前此

【사진 5-11】 (장식 내견) 천자가 황위를~ (백하일기 - 김대락 1912. 국학진흥원)

1912년 1월 5일, 따뜻한 날씨였다. 얼었던 물이 녹아내려 낙숫물 떨어지는 소리가 어지럽게 들렸다. 얼었던 땅이 녹으니 뜰은 축축하여 발을 디디기가 어려웠다. 차츰 봄이 가까이 와 따스해지는 것을 느낄 수 있었다. (중략)

---

152) 김대락(金大洛, 1845~1914.), 호는 백하(白下), 안동 출신 유학자, 협동학교 설립, 만주 망명 후 한인들의 정신적 지주, 이상룡과 처남 매부이며 황만영과는 사돈지간으로 확인됨. 1977년 대통령 표창, 1990년 건국훈장 애족장에 추서됨.

　오후에는 **주병륜(朱秉輪)**[153)]과 **장식(張植)**, 저녁에는 장도식과 한봉수 등이 김대락 집을 찾
아와 묵었다. 장도식이 말하기를「황성신문」을 보니, 장차 천자께서 천하를 양보하여(이하 생략)

　백하일기의 연구는 안동을 중심으로 한 많은 논문과 다양한 콘텐츠의 개발로 활발하게
전개되고 있다. 특히, 김대락의 고향 내앞마을은 국가 공훈록에 올려진 25명의 독립운동
가를 배출한 마을이고 보면 학계의 관심 대상으로 충분하다.

　다음은 안동의 국학진흥원 콘텐츠의 테마스토리 백하일기 중 장식 관련 자료이다.

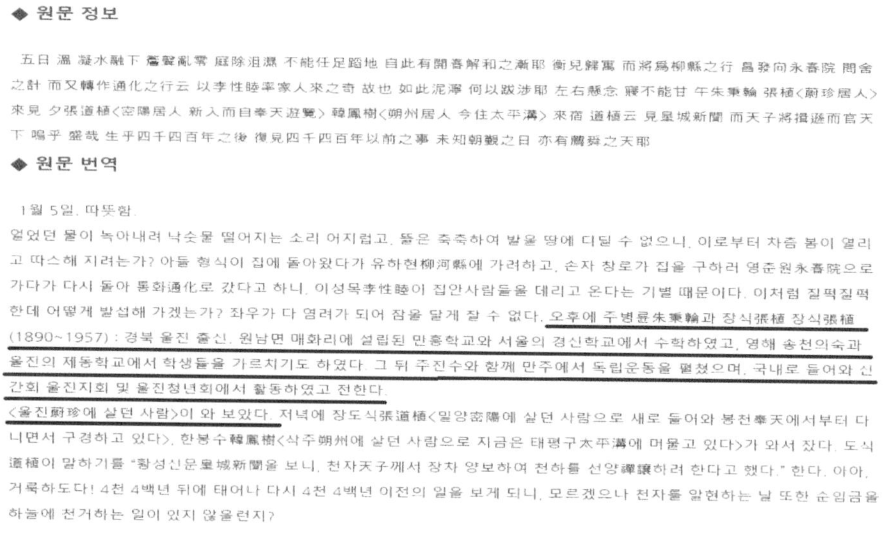

◆ 원문 정보

五日 溫 凝水融下 霤簷亂霤 庭除泪濕 不能任足蹈地 目此有聞春解和之漸耶 衡兒歸寓 而將楊柳縣之行 昌猺向永春院 問舍
之計 而又轉作通化之行云 以李性睦率家人來之奇 故也 如此泥濘 何以跋涉耶 左右懸念 寢不能甘 午朱秉輪 張植〈蔚珍居人〉
來見 夕張道植〈空陽居人 新入而目奉天遊覽〉韓鳳樹〈朔州居人 今住太平溝〉來商 道植云 見皇城新聞 而天子將禪遊而官天
下 嗚乎 盛哉 生干四千四百年之後 得見四千四百年以前之事 未知朝覲之日 亦有騰獜之天耶

◆ 원문 번역

　1월 5일. 따뜻함

얼었던 물이 녹아내려 낙숫물 떨어지는 소리 어지럽고, 뜰은 축축하여 발을 땅에 디딜 수 없으니, 이로부터 차츰 봄이 열리
고 따스해 지려는가? 아들 형식이 집에 돌아왔다가 유하현柳河縣에 가려하고, 손자 창로가 집을 구하러 영춘원永春院에 묵으러
가다가 다시 돌아 통화通化로 갔다고 하니, 이성목李性睦이 집안사람들을 데리고 온다는 기별 때문이다. 이처럼 질퍽질퍽
한데 어떻게 발섭해 가겠는가? 좌우가 다 염려가 되어 잠을 달게 잘 수 없다. 오후에 주병륜朱秉輪과 장식張植 장식張植
(1890~1957) : 경북 울진 출신, 원남면 매화리에 설립된 만흥학교와 서울의 경신학교에서 수학하였고, 영해 송천의숙과
울진의 제동학교에서 학생들을 가르치기도 하였다. 그 뒤 주진수와 함께 만주에서 독립운동을 펼쳤으며, 국내로 들어와 신
간회 울진지회 및 울진청년회에서 활동하였고 전한다.
〈울진蔚珍에 살던 사람〉이 와 보았다. 저녁에 장도식張道植〈밀양密陽에 살던 사람으로 새로 들어와 봉천奉天에서부터 다
니면서 구경하고 있다〉, 한봉수韓鳳樹〈삭주朔州에 살던 사람으로 지금은 태평구太平溝에 머물고 있다〉가 와서 잤다. 도식
道植이 말하기를 "황성신문皇城新聞을 보니, 천자天子께서 장차 양보하여 천하를 선양禪讓하려 한다고 했다." 한다. 아아,
거룩하도다! 4천 4백년 뒤에 태어나 다시 4천 4백년 이전의 일을 보게 되니, 모르겠으나 천자를 알현하는 날 또한 순임금을
하늘에 천거하는 일이 있지 않을런지?

【사진 5-12】(원문 정보) 천자가 황위를~ (백하일기 - 김대락 1912. 국학진흥원)

　오후에 주병륜과 장식(1890~1957) : 경북 울진 출신, 원남면 매화리에 설립된 만흥학교와
서울 경신학교에서 수학하였고, 영해 송천의숙과 울진의 제동학교에서 학생들을 가르치기도
하였다. 그 뒤 주진수와 함께 만주 독립운동을 펼쳤으며, 국내로 들어와 신간회 울진지회 및
울진청년회에서 활동하였다고 전한다. 〈울진에 살던 사람〉이 와 보았다.

　백하일기에 관한 연구는 세부 관련 인물들까지 모두 조사가 되어 있다. 비록 일부 내
용의 전개 순서가 맞지 않지만, 덕분에 장식이 만주에 있었다는 사실을 확인할 수 있는
중요한 자료로 사료적 가치가 높아 다행스러운 일이다.

---

153) 주병륜(朱秉輪) 울진인, 만흥학교 졸업생으로 주진수와 함께 만주로 이주함.

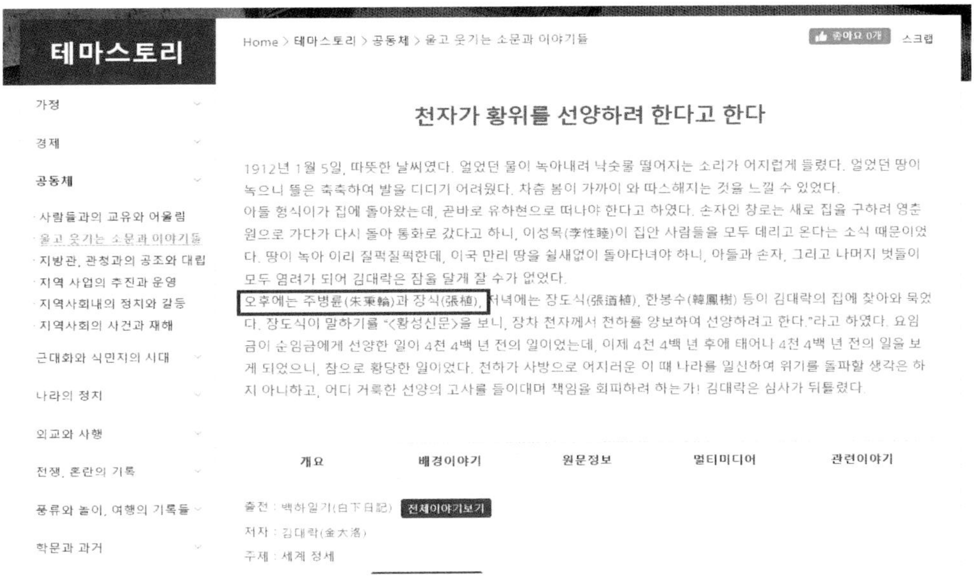

테마스토리

Home > 테마스토리 > 공동체 > 옳고 웃기는 소문과 이야기들

가정
경제
공동체
·사람들과의 교유와 어울림
·옳고 웃기는 소문과 이야기들
·지방관, 관청과의 공조와 대립
·지역 사업의 추진과 운영
·지역사회내의 정치와 갈등
·지역사회의 사건과 재해

근대화와 식민지의 시대

나라의 정치

외교와 사행

전쟁, 혼란의 기록

풍류와 놀이, 여행의 기록들

학문과 과거

천자가 황위를 선양하려 한다고 한다

1912년 1월 5일, 따뜻한 날씨였다. 얼었던 물이 녹아내려 낙숫물 떨어지는 소리가 어지럽게 들렸다. 얼었던 땅이 녹으니 뜰은 축축하여 발을 디디기 어려웠다. 차츰 봄이 가까이 와 따스해지는 것을 느낄 수 있었다.

아들 형식이가 집에 돌아왔는데, 곧바로 유하현으로 떠나야 한다고 하였다. 손자인 창로는 새로 집을 구하려 영춘원으로 가다가 다시 돌아 통화로 갔다고 하니, 이성목(李性睦)이 집안 사람들을 모두 데리고 온다는 소식 때문이었다. 땅이 녹아 이리 질퍽질퍽한데, 이국 만리 땅을 실새없이 돌아다녀야 하니, 아들과 손자, 그리고 나머지 벗들이 모두 염려가 되어 김대락은 잠을 달게 잘 수가 없었다.

오후에는 주병륜(朱秉輪)과 장식(張植), 저녁에는 장도식(張道植), 한봉수(韓鳳樹) 등이 김대락의 집에 찾아와 묵었다. 장도식이 말하기를 <황성신문>을 보니, 장차 천자가 천하를 양보하여 선양하려고 한다.'라고 하였다. 요임금이 순임금에게 선양한 일이 4천 4백 년 전의 일인데, 이제 4천 4백 년 후에 태어나 4천 4백 년 전의 일을 보게 되었으니, 참으로 황당한 일이다. 전하가 사방으로 어지러운 이 때 나라를 일신하여 위기를 돌파할 생각은 하지 아니하고, 어디 거룩한 선양의 고사를 들이대며 책임을 회피하려 하는가! 김대락은 심사가 뒤틀렸다.

개요　　배경이야기　　원문정보　　멀티미디어　　관련이야기

출전 : 백하일기(白下日記) 전체이야기보기
저자 : 김대락(金大洛)
주제 : 세계 정세

【사진 5-13】 (개요) 천자가 황위를~ (백하일기 - 김대락 1912. 국학진흥원)

장식은
이시영과 함께했던
짧은 만주의 생활을 통하여
'조국(祖國)의 독립(獨立)은
의기(義氣)만으로 오지 않는다'는
사실을 깨달은 순간이었다.

【사진 5-14】 만주로의 이주 행렬 (네이버 블로그, 첩보)

울진장씨고산성파 소장

【한사이 5.】 울진공립보통학교 제6학년 흑견 선생 송별 기념(1935. 울진장씨 고산성파)154)

154) 한 장의 사진 속 이야기 5. - 울진장씨 고산성파에서 소장하고 있는 사진으로 장식의 3남 장수명의 울진공립보통학교 6학년 사진으로 확인되지만, 아쉽게도 사진 속의 3남의 얼굴을 아는 이가 없다. 이 당시 평해공립보통학교와 함께 울진에서 조선인 학생이 다닐 수 있었던 학교였지만, 조선인 학생의 수는 제한되었다. 사진 속의 흑견 선생은 일본인 교사로 보이며 1년 뒤 6학년 학생들의 졸업사진을 비교하여 보면 흑견 선생에 대한 송별의 아쉬움을 학생들의 얼굴에서 확연하게 느낄 수 있다. 남녀생 학생 수는 총 61명으로 확인되며, 아래의 사진은 원본을 확대한 것으로 학생들의 얼굴이 선명하다.

제 6 장

울진독립운동의 초석(礎石)을 다시 세우다

1. 약(藥)은 사람의 병뿐만 아니라 나라의 병도 고친다... 103

하나. 순사(巡査)들도 함부로 하지 못한 곳. 국가수호 사적지가 되다... 103

둘. 부산 갈매기의 백산상회가 있다면, 울진 두루미의 선일약국이 있다... 108

2. 울진의 3·1만세운동 대신 가슴팍 시린 이국만리의 동지들을 택했다... 112

하나. 선배 정재용의 용기는 한국독립운동사의 역사가 된다... 112

둘. 울진 3·1만세운동의 불씨는 이국만리의 동토(凍土)에 두고 온 동지들의 넋이로다... 117

셋. 숙제가 오래가면 화(禍)가 되니 이제라도 풀어야 한다... 119

3. 조국독립의 수제는 민중이며, 그 중심에 청년이어야 한다... 122

하나. 신민회의 정신을 품은 울진청년회를 조직하다... 122

둘. 3·1만세운동을 계승한 울진청년회 활동... 125

四時(사시) 2. 夏雲(하운)155)

여름

장만시 글, 전광홍 譯

無心雲出峀　　무심히 떠나온 구름이
靉滯半天橫　　하늘을 반이나 가렸네
齾齾層峯裏　　위험한 바위산 속으로
如聞鶴喚聲　　학의 부르는 소리 들리네

【ima-8.】 동거 - 남효선 2022.

---

155) 장식의 7대조 장만시(張萬始), 1696~1769.)의 사시(四詩)의 두 번째 구절인 여름의 풍경을 덕초 전광홍의 역
　　(譯)으로 옮겨본다.

1. 약(藥)은 사람의 병뿐만 아니라 나라의 병도 고친다

하나. 순사(巡査)들도 함부로 하지 못한 곳은 국가수호 사적지가 되다

현재 독립기념관의 국가수호사적지로 울진의 선일약국이 등재되어 있다. 잘못된 내용들을 바로잡아야지 하는 마음보다 감사가 앞서는 이유는 무엇일까? 비록 늦은 감은 있지만, 이제라도 당신들의 진정성을 찾아 주었으면 한다.

【사진 6-1】 선일약국(국가수호사적지, 독립기념관)

어쩌면 장식(張植)은 바둑에서의 절묘한 한 수를 찾아 두었을 것 같다. 그 당시의 울진은 지리적으로 열악한 위치에 있는 의료시설의 불모지였다.

이런 상황은 울진에 거주하는 일본인과 친일 세력들 역시 의료시설의 혜택을 받지 못한 처지에 아플 경우 먼저 찾은 곳이 선일약국이었다.

장식(張植)의 행적을 좇다 보면 당신 때문에 관할지역의 울진경찰서는 너무나 긴 시간 동안 골머리를 앓았을 것으로 여겨진다. 이럼에도 장식이 오랫동안 살아남은 것은 시세 말로 '용하다'라는 표현이 적절해 보인다.

장식(張植)의 절묘한 한 수는 울진 북부 지역에서 유일하게 양약을 판매하며 약종상을 하면서 한약까지 조제를 했던 '용한 한의사'라면 그들156)도 함부로 대하지 못했으리라 여겨진다.

양약은 안정적인 수입을 보장하고 한약은 부르는 것이 가격이지만, 독립운동 자금의 안정적이고 지속적인 전달을 위하여 모든 회계는 장부에 의한 처리를 원칙으로 하였기 때문에 선일약국은 군자금 조성을 위한 최적의 사업장이었다.

---

156) '그들'이란 관인인 일본 사람과 친일 세력들을 지칭함.

그런데, 만주에 있어야 할 장식은 울진으로 언제, 무슨 이유로 돌아왔는지 기록에 없어 여러 사료들을 찾아 알아볼 필요가 있다.

1914년경 주진수는 제1차 세계대전이 일어나자 주병웅·전오규·이동휘 등과 같이 러시아의 블라디보스토크로 이주한 후 교포들을 규합하고 조국의 광복을 위해 활동들을 전개하였다. 그런데 이 무렵 주진수는 장식과 함께 울진으로 몰래 잠입하였다가 비서인 장식을 울진에 남기고 블라디보스토크로 돌아갔는데, 무슨 이유로 비서만 두고 떠났는지 정확한 기록이 없어 진위를 알 수가 없다.

여러 상황을 조합하여 보면 1차 세계대전이 발발하자 주진수는 독립운동 기지로써 만주 지역이 갖는 한계로 인해 새로운 독립운동을 전개할 장소를 찾게 된다. 이런 가운데 선택된 곳이 블라디보스토크였으며, 새로운 곳에서 독립운동을 전개하기 위한 제일 시급한 문제는 군자금의 확보였다. 그동안 준비해온 독립운동자금은 바닥 난 지 오래였고, 동포들의 역시 하루의 끼니를 걱정해야 하는 현실에서 지원을 기대하기란 어려웠다. 따라서 안정적이고 지속적인 독립운동자금 조성의 방법적 변화를 모색할 필요가 있었다. 블라디보스토크에서 활동했던 신민회 출신 독립운동가들 역시 군자금 조성의 새로운 방법적 모색을 꾀하였고, 대표적인 이가 백산상회의 안희제이다.

장식의 묘갈문에도 환국(還國)이란 단어 이외에 별다른 기록이 없어 고향으로 몰래 잠입한 주진수가 장식만 고향에 남기고, 블라디보스토크로 돌아간 이유는 알 수 없다. 다만, 묘갈문의 원문과 국역을 시간의 순서에 따라 다시 정리할 필요가 있다.

『還國暗助三一運動繼設仙一藥局糾合同志創青年會』

【환국하여 몰래 삼일운동을 도와주며 선일약국을 설립하고 동지를 규합하여 청년회를 조직한다.】

3·1만세운동은 1919년의 일이고, 선일약국의 운영은 1915년 3월경[157]이면, 묘갈문의 내용을 **'환국하여 선일약국을 설립하고, 몰래 삼일운동을 도와주며, 동지를 규합하여 청년회를 조직한다.'**의 순으로 정리해야 한다.

주진수가 장식을 국내에 남긴 이유에 대해서 이해하려면 이 당시 만주 독립군 기지의 자금 상황을 알아볼 필요가 있다. 1914년 당시 만주 독립군 기지들은 자금난에 허덕이고 있었으며, 신흥중학교 역시 예외가 아니었다.

신흥중학교는 이회영 형제들을 포함한 제 동지들이 가져온 자금은 바닥이 났고, 함께 이주한 동포들의 사정도 하루의 끼니를 걱정해야 하는 형편이었다. 그렇기에 독립운동자금을 조성하기 위한 안정적인 재원을 확보할 필요가 있었다. 이는 1913년 흉작과 풍

---

157) 장식의 이력서(장학중. 2006.)

토병으로 기근에 시달리며 궁여지책(窮餘之策)으로 좁쌀 장사하면서 이시영을 도와 독립군 양성에 매진했던 장식은 군자금의 안정적 조성이 얼마나 중요한지를 깨닫는다.

비슷한 시기의 다른 독립운동가를 살펴보면, 한국독립운동사의 한 획을 긋는 백산상회의 안희제[158]는 1911년 블라디보스토크로 건너가 모스크바·만주 등지를 돌며 독립운동가들과 구국 방책을 논의하던 중 독립운동 자금의 조달과 연락을 위해 1914년에 귀국했다. 국가보훈처 이달의 독립운동가 자료[159]에 의하면 안희제의 귀국 이유를 다음과 같이 설명하고 있다.

> 선생이 귀국을 결심하게 된 동기는 제1차 세계대전에 따른 국제정세의 변화에 능동적으로 대처하고, 이를 이용하여 조국 독립을 달성하려 한 때문이었다. 또 그를 위해서는 무엇보다도 국내·외의 독립운동 세력이 유기적인 정보 연락망을 갖추고, 독립운동자금을 조달할 수 있는 조직망이 필요하다고 인식한 까닭이었다. 따라서 만주에서 국내로 잠입한 선생은 1914년 9월 청진을 거쳐 해로로 부산에 도착한 뒤, 즉시 그 같은 계획의 실행 작업에 착수하였다.

안희제가 국내에 들어 온 이유와 백산상회를 통한 군자금 조성의 방법이 장식의 상황과 선일약국의 군자금 조성 방법이 흡사한 것으로 보아 이 당시 독립운동 기지의 군자금 조성에 대한 방법론적 발전이 있었던 것 같다.

확인된 정설에 의하면 안희제는 신민회 회원으로 대동청년당을 조직하여 국권회복운동을 전개한 이력이 있으며, 블라디보스토크에서 국내로 귀국한 시기가 1914년경이다. 그런데, 주진수가 블라디보스토크로 이동한 시기가 공교롭게도 1914년경이다. 장식이 블라디보스토크로 갔는지는 알 수 없지만, 주진수와 함께 고향으로 잠입하여 들어 온 시기도 1914년경이다. 우연으로 보기에는 어딘가 많은 교감이 있어 보이며, 이에 대한 설명은 다음 장의 부산 갈매기와 울진 두루미의 이야기에서 살펴본다.

아이콘 '시국을 통찰한 주진수'에게는 지속적인 독립운동의 전개를 위한 군자금의 확보가 절실한 상황에서 비서로의 장식보다는 군자금 조달을 위한 제자가 필요했던 것 같다. 특히, 장식은 신흥강습소와 신흥중학교의 설립 과정에서 독립운동 자금의 중요함을 뼈저리게 경험하였다.

그럼, 주진수는 왜 장식과 함께 고향으로 잠입하였다가 블라디보스토크로 돌아갔을까?

첫째, 장식은 주진수를 도와 울진인들의 만주 이주를 독려한 사람으로 고난의 길을 걷고 있는 동지들을 두고 본인만 귀국할 명분이 필요했다.

---

158) 안희제(安熙濟, 1885~1943.), 의령 출진, 백산상회 창립자. 1962년 건국훈장 독립장 추서됨.
159) 이달의 독립운동가 안희제(安熙濟) - 독립운동거점 설립(국가보훈처-네이버 지식백과, 2011.)

둘째, 주진수는 고향과 인근 지역의 제 동지들에게 자신을 대신할 장식에게 필요한
　　　자금을 줘도 된다는 무언의 암시를 남겨야 했다. 몇몇 군자금 조달책들이 김
　　　구와 안창호가 쓴 필지를 갖고 다녔던 것처럼 말이다.

　장식의 이력서에는 '귀국 후 1년 동안 감리교 전도사를 하였다'는 기록이 있다. 이는
서로의 연락을 위해 전도사만큼 이동이 쉽고 자유로운 신분은 없었기 때문이다. 그리고
왜 감리교였던 이유는 그 당시 조국의 독립을 위해 가장 활발히 활동했던 기독교인들이
바로 감리교의 교인들로 후일 3·1만세운동의 핵심이 되는 기독교의 종파였기 때문이다.
그리고, 이 시기에 장식은 대외적인 군자금 모집은 물론 안정적인 자금의 조성을 위해
양약 취급면허를 취득하게 된다.

　1915년 장식은 울진 북부지역의 유일하게 양약 취급 약국인 선일약국(仙一藥局)을 개
업[160]했다. 선일약국의 선일(仙一)은 장식의 호(號)인 일선(一仙)을 거꾸로 부른 이름의
약국이다.

　선일약국의 양약 취급면허에 대한 기록이 남아 있지 않아 1914년경 '약업총합소'[161]에
대한 이해가 필요하여 한국학중앙연구원의 자료를 옮겨본다.

> 　약업총합소는 1908년 한약 취급업자들이 조직한 비영리단체이다. 한약을 취급하는 전약업자
> (全藥業者)를 규합해서 동업자 간에 친목과 단합을 통하여 사회적·도덕적 기능을 다 하자는
> 데 목적을 두고 조직하였다. 그 뒤 이 약업총합소가 모체가 되어 현대약학강습소를 시작함으
> 로써 현대 약학교육의 싹이 텄다. (중략)

> 　그러나 아무리 한약업이 잘 되었더라도 양약의 시대가 올 것은 누구보다도 그들이 잘 알고
> 있었다. 약업총합소 회원들은 계를 하여 이를 장진계(長進契)라 하였고, (중략)

> 　**1914년 6월에 총합소의 주최로 우선 약품 취급 하기강습회가 개최되었다. 우리나라에서 처음으로 열**
> **리는 양약 지식의 보급을 위한 강습회였다. 약학에 관한 간단한 초보적인 것으로 3개월간의 단기속성이**
> **었으나, 수료생은 40명이나 되어 첫 번째치고는 성공적이었다.**

> 　그들은 여기에서 힘을 얻어 좀 더 본격적인 약학 교육기관을 만들기로 하였다. 여기에 필요
> 한 자금과 비용은 장진계의 자금에서 부담하기로 하고, **1915년 4월 ´조선약학강습소´를 설치하였**
> **다. 기간은 1년이고, 과목은 약국방(藥局方:藥典)·물리·화학·약용식물 등이 추가가 되었는데, 강의**
> **내용이 새로운 학문이고 생소한 전문과목이라 공부하는 것은 쉽지 않았다. 결국 30명의 수료생이 제2회**
> **까지 나와 이들에게는 약종상 허가의 우선권을 주었다.**

> 　그 뒤 일본인이 관여하게 되어 1918년 조선약학강습소는 발전적으로 해체되고, 이를 흡수한
> '조선약학교'가 생겨 2년제가 된 후, 졸업자는 약제사 시험에 응시할 자격을 주었는데 비로소

---

160) 선일약국(仙一藥局)의 개업(開業)을 묘갈문에는 설립이라 표현함.
161) 약업총합소(한민족대백과사전, 한국학중앙연구원 2022.)

이호벽(李浩壁)·신경휴(申敬休) 등 한국인 약사가 탄생하였다. 그 뒤 1930년 경성약학전문학교로 승격되고, 광복 후에는 사립 서울약학대학이 되었다가, 1950년 국립서울대학교 약학대학으로 흡수되어 오늘에 이르렀다.

장식162)이 만주에서 돌아온 시기를 1914~15년경으로 보는 타당한 이유는 약종상 허가와 울진 북부지역의 유일한 양약 취급면허를 취득한 시기에 약업총합소의 약종상 면허를 2년간 한시적으로 실시하여 면허를 우선하여 허가해 주었던 기간과 일치하기 때문이다. 이런 일련의 과정들은 시대를 통찰했던 주진수와 사전에 계획된 일이었던 것으로 판단된다.

선일약국(仙一藥局)은 현재 독립기념관 국가 수호지로 지정되는 등 진면목(眞面目)을 조금씩 인정받고 있으나, 내용이 정확하게 기록되어 있지 않다. 위치는 월변교 북단에서 울진시장으로 들어서는 초입에 있었으며, 후일 선일약국에서 일을 하던 김영호 씨가 인수하여 운영했던 현대약방으로 당신은 약을 조제 하지 못했기 때문에 약국이 아닌 약방으로 울진 사람들에게 익숙한 곳이다.

장식의 귀향163)과 선일약국의 군자금 조성은 한국독립운동사의 발전적 모형으로써 연구의 가치가 있다. 그리고 다음으로 던진 한 수는 스승 주진수가 그랬듯이 언론의 중심이 되어 동아일보, 시대일보, 조선일보 울진지국을 운영하였다. 이는 신민회의 잡지·서적 출판 운동으로 『대한매일신보』를 활용한 것과 맥을 같이 한다.

【사진 6-2】 시장 초입에서 본 선일약국 터

【사진 6-3】 (정면) 선일약국으로 터 (독립기념관)

---

162) 장식은 선일약국 외에 태화당약국도 운영하였다. 일부 자료만 남아 추후 자세한 조사가 필요함.
163) 만주로의 '망명'이 아닌 '이주'는 간도 역시 우리의 영토임을 표현하고자 하는 필자의 의지로 '환국'을 '귀향'으로 표현하고자 하였음.

둘. 부산 갈매기의 백산상회가 있다면, 울진 두루미의 선일약국이 있다

한국독립운동사의 군자금과 관련된 자료를 살펴보면 대표적인 독립운동의 군자금 조달처로 부산의 백산상회를 주목한다. 백산상회[164]는 백산 안희제(安熙濟) 선생이 설립한 무역회사이며 한국 독립운동사에 큰 영향을 준 민족 기업이다.

안희제의 백산상회에서 이루어진 독립자금의 조성과 전달 방법 등은 모두 장부의 거래 형식을 갖춰 일경의 수사망에 걸려들지 않았다.

그리고, 백산상회는 독립운동의 자금 조성뿐만 아니라 국내의 유지들이 군자금을 맡기면 독립운동 기지로 송금까지 하였다. 광복으로 귀국하던 김구는 안희제가 죽었다는 소식을 듣고 대성통곡을 하며 아쉬움을 표했다.

선일약국의 외상장부는 500쪽 분량의 4권[165]으로 장식을 아는 동지들은 대부분 독립운동의 군자금으로 지원했다고 믿고 있지만 증거를 찾지 못하였다.

【사진 6-4】 백산 안희제 (백산 안희제 70주년 추모위원회)

백산상회의 안희제와 장식에 대해 몇 가지 공통점을 발견했다.

하나. 신민회, 그리고 이시영과 관련되었다.

　안희제는 1907년 이시영과 교의를 맺고 신민회에 참여하였고, 주진수는 신민회의 중심인물로 출옥 후 이시영이 만주를 떠나기 전까지 함께 했다.

둘. 활동의 중심이 블라디보스토크였으며, 고향으로 돌아온 시기가 비슷하다.

　1914년 주진수는 새로운 독립활동의 지역을 블라디보스토크로 선택하여 이동하였으며, 안희제와 장식이 고향으로 돌아온 시기가 1914년경이다.

셋. 백산상회와 선일약국의 독립운동자금 조성 방법이 유사하다.

　기존의 독립운동 자금 조성 방법에 대한 반성으로 거래 장부를 이용한 군자금을 안전하고 지속적인 조성 방법의 진일보한 선택이었다.

---

164) 백산상회, 1914년 안희제가 세운 민족 기업, 무역을 통한 이익을 독립군자금으로 조달함.
165) 지금은 외상장부를 찾을 수 없다. 손자 장학중이 분실하였거나, 구전으로 전한 내용을 2006년도 독립유공자 신청 시 기록했을 수 있음.

넷. 귀국 후 언론에 종사하였다.

신민회처럼 언론을 활용하였다. 안희제는 동아일보의 부산지국장과 중외일보의 사장을 역임했고, 장식은 동아일보와 시대일보 및 조선일보의 울진지국장을 맡았다.

다섯. 교육활동에 집중하여 전개하였다.

안희제는 구명학교·의신학교·창남학교를 설립하였으며, 장식은 울진강습소와 울진제동학교의 설립을 주도했다.

여섯. 고향의 3·1만세운동에 간여하고 주도했다.

장식은 울진 3·1만세운동 시 독립선언문의 전달자이며, 안희제는 의령군에서 독립선언서를 수만 장을 제작하여 영남 각지에 배포한 사실이 있다.

그런데 안희제와 장식의 다른 점은 군자금 조성과 전달 상황이 안희제는 일부 확인되지만, 장식은 보이지 않는다는 것이다. 장식의 독립활동 자금들은 스승 주진수와 중경임시정부의 이시영에게 전달된 흔적들이 일부 드러났다. 이 또한 정확한 근거가 남아있지 못하고 여러 정황을 고려하여 추정할 수밖에 없다.

현재 동해안을 지나는 독립운동 관련 군자금에 대한 모집과 전달 과정에 따른 사료들이 인근 영덕군에 비하여 부족하다. 이는 모금 활동이 부진했던 것보다는 울진지역의 활동들이 발각되지 않았을 확률이 농후하다. 왜냐하면 총독부 치안 상황 보고 등 여러 자료를 살펴볼 때 울진의 선각자들이 보여준 역량들은 다른 지역에 비하여 부족함이 없었기 때문이다. 그러므로 보이는 것이 전부가 아니라는 사실이 한국독립운동사의 특징이고 보면 동해안을 지나는 군자금 전달의 다양한 경로에서 일부 울진의 성공한 기록은 찾을 수가 없다. 이런 다양한 경로의 존재는 만주와 상해 등지의 독립운동 단체가 통일되지 않은 관계로 군자금을 받을 도착지가 서로 달랐기 때문이다. 아울러 일제에 발각되면 군자금 관련자는 최고의 처벌을 받는 이유로 비밀이 유지되기 위해서는 더욱 은밀하고 치밀하게 전개되어야 했을 것이다.

한국독립운동사에서 여러 군자금의 전달 경로 중 포항에서 울진과 정선을 거쳐 원산으로 전달되었다는 이동 경로가 있다. 그런데 아직 밝혀지지 않은 울진지역의 책임자가 전하는 이야기에 의하면 장식이었다고 한다. 참고로 정선에서 원산까지의 전달은 전상요[166] 전 국회의원이 맡았다는 기록이 있다.[167] 이 당시 장식이 직접 전달했는지는 확인되지 않지만, 독립운동을 위한 군자금의 배달 사고도 빈번했으며, 군자금의 모금으로 위

---

166) 전상요(全相堯, 1878~1971.), 강원 정선 출신, 구한말 의병장, 3·1운동으로 대구형무소에서 복역 중 탈옥하여 고향 정선의 산속에서 26년간 숨어 살았다 함, 제3대 국회의원 역임함.
167) 장식의 이력서(장학중, 2006.)

장하여 강탈한 거짓 사례도 많은 것으로 보아 큰 자금은 다음 전달책에게 직접 전달하였을 수 있다.

선일약국의 양약 취급면허 자격증은 현재 확인되지 않고 있다. 다만, 여러 신문의 자료에서 울진의 북부지역에서 유일하게 양약을 판매하였고, 약종상 면허를 취득하여 한약을 조제하고 판매한 사실은 명약관화하다.

또한, 장식은 1923년에는 울진군 서면 일대의 의생 면허168)까지 취득하였다가 무슨 이유인지 몰라도 1년 뒤에 반납하게 된다. 혹 정선으로 군자금 전달을 위한 수단으로 사용하려 했던 것으로 추측하여 본다. 왜냐하면 이틀에 한 번씩 자전거를 타고 온 순사가 행곡의 자택을 순찰하고 갔을 정도로 장식은 마음대로 이동할 수 없었던 일제의 특별 관리 대상으로 합법적인 이동 목적이 있어야 했기 때문이다.

다음은 1923년 장식이 취득한 울진군 서면 일대의 의생 면허 관련 조선총독부 관보의 자료이며, 의생 제도는 의사가 부족했던 시절의 의사를 대신하여 치료할 수 있도록 한 제도로 지역을 기반으로 한 면허였다. 그래서 의생은 해당 지역을 떠나지 말아야 하는 제한이 있었다.

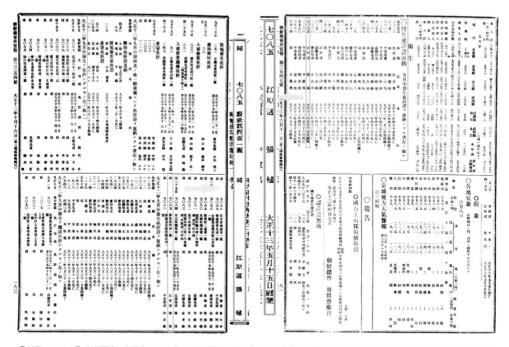

【사진 6-5~6】의생면허 취득(1923년) / 의생면허 반납(1924년)(조선총독부 관보 편집, 국사편찬위원회, 3단 편집)

168) 의생면허 취득, 총독부 관보 제3354호(1923.10.16.), 의생면허 반납, 총독부 관보 제3547호(1924.6.11.)

아마도 군자금 전달의 수단으로 취득한 의생 면허가 이동의 제한으로 인해 장식은 1년 만에 반납한 것으로 추정이 된다.

그리고, 울진의 여러 자료에서 안희제에게 군자금을 준 기록들이 발견되고 있다.

1923년 7월에 죽변의 전영직[169]은 상해임시정부에 독립자금을 보내던 안희제에게 농우(農牛) 두 마리 금액인 현금 80원을 희사한 사실이 있다.[170] 그리고, 전영경은 안희제와 함께 독립자금의 모금 운동을 하였다고 하는 기록도 있다.[171]

장식은 이 당시 울진 북부지역의 유일한 양약 취급 면허를 갖고 있는 독과점으로 많은 이들이 부자가 될 것이라고 믿고 있었다. 하지만, 1945년 광복 당시 장식의 남은 재산은 개간한 박토 3두락과 그 당시 값어치 없었던 하천부지가 전부였다.

그리고, 손자 장학중은 부친을 일찍 여의고 조부와 함께 살면서 살림이 어려워 학창시절 점심 도시락도 준비할 수 없는 날이 많았다고 한다. 도시락이 없어 술비지로 점심을 때워야 하는 날은 술 냄새가 나서 친구들과 같이 먹지 못하였다.[172]

역사 속에 드러난 안희제의 백산상회를 견주어 볼 때 선일약국의 외상장부는 합법적인 거래를 통한 독립운동의 군자금을 지원했던 백산상회의 운영과 일맥하고, 한편으로 장식(張植)은 약상독립(藥上獨立)[173]의 원대한 꿈을 펼치게 된다.

【사진 6-7】 하나로 내과[174) - 송죽, 2023.)

---

169) 전영직(田永稷, 1888~1950.), 울진청년회 창립 시기의 회장을 역임하고, 2세 교육과 민중계몽에 앞장섬.
170) 2001 울진군지 제8장 제1절 2. 무단통치하 울진지역의 항일운동 9쪽(울진군, 2001.)
171) 2022 울진군지 증보판 수정 열람본, 제2권 제2장 제3절 2) 근현대 (2) 독립운동가 461쪽(울진군, 2022.)
172) 장학중의 증언으로 독립운동가의 가문들이 갖는 공통된 아픔이었음.
173) 약상독립(藥上獨立)은 약을 기초로 하여 조국의 독립을 세운다는 뜻으로 필자가 지은 글귀임.
174) 장식의 증손주인 남편이 울진에서 25년째 운영하는 병원으로 울진농협 옥계지점의 2층에 위치하며, 내과를 중심으로 신장 투석실을 운영하고 있다. 비록 우연이지만 증조부의 약상독립이 증손 대까지 울진의 건강 지킴이로 이어지고 있음.

2. 울진의 3·1만세운동 대신 가슴팍 시린 이국만리의 동지들을 택했다

하나. 선배 정재용의 용기는 한국독립운동사의 역사가 된다

장식이 고향으로 돌아와 두 번째로 한 일은 울진 3·1만세운동을 몰래 도와준 일이었다.

『還國暗助三一運動繼設仙一藥局糾合同志創靑年會』

【환국하여 선일약국을 설립하고 몰래 삼일운동을 도와주며 청년회를 조직한다.】

내용만 보면 장식을 오해할 수 있는 문구이다. 몰래 도와준 일은 무엇인가? 울진군지[175]에 따르면 울진 3·1만세운동에 불을 지핀 독립선언문을 매화의 윤병관에게 몰래 전달한 이가 장식이었다. 그러나 장식은 일경의 예비검속으로 울진의 3·1만세운동에 참가하지 못하였다.

울진군지에 기록된 장식의 독립선언문 전달 과정을 구체적으로 살펴보면,

> 울진에서는 처음 두 경로를 통해 만세 시위가 준비되었던 것 같다. 1919년 2월 윤병관(尹炳寬)의 친구인 장식(張植)이 **서울의 경신학교 수업차 서울**에 갔다가 3월 1일 파고다 공원에서 만세운동에 참가한 **동창 선배 정재용(鄭在鎔)과 동향인 황상봉(黃尙鳳, 相奉)을 만나 독립선언서를 입수**하였다. 이후 장식은 고향으로 내려와 **윤병관에게 독립선언서를 비밀리에 전달**하였다.

사실 1. 장식은 1919년 2월 서울로 상경을 했다.

기록 1-1. 1919년 2월 윤병관(尹炳寬)의 친구인 장식(張植)이 서울의 경신학교 수업차 서울에 갔다.

검토 1-1. 장식은 선일약국을 운영하고 있었던 시기에 오랫동안 약국을 비워 두면서까지 서울행을 강행했던 이유가 무엇일까?

검토 1-2. 장식은 1915년부터 울진 북부지역에서 유일하게 양약을 판매했던 선일약국을 운영하고 있었던 이른바 지역의 공인(公人)이었다. 즉 신분이 노출되었던 약국의 운영자가 오랫동안 약국을 비워 둔 사실을 거짓으로 역사의 기록하지 않았을 것이다.

결론 1-1. 장식은 1919년 2월경에 서울로 간 것은 사실이다.

---

175) 울진군지. 일제강점기의 독립운동. 울진의 3·1 만세운동(울진군, 2001.)

사실 2. 경신학교의 수업을 이유로 서울에 갔다.

기록 2-1. 울진군지에 의하면 장식은 '서울에 경신학교 수업차 갔다' 한다.

검토 2-1. 장식이 그 당시 서른 살의 나이에 선일약국을 운영하고 있을 때라면, 일반적으로 중등 과정인 경신학교를 수업 차 상경을 했다는 사실은 쉽게 이해가 되지 않는다.

검토 2-2. 울진군지의 기록을 아전인수(我田引水)처럼 모두 허구라는 오류를 범하지 말아야 한다. 일제의 감시 대상인 특요의 장식에게 장기간의 출타를 핑계 삼을 그 무엇은 바로 경신학교의 수업이 될 수 있었다.

앞에서 살펴본 바와 같이 장식은 경신학교를 졸업하지 못하였다. 그래서 장식은 수업을 핑계 삼았을 수 있다. 이 당시의 시대적 상황에는 만학(晩學)의 학생들이 다수 있었던 것으로 보면 가능한 일이다.

또한, 양약을 판매하는 약국에서 신학문에 대한 자료가 필요하여 경신학교를 다녀와야 한다고 했을 수 있다. 경신학교는 3·1만세운동 시위에 전교생과 졸업생들에게 비밀리에 참여를 독려한 사실이 있지만, 울진의 지리적 여건 등으로 보아 설득력이 부족하다.

결론 2-1. 장식은 1919년 2월경에 경신학교의 수업을 핑계로 서울로 상경한 사실은 허구가 아닌 장기간 출타를 위한 핑계일 가능성이 있다.

사실 3. 파고다 공원[176]에서 동창 선배 정재용을 만났다.

기록 3-1. 3월 1일 파고다 공원에서 만세운동에 참가한 동창 선배 정재용(鄭在鎔)과 동향인 황상봉(黃尙鳳, 相奉)을 만나 독립선언서를 입수하였다.

검토 3-1. 정재용은 경신학교를 1911년 6월에 졸업했다.[177] 장식의 이력서에 1909년 4월부터 1912년 3월까지(겨울방학을 고려하면 실제 1911년 12월까지) 수학했다고 하면 학창 시절 정재용과 수업을 같이하였고, 동기면 다섯 살 연상의 형으로 동창 선배 정재용이라 하였다.

검토 3-2. 얼마 전 정재용 기념사업회 위원장인 정재용의 손자 성성화 씨와 전화기 되었다. 이 당시 정재용은 감리교 인사에게 물건을 전해주러 지인 두 명과 함께 한 시진 일찍 탑골공원에 나가 있었다. 그런데 한 시진 일찍 함께 간 동기는 장식이 아니라고 정재용의 손자는 전했고, 자세한 내용은 다음으로 미

---

176) 파고다 공원의 정식명칭은 서울 탑골공원(이하 탑골공원)이다. '파고다(pagoda)'는 '탑파(塔婆)'라는 뜻의 영어표현이다. 기록물에 파고다 공원으로 기재되어 있어 탑골공원을 우선 사용하나 일부 혼용하여 사용함.

177) 경신학교 졸업생 명부. 경신중학교(한국전쟁 후 정리한 졸업생 명부라고 하며, 졸업 날짜는 모름). 경신학교는 이 당시 학년의 시작을 9월에 하였으며, 졸업은 6월에 하였다. 또 다른 기록인, 탑골공원에서 독립선언서를 낭독했던 정재용 장로(성경환목사 블로그, 2021.1.28.), 졸업생이 6명으로 기재되어 있으나, 경신학교 졸업생 명부에는 9명임.

뤘는데 연락이 없다.[178] '감리교 인사를 만나러 간다'고 하였다는데, 장식은 한때 감리교 전도사였고, 황상봉은 감리교인과 교류가 잦았다고 하니 무언가 교감이 있어 보이지만 정재용의 기록에는 다른 이유와 다른 사람이 적혀 있다고 한다.

결론 3-1. 정재용과 장식은 시기적으로 보아 3·1만세운동 이전인 경신학교에서 수업을 같이한 동기생으로 추정된다. 그동안 감리교의 교인들과 교류해 온 장식과 황상봉은 황해도에서 감리교의 목회 활동 중인 정재용과 만났을 공통분모가 있음은 가능한 일이다.

사실 4. 탑골공원에서 동향인 황상봉을 만났다.

기록 4-1. 3월 1일 파고다 공원에서 만세운동에 참가한 동창 선배 정재용(鄭在鎔)과 동향인 황상봉(黃尙鳳, 相奉)을 만나 독립선언서를 입수하였다.

검토 4-1. 동향인 황상봉[179]에 대한 검토가 필요하다. 황상봉은 2016년에 건국훈장 애족장에 추서된 독립운동가이다. 그동안 한국의 독립운동사에서 감춰진 울진인이었던 사실을 보면 너무 늦은 감은 있지만 다행스럽다. 황상봉은 광복 이후부터 울진군지 3·1만세운동 편에 등장한 인물로 1977년에 독립유공자로 추서된 정재용과 탑골공원에서 만난 사실을 허위로 기록할 이유가 없다. 그런데 장식과 황상봉이 탑골공원에서 정재용을 만났는지, 장식이 탑골공원에서 정재용과 황상봉을 만난 것인지는 알 수 없다.

결론 4-1. 탑골공원에서 장식은 동향인 황상봉을 만난 사실이 있다. 하지만 왜 만났는지에 대한 이유는 명확하게 밝힐 필요가 있다.

사실 5. 역사를 기록한다.

기록 5-1. 정재용이 3·1만세운동의 기폭제가 되는 탑골공원에서 선언문 낭독을 한 시점부터 서울 만세운동의 시위를 촉발하였고, 전국으로 확대하는 도화선이 되었다.

기록 5-2. 황상봉은 '탑골공원에서 장식과 만나 함께 시가행진을 참가하던 중 명동 입구에서 기마 순사와 군병에게 포위당하여 현장에서 체포되었다. 황상봉은 며칠간 조사를 받고 훈방 조치 되었다.'[180]라고 한다. 3.1만세운동 직후 만주로 돌아가 간도국민회에 가입하여 활동하다 검거되어 경성복심법원에서

---

178) 정재용 선생 기념사업회 위원장 정성화(정재용의 손자)에게 유선으로 확인한 결과 함께 간 동기분의 이름에는 장식이 없다고 한다. 그럼. 누군지 알려 달라고 부탁하자 다시 확인하여 연락을 주기로 하였는데. 소식이 없음.
179) 황상봉(黃尙鳳, 相奉, 1891~행불) 울진 후포 삼율 출신. 서울 3·1 만세운동 시위를 참가한 후 만주 국민회에 가입함. 간도국민회와 국내 통신 설치 관련으로 구속되어 서대문형무소에서 1년의 옥고를 치름. 1921.10.11. 출옥하여 이후 행적은 기록에 없어 행불자로 처리됨. 2016 건국훈장 애족장에 추서됨.
180) 울진군지(울진군, 2022.), 대한민국 독립운동가 황상봉(나무위키, 1984.)

징역 1년 형을 선고받고 서대문형무소에서 옥고를 치른 독립운동가이다.

검토 5-1. 그렇다면 장식은 무엇을 하였나? 탑골공원에서 동향인 황상봉과 같이 시위에 참여하였을 것이다. 경신학교에 다녔던 장식은 서울의 지리에 밝은 이유에서인지 몰라도 붙잡힌 기록이 없다. 그래서 성공한 독립운동은 흔적을 찾기 힘들다.

결론 5-1. 경신학교 동창 선배 정재용의 외침은 3·1만세운동의 역사를 남겼고, 동향인 황상봉은 늦게나마 독립유공자로 추서되었다. 그런데, 장식은 아직 숨바꼭질 중이다.

의문 6. 황상봉은 어디서 왔으며, 그들의 만남은 약속인가 우연인가?

검토 6-1. 황상봉의 증손녀가 증언한 내용을 따르면 '증조부는 평소 감리교 인사들과 교류하였고, 그 당시 고종의 기일에 맞춰 2월경에 서울로 갔다'라고 한다.[181] 그렇다면 울진에서 출발 전 만날 것을 약속하고 올라갔을 것으로 추측할 수도 있다. 그런데 황상봉이 울진으로 돌아왔다는 기록은 없고 만주로 간 기록만 있다. 굳이 추정한다면 만주로 가기 위해 서울을 거쳐 갔을 수 있다.

그리고 우연한 만남이라고 추측하기엔 울진에서 서울행은 쉽게 오고 가는 거리가 아니며, 우연이라면 울진군지에 기록을 남겨야 할 이유가 있었을까?

검토 6-2. 황상봉의 일부 기록에 '만주로 돌아가'[182]라는 의미는 만주에서 왔고, 탑골공원에서 장식을 만난 후 다시 만주로 돌아갔다는 추측도 가능하다. 황상봉은 평해 황만영의 일족으로 3.1만세운동 후에 만주 지역의 군자금 모금책으로 활동하였다. 그렇다면 장식과 황상봉은 각기 다른 곳에서 출발한 후 탑골공원에서 만났을 가능성도 있을 수 있다.

결론 6-1. 황상봉이 만주에서 들어 왔다는 합리적 의심은 다음과 같다.

하나. 황상봉의 증손녀가 증언한 내용은 전해 들은 이야기로 정확성이 부족하다.

둘. 황만영의 일족으로 황만영의 만주로의 단체 이주 시 함께 갔을 수 있다.

셋. 황상봉은 장식과 탑골공원에서 만난 후 만주로 갔으며, 기록된 행적은 독립운동기지 내에서 군자금 조달책의 역할이었다.

넷. 3·1만세운동의 시위에 참여하였다가 기마 순사에게 붙잡힌 며칠 후 훈방 조치를 받았다. 만약 군자금 조달책이라면 굳이 3.1만세운동에 참여할 이유가 약하다. 원래 탑골공원에서의 시가행진은 예정된 시나리오가 아니었다.

---

181) 황상봉의 증손녀와 2021년 1월 유선으로 통화함 - 황상봉이 평소 감리교 인사들과 교류하였고, 고종의 기일에 맞춰 1919년 2월에 올라갔다고 증언함. 하지만, 1984 울진군지에 '만주로 돌아가'와 상반됨.
182) '만주로 돌아가'라는 일부의 설에 대하여 추후 조사를 해 볼 필요가 있어 앞으로 연구할 과제로 둠.

군중에 밀려 참여할 수도 있고, 만주로 가져갈 독립선언문을 받기 위해 탑골공원으로 갔을 수 있다. 아니면 두 가지 목적인 군자금과 독립선언문을 함께 전달할 목적 때문일 가능성이 있다.

다섯. 황상봉은 만주로 가서 간도국민회에 가담하고 독립운동 자금 모금 활동에 참여한 사실이 있으며, 옥고를 치렀던 간도의 국민회 통신 장비 설치와 관련된 사건도 내면의 사실을 보면 만주 지역의 군자금 조성을 위한 활동이었다.

여섯. 이 당시 황상봉의 행적을 구체적으로 추정하여 살펴보면,

- 추정 1. 울진 출발 ⇨ 탑골공원   ⇨ 장식(군자금)   ⇨ 만주
  ⇨ 정재용(독립선언문)   (주진수&황만영)

※ 장식이 황상봉과 함께 직접 만주로 다녀왔을 가능성이 있다.
그래서 장식이 울진으로 늦게 귀향했을 것으로 판단된다.

-. 추정 2. 만주 출발 ⇨ 탑골공원   ⇨ 장식(군자금)   ⇨ 만주
  ⇨ 정재용(독립선언문)   (주진수&황만영)

※ 가능성이 가장 높아 보이는 추론이지만 서로의 연락이 쉽지 않았을 것으로 판단된다. 그런데 황상봉이 구속된 죄목이 만주와 국내의 통신망 설치 관련 사건인 것을 보면 이런 추론도 가능성이 있어 보인다.

사실 7. 장식은 언제 울진으로 돌아왔을까?

기록 7-1. 울진군지(2001.)에 의하면 '울진의 3·1만세운동은 다른 지역에 비해 늦게 일어났다. 만세운동이 전국적으로 확대되었던 4월에 들어서야 매화면 매화리와 북면 부구리 등 두 곳에서 전개되었다.'

검토 7-1. 장식의 울진 귀향을 추정할 수 있는 기록은 '윤병관에게 몰래 전달하고'에서 장식은 특요(특별 요시찰인)의 검속 대상이기 때문으로 먼저 윤병관을 만난 후 독립선언문을 전달하고 집이나 선일약국으로 갔을 것으로 판단된다.

검토 7-2. 일부의 기록에 3월 중순으로 되어 있는 사실도 있다. 하지만, 추후 고찰할 과제로 남겨 두고자 한다.

검토 7-3 실제 경신학교에서 수업은 하지는 않았다. 전교생이 3·1만세운동에 참여하여 어수선한 것은 사실이지만, 장식의 나이와 경력을 고려하면 서울행은 핑계였으며, 군자금 조성을 위하여 선일약국을 오랜 기간 비워 둘 수 없었다.

검토 7-4. 황상봉의 훈방 조치를 기다린 후 함께 만주로 갔을 가능성이 있다. 하지만, 이 당시의 급박한 상황으로 인해 쉽게 만주행 기차를 타고 다니지 못했을

것으로 추정된다. 따라서 황상봉이 만주에서 들어 왔다는 추측은 설득력이 있어 보인다.

검토 7-4. 스승 주진수는 1919년 3월 13일 북간도의 동포들을 모아 3·1만세운동을 대대적으로 한 사실이 있다. 만약 장식이 스승에게 북간도 3·1만세운동의 자금과 독립선언문을 긴급히 전달할 목적이었다면, 직접 전달해야 할 이유가 된다. 긴박한 시간과 남에게 맡길 수 없는 제법 많은 자금이라면 가능성이 있다.

결론 7-1. 장식이 울진으로 돌아온 시기는 정확히 알 수 없다. 다만, 장식이 울진에 들어오면서 울진의 3·1만세운동이 시작되었다. 따라서 장식의 귀향은 울진 3·1만세운동과 밀접한 관계가 있다.

둘. 울진 3·1만세운동의 불씨는 이국만리의 동토(凍土)에 두고 온 동지들의 넋이로다

장식이 국내로 돌아와 두 번째 한 일은 울진 3·1만세운동을 몰래 도와준 일임을 살펴보았다. 왜 장식은 몰래 도와주기만 하고, 직접 참가하지 않았을까?

기록에 의하면 장식은 예비검속으로 참가할 수 없었다고 한다. 하지만 서간도의 신흥강습소에서 활동했던 장식의 역량으로 볼 때, 참가하려고 마음만 먹으면 가능했을 일이다. 그렇다면 또 다른 이유가 있지는 않았을까?

하나. 장식은 이국만리에서 고난의 역경을 겪고 있는 동지들을 생각했다. 그래서 본인의 소임에 충실해야 하는 군자금 모금책의 역할을 멈출 수 없기에 하늘이 내린 천명처럼 선일약국을 지켜야 했다.

- 선일약국을 자신의 부귀영화를 위한 수단으로 삼지 않았다. 1945년 광복 당시 장식의 남은 재산은 개간한 박토 3두락(450평)과 그 당시 쓸모없는 하천부지가 전부였다 하니, 누가 자신의 안위만 생각하는 비겁자라 말하겠는가?

둘. 울진 3·1만세운동의 성공을 위하여 일경의 관심을 분산시켜야 하는 전술적인 책략일 수 있다. 장식은 스스로 예비검속에 당해 매화와 흥부장터의 3·1만세운동을 성공리 마칠 수 있게 하였을 가능성도 농후하다.

- 이 당시 경찰과 일본 군인의 현황으로는 부구의 흥부장터 3·1만세운동을 진압하기 어려웠던 것 같다. 실례로 부구리 주재소의 헌병 보조원을 집단 구타한 사건이다.[183]

---

183) 울진군지, 제3편 제1절 제4장, 2. 울진의 3·1운동, 4쪽(울진군, 2001.)의 내용을 옮겨보면,

- 1919년 4월 30일 자 매일신보에 의하면,

'울진군 독립만세운동(원문은 '소요')를 진무하기 위하여 이달 22일(4/22) 1개 소대가 도착하여 읍내리 집집마다 일본 기를 높이 게양하고 관민간 50~60명이 출영하여 송파여 관을 빌려 설치하였다고 한다.'라고 보도했다.

- 이 얼마나 울진 3·1만세운동이 격렬하고 조직적이었는가를 설명하는 기사이다. 전국 각지에 비슷한 시위가 있었음에도 일제는 울진에 1개 소대 병력의 군대를 파견했다. 이는 울진 장터 만세운동을 막기 위하여 사전 검속 대상자를 조사하는 과정에 울진경찰서의 인력이 부족했던 사실과 울진의 3·1만세운동이 얼마나 치열했는지를 극명하게 보여주고 있는 반증이다.

셋. 3·1만세운동은 조국 독립의 시작이며, 끝(終)이 아닌 이유로 누군가는 내일의 종을 울려야 했다.

- '독립운동은 한번 만으로 성공할 수 있는 일이 아니므로 제1회에 선언서를 발표한 사람이 체포되면 제2회, 제3회, 계속하여 운동을 하지 않으면 안 된다.´ 3·1만세운동 당시 학생대표 김원벽[184]이 일제의 조사 시 2차 만세운동을 전개하려 했던 이유를 설명한 말로 누군가는 살아남아 3·1만세운동의 정신을 계승하고 조국 독립을 위해 계속해서 준비해야 한다는 독립운동의 노선을 설명하는 것이다.

- 1919년 8월 10일 3·1만세운동에서 살아남은 이들과 마을의 유지들이 뜻을 모아 울진청년회를 조직하여 민중계몽을 통한 독립운동을 전개하게 된다. 특히, 울진청년회는 다른 지역의 청년회보다 앞서 조직된 전국에서 가장 활동적인 청년회였다.

- 매화장터의 3·1만세운동의 준비와 시작을 했던 만흥학교의 출신들은 실제 참여자보다 일경에 붙잡힌 참여자가 많지 않다. 그렇다면 만흥학교 출신들이 중심이 되어 이루어진 만세운동이 아닌가? 만흥학교 출신들은 3·1만세운동이 독립의 끝이 될 수 없음을 알고 있었다. 이들은 비겁자도 아니며, 3·1만세운동 이후 살아남은 이들이 중심이 되어 울진청년회와 신간회 활동을 준비하며 독립의 종을 울릴 준비를 하였다.

장식은 신흥강습소에서 비폭력 시위만으로 조국의 독립은 오지 않음을 체험하였다. 의기보다는 이국만리에서 군자금의 부족으로 어려움을 겪고 있는 동지들을 생각하지 않을 수 없기에 비겁자의 낙인보다 동지들을 택하게 된다. (이하 중략)

'(중략) 또 이날 밤에 장터의 수 개 처에서 다수의 군중이 독립 만세를 고창하며 제지하러 출동한 부구리 주재소 헌병 보조원에 대해서 50여 명의 무리가 집단 폭행을 가하고 보조원의 총을 뺏으려 하기에 발포하여 9명을 체포하고 해산시켰다'라고 기록하였고, 2명의 헌병 보조원이 있었다는 일부 기록도 있음.

184) 김원벽(金元璧, 1894~1928.) 황해도 은율 출신, 경신학교 졸업, 숭실전문학교 수학, 연희전문학교 졸업, 3·1만세운동 당시 학생대표, 서대문 형무소 2년 옥고를 치름, 1962년 건국훈장 독립장에 추서됨.

셋. 숙제가 오래가면 화(禍)가 되니 이제라도 풀어야 한다

지금부터는 울진 3·1만세운동의 전개 과정에 대한 설명은 접어 두고 역사의 오류를 범할 수 있는 부분을 중심으로 살펴보도록 하겠다.

일제강점기의 독립운동사에서 단일 건으로 가장 많은 독립유공자를 배출한 사건은 3·1만세운동이다. 특히, 지역단위의 독립운동사로 갈수록 현재의 사실 즉 처벌 유무 또는 정도에 따라 평가하는 경향이 있다. 그래서 현실(現實) 뒤에 숨어 있는 내면의 사실을 보려 하지 않고 대수롭지 않게 묵과할 우를 범할 수 있다.

하나. 울진의 3·1만세운동에서 우리가 주목해야 할 사항은,

-. 울진의 3·1만세운동은 5일 장의 매화와 읍내, 그리고 흥부시장으로 이어지는 만세운동의 연속성이다. 이는 울진의 3·1만세운동은 치밀한 계획에 의한 독립운동임을 찾아야 한다. 매화장터와 흥부장터의 3·1만세운동은 개별적인 만세운동이 아니다.

-. 실패한 독립운동도 우리의 역사이다. 울진 읍내 장날인 12일 만세 시위가 감리교 측 인사의 준비 부족으로 실패하였다 하여 기록에서 배제하면 안 된다. 울진 장날의 만세운동은 사전 검속으로 전개하지 못했다. 하지만 사전 검속으로 경찰의 인력을 분산시켜 다음 날 부구리 흥부장터의 만세운동을 성공적으로 마칠 수 있었던 점을 간과하지 말아야 한다.

둘. 울진 3·1만세운동은 연계성을 갖고 움직인 계획된 독립운동이었으며, 이런 기록은 계속되어야 한다. 그러므로 2001년 울진군지의 내용과 디지털울진문화대전의 3·1만세운동에 수록된 일부 내용은 계속 유지되어야 한다.

-. 울진에서는 만흥학교 출신과 한학계 청년인사들이 매화 시장에서 음력 3월 11일을 기하여 독립 만세를 부르기로 비밀회의를 하고 남과 북을 연결하기 위하여 매화·읍내·흥부시장까지 행동할 계획으로 북면 고목리 전병겸(田炳謙)과 울진읍 구만리 주진휴(朱鎭烋)는 선날부터 매화시장에서 시위 준비를 하였고,[185]

-. 부구리 흥부장터 만세운동을 이끈 남병표는 매화장터 시위에 참여하였고, 전병항은 매화장터 만세운동 주동자의 한 사람인 전병겸의 사촌이다. 즉 흥부장터의 만세운동은 매화장터 만세운동의 연장선 위에 있는 것이다.[186]

-. 매화 만세운동의 시작은 남수산 중턱의 선산목에 태극기를 게양했고, 부구리 흥부장터의 만세운동은 칠보산 중턱에 태극기를 펼친 것으로 시작했다.

---

185) 3·1 독립만세운동과 울진지역, 제2절 문화통치와 울진지역(울진군지, 2001.)
186) 3·1 운동(디지털울진문화대전, 울진군청, 2022.)

두 곳 모두 장터에서 잘 보이는 곳에 태극기를 달고 만세운동을 시작한 방법이 같은 모양새다. 그리고, 칠보산에서 태극기를 펼친 전병항과 남병표는 매화장터의 만세운동과 관련자란 사실은 두 만세운동이 연계된 사실을 증명한다.

셋. 울진 장날 3·1만세운동은 감리교 측 인사들의 준비 부족으로 이루어지지 않은 것은 사실인가?

-. 사실이다. 하지만, 대외적인 조건과 환경은 단순히 준비의 부족으로만 판단해서는 안 될 것이다. 왜냐하면 울진경찰서가 읍내에 있는 관계로 비밀을 유지하기 힘든 상황임을 이들은[187] 누구보다 잘 알고 있었다. 이 당시 울진경찰서와 관계 당국은 군수까지 동원이 되어 3·1만세운동을 하지 않을 서약서까지 받았다고 하니, 매우 철저하게 대비하였음을 보여준다. 특히, 울진 읍내에 거주하는 반일 의식이 강한 인사들은 모두 시찰을 당하고 있었을 것은 자명한 일이다. 준비 부족이란 표현보다는 울진의 3·1만세운동을 준비하는 동지들에게는 일제 관헌의 인력을 분산시키는 어쩌면 다음을 위한 버리는 카드가 아니었을까 추정된다.

-. 교회에서는 내부적으로 종교적 신앙심과 조국의 독립을 위한 선택의 갈등이 존재하였음은 부인할 수 없다. 교회의 존폐에 관한 사항으로 어려운 선택이 발걸음을 더디게 했을 수 있다. 이 또한 울진 3·1만세운동 준비하는 동지들은 알고 있었을 것으로 보인다. 부구리 흥부장터의 3·1만세운동이 사전 검열이 되지 않은 이유는 울진에서 비밀이 지켜졌기 때문이다.

이상같이 살펴본 바에 의하면 장식은 예비검속으로 울진 3·1만세운동에 직접 참여하지 않았다. 그리고, 울진 3·1만세운동에 참여하지 못한 이유를 앞 편에서 살펴보았다. 울진 3·1만세운동은 일회성 시위가 아니라 3차례에 연계된 조직적인 활동이며, 성공적으로 마친 만세운동이었다. 이는 사후 일제가 1개 소대를 추후 일어날 수 있는 시위를 진압하기 위해 배치하게 된 이유[188]이다.

그동안 울진의 3·1만세운동을 평가하면서 간과하고 있었던 그 당시 울진의 상황을 만세운동의 사전과 사후를 나눠 알아볼 필요가 있다.

울진 독립만세운동 예방 - 매일신보(1919.3.30.)

이달 23일 울진 읍내리 장날인데 울진헌병분대장 장곡천풍씨는 독립만세 운동 예방하기 위하여 관내 헌병주재소 상등병 헌병 보조원을 소집하여 수시구역을 막아지켜 소동을 예방한 바 다행히 불온한 사태는 없었다고 한다.

---

187) 울진 3·1 만세운동을 준비했던 인사들을 지칭함.
188) 울진수비대 설치. 1919.4.30. 매일신보(근대신문으로 본 울진. 울진군·울진문화원, 2014.)

1919.3.30. 매일신보의 보도 내용을 보면 울진에서도 3·1만세운동의 조짐이 1919년 3월 23일경에 있었던 것으로 보인다. 하지만 일제의 철저한 예방으로 이루어지지 못했다는 표현으로 보도하였다. 아니면 만세운동을 준비하려는 역량이 부족했던가는 알 수는 없지만, 울진의 정서로 보아 3·1만세운동의 시작이 4월 10일에 일어난 시기는 너무 늦은 감이 있다.

울진 독립만세 소요 후 상황 - 매일신보(1919.6.12.)

울진군 원남면에서 25명이 경거망동으로 독립만세소요를 야기하여 불시에 지금 감옥에 구류가 되어 다행히 수비대가 설치되어 군대와 관헌이 극력 경계한 결과 망동자가 없고 혹 소동할 마음이 있는 자라도 지금은 농사철에 유혹할 틈이 없어 스스로 경계한 결과 군내 인민은 진정 안심으로 각기 농업, 상업에 종사할 상황이다. 공립보통학교 생도 300명이 독립만세운동 시에 출석자가 불과 50, 60명이었던바 강군수, 장참사, 남면장 여러 명이 면내 출장하여 학부형을 간절히 권유하고 불응자는 엄중히 타이른 결과 방금 출석 생도가 150명에 달하고 그 외 결석자도 이렇게 권하고 타일러 필경 전부 출석할 상황이라고 한다.

1919.6.12. 매일신보의 보도 내용을 보면 울진의 3·1만세운동의 여파가 오래 지속되고, 어린 학생들에게까지 파급된 것으로 확인된다. 학생들의 의협심이 반일 감정으로 전환될 경우의 일어날 수 있는 파장을 우려한 일제와 관헌들의 조바심을 신문의 보도 자료로 느낄 수 있다.

장식은 울진 3·1만세운동의 독립선언문을 전달한 사람인지 아니면 진두지휘를 한 몸통인지는 확인해야 할 필요가 있다. 하지만 장식의 귀향으로 울진 3·1만세운동의 불씨를 집힌 당사자인 것은 사실이다.

한편으로는 서울의 3·1만세운동이 시작된 지 40일이 지난 시기에 울진에서 뒤늦게 일어난 점은 연구할 필요가 있다. 다시 말하면 독립선언서가 울진으로 전달된 경로는 밝혀진 두 경로 이외에도 있을 수 있다. 신문에 나온 1919년 3월 23일에 만세운동이 조짐이 있었다면 이 당시 누군가가 가져왔을 수 있다. 하지만 독립선언문을 계속 보관하기가 쉽시 않았을 것이다. 그런데 뒤늦게 서울서 내려온 장식이 독립선언서를 갖고 와 매화만흥학교 출신인 윤병관을 만나 전달했다고 한다. 확인되지 않은 이야기에 의하면 행곡교회에서 만세운동에 사용할 독립선언문을 필사했다는 이야기와 서울 만세운동이 발발하고 40여 일이 지나 울진의 만세운동이 전개된 사실로 미뤄 보면 장식은 울진 3·1만세운동을 계획하고 진두지휘한 몸통임이 분명하다.

장식(張植)의 기록에서 울진군지와 당신의 묘갈문에 **'몰래 울진 3·1만세운동을 도와주고'**를 **'울진 3·1만세운동을 주도하고'**로 바꿔야 한다.

3. 조국독립의 주체는 민중이며, 그 중심에 청년이어야 한다

하나. 신민회의 정신을 품은 울진청년회를 조직하다

장식은 만주에서 돌아와 세 번째로 조국 독립을 위한 기반을 조성하게 된다. 그의 묘갈문에 기록된 원문(선일약국과 3·1 운동의 순서 변경)과 국역을 살펴보면,

『還國繼設仙一藥局暗助三一運動 糾合同志創靑年會』

【환국하여 선일약국을 설립하고 몰래 삼일운동을 도와주며 동지를 규합하여 청년회를 조직한다.】

장식은 신민회의 외곽조직인 '청년학우회'와 신흥학교의 비밀 결사 단체인 '신흥학우단' 등을 통하여 청년운동의 중요성을 알고 있었다. 특히, 청년운동신민회의 '국권회복운동의 주체는 민중이지만, 세대별로는 청년층이 그 핵심체가 되어야 한다'[189]라는 생각은 조국의 독립을 위한 투쟁에서도 변함이 없었다.

장식은 신민회 청년학우회의 실패를 반면교사로 삼고, 신흥학우단의 경험을 바탕으로 울진청년회의 설립을 주도하게 된다. 국사편찬위원회의 『일제침략하 한국 36년사 제4권 울진청년회 조직』편에서 1919년 8월 10일 울진청년회의 창립을 다음과 같이 기록하였다.

蔚珍郡內의 靑年風紀 振肅과 知識啓發 및 民風改善을 目的으로 張植, 林時虎, 李愚榮, 田仁述, 朱鎭烋이 發起하여 蔚珍靑年會를 組織하다.[190]

(울진군내의 청년풍기 진숙[191]과 지식계발 및 민풍개선을 목적으로 장식, 임시호, 이우영, 전인술, 주진휴가 발기하여 울진청년회를 조직하다.)

신문의 자료를 보면 울진 3·1 만세운동 당시 일경의 예비검속 등으로 참여하지 못한 인사들이 주축이 되어 울진청년회를 발기하고 조직하였다. 이 가운데 장식은 창립을 위한 준비를 주도하게 된다.

---

189) 신민회의 결성과 활동.(신용하, 1997. 민족문화대백과사전)
190) 울진청년회 창립(매일신보, 1919.8.14.)
191) 풍기(風紀) - 풍속이나 도덕에 관한 규율, 진숙(振肅) - 어지러워진 규율을 엄숙하게 바로잡음

그러나, 울진군지(2001.)에 실린 울진청년회의 조직에 대한 기록을 다음과 같다.

> 전국적인 청년 운동의 흐름 속에서 울진에서도 1919년 8월 울진청년회가 조직되었다. 장식 (張植), 전영직(田永稷), 이우영(李愚榮), 전영경(田永璟), 노기일(盧基一) 등의 지식인들이 중심이 되었다.[192]

당시 매일신보의 내용을 옮겨 놓은 『근대신문으로 본 울진』[193]편에 실린 자세한 내용을 확인해 보았다.

> 울진군 청년 풍기단속과 지식계발과 민풍개선을 목적하여 청년유지 장식, 임시호, 이우영, 전인술, 주진휴씨의 발기로 울진군 동지청년과 협의하여 울진청년회를 조직하여 음력 7월 15일 경 울진공립보통학교 내에서 제1회 동창회를 개최한다고 한다.

당시 신문자료의 내용을 옮기면서 원본이 훼손되어 정확한 내용을 옮기지 못한 부분이 있다. '풍기와 진숙'이 '풍기단속'으로 오기된 것과 '청년유지'가 첨부된 것이다. 신문 내용에 제1회 동창회의 월일을 음력으로 표기한 것은 원본에 없는 내용을 첨부한 것으로 보이며, 음력 7월 15일은 양력으로 8월 10일이다. 따라서 제1회 동창회가 설립대회이며, 발기는 그 이전의 울진의 청년 동지들과 협의 과정을 통하여 실시되었다.

청년회의 창립에 참여한 사람의 명단이 신문의 내용과 울진군지(蔚珍郡誌)가 다른 이유를 알아볼 필요가 있다.

첫째, '청년유지'의 내용을 주목하며, 이 당시 청년회 조직을 위하여 어느 정도 재력이 있는 지방의 유지들이 참여한 사실이 있다. 청년회는 연령 제한이 1926년 혁신총회[194]에서 결정되기 전까지 청년회의 개념은 마을이나 고장에서 영향력을 갖고 있던 젊은 사고의 신지식인들이었다. 이 당시 재원이 필요했던 청년회는 실제 청년회를 움직이는 사람과 지원해 주는 사람들이 서로 다른 까닭으로 보인다. 울진군지에서는 설립 당시 부회장인 장식 이외의 조직 구성에 대한 설명을 찾지 못하였다. 일부 자료에서 전영직이 회장을 했다는 기록되어 있으나, 초대 회장인지는 확인되지 않았다. 다만, 1921년 1월경 조선청년회연합에 등재된 울진청년회의 대표가 전영직이다.[195] 따라서 실제 울진청년회를 움직인 인사들은 신지식인들이 중심이 되었다.

---

192) 2001 울진군지, 제2절 청년 운동과 신간회 운동(울진군, 2001.)
193) 근대신문으로 본 울진(울진군·울진문화원, 2014.)
194) 울진청년회 혁신총회, 1926.1.2.(울진군지, 2001.)에서 청년회의 회원 나이를 18~25세로 규정함.
195) 한국독립운동사 자료 제38권 종교운동편 국내·중국동북지역 종교운동, 청년회 통일계획, 별지4 조선청년회연합서 조직단체 일람표(국사편찬위원회 근현대사료)

둘째, 전영직과 주진휴 등은 대표적인 청년유지들로 많은 활동과 더불어 신지식인으로서의 충분한 역할을 했음에도 울진군지의 기록되지 않았다. 무슨 이유인지는 확인되지 않지만, 역사의 평가는 후대가 하면 되는 것을 사실은 그대로 기록되어야 한다. 전영직은 울진청년회 초대 회장으로 보이며, 주진휴는 울진제동학교에서 오랫동안 교편을 잡을 정도의 신지식인이었다.

이해하지 못하는 또 다른 내용으로 「2022 울진군지 증보판 수정본의 청년운동편」에 1925년 5월 9일 명동 유치원에서 울진청년회 창립총회를 개최하고 위원장에 전영경(이하생략), 고문에 장식이 선출된 것으로 기록되어 있다. 무슨 이유에서 1925년 5월에 창립대회를 개최한 것으로 기록하였는지 이유를 알 수가 없다. 그래서 2001년 울진군지를 확인해 본 결과 없던 내용이 2022년 증보판에 첨부되었다.

여기서 창립총회는 창립 기념일을 즈음하여 총회를 가졌다는 의미로 봐야 하는데 창립일은 1919년 8월 10일이 아닌가? 그런데 5월 9일에 창립총회를 가진 연유를 모르겠다. 다음 편의 3·1만세운동을 계승한 울진청년회에서 언급되지만, 1925년 이전 울진청년회의 왕성한 활동은 여러 신문과 자료에서 확인되었다. 군이 표현하면 울진군지(2022, 제1편 385쪽)의 기술된 내용처럼 '하지만 1925년 무렵 울진청년회는 활동 재개를 위해 노력하였다.'와 같이 신장개업이 맞다. 그런데 창립총회라는 애매한 표현과 실제 창립대회(2022, 제1편 384쪽)의 설명내용은 앞뒤가 맞지 않은 이유를 모르겠다.

울진청년회 운동은 우리의 역사에서 매우 중요한 의미가 있다. 1920년 초의 일제 문화통치가 이루어지면서 청년회 운동이 우후죽순으로 결성된 시기보다 앞선 1919년 8월이다. 이런 역사의 사실을 접어 두고 1925년 재개된 청년회의 창립 기념대회를 아래와 같이 새롭게 대서특필(大書特筆)할 이슈가 있었는가?

> (중략) 울진청년회는 1925년 5월 9일 명동유치원에서 창립총회를 개최하였다.[196] 창립총회에서 울진청년회는 지덕체 삼육의 발전을 목적으로 설정하고, 회의 운영은 위원제로 결정하였다. 아울러 부서는 서무부, 회계부, 문예부, 사교부, 운동부 등을 두었다. 사무소는 조선일보 울진지국에 두기로 하였다. 창립총회에서 결정된 울진청년회의 임원은 다음과 같다.
>
> 위원장 전영경
>
> 서무부 전병창 이태영 임정필 남용국　　　　회계부 전병문 고성학
>
> 문예부 윤학이 김영규 전태준　　　　　　　사교부 장재환 장원호 장상철
>
> 운동부 전병학 임봉출 이중엽 최대석
>
> 고문부 장식 장용석 노기일 이우석 주진휴 박경래

---

196) 2022 울진군지 증보판 수정 열람본에 1925년 5월 9일 창립총회의 출처가 없음.

이 당시 전국 청년회에서 정구대회를 개최한 사실들이 여러 자료에서 확인되며, 조직도에도 운동부를 둔 것이 특색이다.

> 울진청년회는 1925년 6월 28일 보행위원회를 열고 각 리(里)에 농촌진흥회, 농촌 청년 대상 강화회 개최, 정구대회 개최 등을 결의하였다.[197]

일제강점기의 신문보도 자료가 모두 진실은 아니지만, 최소한 객관적 사실을 찾을 수 있는 자료이다. 역사적 사실을 기록할 때 사실과 균형을 잃지 말아야 한다. 눈으로 보지 못하는 내면의 진실들을 가장 많이 품고 있는 역사가 일제강점기의 기록들이다. 찾을 수 없는 내용이라면 모르지만 밝혀진 내용조차 형평성을 유지하여 기록하지 못한다면 기록하지 않은 것보다 못하다.

이렇게 장식은 울진청년회의 설립을 위하여 주도적인 역할을 하였다.

둘. 3·1만세운동을 계승한 울진청년회의 활동

3·1만세운동 이후 독립운동은 체계적이고 다양하게 전개되었다. '한민족독립운동사, 3권 3.1운동 이후의 민족운동'[198]을 참고하여 발췌한 내용을 살펴보면 울진청년회의 활동에 대한 평가를 확인할 수 있다.

첫째, 독립을 쟁취하기 위한 운동의 지속화 활동이 대두되었다.

둘째, 3·1운동은 민족의식을 근대적 방향으로 전환하는 계기가 되었다.

셋째, 지역마다 독자적인 민족운동이 대두되었다.

> (중략) 강원도에서는 태을교(太乙敎)의 독립단, 울진청년회의 활동이 활발하였다.

넷째, 식민지정책에 대한 저항이 여러 방면에서 일어났다.

다섯째, 근대문화와 국제정세에 대한 인식이 커졌고 정치사상이 앙양되었다.

여섯째, 이제까지 전개된 여러 형태의 운동과 결합이 되어, 그 유산을 계승하고 한계성을 극복하여 민족운동을 보다 전진시킴으로써 다음의 운동 방향을 제시했다.

이렇듯 1920년대 초 3.1운동을 계승한 울진청년회 활동의 평가는 대한민국 독립운동

---

197) 울진군지. 제1권 제8장 제2절 일제강점기. 3.1920~1930년대 민족운동. 1) 청년운동. 386쪽(울진군, 2022.)
198) 한민족독립운동사 3권. 3·1 운동편. 중부지방 3·1운동의 성격(국사편찬위원회)

사에 가장 활발한 지역청년회로 평가받았다. 이 당시 발간된 신문[199]을 통하여 활발했던 울진청년회의 발자취를 찾아 옮겨본다.

■ **울진청년회 총회 1919-12-14-02-02 매일신보**

(중략) 울진 청년 80여 명이 모여 회의하여 상호 흉금을 피력하고 시국에 대한 문제의 강연이 있었다.

■ **청년회 총회 1920-02-15-04-02 매일신보**

(중략) 울진군 공립보통학교내에서 울진청년회 제7회 예회를 개최하였는데, 의사를 토의한 후 이우영 씨의 '우주는 인생의 활동무대'라는 주제로 강연을 행하였으며, 삼림 장려와 학생모집에 대하여 회원~ (생략)

■ **울진청년회 총회 1920-04-12-04-02 매일신보**

(중략) 죽변항에서 울진청년회 제9회 총회 ~ (중략) 죽변항 뒤쪽 산비탈에 기념 식림까지 하였다고 한다.

■ **울진청년회의 왕성한 운세 1920-06-16-04-03 매일신보**

울진읍 예배당 내에서 울진청년회 제12회 총회를 개최하였는데 출석회원이 100여 명이고 ~ (강연 주제는 개량이었다)

■ **울진청년회 상황 1920-07-25-08-01 동아일보**

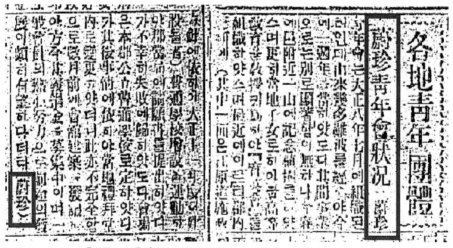

【사진 6-8】 울진청년회 상황(2열 편집, 동아일보 1920.7.25.)

---

199) 근대신문으로 본 울진(울진군·울진문화원, 2014.)

[개요] (중략) 울진지역 자녀로 하여금 고등교육을 교수키 위하여 '육영회'를 조직,~군내 3면에 보통학교 증설을 운동하여 군 당국에 청원서 제출~(중략) 회관 건축 발기하여 방금 그 의연금을 모집 중이며(이하 생략)

[원문] 울진청년회는 대정 8년(1919년) 7월(양력으로 8월 10일)에 조직된 터인데 그로부터 여러 어려움을 타파함을 거쳐서 지금에 1주년을 당하였다. 그간 사업으로는 별로 현저함이 없으나, 올해 봄에 읍 부근 한 산에 기념식수를 하였으며, 다시 울진지역 자녀로 하여금 고등교육을 교수키 위하여 '육영회'를 조직하였으며, 최근에 이르러 군내 3면에(그중 1면은 강원도 시정-원문 훼손) 보통학교 증설을 운동하여 군 당국에 청원서 제출하였다가 불행히 실패로 돌아갔다. 회의장은 울진군 공립학교로 정하였다가 그 후 사정에 의하여 울진 예배당으로 변경하였더니 이 역시 불완전하므로 몇 개월 전에 회관 건축 발기하여 방금 그 의연금을 모집 중이며 일반 회원의 열심 노력으로 전도의 발전이 자못 유망하다. 【울진】

■ **울진청년회 총회 1920-09-01-04-04 매일신보**

지난달 30일은 울진청년회 총회를 개최하고 임원선출과 기타 재미있는 강연도 있을 것이라는데 (이하 생략)

3·1 만세운동에서 살아남게 된 이들은 울진청년회를 조직하고 민중계몽과 조국의 독립을 위한 활발한 활동을 시작했으며, 앞으로 전개될 일제강점기의 울진독립운동에 중추적 역할을 담당한다.

이렇게 울진의 3·1만세운동의 정신은 울진청년회로 계승되어 독립의 종이 울릴 때까지 노력을 다하였다. 그리고, 그 중심에 장식(張植)이 있었다.

매화만세운동 104년 기념식 및 거리 행진 【사진 6-9】
(2023.4.11. 스토리울진)

【사진 6-10】 흥부만세운동 거리 행진
(2023.4.14. 울진군청)[200]

---

200) 2023년 울진 3·1만세운동의 현주소이다. 단일 사건으로 가장 많은 울진의 독립운동가를 배출한 매화장터와 흥부장터의 3·1만세운동은 매년 각각 개최되었다. 두 운동은 같은 맥락에서 펼쳐진 독립운동이라는 인식으로 바뀌어야 한다. 그래서 기념식을 한곳에 모여 격년으로 실시함으로써 통일된 울진의 의지를 합쳤으면 하는 것을 제안해 본다.

【한사이 6.】 안희제 2남 안상훈 결혼식(1934년 부민관, 안희제 증손녀)[201]

201) 한 장의 사진 속 이야기 6. - 1934년 안희제의 둘째 아들 상훈의 결혼식으로. 왼편에서 1. 안희제의 장남 상록, 4. 안경 쓴 안희제, 5. 안호상, 6. 주례를 맡은 이극로 선생이다. 오른편 상단은 안희제 선생이 며, 아래는 왼쪽부터 안희제의 아들 상록(1), 상훈(2), 상만(3), 상두(4) 이다. 사진은 출처는 안희제의 증손 녀(신랑이 손녀)가 제공한 것으로 필자와 같은 사무실을 사용한 동료였지만, 책을 집필하면서 안희제 선생 의 증손녀임을 알게 되었으니 이 또한 인연이 아닌가 하는 생각에 잠긴다.

제 7 장
문화(文化)는 금옥패서(金玉敗絮)의 이간질이다

1. 문화는 빛 좋은 개살구의 이간질이다... 131

하나. 울진청년회 회우보(會友報) 사건으로 50원의 벌금형을 선고 받다... 132

둘. 울진 최초의 연극은 민중계몽을 넘어 역사가 된다... 135

2. 양질호피에 실력 양성의 교육을 더 한다... 139

하나. 교육의 기회교등으로 민족의식을 함양한 울진깅습소... 139

둘. 만흥은 제동으로 거듭나며 울진의 정신을 이어 간다... 143

셋. 울진제동학교 소년회는 울진독립운동의 선봉(先鋒)이 된다... 148

四時(사시) 3. 秋月(추월)202)

가을　　　장만시 글, 전광홍 譯

風高雲若洗	바람 높으니 바람 씻은 듯하고
山靜月含虛	산 고요하니 달빛 공허하네
獨立寒階上	홀로 싸늘한 뜰에서 보니
天晴雁影疎	맑은 하늘에 기러기 외로워라

【ima-7.】 추곡 – 행섭 2022.

202) 장식의 7대조 장만시(張萬始, 1696~1769.)의 사시(四詩)의 세 번째 구절인 가을의 풍경을 덕초 전광홍의 역 (譯)으로 옮겨본다.

1. 문화는 빛 좋은 개살구의 이간질이다

장식(張植)의 다음 이야기를 당신의 묘갈문과 울진장씨 대동보의 국역을 옮겨보면,

『發刊會友報為讎警拘束又作黑人解放圖形脚本奏演公』

【회우보(會友報)를 발간하였다가 원수인 왜경(倭警)에게 구속되기도 하였다.
또 흑인 해방도형 각본(黑人解放圖形脚本)을 만들어 주연(奏演)하고】

일제는 1919년의 3·1운동을 기점으로 변화된 식민 통치정책으로 전환한다. 이른바 문화정책을 표방하며 무인 중심의 총독에서 문인들을 임명하고, 헌병 경찰제를 보통 경찰제로 바꿨다. 또한 조선일보, 동아일보 등 신문언론들도 허가해 주었으며, 회사 설립도 신고제로 변경을 하였다.

그러나 문화정책은 통치 방법을 강경책에서 회유책으로 바꿔 한민족을 기만하고 가혹한 통치를 은폐하기 위한 수단이 되었으며, 이를 맡을 소수의 친일 분자를 양성하여 이용함으로써 우리 민족을 이간시키는 등 문화(文化)라는 이름을 빙자한 교묘한 통치 방법이었다.

이런 와중에도 울진의 민족운동은 3·1운동을 거치면서 더욱더 체계적으로 이념적 성격을 명확히 하며 청년을 중심으로 치열하게 전개된다. 울진은 1920년 청년운동이 전국으로 활성화된 시기보다 앞선 1919년 8월 10일에 울진청년회를 설립하였다. 이는 신민회의 청년운동을 계승한 문화운동의 시대적 흐름을 울진인들이 선도했음을 보여주는 역사적인 사실이다.

장식은 알고 있었다. 3·1운동이 조국 독립운동의 끝이 되지 못하는 이유로 누군가는 조국의 독립을 위해 준비해야 했다. 이러한 선택이 울진청년회를 설립하게 되는 이들의 노력을 역사는 제대로 평가하여야 한다.

1920년대 전반기의 청년운동은 '지방유지층'이라 불리는 '청년유지층'의 주도 아래 신지식을 갖춘 청년들이 참여하여 전개되었다. 운동의 방향은 지·덕·체의 함양을 추구하며 야학의 설치와 문맹 퇴치, 강연회, 연극, 생활개선 운동 등으로 다양하였다. 이때 청년유지층은 청년 단체가 활동할 수 있는 공간을 마련하고 활동 경비도 충당하면서 주요 간부가 되었으며, 또 다른 신지식인의 청년들은 토론회, 야학, 강연회 등의 교육적인 활동을 담당하였다.

그러나 울진의 청년유지층에 의해 주도된 청년회는 다른 지방들과 마찬가지로 점차 문제점이 노출되기 시작하였다. 청년유지층의 사회경제적인 처지에서 일제 관헌과의 우호

적인 관계 형성은 사회주의적 이념을 강하게 표방하는 일부 신지식을 갖춘 청년들에게 청년회의 주도권을 넘기게 되었으며, 이런 이유로 울진의 역사는 울진청년회의 설립자 명단을 서로 다르게 기록한 이유가 된다.

1919년 8월 10일 설립된 울진청년회는 왕성한 활동들을 전개하였다. 하지만 일제의 문화정책은 문화(文化)라는 미명(美名)하에 금옥패서(金玉敗絮)203)의 악랄한 문화통치를 자행하면서 울진의 청년들을 이간질하게 된다.

하나. 울진청년회 회우보(會友報) 사건으로 50원의 벌금형을 선고 받다

울진청년회는 1920년 7월에 청년회관을 건립하였고, 동년 12월에는 회원들의 각성을 위해 회우보(會友報)를 발간하였다. 그런데 이 회우보는 일제의 허가를 받지 않았다는 이유로 이우영, 장용석, 장식을 출판법 위반으로 기소하여 각 50원의 벌금형(또는 환형일수 50일)과 이순재는 20원의 벌금형(또는 환형일수 20일)을 구형하였다.

장식은 울진지청에 공소를 제기하였으나 동년 동월 11일에 기각되었다.

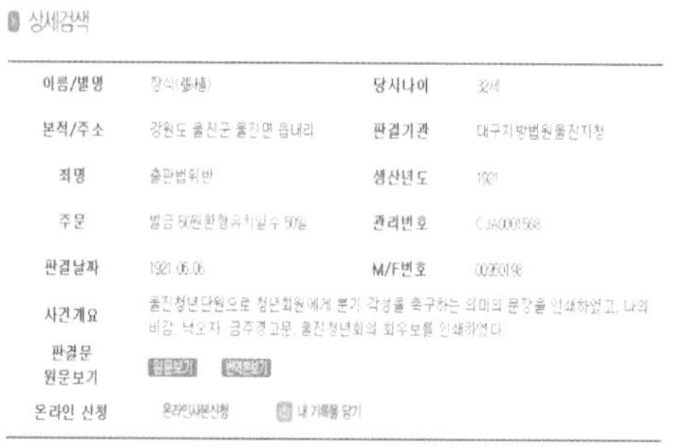

상세검색

이름/별명	장식(張植)	당시나이	32세
본적/주소	강원도 울진군 울진면 읍내리	판결기관	대구지방법원울진지청
죄명	출판법위반	생산년도	1921
주문	벌금 50원환형유치일수 50일	관리번호	CJA0001568
판결날짜	1921.06.06	M/F번호	00950198
사건개요	울진청년단원으로 청년회원에게 분기 각성을 촉구하는 의미의 문장을 인쇄하였고, 나의 비감, 낙오자, 금주경고문, 울진청년회의 회우보를 인쇄하였다		
판결문 원문보기			
온라인 신청	온라인사본신청 / 내 기록물 담기		

【사진 7-1】 출판법 위반 벌금 50원, 대구지방법원 울진지청(출처:국가기록원)

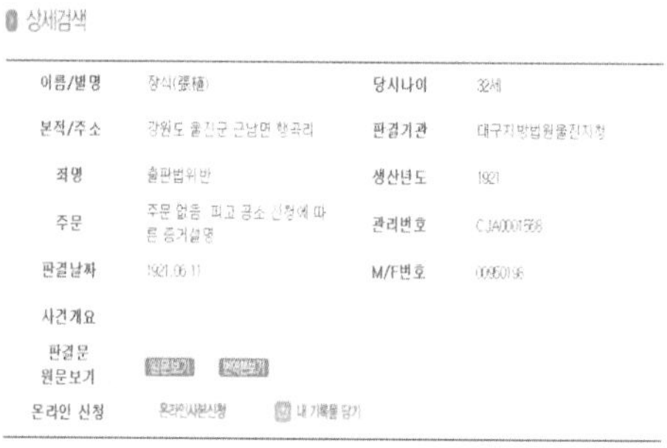

상세검색

이름/별명	장식(張植)	당시나이	32세
본적/주소	강원도 울진군 근남면 행곡리	판결기관	대구지방법원울진지청
죄명	출판법위반	생산년도	1921
주문	주문 없음. 피고 공소 신청에 따른 증거설명	관리번호	CJA0001568
판결날짜	1921.06.11	M/F번호	00950196
사건개요			
판결문 원문보기			
온라인 신청	온라인사본신청 / 내 기록물 담기		

【사진 7-2】 출판법 위반 벌금 50원 공소제기, 대구지방법원 울진지청(출처:국가기록원)

사건 관련 판결문의 번역본을 국가기록원의 독립운동 판결문에서 옮겨보면,

> 관리 번호:CJA0001568 문서 번호:774256 성명:이우영 외 3인 쪽 번호: 211-215 위에 대한 출판법위반 피고사건에 대하여 검사사무취급 조선총독부 도경부(道警部) 원등심태랑(遠藤甚太郎)의 간여로 심리·판결함이 다음과 같다.

203) 금옥패서(金玉敗絮)는 겉만 화려하고 속은 추악한 경우를 말하는 고사성어로, 빛 좋은 개살구의 속담과 같은 의미로 사용되기도 한다. 여기서는 일제가 문화(文化)라는 미명 아래에 그들의 악랄한 통치를 은폐하는 것을 비유하였음.

【주문】 피고 이우영(李愚榮), 장용석(張龍錫), 장식(張植)을 각 벌금 50원에, 피고 이순재(李舜在)를 벌금 20원에 처한다. 압수 물건 중 회우보(會友報) 56부. 금주계고문 (禁酒戒告文) 41부는 관에서 몰수하고, 등사판은 소유자에게 환부(還付)한다. 공소재판 비용 금8원 80전은 피고 4명의 연대부담으로 한다. 피고들이 만약 벌금을 완납하지 못할 경우 이우영, 장용석, 장식은 각 50일간, 이순재는 20일간 모두 노역장에 유치한다.

【이유】 피고들은 대정 8년 8월 중에 설립된 울진청년회(蔚珍靑年會) 회원으로 피고 장식은 부회장, 이우영은 학무부장, 장용석은 평의원에 각 추천되어 매월 1회 그 예회(例會)를 개최하고 있었으나 점차 다음 출석자가 감소하는 경향이 있자 회원의 각성을 촉구하고자 하였다.

제1. 피고 이우영, 장용석, 장식의 3명이 협의한 결과 일반 회원에게 동 청년회의 상황을 알리기 위해 이를 보도기관에 반포할 목적으로 회우보(會友報)를 출간할 것을 계획하고 허가를 없이(받지 않고) 피고 이우영은 기○○생이라는 익명으로 「분발하세요. 청년 여러분들이여」라는 제목으로 청년 회원으로 하여금(들에게) 분기(奮起-분발해 일어나길) 각성을 촉구하는 의미의 문장을, 피고 장용석은 「가을밤의 벌레 소리」라는 제목으로 약한 자·열등한 자의 비참함이라는 의미의 문장을, 피고 장식은 일선(一仙)이라는 익명으로 「나의 비감」, 또는 「낙오자」라는 제목으로 울진청년회의 현재 상황이 비통하고 유감스럽다는 의미의 문장을 각각 기고하였다. 대정 9년 10월 3일 울진군(蔚珍郡) 울진면(蔚珍面) 읍내리(邑內里) 안창렬(安昌烈)의 집에서 다른 회원으로부터 투고(投稿) 받은 문장도 함께 등사판 원지에 정서(淨書)하여 피고 3명이 공동으로 이를 저자 겸 발행자인 행위를 담당하였다. 그리고, 피고 장용석은 동시에 이의 인쇄도 담당하여 그 사정을 아는 피고 이순재와 같이 청년회의 비품인 등사판과 위의 정서(淨書)된 원지를 이용하여 회우보(會友報) 56부를 인쇄, 출판한 것이다.

제2. 피고 장용석은 의사를 계속하여 허가받지 않고 반포의 목적으로 예전에 자신이 기고한 「금주계고문(禁酒戒告文)」이라는 제목으로(의) 음주의 해독을 설명하고 금주의 필요성을 역설하는 문장을 가지고 대정 10년 2월 10일 울진면사무소로 가서 면사무소의 숙직실에서 사정을 알지 못하는 소사(小使)에게 면사무소의 비품인 등사판을 빌려 이를 등사판 원지에 정서(淨書)하고 동(同) 등사판과 정서(淨書)된 원지를 이용하여 금주계고문 41부를 인쇄, 출판한 것이다.

제3. 피고 이순재는 내정 9년 10월 30일 위의 안창렬의 집에서 제1의 사실인 피고 이우영 등이 허가받지 않고 반포의 목적으로 울진청년회의 회우보(會友報)를 출판할 당시에 이 인쇄를 담당한 피고 장용석의 범행 사정을 안 후 함께 인쇄에 종사함으로써 그의 범행을 방조한 것이다.

법률에 비추어 보건대, 피고 이우영, 장식의 제1의 소위는 모두 출판법 제11조 제1항 제4호에 해당하므로 조선형사령 제42조에 따른다. 피고 장용석의 제1, 제2의 소위는 각 동법 제11조 제1항 제4호 및 제2항에 해당하므로 조선형사령 제42조에 따른다. 그리고 제1, 제2의 소위는 의사 계속에 있는 것으로 인정되므로 형법 제55조를 적용한다. 피고 이순재의 소위는 출판법 제51조 제1항 제4호 및 제2항, 조선형 사령 제42조, 형법 제62조 제63조 제68조를 적용하여 각 소정형의 범위 내에서 각 주문의 형을 양정(量定)한다. 압수 품 중 회우보(會友報), 금주계고문(禁酒戒告文)은 형법 제19조에 의해 관에서 몰수하고 등사판은 피고들 이외의 사람 소유에 속하므로 형사소송법, 제202조에 의해 소유자에게 환부한다. 공소재판 비용은 동법 제201조 제1항, 형사소송비용법 제7조에 따라 피고들의 연대 부담으로 한다. 그리고 피고들이 벌금을 완납하지 못한 경우에는 각 형법 제18조 제1항 제4항에 따라 주문 제4항의 각 기간 내에 노역장에 유치한다. 그리고 피고들이 출판한 회우보(會友報)에 게재된 각 문장 중에 온당함을 결한 문구가 없지 않으나 이로써 바로 안녕, 질서를 방해할 정도라고 인정할 수 없으므로 각 주문과 같이 판결한다.

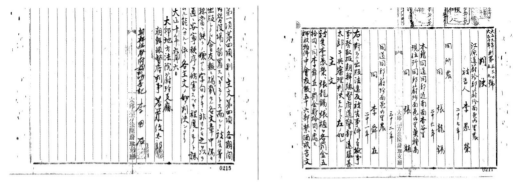

【사진 7-3~4】 출판법 위반 50원 환형일수 50일 판결문, 대구지방법원 울진지청(출처: 국가기록원)

이 사건과 관련하여 시작은 1920년 10월 30일 안창렬의 집에서 울진청년회 11월 회우보를 인쇄하고 배포하여 일제에 의해 압수당하였다. 이 사건과 관련한 신문의 보도 내용과 울진청년회 회우보 사건의 이력을 살펴보면 다음과 같다.

회우보 압수

이달 1일 울진청년회는 지식계발과 문학을 연구할 목적으로 학무부에 문예 중 우수자를 정선하여 회우보를 출간하여(고) 회원들에게 발송하였더니 당국에서 출판법 위반이라고 전부 압수되었다.【울진】[204]

사건 1. 1920년 10월 30일 제작되어 1920년 11월 1일 배포된 회우보 56부가 압수된 사실이 있었음.

사건 2. 1921년 2월 10일 울진면사무소에서 장용석이 금주계고문(禁酒戒告文) 등 41부를 인쇄하여 출판한 사실이 있음.

---

204) 회우보 압수 - 매일신보 1920.11.10.(근대신문으로 본 울진. 울진문화원 2019.)

제1사건 당시 압수당한 후 처벌 여부는 확인되지 않으며, 제2사건 발생 후 구속된 것으로 보인다. 2차 사건은 장용석이 단독 행위로 보이지만, 일제는 제1사건 관련자 전원을 기소하였다.

장식이 작성한 「나의 비감」 또는 「낙오자」라는 기고문은 남아 있지 않다. 글의 내용은 울진청년회의 부회장으로서 현재 상황이 비통하고 유감스럽다는 의미로 회원들의 분발을 촉구하는 글이라고 한다.

그리고, 이들이 벌금을 냈는지 노역으로 환형 하였는지는 확인되지 않고 있다. 그 당시 50원이면 적지 않은 돈이다. 장식은 선일약국을 경영하여야 할 이유가 있었기 때문에 벌금으로 처리했을 가능성이 있지만, 50원은 너무나 큰돈이라 진위를 정확히 알 수가 없고, 일제는 청년회의 활동을 제한할 필요가 있어 큰 벌금을 부과하여 노역으로 대신하게 했을 가능성이 농후하다.

이우영은 1921년 3월 26일 의법청년회 토론회(동아일보, 1921.4.4.)에 참가하였고, 1921년 6월 23일 의법청년회 토론회(동아일보, 1921.7.7.)에는 이우영과 장용석이 함께 참석한 사실이 있다. 그러나, 6월 23일 의법청년회의 토론을 끝으로 울진청년회의 소식이 뜸하여 기록이 없다.

둘. 울진 최초의 연극은 민중계몽을 넘어 역사가 된다

『又作黑人解放圖形脚本奏演公』

【또 흑인 해방도형 각본(黑人解放圖形脚本)을 만들어 주연(奏演)하고】

울진유지 일동이 헌정한 장식의 묘갈문에 **作黑人解放圖形脚本奏演**(작흑인해방도형각본주연)」으로 기록된바, 장식은 노예해방을 소재로 한 연극의 각본을 쓰고 주연(主演)이 아닌 '주연(奏演)'을 했다는 것은 악기로 연주하며 배경음악을 연주했다 한다.

하나. 누가 언제 연극공연을 하였나?

신인극(新人劇) '아브라함 링컨'은 장식이 극본을 쓰고 청년회원 이순재가 주연(主演)을 진근택이 흑인역을 맡았다. 그리고 장식은 배경음악인 주연(奏演)을 한 것을 보면 울진청년회가 연출까지 맡아 1920년 10월 7일 울진시장 개설 난장(축하식)의 축하공연 때 작품을 올렸다.[205]

---

205) 2021. 울진군지(울진군, 2001)에서 발췌함.

둘. 울진청년회는 울진인에게 생소한 신인극은 왜 하였을까?

1919년 3·1운동을 기점으로 하여 민족주의 운동은 새로운 방향으로 전환하며, 그 방편으로 야학의 설치와 문맹 퇴치·강연회·연극·생활개선 운동 등을 전개한다. 울진에서도 다양한 활동을 전개하였으며, 이들 중의 하나가 울진청년회의 신인극인 '아브라함 링컨'이다. 이 당시 대본과 신문의 자료는 상세히 남아 있지 않지만, 공연의 목적은 일제에 의해 핍박받는 민중들에게 계몽의식을 고취하고 노예해방을 나라의 독립에 빗댄 역사극이었다는 기록이 전해지고 있다. 그리고 연극을 준비하는 과정에서 만들어지는 동료애는 조국애로 승화된 사실이 울진청년회 회우보 사건으로 이어지게 된다.

셋. 연극공연의 예산은 누가 충당하였나?

이 당시 연극에 문외한인 시절 조국 독립을 위한 국민계몽 활동은 연극 외에도 쉽게 접할 수 있는 여러 방법이 있었다. 굳이 생소한 연극을 위하여 청년회의 공금을 사용하거나, 지원해 줄 사람이 있었겠는가? 묘갈문에 의하면 장식이 비용을 모두 부담했다고 한다. 그런데, 공연의 성과는 성공적으로 마무리된 것으로 판단된다. 먼저 연극의 4요소[206]가 모두 갖춰진 완성된 공연을 울진청년회가 스스로 했다는 자신감이 다른 활동으로 승화된 사실과 이날의 감동은 울진의 유지들이 장식의 묘갈문에 기록함을 주저하지 않은 이유이다.

넷. 울진청년회에서 연극을 연출할 역량이 있었을까?

기록에 의하면 장식은 극본을 직접 쓰고, 주연(奏演)하였다 한다. 연극에 불모지인 울진에서 가능한 일이 아니다. 장식은 어디에서 연극을 접하였을까?

바로 경신학교의 교육과정 내에 연극과 악기를 다루는 교과가 있었다. 당시 경신학교는 배재·이화학당과 더불어 시설이 잘된 신학문의 요람이었다. 경신의 교육과정 중 특별활동에 대한 자세한 내용을 찾을 수 없으나, 최태영[207]의 기록들에서 일부가 확인되고 있다. (경신학교는) 학생 한 명에 현미경 1대와 계단식 교실에 수세식 화장실을 갖추었고, (최태영은) 체육광에 피리연주와 성악과 바이올린을 했다.[208] 연말이면 성극에 참여해 에스더 역을 맡은 곱상한 수재였다.[209] 그리고, 최태영은 경신학교의 교장 시절에도 성탄절이면 학생들과 연극에 출연하여 학생들과 공연을 함께했다.

---

206) 연극의 4요소는 관객, 배우, 무대, 희곡으로 연극은 이 4요소가 서로 유기적으로 상호작용을 하면서 만들어지는 종합예술이다.
207) 최태영(崔泰永, 1900~2005.) 대한민국 법학자, 서울출생, 경신학교와 일본 메이지대학 졸업, 보성전문학교 교수, 경신학교 교장, 서울대 교수, 대한민국 학술원 종신회원임. 한국 고대 상고사의 연구의 거두임.
208) 민족과 함께 책과 더불어 103년 (최태영(2), 김유경 블로그에서 참조)
209) 한국 기독 역사 여행, 신사참배 거부, 기독학교 살리는 지혜를 얻다. (국민일보. 2020.5.29.)

경신학교에서의 경험들이 장식에게 극본을 직접 쓰고, 배경음악(주연-奏演)을 맡으며 연출할 수 있는 역량을 갖게 하였다. 이는 과거 신민회의 목적인 '자신(自新)'을 경신학교에서 배우고 익힌 결과물이다.

다섯. 울진청년회의 연극 '아브라함 링컨'에 대한 역사적 평가는?

울진 최초의 근대식 연극이라고 한다. 하지만 실제 공연에 참여한 이들은 울진청년회 회우보 사건으로 벌금과 노역을 당하는 등 일제의 탄압으로 더 이상 공연을 할 수가 없었다. 시간이 흘러 1925년 황택룡의 울진순회 극단의 「해당화의 언덕」이 공연하였지만, 지속적인 연극 무대가 활성화되기 어려운 지역의 한계를 극복하지 못하였다.

'아브라함 링컨'은 지역의 청년들에게 봉건성의 극복, 근대성의 수용을 위한 민중계몽의 수단이었다. 더불어 다음 해에 일어났던 울진청년회의 '회우보 사건'을 살펴볼 때 조국 독립을 위한 의식 함양의 다양한 방법을 적용하려는 울진청년회의 노력을 높이 평가해야 한다.

다음은 1920년대의 울진의 연극에 대한 평가와 설명한 내용을 일부 발췌하여 옮겨본다.

(중략) 울진에서도 울진청년회가 주체가 된 신인극(新人劇)의 공연이 있게 되었다. 1920년 10월 울진읍 7일 시장 개설 축하식(난장)을 계기로 하여 울진청년회 주로로 미국 〈아브라함 링컨〉 대통령이 흑인을 해방시킨 남북전쟁을 역사극으로 공연하였다.

장식(張植)이 각본을 쓰고 청년회원 이순재(李舜在)가 주연(主演)하고, 진근택(陳根澤)의 흑인 역은 일제가 압박하는 당시의 시대를 간접적으로 풍자함으로써 연출과 연기의 여실성을 운집한 관중들에게 감동의 눈물을 흘리도록 하였다고 한다.

또 1925년 9월 황택룡(黃澤龍) 주도하여 〈울진순회극단〉을 조직하였는데, 「그리운 해당화(海棠花) 언덕」이란 공연 제목으로 울진제동학교 강당에서 2일간 초연한 후 울릉도에서 순회 공연을 마치고 강릉을 비롯한 수 개 군을 돌면서 공연하던 중 경찰이 사상 문제로 치안에 저촉된다고 트집 잡음으로써 해산당하게 되었다.

이외에 우리 고장에서 간헐적인 연극 활동이 있었는데 중일전쟁, 만주사변 등을 거치면서 일제의 압세와 수탈이 가속화되어 식민지 현실은 더욱 암담해져 갔으므로 특히 한반도의 변방 오지의 울진에서 문화활동이란 생각하기가 어려웠다. 다만, 일제시대의 우리 군내에 있었던 10여 개의 보통 학교에서 황국신민(皇國臣民)과 일왕(日王)에 대한 충성을 다지는 학생 학예 발표회에서의 연극공연쯤이 이루어져 왔던 게 아닌가 싶다. [울진군지, 2001. 발췌]

아브라함 링컨은 단순한 축하공연이 아니라 민중계몽과 일제의 탄압에 항거한 울진인의 독립운동 정신이 담긴 문화의 상징으로 그 중심에 장식이 있었다.

이렇게 울진 근대 연극의 시초인 '공연 [아브라함 링컨]'은 새로운 역사가 된다.

제목: 아브라함 링컨

극본: 장식

주연: 이순재, 진근택(흑인 노예역)

음향 감독: 장식(奏演-주연하다)

제작사: 울진청년회

제작 지원 및 배급: 장식(물주)

【사진 7-5】 노예해방(프랑스국립박물관연합, RMN)

울진 연극의 시작은 이렇게 출발하였다.

2. 양질호피[210]에 실력양성의 교육을 더 한다

장식의 다음 여정은 묘갈문과 대동보의 번역본에서 옮겨보면,

『會友與同志立濟東學校又集少年會而辨擔其費』

【회우(會友) 및 동지들과 더불어 제동학교를 설립하고 또 소년회를 집성하고
그 비용을 담당하였으며】

장식은 울진청년회의 회우(會友)들과 지역유지들의 경제적인 지원으로 1922년 4월 울진강습소를 설치 운영한다. 이 강습소는 1925년에 이르러 울진 유일의 사립 보통학교인 울진제동학교(蔚珍濟東學校)로 확대되었다. 또한 울진청년회도 다른 지역의 청년회와 마찬가지로 1923년에 진행된 물산장려운동과 민립대학설립운동도 전개하는 등 다양한 활동들을 전개하였다.

울진강습소와 울진제동학교는 신민회의 정신을 이어받은 만흥학교를 계승하였다. 국권회복운동의 쟁취를 위하여 교육의 중요성을 인지하고 전개했던 주진수와 황만영의 사상은 장식을 통하여 다시 한번 울진의 정신으로 거듭나게 된다.

하나. 교육의 기회균등으로 민족의식을 함양한 울진강습소

울진제동학교의 설립에 앞서 울진강습소에 대한 설명을 신문보도 자료를 중심으로 살펴볼 필요가 있다.

울진강습소설립(매일신보 1922-04-12)

1922-04-12 울진공립보통학교에서는 금년 신입생이 정원 외 4배가 증가하였음으로 입학시험을 행하여 50명만 채용하고 나머지는 유지들의 발기로 강습소를 설립 수용 중인데 지금 준비 중에 있다.

【사진 7-6】 울진강습소 창립 기념 1922.4.17.[211]

---

210) 양질호피(羊質虎皮): 속은 양이고 거죽은 범이라는 뜻으로 본바탕은 아름답지 않으면서 겉모양만 꾸밈을 가리키는 말보다 '본질이 바뀌지 않은 한 변하지 않음'을 비유하는 것으로 문화라는 미명으로 식민 지배를 교묘하게 속이지만 대한국인의 본질이 바뀌지 않는 한 소용 없음을 표현한 말이다.
211) '가장 아름다운 동문회 『제동학교(齊東學校)』 동창들 한자리에' (울진뉴스. 2008.9.24.)

울진강습소의 배태된 내용 밤에 등불 아래서 산해생(기) (매일신보 1923-2-23)

(중략) 벌써 3학기를 맞이하였다. (중략) 울진강습소 설립계획 1922. 3. 27.(음력 2.29.) 이다.[212] (중략) 설립에 관한 법의 토의 내용은

첫째, 내일부터 해마다 연령이 이미 넘어선 아동 모집에 착수하자. 둘째, 교실이 없으니 2~3개월 후 신축한 보통학교가 낙성되면 구 교실을 빌려서 사용하자. 셋째, 설립 자금이 없으니 자금을 완전히 준비한 후 실행하자. (중략) 4월 1일은 사방에서 모여드는 재학생과 신입생 아동들은 넘쳐나서 보통학교 운동장에 입추의 여지가 없고, (중략) 나오는 생도는 100여를(100여 명을) 헤아리게 되었다. 울진군수 이기원씨와 울진면장 장인환씨(본 강습소 대표자)와의 두터운 신의하에 신축한 면사무실에 임시 수용하기로 결의하여 (중략) 당시 명예 강사 장용석, 주진걸 두분이어서(두 분밖에 없어) 반은 갑·을·병으로 나누게 되어 강사 한 분을 더 초빙하게 되었다.

불과 몇 주에 임시교실은 부득이 면에 돌려주게 되었음로 다시 금융조합 창고에 이전한 바로 복더위에 (중략) 교수한바 드디어 2학기까지 호성적으로 경과하였다.

파란에 파란을 더하고 굴곡에 굴곡을 당하게 된 운명은 창고에서도 퇴거를 명령하므로 200명의 생도들(을) 수용할 장소가 없게 되었을 뿐아니라 강사 주진식씨는 춘천 강습에 출석되자 강사 일인도 의원 면직되고 개학일은 날로 다가옴에 홀로 고통받은 선생은 그 누구인가. 유수 같은 세월은 9월 1일을 당함에 열린 학교에 오는 학생들은 목자를 잃은 양과 같이 혹은 도중에 방황하며 혹은 선생을 향하여 우리 교실이 어디냐고 물을 때 이 말을 들은 장선생은 흉중이 메이는 것 같아 정신이 아득했다.

근근이 기독교(원문은 '야소') 교회를 빌렸으나 200명의 학생을 전부 수용하기 어렵게 되므로 오전 오후반으로 나누었다. 그러나 설상가상으로 강사의 고난까지 받게 되자 본군수의 특의 안내로 봉래명 선생을 초빙하여 본소의 교편을 잡게 되었다. (중략) 주선생도 돌아오고 신축에 몰두하던 보교도 준공되어 함지에서 비명하던 우리 강습소도 구보교로 이전되어 광활한 교실에 기능대로 교수하며 평탄한 운동장에서 기운 있게 뛰어놀게 되었다. (이하생략)

이상은 울진강습소의 설립과정을 확인할 수 있는 자료이다. 울진강습소는 여타의 이유로 교육받지 못한 취학 연령의 학생들에게 교육의 기회를 주고자 하는 민중이 중심이 되어 민중의 '자신'으로 거듭나고자 함은 구국을 향한 애국 계몽 활동이다.

그리고 이후의 과정들을 살펴보면,

정명강습소 신축(매일신보 1923-3-31)

– 기성면, 일반면민 기부금 1천 8백원 모금, 100여명 수용 가능【강릉】

---

212) 설립계획은 강습소의 학교 건물을 건축하고자 하는 계획임.

울진강습소 수여식(매일신보 1923-4-5)

- 3/26, 1년 수료식, 군수 이기원 훈시 등【춘천】

울진의 하기 강습(매일신보 1923-8-23)

- 울진강습소 개설 2년, 매년 200명의 수학생과 특별 강습 담임교사는 동경고등사범학교 학생 최진순씨【울진】

울진강습소 성적(시대일보 1924-12-26) - 아래 기사 내용 참조

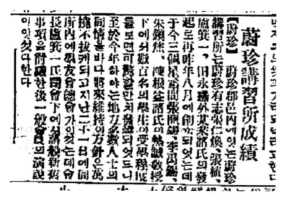

【사진 7-7】 울진강습소 성적(시대일보, 1924.12.26.)

울진읍내에 있는 울진강습소는 울진군 유지 장인환, 장식, 노기일, 전영경 외 모모 여러 명의 발기로 재작년 8월에 창립되었는데 이 3년간에 장용석, 이우석, 주진휴, 진근익 여러 명의 열성 교수하에서 수백 명의 학생의 수학 정도를 보면 가히 놀랄 만큼 발달 되었으니 금년에 이르러서는 지역의 이름있는 몇 인사의 동정을 받아 장애 유지의 방침은 만요불발 되고 지난 21일 강습소 내에서 학우총회가 있었는데 회장 노기일씨 사회하에 제반 신구사항을 부의한 후 일반회원의 연설이 있었다 한다.

또 다른 기록에 의하면 울진강습소의 설립에 참여한 인사들의 명단과 활동들이 기술되어 있으며 참여자는 다음과 같다.

울진지역 내에 장인환(張仁煥), 임원화(林元華), 장식(張植), 전영경(田永璟), 노기일(盧箕一), 주보원(朱甫源), 전영직(田永稷), 최진현(崔臻鉉), 장주윤(張柱允), 장용석(張龍錫), 주진휴(朱鎭烋), 주진철(朱鎭喆), 김병인(金柄仁), 유영준(劉永峻), 이우석(李禹錫), 박문교(朴文敎), 진근익(陳根益), 장사현(張士賢), 장승택(張承澤), 이우영(李愚榮), 이우근(李雨根), 장보영(張普永), 임시린(林時麟), 장현두(張顯斗)씨 등의 유력 인사들이 기금을 모금하여 울진강습소를 설치하게 된다.

『울진제동학교연혁지(蔚珍濟東學校沿革誌)』에 따르면, 울진강습소는 1922년 4월 17에 창립했고, 이어서 북면, 근남면, 원남면, 서면, 기성면에 더해 삼척(三陟) 원덕(遠德)과 근덕(近德)까지 설치되었다.[213]

---

213) '가장 아름다운 동문회 『제동학교(齊東學校)』 동창들 한자리에' (울진뉴스, 2008.9.24.)

울진강습소의 또 다른 특징은 여타의 이유[214]로 교육받을 기회를 박탈당한 민중들에게 교육의 기회를 통하여 구국을 위한 인재를 양성하고자 함이다. 이는 신민의 자신(自新)으로 일제에 의한 이러한 차별적인 내용들을 울진군지[215]에서 정리해 보면,

하나. 수요와 공급의 불균형이다.

교육받고자 하는 인원보다 보통학교의 정원이 적은 이유이다. 1922년 조선 교육령이 선포되어 1면 1교의 정책에도 학교의 수가 적어 수요를 감당할 수 없었다. 겉으로는 조선인과 일본인들의 차별을 줄이고자 하였으나 내심으로 는 서당의 교육을 철폐하고자 하는 의도가 있었다. 서당교육은 일제의 입장 에서 불온 단체의 소굴로 보았기 때문이다.

둘. 입학시험의 기준은 일본인을 합격시키기 위한 수단이었다.

입학 자격시험을 통하여 자신들에게 필요한 학생들을 선별하여 불합격자는 다시 지원하지 못하게 함으로써 교육받을 기회를 박탈하였다. 특히, 일반 보 통학교는 일본인들의 전유물로 자료에 의하면 일본인은 자기네 아동 30명 미만을 위하여 관유물(官有物)인 객사대(客舍大) 건물을 점용하여 심상소학교 를 설립하여 주었으나 조선인 학생들이 다닐 수 있는 학교는 울진과 평해의 공립보통학교뿐이었다.

셋. 공립보통학교의 입학 연령을 제한하였다.

늘어나는 입학 지원자를 막기 위하여 8세까지 입학해야 하는 학령을 확정하 였고 학령 초과자는 진학의 길을 막아 문맹 퇴치를 고의로 역행하였다.

이에 분기한 울진청년회 간부들은 울진강습소를 열기 위하여 먼저 감리교 예수교회와 협력하여 동명유치원을 설립하였고, 1922년 4월경 교회의 건물에서 수업을 시작하였다. 하지만 넘치는 수요와 일제의 탄압으로 교회의 건물을 사용하지 못하게 되자 면사무소와 울진금융조합의 창고 등을 빌려 임시교실로 사용하며 활동을 전개한 3년 만에 울진제동 학교로 거듭나게 된다.

이런 일련의 운영비는 설립자의 분담금과 지방 유지들의 후원 및 교원의 희생적인 봉 사로 가능했다. 이런 부분도 한계가 있었는데, 여기에 더하여 일제의 간섭과 탄압은 기 부금 조례를 제정하여 자발적인 희사금의 창구를 압박하고 교원의 채용까지 간섭하게 되 었다. 하지만 울진의 선각자들의 노력은 일제의 탄압에도 불구하고 20년간 민족의 사립 을 지키려고 끊임없이 노력을 전개하였다.

---

214) 교육받고자 하는 인원보다 정원이 적은 이유로 공급이 수요를 따라가지 못하였으며, 주로 일반 보통학교 는 일본인들의 전유물이었다. 그리고, 입학시험의 기준은 일본인을 합격시키기 위한 수단이었으며, 불합격 자와 연령 제한에 나이가 초과 된 자는 교육받을 기회를 박탈당하였다.(울진군지, 2022.).
215) 울진군지, 울진공립학교 동맹휴학, 제1권 391쪽(울진군, 2022.)

이상과 같이 살펴본 바에 의하면 울진강습소는 신민회와 만흥학교의 정신을 이어받은 울진청년회가 중심이 되어 민중계몽 활동으로 출발하였다. 이는 급변하는 세계정세의 변화와 3·1만세운동의 여파로 일제의 식민지 통치의 변화에 따른 결과물이다. 무단통치에서 문화정책이란 미명(美名)하에 더욱 음흉하게 바뀌며 거짓된 지배체제에서도 학교의 설립이 자유로워지자 민중계몽과 문맹 퇴치 등 교육열이 확대되는 분위기에서 울진청년회가 중심이 되어 울진강습소를 개소하였고, 울진제동학교를 설립되면서 울진청년회의 연령 제한이 생기자 표면적으로 울진제동학교의 육성회가 조직되어 운영하게 되었다.

이렇게 울진인들의 정신은 만흥학교에서 시작하여 울진강습소를 거쳐 울진제동학교로 이어지며 울진의 정체성을 찾기 위한 노력을 다한다.

둘. 만흥은 제동으로 거듭나며 울진의 정신을 이어 간다

장식의 다음 여정은 묘갈문과 대동보의 번역본에서 살펴보면,

『會友與同志立濟東學校又集少年會而辨擔其費』

【회우(會友) 및 동지들과 더불어 제동학교를 설립하고 또 소년회를 집성하고
그 비용을 담당하였으며**】**

장식의 회우(會友)는 울진청년회의 동지들이며, 이들과 함께 울진강습소를 설치하여 만흥학교의 정신을 이어 가며 노력한 결과 울진제동학교(蔚珍濟東學校)[216]로 승화되었다.

울진제동학교와 관련하여 장식의 자료는 많이 보이지 않는다. 하지만 그의 묘갈문에 함축된 내용으로 보아 울진제동학교의 운영에 절대적인 영향력을 끼친 것으로 확인된다.

제동중학교 이사장 장성업 씨가 육촌 형인 장식의 유업을 이어받아 폐교된 울진제동학교의 정신을 계승한 학교법인 제동학원(1973.6.18.)을 설립하였다. 그리고, 1974년 3월 근남면 노음리에 제동중학교를 개교하니 장식이 울진제동학교에 갖고 있었던 애정은 육촌 동생에게 이어졌음을 확인된다.

---

216) 울진 근현대사의 사립학교명을 정확하게 규정할 필요가 있으며, 이런 일련의 활동은 울진군청과 울진문화원이 중심이 되어야 한다. 만흥학교는 지역명을 뺀 '만흥학교'이며, 제동학교는 지역명을 넣은 '울진제동학교'이다. 특히, 제동학교는 만흥학교와 달리 다른 지역에도 같은 학교가 있는 이유이다. 그리고 만흥학교는 매화만흥학교라는 이름을 사용하는 것은 지역의 한계성을 갖게 되며, 실제 만흥학교는 울진 전체의 통합과 정신을 담기에 부족하다. 따라서 제동학교와 달리 '만흥학교'라야 함.
　그리고, '울진제동학교'는 울진향교의 명륜당을 임시교실로 시작한 민족사학으로 1973년 설립된 근남면 노음리의 제동중학교와 구분하여야 함.

먼저 울진제동학교의 설립 인가는 1925년 9월 18일로 이에 관한 신문의 보도 내용을 매일신보(1925.10.17.)에서 확인되었다.

> 강원도 울진읍내에 전 울진면장 장인환씨 외 10여인의 분기로 1922년도에 울진강습소를 설립하고 학교 부족으로 보통학교에 입학치 못한 아동 100여명을 수용하여 반의를 조사하여 오던바 지난 9월 18일부로 제동학교 설치인가가 하부되었으므로 이에 일반관계자 일동은 전일 울진강습소가 금일에 제동보통학교가 된 것만큼 일반설비를 충분히 하고자 각방면으로 열심노력 중이라고 한다. 【강릉】

이 당시 제동학교의 운영과 관련하여 울진군지의 기록에 의하면 울진강습소를 설립한 인사 가운데 한 명이었던 진근익(陳根益) 씨를 울진제동학교 초대 교장으로 초빙하고, 현 울진향교의 명륜당(明倫堂) 앞에 1916년에 이축 되었던 교궁태화루(校宮太和樓)를 교사(校舍)로 사용했다고 한다.

교궁태화루(校宮太和樓)는 원래 조선 숙종 때 울진현 관사 태고헌(太古軒) 앞에 2층으로 지어진 건물로서 태고루(太古樓)라 했는데, 1916년에 명륜당(明倫堂) 앞에 이축(移築)하고 교궁태화루(校宮太和樓)라고도 불렀다. 이 건물은 애초에 울흥보통학교(蔚興普通學校)의 교사(校舍)로 사용되었고, 일제강점기에는 울진보통학교의 건물로 사용되다가 후에 울진제동학교의 건물로 사용된다.

그리고 1년 뒤 울진제동학교 설립자 임시총회(1926.9.25.)가 열렸는데 주된 내용은 울진제동학교 운영과 관련된 기부금과 설립자 부담금에 관한 것으로 매일신보(1926.10.7.)는 다음과 같이 보도한다.

1. 기부금은
   내월 25일까지
   마칠건
2. 설립자 부담금
   처리건

【울진】 지난 25일 오후 2시부터 제동학교 사무실에서 설립자 임시총회를 개최한바 설립대표자 장인환씨의 사회를 비롯하여 설립자 여러명의 의견을 타협이 있는 후 장래 유지에 대하여 각종 방침을 협의하고 더욱 좌의 사항을 결정한 후 오후 8시경에 폐회하였다고 한다.

그동안 울진제동학교의 설립의 중추적인 역할은 울진청년회의 회원을 중심으로 전개되었으나, 1926년 1월 2일 울진청년혁신대회(동아일보, 1926.1.15.)를 통하여 청년회원의 연령을 만 18세에서 25세까지 규정하게 된다. 따라서 울진제동학교 설립자 중 다수의 참여자는 청년회 활동을 할 수 없게 되어 울진제동학교의 운영과 관련된 사항은 울진청년회가 아닌 별도의 조직인 울진제동학교 육성회를 구성하여 운영되었다.

1주년 설립자 임시총회의 주요 안건은 울진제동학교의 운영비 조성에 대한 부분이 주된 내용으로 이 당시 교육환경이 얼마나 어려웠던가를 알 수 있는 대목으로 운영비 부족은 오랫동안 해결되지 못하고 지속되었다. 하지만, 이런 가운데 기부금에 대한 미담은 전하여 오는 이야기와 여러 신문에서 보도되고 있다.

■ 울진의 거부인 만루 유재업의 아들 유문종은 울진제동학교 설립 시 거금 1,000원을 희사하였는데 이 당시 농우 1마리가 20원 할 때라고 한다.[217]

■ 1930년 11월에는 읍내리에 사는 리우근 씨의 아름다운 기부도 미담으로 보도되었다.

울진 읍내리 리우근(李雨根) 씨는 공공사업에 심력이 자라는 대가지(데까지) 원조하야(여) 금전의 여유만 잇스면(있으면) 금품을 긔부(기부)하여 사회사업을 조장케 함이 일이차가(한두 차례가) 아니던바 또 금번(이번) 울진제동학교(蔚珍齊東學校) 수선에 대하야(여) 물자를 전부 부담하얏기(하였기) 때문에 학교 경영자는 감사를 마지아니하는 동시에 일반 사회 인사들의 찬송이 자자하다 한다.

【사진 7-8】이씨(李氏)의 특지(特志)(동아일보 1930.11.26.)

■ 울진제동학교는 1932년 10주년을 맞이하여 개교기념행사와 운동회를 실시한다.

【사진 7-9】울진제동학교 10주년 기념식[218]

【사진 7-10】울진제동학교 10주년 기념 운동회

---

217) 울진군지 하권 제2편 인물·입향·관안 제1장 인물 제9절 덕행 86쪽 유문종(울진군, 2001.)
218) 울진제동학교 10주년 기념식 및 운동회(울진뉴스, 2008.), 1932. 6. 7.에 울진제동학교 10주년 기념식을 개최한 것으로 울진군지에 기록되어 있다. 이는 울진강습소부터 울진제동학교의 역사를 계산한 10주년 기념행사이다. 1922년 4월에 울진강습소가 설치되고, 1925년 10월 울진제동학교가 설립되었으므로 10주년 행사는 울진강습소부터 포함한 기록이다.

울진제동학교 10주년 기념 축하운동회

지난 음력 5월 5일 단오가절을 복하여 제동학교 설립 이래 10개년간 아동교육에 공헌이 다대함은 찬론불기함으로 10주년 기념축하운동회를 개최한바 시절은 향기로운 풀이 곳곳에 있고 온통 산은 푸르게 우거졌으며 일기 훈환하고 생도 150명은 각기 운동복을 입히고 기분좋게 광대한 전 모래마당 임시운동장에서 여러 선생에게 받은 교육으로 원기 있게 순서로 운동을 종료한 후 씨름, 그네를 여흥으로써 지방 일반과 운동한 차제에 울진공립보통학교 및 유치원 남녀생도 600여명, 남녀부형, 일반 관광자 수백명 운집한 인원이 회장 총만원으로 입추의 여지가 없이 흔흔히 감각하여 재미있게 관광이 되어 금회 축하 운동회는 괄목에 성적을 거두었다 한다. 【울진】

■ 울진제동학교는 1933년 농교 승격(昇格)을 위한 전군기성회(全郡期成會)를 조직하려 했던 움직임이 있었다.

【사진 7-11】 제동학교를 농교 승격 요망(동아일보 1933.3.18.)

【울진】 울진군은 다른 군에 비하면 면적이 훨씬 넓고 산악이 만(많)아서 교통이 불편하기 짝이 업고(없고) 학교가 몇 개 몇낫잇어도(있어도) 배우지 못하는 지방이 반이나 넘는 형편이엇다(이었다). 비록 보통학교를 마치더라도 멀리 상급학교에 자녀를 보내기가 여간 어려운 일이 아니다. 그래서 항상 유감으로 지내오든 터이라(에) 마침 읍내에 잇는(있는) 제동학교(齊東學校)는 유일한 우리 민중의 경영하는 것으로서 이것을 차체에 농업학교로 승격시키자는 여론이 비등(조성)되어 잇다(있다). 임경필(林敬弼-도의원)씨는 일즉(일찍) 군수와 상의하야(여) 이미 군수의 양해로(가) 잇다고(있었다고) 하니 일반은 이 문제에 대하야(여) 장차 그 구체성이 만다고(많다고) 밋으야(믿으며) 이에 응하야(여) 전군민의 기성회가 곳 조직될 기운에 잇다고(있다고) 하며 준비는 착착 진행되는 중이라 한다.

울진제동학교의 농교(農郊) 승격은 일제의 비협조로 무산되었다. 상급학교의 승격은 일제의 입장에서 곤란한 사항이었다. 일본인들이 다녔던 보통학교의 학생들이 진학할 상급학교가 없었던 현실에 조선의 민중들이 운영하는 상급학교를 둘 수가 없었다.

그리고 앞에서 살펴본 바와 같이 울진제동학교는 매년 겪어야 하는 과제는 학생들을 교육할 운영비가 문제였다. 결국 울진제동학교의 운영은 민중들의 자발적인 기부금으로 운영할 수밖에 없었는데 이와 관련된 또 다른 보도 내용은 동아일보(1936.7.29.)에서 다음과 같이 기사화했다. 그런데, 통 큰 기부와 관련된 내용은 동아일보가 독점으로 보도하는 특이한 점이 발견된다.

【사진 7-12】박운경 씨 제동학교에 기부(동아일보 1936.7.29.)

教育界(교육계)의 喜消息兩題(희소식양제)
土地千五百圓어치 寄附(토지 천오백원어치 기부)
蔚珍朴雲京氏齊東學校에(울진 박운경씨제동학교에)

울진군 울진면(蔚珍郡蔚珍面) 읍내리(邑內理) 박운경(朴雲京) 씨는 불행하게도 지난 十일(십일)에 별세하엿(였)는바 (박)씨가 생전에 여러 가지로 사회에 공헌한바 만헛으며(많았으며) 더욱이 우리 교육계를 위하여 힘쓴 바 많았다.

(박)씨는 임종 때를 당하여(야) 품은 거룩한 뜻을 오히려 사후에 남기고 저 울진에 다만 하나인 울진제동학교(蔚珍齊東學校)에 토지 一千五百(일천오백)여원어치를 기부하라는 유언이 잇엇다(있었다) 한다. 유족들은 고인의 유언대로 곧 기부수속을 하엿다(하였다) 하며 제동학교 당국의 기쁨은 물론이오(요) 일반사회에서는 (박)씨의 유지에 깊이 감격한바 잇었다(있었다) 한다.

또 다른 소식으로 울진제동학교의 교사를 신축했다는 매일신보(1938.8.2.)의 기사이다.

울진사립제동학교는 최초 창립시대부터 학교 생도 수용할 지대건물이 없으므로 부득이 울진 문묘 명륜당과 부속건물을 이용하여 왔는데 현재 생도수는 600여명에 달하므로 교실이 협작하여 도저히 수용할 수 없어 올봄부터 동학교 후원회의 발기로 경비 1천500원을 각출하여 동 문묘 부근 땅에 교실 1동이 신축 낙성되어 머지않아 동소에 수용하게 되었다. 【울진】

울진제동학교는 그동안 울진향교의 명륜당과 부속건물을 교실로 사용하여 오던 중 1938년 8월경 울진향교 인근에 교실 1동을 신축하고 옮기니 울진강습소를 개소한 지 16년 만에 울진제동학교의 교실을 갖게 되었다는 기사이다.

그리고, 일제강점기의 특징 중 보이는 사실이 전부가 아님을 생각하며 다음과 같은 신문 기사도 확인되었다. 태풍으로 남대천이 범람하여 울진 읍내가 위기에 처하자 울진제동학교 학생들이 방학 중에 긴급하게 동원되어 남대천 제방 복구작업에 참여한다. 그런데 학생들의 노임을 국방헌금으로 제출한 것은 새로 신축한 학교를 유지하는 방편이었던 것으로 추측해 본다.

울진제동학교 생도 제방공사 작업 노임은 국방헌납

【울진】울진제동학교 생도는 하기 휴학 중 총후 보국의 목적으로 600여명 생도가 8월 6일부터 9일까지 3일간 울진읍 남대천 제방공사에 가서 총후보국의 적성으로 근로 봉사하여 수입금은 국방헌납 하기로 하였다.(매일신보, 1938.8.12.)

이렇게 울진제동학교는 여타의 이유로 교육의 기회를 잃은 민중들에게 봉건성을 타파하고 민중이 중심된 민중의 '자신'으로 거듭나고자 민족의 사립학교로 탄생하여 구국을 향한 민중계몽 활동을 전개하였다.

셋. 울진제동학교 소년회는 울진독립운동의 선봉(先鋒)이 된다

지금까지 청년회 동지들과 함께 울진강습소를 설치하고 울진제동학교를 설립한 사실에 대하여 살펴보았다. 이어서 다음의 이야기를 살펴보면,

『會友與同志立濟東學校**又集少年會而辨擔其費**』

【회우(會友) 및 동지들과 더불어 제동학교를 설립하고

또 소년회를 집성하고 그 비용을 담당하였으며】

장식은 1919년 3·1만세운동에서 살아남은 동지들과 청년 유지들을 규합하여 울진청년회를 조직한다. 그리고, 울진청년회의 회원들이 중심이 되어 민중계몽을 위한 활동으로 울진강습소를 개소하고 3년 뒤 울진제동학교를 개교하였다.

울진제동학교의 운영비는 설립에 참여한 참여자의 부담금과 뜻있는 울진의 동지들의 기타 기부금으로 운영을 시작하여 1926년 창립 기념대회 이후 울진제동학교 후원회가 구성됨으로써 지원체제를 구체화하였다. 그런데 장식은 별도로 제동학교 내의 소년회를 구성하고 그 운영 경비를 담당하였다고 묘갈문은 기록하고 있다.

울진군지와 기타 자료에서 울진제동학교의 소년회(少年會)와 관련된 기록들은 찾아볼 수 없다. 그러나, 묘갈문의 장식이 소년회를 집성(集成)하고 비용을 담당했다는 내용은 다른 기록과 견주어 허구일 가능성이 희박하다. 다만, 그 당시 밖으로 드러내고 활동을 할 수 없는 현실을 고려하면, 광복 이후의 기록인 묘갈문은 사실을 적시(摘示)했을 것으로 판단된다.

울진군지에 의하면 3회의 졸업생을 배출한 울진강습소와 17회의 울진제동학교 졸업생들을 합한 인원은 1,500여 명에 이른다고 한다. 울진제동학교의 교사와 졸업생들이 국내외의 크고 작은 독립운동의 현장에서 연루되었으며, 이들이 보여준 나라 사랑의 행보는 말로 설명하기 어려울 정도이다.

그렇다면 울진제동학교의 졸업생 모두가 독립운동가가 될 수 없는 현실에서 이토록 긴 시간 동안을 많은 이가 연루된 것을 보면 겉으로 보이지 않은 이념적 실체가 있었을 것으로 추측된다.

1930년대 중반의 혁명적농민조합사건[219]의 구속자들 가운데 울진제동학교 졸업생들이 다수가 포함되어 있으나, 사건의 기록에 명시되지 않았다. 이들은 1920년대 울진강습소와 울진제동학교를 졸업한 청년층의 지식인과 농민들이다.

그리고, 울진혁명적농민조합의 결성과 관련하여 울진제동학교 재학생들이 언급된 사실을 울진군지[220]에서 살펴보면,

【사례1.】 최학소의 단체조직에 관한 견해에서도 나타난다. (중략) 그러나 단체적 조직을 결성함에 있어 당사자가 되는 소년들은 자기의 태도에 별로 주의하지 않고 있다. 이들은 다른 사람에게 사회주의, 공산주의를 주창하고 혹은 비밀단체를 조직하여 고립적 사업을 전개함으로써 이 단체는 결국 고립적으로 되고 만다.(의견을 피력한 최학소는 ~중략)

소년부에 최학소로 각각 결정하였다. 그리고는 각 동리에 독서회, 야학 등을 실시하여 농민층의 계급적 각성을 촉구하고 청소년의 의식 교양 및 인력 양성에 주력할 것을 협의 결정하였다.

【사례2.】 1933년 4월 말 청년부 책임자인 주맹석은 청년 및 제동학교 학생 10여 명을 모아 놓고 독서회 조직을 추진하였다. 그러나 주유만이 의식이 불충분한 청소년을 독서회에 가입시키는 것은 곤란하다는 주장으로 독서회 결성 추진은 무산되었다.

이런 울진혁명적농민조합의 살구야학을 담당한 이가 장식의 아들 장호명이다. 기록에 의하면 울진혁명적농민조합은 1934년 2월경[221] 발각되기 시작히여 몇 년간 조사와 판결 받는 과정에서 와해 되었다. 하지만 울진혁명적농민조합은 1930년대 후반의 울진창유계로 이어진다. 남원수·전원강·최학소 등 혁명적농민조합의 주축이었던 이들이 중심이 되어 창유계를 결성함으로써 신민회의 '자신(自新)'은 만흥학교를 설립하여 국권회복운동을 전

---

219) '울진적색농민조합'은 일제에 의하여 울진농민조합의 조합원을 구속한 사건명이며, 우리의 역사에 '울진혁명적농민조합'으로 새롭게 규정되고 있다. 이 글에서는 조직단체의 이름과 사건명을 혼용하여 사용하게 됨을 유의하여야 함.
220) 2022 울진군지 증보판, 제1권 제2편 1920~1930년대 민족운동, 412쪽(울진군, 2022.)
221) 울진군지(울진군, 2001.)에 기록된 내용이지만, 필자는 2040쪽을 참조하여 4월경으로 추정함.

개하며 울진청년회를 조직하게 된다.

울진청년회를 중심으로 전개한 민중계몽 운동은 울진강습소를 거처 민족사학인 울진제동학교의 설립으로 이어지며 신간울진지회를 통하여 구체화 되었다. 신간울진지회가 해소되자 울진공작당과 울진혁명적농민조합으로 조직되고 더 나아가 울진창유계로 발전적인 전개가 이루어졌다.

울진창유계는 검거 인원이 102명 중 61명은 무혐의로 풀려나고, 41명은 구속된 메머드급 사건이다. 창유계는 1942년 5월까지 64회의 집회를 한 것으로 계원의 수와 지속 기간을 고려하면 이들을 묶어 줄 이념적 고리가 무엇인가를 살펴볼 필요가 있다. 이들은 울진혁명적농민조합보다 더 오랜 시간을 활동한 사실로 보아 이념적 유대관계가 철저하게 이루어졌음을 알 수 있다. 그렇다면 이런 이념적 유대관계를 형성할 수 있었던 이유는 무엇인가? 이를 표로 구성하면 다음과 같다.

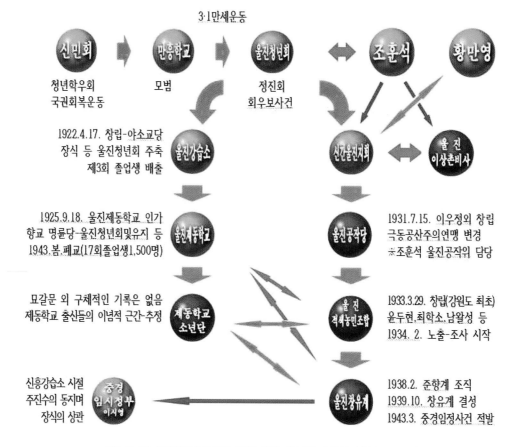

【표 7-1】 울진독립운동사의 단체 중심 사상의 흐름도 (송죽, 2023.)

이 당시 국내의 사회 운동 계열 독립운동단체들의 특성을 고려할 때, 울진창유계가 중경의 임시정부에 독립자금을 전달하고 연계하려는 이들의 노력은 무엇으로 설명할 것인가?[222]

1942년 10월부터 중경임시정부의 자금 담당인 재무부장을 성재 이시영이 맡고 있었다. 중경임시정부와 관련되어 울진창유계의 남원수와 장세전은 발각되었지만, 성공한 사례는 확인되지 않고 있다. 남원수와 장세전은 창유계를 이끈 인물들로 이 당시 중경임시정부는 자금 조성이 절박한 상황에서 자금 담당을 맡고 있었던 이시영을 향한 울진인들의 노력을 전달하는 막중한 임무를 맡았다.

장식은 과거 유하현의 신흥강습소에서의 주진수와 이시영을 도와 독립군 양성을 위해 매진할 때의 어려웠던 시절을 기억하며 스승 주진수가 세상을 떠난 이후 독립운동 자금은 이시영을 향했을 것으로 보이며, 이러한 울진창유계의 중심에 장식이 있었다.

이런 특이한 사실들은 1920년대 울진사상단체 정진회(正進會)를 이끈 장식이 울진제동학교의 설립과 동시에 소년회(少年會)를 집성하고 울진의 사상계를 이끌 장기 프로젝트를 준비한 것으로 추정되는 이유다.

하지만 역사의 블라인드에 감춰져 있는 울진제동학교의 '소년회(少年會)'와 관련하여 일부 관련된 자세한 연구는 추후 지속적인 고찰을 통하여 확인할 과제로 남겨 둔다.

다음은 울진제동학교의 폐교와 관련하여 관련 기사[223]를 인용하면,

일제 강점기에 설립된 제동학교는 일제로부터 배일사상(排日思想)의 온상지로 지목되어 일제 경찰로부터 항상 감시의 눈초리를 받았다.

그도 그럴 것이 제동학교에 재직하는 교사와 졸업생들은 끊임없이 학생들과 주민들에게 민족의식을 고취시키고자 다각적으로 활동했고, 국외에서의 고려혁명당사건(高麗革命黨事件), 제동학교 가을운동회사건, 시보출판사건(時報出版事件), 광주학생사건(光州學生事件), 이상

---

222) 조성운, 일제하 영동지역의 농민운동연구, 동국대 박사학위 논문, 1998. 170쪽(국사편찬위원회, 2023.)
  ※ 장식의 정체성을 학인할 수 있는 중요한 연구 자료로 일부 내용을 발췌하고 추후 고칠하기로 함.
  (중략) 그런데 여기에서 문제가 되는 것은 농조운동의 지도층이 아닌 일반구성원이 어떠한 생각을 가지고 운동에 참여했는가 하는 점이다. 운동의 지도층이 사회주의라는 사상을 토대로 운동을 전개하였음은 잘 알려진 사실이다. 그러나 일반구성원들도 사회주의라는 사상을 토대로 운동을 전개했다고 보기에는 무리가 있다. 즉 운동의 지도층과 일반 구성원 사이에는 사상적인 간극이 존재했다고 보여진다. 예를 들어 울진지역에서는 농민조합운동이 일제에 검거된 이후 1941년 暢幽契가 조직되어 지역사회의 운동을 전개하였다. 그리고 창유계에 참여했던 주진욱·임시헌·남경랑·남원수·최학소·전원강·남석순 등은 울진농민조합사건에 관련되어 일제에 검거되었던 인물들이었다. 이들 중 최학소는 사회주의자로 보이며 울진농조의 지도부에 있었던 인물이었고, 나머지 인물들은 일반 구성원이었다. 그런데 창유계는 남원수를 중경 임시정부에 파견하고자 한 것으로 보아 이들은 중경임정과 조직적인 관계를 맺기 위하여 노력하였음을 알 수 있다. 이로 보아 창유계는 민족주의적인 성향의 단체라 할 수 있다. 이는 곧 이 시기에 전개된 농민조합운동의 지도층과 일반 구성원 사이에는 사상적인 간극이 존재했을 가능성이 있다는 것을 시사하여 준다고 할 수 있다. (생략)

223) '가장 아름다운 동문회『제동학교(齊東學校)』 동창들 한자리에'(울진뉴스. 2008.9.24.)

촌사건(理想村事件), 조선독립공작당사건(朝鮮獨立工作黨事件), 노조농조사건(勞組農組事件), 제동학교 음료정 육혈포 발견사건(濟東學校飲料井六血砲發見事件) 등 숱한 사건에 연류되지 않을 때가 없었기 때문이었다.

1943년 봄 일제에 의해 강제로 폐교되었으며, 폐교 당시의 재학생 700여 명은 울진공립국민학교에 편입하였다. 울진제동학교의 전신이었던 울진강습소 3회와 울진제동학교 17회의 졸업생을 합하여 총 1,500여 명의 졸업생을 배출하였다.

이렇듯 울진제동학교는 울진독립운동사를 넘어 한국독립운동사에 남을 이들의 진정성은 만흥학교에서 시작되어 울진청년회와 울진강습소를 거쳐 울진제동학교로 이어지는 울진의 정신세계에서 확인되며, 한국독립운동사에 주목받을 민족사학이었다.

【사진 7-14】울진제동학교 재학 기념(1937.3., 고산성파) ※ 학생과 교직원 수가 420여 명이 넘는다.

【사진 7-15~17】사진 7-4 켑처 사진 ※ 원편 중앙 상단에 주진휴 선생으로 보인다.

끝으로 일제에 의해 강제 폐교된 울진제동학교를 향한 울진인들의 노력을 간략하게 살펴보면 다음과 같다.

- **울진제동학교 폐교(1943년 봄)**

  1943년 숱한 애국지사와 뛰어난 인재를 배출해낸 제동학교는 교사와 학생들의 복받치는 울분에도 불구하고 일제에 의해 강제로 폐교당함. 1943년 폐교 당시에 제동학교에 재학하던 학생들은 울진동공립보통학교(울진공립보통학교의 전신)에 편입시킴.

- **울진제동중학원 인가(1962년)**

  1962년에 방병주(方炳周)와 임대덕(林大德)씨 명의로 울진제동중학원의 설립 인가를 얻어내 3회에 걸쳐 졸업생을 배출함.

- **울진중학원 인가(1966년 7월 5일)**

  근남면에 울진중학원을 인가받고 개교함. 울진중학원은 1967년 4월 15일, 학교명을 제동중학원으로 개칭하고 교사 1동과 4개의 교실을 신축했다.

- **제동중학원으로 개칭(1967년 4월 15일)**

  학교명을 제동중학원으로 개칭하고 교사 1동과 4개의 교실을 신축함.

- **제동실업학교 설립(1970년 8월 18일)**

  일제 강점기의 제동학교 졸업생인 행은(杏隱) 장성업(張聖業)씨가 사재를 희사하여 근남면 노음리에 대지 425평, 연건평 628평의 교사를 신축하고 제동실업학교를 설립한 후 경성 법정학교 법과를 졸업한 이시백 선생을 초대 교장으로 발령을 내고 개교함.

- **학교법인 제동학원 인가(1973년 6월)**

  행은(杏隱) 장성업(張聖業) 씨는 1973년 6월에 학교법인 제동학원을 인가받아 제동중학교(濟東中學校) 초대 재단 이사장으로 취임함.

- **제동중학교 개교(1974년 3월)**

- **제동중학교 폐교(2007년 2월 28일)**

  농촌인구의 격감으로 학생 수가 줄어들어 폐교 절차를 받음.

 다음은 울진제동학교의 정신을 이어받은 제동중학교의 역사와 흔적들을 제동학교 유적비를 통하여 간략하게 살펴보도록 한다.

울진제동학교(蔚珍濟東學校) 유적비문(遺蹟碑文) 전문[224]

 인류(人類)의 문화 발전과 그 향상(向上)은 어떤 자극(刺戟) 없이는 이룩되지 않는다. 우리 고장은 예로부터 충절과 예절을 받들고 학문을 숭상해 온 문향(文鄕)으로서도 이름이 높다.

 이 나라에서 처음 개화의 물결이 일고 출렁일 때 우리 고을에도 진작 애국지사 백운(白雲) 주진수(朱鎭洙) 국오(菊塢) 황만영(黃萬英) 두 분 선각자들에 의해 매화 만흥학교(晚興學校)와 사동(沙洞) 대흥학교(大興學校)가 창설되니 이는 새 시대 새 조류를 맞은 이 고장 새 교육의 한 장을 여는 것이었다.

 그러나 경술국치(庚戌國恥)와 더불어 민족 사학은 폐쇄당하고 일제하에서의 울진의 명동(明東)학교와 평해의 평명(平明)학교가 문을 여니 이는 모두 일본인(日本人) 교장(校長)하의 식민지(植民地) 교육을 강요(强要)받던 이른바 그들 공립 보통학교(公立普通學校)의 전신(前身)이었다.

 울진 향사(鄕史)에 의하면 이곳 선비들과 입향(入鄕) 시조(始祖)들은 국가 변란에 처하여 충의와 정신은 계속 이어져 혹독한 일제 치하에서도 기미년 독립 만세운동을 비롯하여 국외의 고려혁명당사건(高麗革命黨事件), 조선독립공작당사건(朝鮮獨立工作黨事件) 그리고 제동학교 음료정(飮料井)의 육혈포(六穴砲)사건, 울진 흑두건사건(黑頭巾事件) 등 크게는 민족적 대사건에서 작게는 몇 사람에 의한 결사(結社)에 이르기까지 우리의 선열들은 항상 이 민족의 선두에서 저항하고 그 의기(義氣)를 떨쳤다.

 세계 제1차 대전이 끝나자 바야흐로 세계정세는 약소 민족의 편에서 민족 자결(自決)과 해방을 손짓하니 이는 곧 우리 민족에겐 기미년(己未年) 만세운동의 기폭제(起爆製)가 되었다. 일제는 세계 여론에 위축된 나머지 잠시 가혹한 총독 무단 정치(總督武斷政治)를 중지하고 문화 회유책(懷柔策)을 써서 이 땅의 언론과 결사의 자유를 어느 정도 방임(放任)하는 한편 교육기관으로서도 사설 강습소와 유치원 학원 학교의 설립을 인허하기 시작하였다. 이에 울진 청년회 간부들은 의기를 모아 울진에 강습소를 창립하고 그 후 3년 만인 서기 1925년 울진 제동학교로 승격 개칭하니 이는 일찍이 만흥(晚興)과 대흥(大興)의 정신을 이음이요, 일제의 질곡(桎梏) 속에 배태(胚胎)된 난산(難産)의 분만(分娩)이기도 하였다.

 제동학교는 일인 교장하의 공립보통학교와는 달리 이미 기회를 잃고 방황하며 배움을 갈구하던 청장년에서부터 소년에 이르기까지 균등한 기회를 제공하여 명실상부한 이 고장 문화의 산실이자 사상의 진원으로서 숱한 인재를 양성하니, 이것이 일제하의 제동의 한 긍지였고 운명이었다. 저들이 일으킨 세계 제2차 대전이 종국에 이르러 패색이 짙자 그들은 유일한 우리

---

224) 울진군지(울진군. 2022.) - 원문의 내용을 그대로 옮김.

의 민족사학(私學)을 폐쇄(閉鎖)하고 1943년 울진 공립 보통학교(蔚珍公立普通學校)에 이를 강제 병합시키고 말았다.

조국광복과 더불어 졸업생 동지들에 의해 제동중학교는 동문 고(故) 장성업(張聖業)[225]씨를 주축으로 다시 노음(老音) 벌에서 그 불씨를 피우니 이는 이 고장 민족 사학의 요람(搖籃)으로서 그 의지를 현현(顯現)함이며, 향토 교육의 막대한 책무를 지고 있음이로다. 간단히 그 역사를 이 유적비(遺蹟碑)에 새겨 이를 기념하고자 한다.

서기 1988년 8월 15일

글 동문 문학박사 장한기(張漢基) 울진제동학교유적비 건립추진위원회 세움

【사진 7-18~20】 울진제동학교 교가 & 울진제동학교 유적비(울진뉴스, 2007.), 제동중학교 이사장 장성업

---

225) 장성업(張聖業, 1921~1981.) 호는 행은(杏隱). 울진제동학교 출신 사업가. 제동중학교 초대 이사장. 장식의 육촌 동생임.

↑ 1935년 3월경 사진
↓ 1936년 3월경 사진

【한사이 7.】 울진공립보통학교 제22회 졸업 기념(1936. 울진장씨 고산성파)226)

---

226) **한 장의 사진 속 이야기 7.** - 울진장씨 고산성파에서 소장하고 있는 사진으로 장식의 3남 장수명의 졸업사진으로 추측된다. 【한사이 5.】의 1년 뒤의 사진으로 역시 장식의 3남 장수명의 얼굴을 아는 이가 없다. 일본인 교장의 근엄한 얼굴은 칼을 차고 수업했던 영화 속의 장면을 연상하게 하는 싸늘함이 있다. 졸업사진은 지난 1년 전의 사진과 달리 여학생의 얼굴이 보이며, 졸업생 수는 총 73명(남학생 63명+여학생 10명)으로 남학생 수는 지난 사진보다 2명이 늘었다. 우측의 사진은 학생의 성장을 확인하기 위한 것으로 우상의 사진은 1935년 6학년 흑견선생 송별 기념사진이고, 우하는 1936년 졸업 기념사진에서 켑처한 것으로 원안의 학생을 보면 1년 사이에 어른스러워진 모습이 확인된다.

제 8 장
신간울진지회는 백두대간을 넘어 동해를 품다

1. 조국의 독립에 너와 내가 따로 없다... 159

2. 백두대간을 소통하며 신간회 설립을 이끌다... 162

하나. 뿌리 깊은 나무가 바람에 아니 뮐세, 그러면 깊이를 볼 수 없더라... 162

둘. 두 손을 잡고 불을 지핀 선일약국(仙一藥局)은 국가수호사적지가 되다... 167

3. 선일약국에서 피어오른 연기는 망향대를 감싸고 동해를 품었다... 170

하나. 국오(菊塢) 황만영이 신간울진지회 회장이 되다... 170

둘. 침묵해야 할 때 침묵하는 슬기로움이 조국 독립을 앞당긴다... 174

셋. 몸은 잠시 뒤로 물러나지만, 정신은 앞에 남아 밝은 빛이 된다... 178

4. 신간울진지회는 역사(歷史)의 주인(主人)이었다... 181

四時(사시) 4. **冬松**(동송)²²⁷⁾

겨울　　장만시 글, 전광홍 譯

太古千年色　　태고의 몇천년 색을
風霜獨也持　　바람 서리에도 홀로 보전하네
亭亭靑未了　　정정한 푸른 향기를
貞操歲寒知　　겨울에야 알 수 있지

【ima-8.】 동송(김영국-네이버)

---

227) 장식의 7대조 장만시(張萬始), 1696~1769.)의 사시(四詩)의 네 번째 구절인 겨울의 풍경을 덕초 전광홍의 역
　　(譯)으로 옮겨본다.

1. 조국의 독립에 너와 내가 따로 없다

장식(張植)의 다음 이야기를 당신의 묘갈문과 울진장씨 대동보의 국역을 옮겨보면,

「又網羅左右設新幹會支部」

【또 좌우(左右)와 더불어 신간회(新幹會) 울진지부를 설립하고】

신간회(新幹會)와 관련된 묘갈문의 내용은 너무 짧게 기록되어 있다. 이는 장식(張植)의 일대에서 신간회 활동은 그다지 큰 비중이 없었거나, 묘비를 세울 당시의 시대적 상황이 신간회에 대한 활동들을 기록하기 불편했기 때문일 것이다.

울진의 사상단체인 정진회를 이끈 장식(張植)은 신간회(新幹會)의 설립과정에서 울진은 물론 강원도 전역에 걸쳐 깊숙이 개입하고 주도하였음을 여러 자료에서 확인되고 있다. 이 자료들은 1920년대 장식의 숨겨진 독립운동사를 밝힐 중요한 단서이며, 신간울진지회(新幹蔚珍支會)의 설립과정과 활동은 '성공한 독립운동은 흔적이 없다'는 퍼즐을 맞춰 줄 또 하나의 밑그림이 될 것 같다.

신간회(新幹會)의 역사적 평가는 활동의 결과보다는 국내 민족유일당으로써 설립과정에 있다. 1920년대의 민족해방운동은 민족주의 운동과 사회주의 운동의 두 흐름으로 상징되는 좌우의 대립이 극심한 시절이었다. 이런 시대적 분위기에 반전이 있었으니 조국의 독립을 위한 대의(大義)에 좌우(左右)가 없음을 깨닫고, 이념을 초월한 민족의 협동전선으로 신간회가 창립되었다.

그러나, 신간회는 설립 이후 일제의 탄압으로 활동이 제약받고, 좌우의 이념적 통일이 완전체를 이루지 못한 상태에서 유야무야(有耶無耶)로 역사 속에 사라졌다. 하지만 신간울진지회는 이런 설립과정뿐만 아니라 일제의 탄압 속에서도 지속적인 활동들을 전개하였으며, 해소(解消)된 이후에는 울진혁명적농민조합(사건명: 울진적색농민조합-蔚珍赤色農民組合) 등 1930년대 울진독립운동의 근간(根幹)이 되었다.

그리고 그들의 활동 속에 보이지 않았던 재외독립운동기지의 활동 자금 조성 및 지원에 대한 진실게임들이 사실이라면 한국독립운동사에서 제대로 된 평가를 받을 수 있도록 체계적인 연구와 고찰이 필요할 것이다.

신간울진지회의 보이지 않은 군자금 조성에 관한 사실은 접어 두고 총회를 통하여 출범한 조직을 중심으로 그 활동 시기를 구분하여 살펴보면 다음과 같다.

가. 설립 준비기: 장식이 주도한 전강원사회운동자대회의 시작으로 강원도 청년연
맹혁신대회를 거쳐 신간울진지회 발기인대회와 설립대회 직전까지의
준비 기간

나. 활동 제1기 : 신간울진지회 설립대회(1927.12.23.)에서 회장 황만영·부회장 장식
으로 출범한 설립 초기의 집행부가 활동한 기간

다. 활동 제2기 : 회장 황만영의 갑작스러운 사의로 임시총회(1929.3.16.)를 통해
급조한 회장 장인환·부회장 한후석으로 구성된 집행부가 활동한
기간

라. 활동 제3기 : 임시총회(1929.8.24.)에서 선출된 서기장 이우영이 중심이 되어
신간울진지회의 해소(解消)까지의 활동한 기간[228]

앞으로 살펴볼 신간울진지회의 활동은 그동안 울진독립운동사에서 기록하지 않았던 사실들이다. 이제라도 다음의 내용을 면밀하게 조사하고 검토하여 제대로 된 역사적(歷史的) 평가(評價)를 해야 한다.

하나. 장식이 신간회 설립을 위해 강원도 전체를 움직이며 활동한 사실은 단순히 신
간울진지회의 설립만을 위한 것이 아닌 것 같다. 아마도 신간울진지회의 설
립보다 더 큰 그림이 있을 것 같은 개연성(蓋然性)을 떨칠 수 없다.

둘. 황만영은 군자금 조성을 위해 1925년 울진으로 돌아와 1927년 신간울진지회
의 회장을 맡고 1929년 3월에 돌연 사임한 후 금강산으로 요양차 갔다. 상
해임시정부의 회유[229]에도 이상룡을 모시기 위해 만주로 돌아온 황만영이
다. 그런데 이상룡을 만주에 두고 울진에 머물렀던 시간이 너무 길었다. 이
상룡과 황만영의 관계로 보면 황만영이 이렇게 오랜 시간을 울진에 머문 것
이 쉽게 이해되지 않는다.

셋. 황만영이 울진에 잠입한 후 얼마 지나지 않아 영양의 조훈석이 울진으로
와[230] 울진청년회에 가입하고 신간울진지회의 설립 및 울진이상촌비사사건
(蔚珍理想村秘社事件)에 개입했다. 그리고, 황만영이 건강상 이유로 금강산
으로 휴양을 간 1년 뒤에 조훈석이 금화군의 취재면허를 취득하였다. 그렇
다면 이 두 사실은 우연이었을까?

---

228) 신간울진지회의 설립과 활동에 대한 구분은 필자가 (임시) 총회를 통하여 출범한 조직을 중심으로 함.
229) 황만영은 상해임시정부의 요직을 주겠다는 회유를 거부하고 이상룡을 따라 만주로 돌아옴.
230) 조훈석의 기록에 의하면 울진으로 온 시기를 1926년 여름으로 기록되어 있지만, 시대일보 1926.6.25.의
기사를 확인한 결과, 시대일보 울진지국 총무를 맡은 기록이 있어 동년 6월쯤으로 보는 것이 맞다. 또한,
6월 이전에 울진으로 들어올 수 있으나, 정확한 기록이 없어 여름이 아닌 6월로 기록하기로 한다.

앞으로 전개될 신간울진지회의 활동은 장식(張植)과 함께 울진청년회원들이 울진(蔚珍) 뿐만 아니라 강원도(江原道) 전역에 걸쳐 신간회 설립을 위하여 동분서주하였다. 이 과정에서 좌우(左右)의 이념을 떠나, 조국의 독립을 위한 그들의 열정을 확인할 수 있다. 하지만 당시의 시대적 상황 등을 고려할 때 이런 노력이 단순히 신간회 설립을 위한 열정이었다고 답하기에는 뭔가 부족한 느낌이다.

'**뿌리가 깊은 나무는 바람에 아니 뮐세**'이지만, 바람에 넘어져야 그 뿌리의 속내를 알수 있음에 우리의 독립운동사는 보는 것이 전부가 아니라는 사실을 전제로 울진독립운동사의 세밀한 고찰이 필요하다.

【사진 8-1】소나무 – 울진군목(울진군지 - 울진군, 2022.)

2. 백두대간을 소통하며 신간회 설립을 이끌다

하나. 뿌리 깊은 나무가 바람에 아니 뮐세, 깊이는 볼 수 없더라

1) 신간울진지회의 시작

울진군지(蔚珍郡誌)에 의하면 신간울진지회(新幹蔚珍支會)의 출발이 '서울본부 홍명희231)의 아들 홍기문이 울진으로 파견되면서 시작되어 지역의 명망가들을 접촉하였다' 라고 기록되어 있다.

하지만 울진인들은 홍기문의 행보 이전부터 강원도(江原道)의 신간회 설립을 위해 노력을 다하고 있었다. 어쩌면 강원도 전역에 걸쳐 신간회 설립을 위해 노력한 울진인들과 홍기문의 울진 파견은 모종의 계획된 전략이 아닌가 싶다.

홍기문의 부친 홍명희는 1927년 2월 15일 서울기독청년회관에서 개최된 신간회 창립대회의 사회주의 계열을 대표하여 부회장에 선출되었다. 그러나 얼마 후 사퇴하게 되었지만, 동아일보 편집국장을 역임한 경력을 보면 위 사실들이 모종의 계획된 일임을 추측할 수 있다. 또한, 전국에 설립된 신간 지회가 149곳인데 서울본부에서 특별히 홍기문을 파견하여 오랜 시간을 울진에 머물며 신간회의 설립을 위해 활동한 것은 매우 이례적인 일이다. 아마도 신간회 서울본부는 울진지회의 설립에 공을 기울인 흔적이 엿보인다.

2) 강원도 7개군 단체 연합발기

울진인들이 강원도 전역에 걸쳐 신간회 설립을 위해 노력한 흔적은 1927년 경성에서 개최된 전조선사회단체중앙협의회에 출석하였던 강원도 지방대의원 10여 명이 5월 19일 인사동 이화여관의 회합에서 시작되었다. 이들은 지지부진한 강원도 내 사회운동단체의 활성화를 꾀하고자 7개 단체가 연합발기로 '전강원도사회운동자대회의 개최'를 협의하고 준비위원 15명을 선정하게 된다.

이 연합발기를 주도한 사람이 울진 사상단체인 정진회(正進會)를 이끈 장식(張植)이었고, 이날 대의원들의 협의 사항은 다음과 같이 보도되었다.

7개단연합발기로 강원사회운동단체대회 개체단이외에 개인도 참가 7월10일 춘천서 개최

조선사회운동에 잇서서(있었어) 강원도에서는 그 운동이 침체되여(되어) 잇슬뿐(있을뿐) 아니라 더욱 하여 중부 강원에는 그 힘이 철철 부진함으로 **영서(嶺西)사회운동자○○회 개최 건**

---

231) 신간회 창립 당시 회장 이상설은 민족주의 계열을 대표하고, 홍명희는 사회주의 민족해방전선의 계열을 대표하는 인사로 신간회의 창립을 주도함.

을 **춘천청년회에서 발기하야**(여) 그 개최 준비에 다망중이던바(잊어버린 와중에) 금번중앙협의회에 출석하였던 강원도지방대의원 10여명이 거(去) 5월 19일에 경성부 인사동 이화여관에서 강원도 운동에 대한 약간의 논의가 잇슨(있은) 후 각기하향하야(각자 고향으로 돌아가) 그 발기에 주력(노력)하던바 교통 관계의 모든 ○경도 불○하고 일석에(한자리에) 모히어(모여) 전 강원도운동을 토의 결정하자는 의미하(로)에서 전강원도사회운동단체대회 개최에 대하야 거(去) 5월 29일부로 7개 단체 서면연합발기로 적임준비위원 15명을 선정하야(여) 각기(각자) 담당구역을 순회케 하얏다(순회하게 하였다) 하며 참가자격은 강원도 내에서 ○성된 청년·노동·농민사상여성·형평운동단체로써 ○○에 한한다는데 아즉(아직까지) 단체가 조성되지 않은 지방에서는 개인참가도 무방하다하며 발기단체급(及의)참가규정은 여좌하더라(왼쪽의 내용과 같다)【춘천】

- 발기단체: 울진정진회, 철원청년회, 춘천청년회, 고성변성청년회, 양양동화청년회,
       원주청년회, 삼척전진회
- 참가규정
  - -. 장소: 춘천 읍내　　　-. 시일: 7월 10일　　　-. 참가금: 단체 2원, 개인 50전
  - -. 신청: 7월 5일까지 춘천청년회 내 강원도사회운동단체대회 임시사무소로

【사진 8-2】7개 단체연합발기 강원 사회단체대회 개최(동아일보, 1927.6.5.)

또 다른 보도 자료인 중외일보의 기사를 옮겨보면 다음과 같다.

전강원도 사회운동자대회 래7월10일 춘천에서

다음 달 7월 10일 춘천에서 금번 중앙협의회[232]에 출석하였던 강원도 지방 대의원 10여 명이 5월 19일 인사동 모여관에서 회합하여 철철부진하는 전강원도사회운동단체에 대한 협의를 하자고 7개 단체가 연합발기를 하여 준비위원 15명을 선정하고 (이하 중략)

---

232) 1927년 경성에서 개최된 전조선사회주의단체 중앙협의회를 칭하며, 모 여관은 이화여관임.

- 발기단체는 **울진전진회**, 춘천청년회, 고성청년회, 횡성청년회, 원주청년회, 삼척전진회이다.

- 준비위원은 춘천 박순택(이하 중략), **울진 장식, 조훈석**233)

- 대회 규정은 7월 10일 춘천 읍내에서 개최(이하 중략) 다음과 개최 7개 단체 연합발기고(이하 생략)

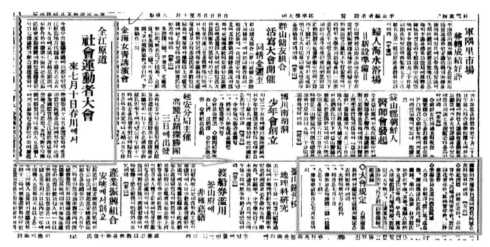

【사진 8-3】 전강원도 사회운동자대회 개최(중외일보, 1927.6.5.)

신문의 기사 내용들을 정리하면, 춘천청년회는 영서지방(嶺西地方) 사회주의단체의 활동이 부진하여 대책을 고민하며 노력하다 잊어가던 와중에 전조선사회주의단체 중앙협의회 강원도 대의원들의 회합에서 논의하게 되었다. 이 회합을 통하여 해결방안으로 강원도 7개 지역 단체 대표들이 발의하여 '강원사회운동자(단체)대회'의 개최를 결정하게 되었다.

대회의 명칭이 서로 다른 이유234)는 참가 자격이 단체 또는 개인별로 참가할 수 있었기 때문이다. 또한 7개 단체 중 울진의 사회운동단체 이름을 울진 전진회로 보도한 중외일보는 '울진 정진회'의 오기이며, 아마도 '삼척 전진회'와 혼동한 것으로 보인다. 그리고 7개 군의 단체를 대표해서 '울진 정진회'가 제일 먼저 언급된 사실은 회의에 참석한 울진인의 위상이 어떠했는지 짐작하게 한다.

중외일보는 동아일보와 달리 대회 준비위원을 명시하였는데, 울진지역은 '장식과 조훈석'이 담당한 것으로 보아 전조선사회주의단체 중앙협의회에 참석한 울진 대의원은 울진 정진회의 장식(張植)이었다.235)

---

233) 조훈석, 영양 출신 왼쪽 운동가로 건국훈장 애족장에 추서된 독립운동가, 울진이상촌비사의 한 명임.
234) 동아일보는 '사회운동단체대회'로 중외일보는 '사회운동자대회'로 보도하였음.
235) 중외일보의 기사를 낸 지역이 명기되어 있지 않으며, 이 당시 울진을 대표하는 사상단체는 '울진 정진회'임.

이상과 같이 신문에 보도된 7개 단체의 발기로 강원사회운동자(단체)대회의 개최 이유를 강원 영서 지역 사회운동단체들의 활성화를 도모하고자 하였지만, 이는 핑계일 뿐일의 진행 과정과 속도를 볼 때 더 큰 목적을 위해 진행되었음을 짐작하게 한다. 앞으로 전개될 강원도 사회운동자대회와 강원청년연맹 혁신대회 및 신간울진지회의 설립과정 등을 통해서 이들이 목적하고자 했던 진짜 이유를 찾아보도록 한다.

3) 강원도 사회운동자(단체)대회를 개최하다

1927년 7월 11일 춘천에서 폭우를 무릅쓰고 2일간 개최된 '전강원도사회운동자단체대회'는 성공적인 대회로 마무리하였으며, 이 대회를 통하여 결의된 사항을 강원도사[236]에서 발췌하여 옮겨보면,

> 1927년 7월 11일에 개최된 전강원도사회운동단체대회에서 조직문제로 ① 강원청년연맹에 혁신을 촉구할 것, ② 교통 여건상 영동·영서의 2개 부를 둘 것, ③ 혁신총회는 9월 중 홍천에서 개최할 것으로 하였다. 정치문제로 사상단체의 해체, 신간회 등의 논의 결과 당시 강원도 지역의 현실 여건상 사상단체를 해체하지 않는 가운데 민족단일당(이하 민족유일당)을 결성하는 것이 좋겠다는 결의[237]를 하였다.

4) 강원청년연맹 집행위원회가 열리다

강원도사회운동단체대회가 끝난 후 8월 10일에 강원청년연맹 집행위원회 개최되었다. 집행위원회에서는 강원도 내의 사회 현안을 해결하기 위하여 '강원청년연맹혁신대회'를 9월 28일~29일 강릉[238] 읍내에서 개최할 것을 소집하게 된다.

【사진 8-4】 강원 청년 혁신대회 소집 규정 3단 편집 (중외일보, 1927.8.21.)

위의 신문자료는 강원청년연맹혁신대회의 소집 규정으로 보도 내용을 정리하면, 강원청년연맹 혁신대회를 개최하기 위하여 준비위원 13명을 선출하였다. 이 중에서 울진청년회의 조훈석과 노기일[239]은 강원청년연맹 혁신대회의 준비위원으로 선출된다.

---

236) 강원도사, 제20권 의병·독립운동, 424~425쪽(강원도, 2018.)
237) 강원도사, 청년운동, 399쪽-대의원 총 40명 중 18대16으로 민족유일당 참여가 가결(강원도, 2018.)
238) 강원청년연맹의 혁신대회는 강원청년연맹 집행위원회에서 강릉으로 변경되어 개최됨.

5) 강원청년연맹 혁신대회가 개최되다

2027년 9월 28~29일 강릉 읍내에서 강원청년연맹 혁신대회를 개최하게 된다. 이 대회를 통하여 결의된 사항을 강원도사[240]에서 주요 부분만 발췌하여 옮겨보면, '강원도청년연맹 혁신대회'에서 집행위원으로 울진청년회의 조훈석이 선출되었다. 그리고, 신간회와 관련하여 강원도 청년연맹의 회원들은

하나. 신간회 회원이 될 것

둘. 신간회 지회에 참가 또는 지회 설치에 노력할 것

셋. 직접 참여하지 못하는(할) 경우 어떠한 방법으로라도 적극적으로 후원할 것

넷. 신간회가 민족유일당이 되기까지 노력 촉진할 것 등을 결의하였다.

6) 울진청년회의 상황

이상과 같이 강원도 신간회 설립과정에서 강원도 사회운동단체와 강원도 청년연맹이 주도적인 역할을 하였으며, 그 뿌리에 울진정진회와 울진청년회가 있었음이 확인되었다. 하지만 그 내용을 살펴보면 매우 힘든 과정들이 숨어 있었다. 울진의 사상단체 정진회를 이끈 장식(張植)은 강원도 사회운동자대회에서 강원도 신간회 설립을 위한 투표 결과 18대16이라는 힘든 결정으로 성공적인 결과를 도출하였다. 하지만 장식은 이를 실행할 전위단체인 강원청년연맹에서 참석할 수 없었다. 왜냐하면 장식은 이 당시 연령 제한에 걸려 청년회원이 아니었다. 1926년 1월 2일 울진청년회 혁신총회에서 회원의 나이를 18~25세로 결의함에 따라 회원의 자격이 없었다. 따라서 울진청년회와 강원도청년연맹을 움직일 사람이 필요하였으며, 이때 등장한 인물이 영양에서 온 조훈석이다.

1926년 6월경 장식의 정치적 동지인 조훈석이 영양에서 들어와 울진청년회에 가입하고 울진청년회는 물론 강원도 청년연맹에서 중요한 역할을 담당하며 장식과 교감을 한 것으로 보인다.

조훈석이 영양에서 울진으로 들어온 이유는 정확히 알 수 없다. 하지만 울진청년회와 신간울진지회의 설립에 참여하였고, 울진이상촌비사에서 중요한 역할까지 담당한 후 영양으로 돌아갔다.

어쩌면 장식과 조훈석의 관계를 이해하는 것은 보이지 않은 재외독립운동기지의 군자금 조성에 대한 진실게임을 풀어 가는 실마리가 될 듯하다.

---

239) 노기일, 울진이상촌비사의 일인으로 당시 울진금융조합장으로 일제의 요시찰 대상자였고, 광복 후 초대 울진군수 역임함.

240) 강원도사, 제20권 의병·독립운동, 424~425쪽(강원도, 2018.)

둘. 두 손 잡고 불을 지핀 선일약국(仙一藥局)은 국가수호사적지가 되다

1927년 12월 10일 선일약국(仙一藥局)에서 신간울진지회(新幹蔚珍支會)의 설립(設立)을 위한 발기(發起) 대회(大會)를 개최하게 되었다.

【사진 8-5】울진지회 발기 (조선일보, 1927.12.18.)

울진지회발기(蔚珍支會發起)

울진에서도 유지(有志) 제씨(諸氏)의 수월간(數月間) 활동(活動)한 결과(結果) 거(去) 10월 오후 2시부터 울진읍 내 선일약국(仙一藥局)에서 신간회(新幹會) 울진지회 발기총회(發起總會)를 개(開)하고 임시의장(臨時議長) 이우영(李遇榮)씨의 사회(司會) 좌기사항(左記事項)을 결의(決議)하얏으며, 전조선(全朝鮮) 각(各) 사회단체(社會團體)의 열렬(熱烈)한 응원(應援)을 바란다더라.

- 창립대회는 12월 23일 12시
-. 장소는 울진 읍내 선일약국에서
- 창립준비위원 이우영(李愚榮), 주진복(周鎭福), 장인환(張仁煥), 김병호(金炳虎),
  남정호(南廷鎬), 윤호규(尹鎬逵), 조훈석(趙薰錫)
- 규약(規約) 기초위원(基礎委員) 이우영(李遇榮), 윤호규(尹鎬逵), 남계원(南啓源),
  주진복(朱鎭福), 조훈석(趙薰錫)
- 창립준비(創立準備) 사무소(事務所) 울진 읍내 선일약국에서 처(處)함.

발기인 명단에 장식(張植)은 보이지 않는다. 신간회 설립을 위하여 강원도 사회운동자대회를 주도했고, 울진지회 발기인대회를 선일약국에서 한 사실 등으로 미뤄 짐작하면 무슨 이유로 발기인의 명단에 장식이 없었던 까닭을 이해할 수 없다. 하지만 보이는 것만이 전부가 아닌 사실이 이 당시의 독립운동이고 보면 우리가 알지 못하는 이유가 있었을 것으로 판단된다.

그동안 울진의 독립운동사는 신간울진지회 설립대회의 내용을 찾으려는 노력이 부족하였다. 그래서 발기인 명단에 없는 장식(張植)과 함께 선일약국도 역사 속으로 묻혀버렸다.

장식의 손자 장학중(張學重)이 소장하고 있던 신간울진지회규약(新幹蔚珍支會規約)과 설립 임원 조직표에 명시된 부회장 장식(張植)의 직함도 인정받지 못했다. 그리고, 소장한 신간울진지회 조직표가 여러 군데 수정한 흔적이 있었던 것도

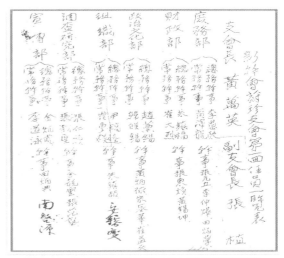

【사진 8-6】 신간회 설립대회 임원 일람표(고산성파)

사료의 가치를 떨어뜨린 이유가 된 것 같다.

하지만 신간회의 역사적 평가는 설립과정에 있음에 설립대회를 배제할 수 없다. 특히, 울진과 같이 성황리에 마친 대회를 역사 속에 묻어 둔 사실 또한 역사의 왜곡이다. 그렇게 먼 시간도 아닌데 울진의 누군가는 장식의 이름이 없는 발기대회와 황만영의 사표로 급조된 신간울진지회 제2기의 조직만을 울진군지(蔚珍郡誌)에 기록하는 우(愚)를 범하였다. 제2기의 조직은 5개월의 한시적인 활동이고 보면 아쉬움이 남는다. 그리고, 1930년대 울진독립운동의 근간이 되는 제3기[241]의 출범도 역사 속에 묻어 두었다. 그 이유는 무엇일까?

그동안 울진군지(蔚珍郡誌)에 언급된 조헌석(趙憲錫)은 조훈석(趙薰錫)의 오기인 것을 필자가 바로 잡았다. 한 사람의 이름이 바뀐 것이 뭘 그렇게 중요할까 하고 반문할 수 있으나, 영양인 조훈석(趙薰錫)이 울진의 근대사(近代史)에 미친 사실은 매우 크다. 그동안 조훈석의 자료를 확인하지 못한 것은 일제강점기에 울진은 강원도였고, 영양은 경상북도인 관계로 자료의 연계성이 부족했던 이유도 한몫하였다. 하지만 이 역시 오류로 보기에는 뭔가 아쉬움이 남는다.

조훈석은 1926년 6월경 영양에서 울진으로 와 울진청년회에 가입하고, 울진청년회를 대표하여 강원청년연맹의 집행위원으로 활동했다. 또한, 신간울진지회 설립의 발기인이자 설립대회 정치문화부 총무간사이며, 울진이상촌비사(蔚珍理想村秘社)의 한 사람으로 참여하여 주로 대외적인 역할을 담당했다. 1930년 울진이상촌비사가 종료된 후 다시 영

---

241) 신간울진지회의 제3기는 1929년 8월 24일에 출범하지만, 활동 연대의 표기를 1930년대로 설정함.

양으로 돌아가 영양청년회와 신간영양지회에 가입하였고, 조선공작위원회의 영양과 울진의 2개 군을 맡게 되었다. 울진에서 떠난 얼마 후 사건명 영덕적색농민조합사건에 개입되어 1933년경에 2년 6개월의 옥고를 치르고 나왔다. 대한민국 정부는 뒤늦은 **2006년에 건국훈장 애족장**을 추서한 독립운동가이다.

신간울진지회와 관련하여 필자는 새로 준비하는 울진군지에 자료를 제출하고 수정을 요청하며 어느 정도 보완이 되었지만, 최소한 당시 울진 사회에 함께 했던 형평운동242) 과의 균형을 맞혀야 한다. 역사의 왜곡은 아닌 사실을 기록하는 것뿐만 아니라, 있는 사실을 의도적으로 기록하지 않는 것도 포함할 것이다.

울진에서 신간회 설립의 불씨를 지핀 곳은 장식(張植)의 선일약국(仙一藥局)이며, 이곳에서 좌우(左右)가 손을 잡고 신간울진지회의 설립을 위한 노력을 다하였다. 앞에서 언급하였듯이 선일약국은 장식의 호(號) 일선(一仙)을 거꾸로 하여 개점한 약국으로 약종상을 하면서 한약까지 조제를 하였는데, 이 당시 울진 북부지역에서 유일하게 양약을 팔았던 곳이다. 그리고, 선일약국 내(內)에 동아일보와 조선일보 및 시대일보 울진지국이 있었다. 이 당시 신간회 설립 준비위원회가 조선, 동아, 중외일보 지국의 사무실이거나, 신문지국이 임시 사무실로 쓰는 경우가 많았다고 한다. 이는 신간회를 지지하고 참여한 인사 중에는 신문지국의 지국장과 기자들이 많았던 이유이다. 이러한 선일약국(仙一藥局)은 1920년대 울진독립운동사의 중심이 되었던 국가수호사적지였다. 뒤늦게나마 독립기념관의 국가수호사적지로 선일약국을 재조명되고 있어 다행스러운 마음이다.

【사진 8-7】 선일약국 터(측면, 2023.)

【사진 8-8】 선일약국 터(항공-독립기념관, 2022.)

242) 형평운동은 1923년 4월 경상도를 중심으로 백정들의 신분 해방과 차별철폐 등 인권을 위한 사회운동이었음. 울진에서도 형평 분사가 조직되어 활동을 전개하였으나, 활동이 미진했음을 울진군지에서도 확인됨. 2022 울진군지의 내용을 살펴보면 형평운동의 개괄적인 내용을 지면에 많이 할애하여 신간울진지회와 비교가 되는 이유는 아마도 새로 울진군지를 편집하는 주체가 경상도에서 활발했던 형평운동을 강조한 듯함. 필자는 신간울진지회의 내용을 수정할 것을 요청하여 새로운 사실들이 첨부되었지만, 중요한 사실은 아직도 기록되지 못한 점이 아쉽다. 예를 들면, 신간울진지회의 설립 풍경은 신간회의 역사적 평가 기준이며, 제3기 조직체는 1930년대 후반부터 1940년대의 울진독립운동사를 이끈 근간임에도 제대로 된 역사의 인식이 없이 급조된 제2기의 조직을 아직 대표 글로 올린 사실은 이해가 되지 않는다. 이런 연구의 부족과 오류는 그동안 울진독립운동사가 **'따로국밥'**으로 평가받는 이유이다.

3. 선일약국에서 피어오른 연기는 망향대를 감싸고 동해를 품었다

하나. 국오(菊塢) 황만영이 신간울진지회 회장이 되다

신간울진지회(新幹蔚珍支會)의 설립대회를 신문에서 옮겨보면 다음과 같다.

【사진 8-9】 신간회 울진지회설립 (중외일보, 1928.1.7.)

신간회 울진지회의 설립대회에 대하야는(대하여) 기보한바이니와(기사로 보도한 대로) 예정과 가티(같이) 12월 23일 오후 2시부터 울진읍내 동명유치원 내에서 설립대회를 개최하고 설립준비위원 대표 이우영씨의 개회를 비롯하야(여) 출석회원을 점명한바, 회원 122명 중 출석회원이 53명에 달하하얏스며(달하였으며),

임시집행부 선거한바 의장 장인환씨, 부의장 이우영씨, 서기 황택용씨, 전병학씨가 당선되어 의장 장인환 씨의 사회로 각지에서 온 수십여통의 축문 중 당국에 압수된 사통(四通)의 축문 외에는 전부 낭독한 후 규약제정과 임원선거를 맛치고(마치고) 수건의 결의사항이 잇은(있는) 후 동(같은 날) 오후 4시 10분에 무사 폐회 하얏는데(하였는데) 당선된 임원은 여좌(좌와 같다)

회장 황만영, 부회장 장식 (중략, 임원 일람표는 아래 참조)

대표위원 = 윤호규, 장식, 김병호, 장인환

회관 = 임시회관은 울진 읍내리 선일약국 내에 둔다.

설립대회는 이렇게 성황리에 끝을 맺었다. 설립대회의 장소가 갑자기 변경된 이유는 신간울진지회의 등록 회원이 122명으로 당일 출석회원만 55명이었다. 따라서 선일약국은 협소하여 동명유치원[243]으로 장소를 옮겨 설립대회를 개최하게 되었다.

---

243) 동명유치원은 현재 감리교 중앙교회의 부속건물에 있었던 장소에 당시 감리교에서 운영하던 유치원이다. 망향대는 월송공원 정상의 평편한 언덕으로 멀리 동해를 바라볼 수 있는 전망대 같은 곳(디지털울진문화대전-심형용, 2023.). 동명유치원은 월송공원으로 가는 중턱에 위치하여 글의 제목이 '망향대를 감싸고 동해를 품었다'이며, 울진독립운동사에 중요한 행사들이 이루어진 역사의 현장으로 찾아야 할 문화유산이다.

강원도 신간회 준비 활동위원회의 규정은 회원 30명이 되면 본부에 지회설립을 신청하고, 승인받는 다음에 날짜를 정하여 경찰에 집회를 허가받아야 했다. 그런데 울진지회는 발기대회 이후 13일 만에 등록 회원 122명과 55명의 참석이라는 놀라운 성과를 거두었다. 이는 성공적인 대회로 알려진 인근 삼척지회의 참석인원[244]과 비교하면 신간울진지회의 설립대회의 성과가 어떠하였는지 가늠할 수 있다. 보도 자료에 많은 방청객의 내용을 포함하지 않았다. 아마도 일제를 자극하지 않으려는 의도가 있는 전략으로 신간울진지회의 보이지 않은 또 다른 목적을 달성하기 위한 복선으로 판단된다.

신간울진지회의 설립 조직표를 살펴보면 신간회의 역사적 평가인 좌우(左右)합작이라는 의미답게 한 개의 부서에 상무와 총무간사를 둔 이원 체제를 구성하고 있다.

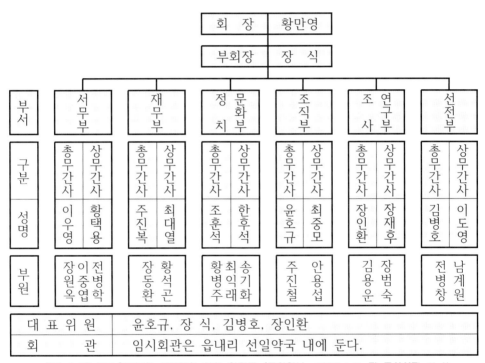

회 장	황만영					
부회장	장 식					
부서	서무부	재무부	정치문화부	조직부	조사연구부	선전부
구분	총무간사 / 상무간사	총무간사 / 상무간사	총무간사 / 상무간사	총무간사 / 상무간사	총무간사 / 상무간사	총무간사 / 상무간사
성명	이우영 / 황택용	주진복 / 최대열	조훈석 / 한후석	윤호규 / 최중모	장인환 / 장재후	김병호 / 이도영
부원	장원옥 이중엽 전병학	장동환 황석곤	황병주 최익래 송기화	주진철 안용섭	김용운 장범숙	전병창 남계원
대 표 위 원	윤호규, 장 식, 김병호, 장인환					
회 관	임시회관은 읍내리 선일약국 내에 둔다.					

【표 8-1】 신간울진지회 설립대회 임원 일람표 (중외일보, 1928.1.7. 및 고산성파 사료)

신문보도 자료의 설립대회 조직표를 확인하면 장식(張植)이 간직한 신간울진지회의 규약과 임원 구성표는 정확한 자료임이 확인되었다. 그리고, 짧은 시간 동안 많은 회원 수를 확보한 사실을 보면 황만영과 울진인들의 나라 사랑의 열정을 가늠하게 한다. 하지만, 황만영이 초대 신간울진지회의 회장을 맡은 사실을 미뤄 짐작해 보면 1925년 고향으로 잠입하여 군자금을 조성하려는 목적은 소기의 성과는 거두지 못한 것으로 판단

---

244) 삼척신간지회의 설립대회는 참가 회원 34명과 방청객이 100여 명이 참석함 (강원도사, 124쪽. 강원도, 2018.).

된다. 1925년 8월에 대한민국 임시정부 초대 국무령의 자리에서 물러난 석주(石洲) 이
상룡(李相龍)과 함께 만주로 돌아온 황만영이 동년 동월에 고향 울진으로 잠입한 후 3
년이 지난 뒤 신간울진지회장을 맡은 사실은 이상룡과의 관계를 고려하면 황만영이 울
진에 머문 시간은 너무 길었다. 어쩌면 황만영이 신간울진지회장을 맡은 이유도 재외독
립운동기지의 군자금 조성이 절실했기 때문으로 추정된다.

이런 일련의 과정을 거치면서 활동을
전개한 신간울진지회는 1년을 맞이하여
설립 기념대회를 1928년 12월 23일에
예정하였으나, 무슨 이유인지 준비 부
족으로 연기를 하게 되었다.

그리고, 1929년 2월 9일 자 조선일보
석간 4면에 동년 2월 19일 신간회 울
진지회 설립 1주년 기념대회의 개최 공
고를 하였다.

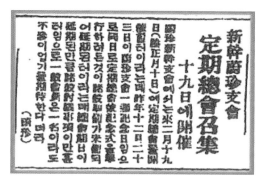

【사진 8-10】 신간울진지회 정기총회소집(조선일보, 1929.2.9.)

하지만 일제는 신간회의 활동을 사실상 금지하였다. 이런 이유로 신간회의 역사적 평
가는 실제의 활동이 미비하여 설립과정에 국한된다. 신간회의 활동은 일제의 탄압에 대
회조차 열지 못한 것이 전국적인 상황이었지만, 유별나게 신간울진지회는 끊임없이 대
회를 개최하고자 도모한 사실이 신문의 자료로 확인되었다.

결국 1922년 2월 19일에 개최하고자 한 정기총회도 다음과 같은 이유로 또 무산되었다.

【사진 8-11】 신간울진지회 총회 금지(조선일보, 1929.2.21.)

신간울진지회 총회를 금지
당분간 말라고

신간회 울진지회에서 2월 19일(음 정월
십일) 정기총회를 소집한다함은 기보한바
어니와(보도한 바와 같이) 간부측에서는 동
총회소집통지서를 각원에게 발부하려는 중
에 돌연 경찰국으로부터 래(다음 달) 3월
초순까지 당분간 집회하지 말라는 금지를
당하고 부득이 연기햇(했)다더라【울진】

이런 와중에도 황만영과 장식이 주도한 제1기 신간울진지회(新幹蔚珍支會)는 일제 탄압에도 조국의 독립을 위해 활동을 전개하려고 노력한 사실을 다음 기사에서 확인된다.

울진 신간사건 금고 6개월에 언도 되어 공소

1928-12-17-05-03 매일신보

【강릉】강원도 울진군 울진면 울진신간회 총무간사인 이우정(23세), 간사 황택용(23) 2명은 지난 10월 21일 울진군 사립제동학교 추계 대운동회를 기회로 조선인 경제적 상태를 논한 불온한 문서를 다수 인쇄 배포하다가 울진서원에게 체포되어 이래 강원법원지청에서 서견 검사의 손에 심리를 받고 있던바 지난 3일 지청 1호 법정에서 공판을 받았는데 피고 2명은 모두 출판범 위반으로 각 6개월 언도를 받고 즉시 불복 공소하였다고 한다.[245]

- 1927.12.23. 제1기 조직부 상무간사 임명한 피선장.
- 1929.3.16. 제2기 선전조직부 총무간사 역임.
- 1929.8.24. 제3기 조직부장에 선임
- 장식이 소장하고 있는 피선장으로 왜 전달이 되지 않았는지 궁금하다.
- 최중모[246]는 매화장터 3.1만세운동으로 부산형무소에서 4개월 복역한 공을 인정받아 정부로부터 대통령 표창에 추서되었다.

【사진 8-12】제1기 조직부 상무간사 최중모의 피선장(고산성파)

---

245) 근대신문으로 본 울진, 302쪽(울진문화원, 2014.)
246) 최중모(崔重模, 1895~1950.), 일제강점기 울진 출신 독립운동가, 만흥학교 졸업생, 3·1만세운동으로 4개월 징역을 선고받고 옥고를 치름. 울진신간회 제1기 조직부 상무간사, 제2기 선전조직부 총무간사 역임. 제3기 조직부장을 역임하며 야학과 독서회 활동을 주도함.

둘. 침묵해야 할 때 침묵하는 슬기로움이 조국 독립을 앞당긴다

신간회 울진지회는 설립기념대회와 정기총회를 실시하고자 끊임없이 노력한 사실을 신문의 자료로 확인하였다. 그런데 갑자기 1929년 3월 16일에 신간울진지회의 임시총회를 개최하고 회장 장인환과 부회장 한후석의 제2기 임원진이 구성되어 출범하게 된다. 신간회 대회를 그토록 금지하였던 울진경찰서는 무슨 이유로 대회를 개최하게 허락하였는지 알 수 없다.

황만영이 건강상의 이유로 신간울진지회 회장을 돌연 사임하고 금강산으로 요양을 떠나면서 새로운 임원진이 구성되고 제2기의 신간울진지회가 출범하게 되었다. 그런데 장식도 동반 사퇴하며 고문단에도 이름을 올리지 않은 이유는 무엇일까?

신간울진지회의 3월 임시대회의 보도 자료를 울진군지[247]에서 옮겨보면,

【사진 8-13】 신간울진지회 임시대회 개최 (조선일보, 1929.3.26.)

【개요】 신간울진지회는 총회의 개최가 일제에 의한 집회 금지로 열리지 못하게 되자 임시대회를 개최하여 지회의 활동 방향을 결정짓고자 하였다.

1929년 3월 16일에 임시의장 한후석의 사회로 임시대회가 개최되었는데, 이 대회에서 다음과 같이 대폭적인 임원 개선이 이루어졌고, 활동 방향에 관해서도 다양한 토의가 이루어졌다.

신간 울진지회에서 임시대회를 개최코저(하고자) 소집중에 있다 함은 기보(旣報, 보도)한 바이니와(같이) 예정과 여(如, 같이)히 거(去, 다가오는) 16일 읍내 동명유치원(東明幼稚園) 내에서 대회를 개최하고 이우영(李遇榮) 씨의 개회사를 비롯하여 임시회장(臨時會長) 한후석

---

247) 울진군지. 제1권 지리·역사·문화유산. 406쪽(울진군, 2022.)

(韓候錫)씨의 사회로 진행하엿(였)다는데 신임 간사(幹事)의 씨명과 토의사항은 좌와 여(如, 같다)하다더라.

□ 임 원: 우(右)의 표로 표기함.

□ 토의사항

 -. 회원정리(會員整理)의 건(件)

 -. 회비(會費)에 관한 건

 -. 순회문고(巡廻文庫) 설치에
    관한 건

 -. 회원생활개선(會員生活改善)에
    관한 건

 -. 문맹퇴치운동(文盲退治運動)
    장려(獎勵)에 관한 건

 -. 군내(郡內) 청년단체(靑年團體)
    지도유지(指導維持)의 건

 -. 서당(書堂) 폐지(廢止)에 관한 건

 -. 대회 건의안(大會建議案) 작성 건

 -. 혹세적(惑世的) 유사종교단체
    (類似宗敎團體) 박멸(撲滅)의 건

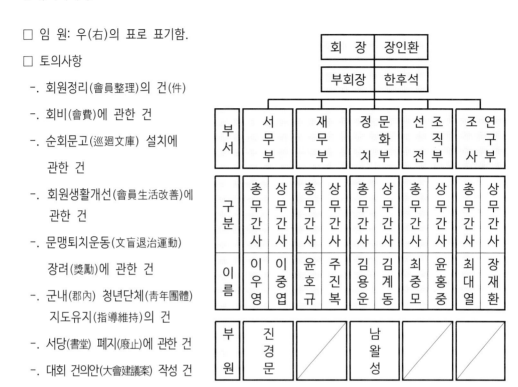

【표 8-2】 제2기 임원 일람표(울진군, 2001.)

신간울진지회 활동 제2기의 임원 구성과 내용을 보면,

하나. 조직 구성은 설립 시 좌우합작의 조직 형태를 그대로 유지하고 있다.

 둘. 토의사항을 확인하면 신간울진지회의 활동 방향이 확인된다.

 셋. 회장과 부회장이 동시에 사임했다. 전국적으로 신간회 활동이 일제의 탄압으로 위축받아 활동이 미비한 것으로 보면 회장단의 능력 부족으로 인한 조직 개편이 아닌 것으로 확인된다.

 넷. 간사들이 모두 구성되지 않은 긴급히 구성된 흔적이 역력한 임시 조직과 같다.

다섯. 사무실에 대한 언급이 없는 것으로 보아 선일약국에 그대로 둔 듯하다.

신간울진지회 제2기의 출범과 관련하여 다음과 같이 여러 가지 의문이 생긴다.

하나. 회장 황만영이 갑작스럽게 사임한 이유가 건강상의 문제로 금강산으로 갔다
　　　한다. 왜 금강산일까? 그리고 훗날 조훈석이 금강산 길목인 금화군의 취재면
　　　허를 취득했다. 이 사실들은 우연이었을까?

　둘. 회장의 궐위 시 특별한 사유가 없으면 부회장이 위임받는 것이 관례이다. 그런
　　　데, 회장과 부회장이 동반 사퇴한다. 두 사람이 함께 물러난 이유는 무엇인가?

　셋. 울진이상촌비사의 청송 관개공사의 책임자는 신간울진지회의 재정 담당을 맡은
　　　행곡인 주진복이다. 그렇다면 두 조직의 목적하는 방향이 같을 가능성이 높
　　　다. 그런데 왜 주진복은 사임하지 않고 신간울진지회의 재무와 회계를 설립대
　　　회부터 해소 때까지 담당하였을까?

　넷. 그동안 대회를 하지 못하도록 간섭과 탄압했던 일제는 무슨 이유로 제2기 신간
　　　울진지회가 출범한 임시대회를 개최하도록 허가했을까?

황만영의 갑작스러운 사임은 건강상의 이유일까? 아니면 소기의 목적을 달성하여 만주
로 돌아갈 이유가 있었던 것일까? 그렇다면 장식과 함께 사퇴할 이유가 없다. 이와 관
련하여 재외독립운동기지의 동향과 울진의 상황을 예의 주시할 필요가 있다.

1929년 3월 만주 지린성에서 정의부·참의부·신민부가 제2차 통합회의 개최하고 자치기
관으로 국민부를 조직하였다. 그리고, 민족유일당 조직동맹을 개편한 조선혁명당이 창설
된 시기이다.[248] 고려혁명당을 계승한 성격이 강한 조선혁명당이 주진수와 신간울진지
회와 연계되었는지는 알 수 없지만, 이렇게 1929년 3월의 만주는 요동치고 있었다.

그리고 울진에서는 회장 황만영과 동반 사퇴한 장식이 제2기 임원진 명단에서 사라졌
다. 이 시기에 울진이상촌비사의 청송 수리 관개공사가 진행되고 있을 시기에 총독부는
1929년 3월 11일 신간회 전국대회를 금지케 하였는데, 울진경찰서는 어떻게 신간울진
지회의 임시대회(1929.3.16.)를 무슨 이유로 허락하였을까? 황만영과 장식의 동반 사퇴
와 관련된 것이 아닌지 의심스럽다. 그렇다면 황만영과 장식은 얻은 것은 무엇인가?

어쩌면 그토록 총회와 임시대회를 개최하려고 한 신간울진지회는 대회를 치러야만 그
동안 모은 회원들의 회비와 찬조금을 사용할 수 있으니 자금을 세탁할 명분이 생긴다.
특히, 신간울진지회의 자금관리는 울진이상촌비사의 청송 관개공사 울진측 책임자인 주
진복이 줄곧 담당해 왔다. 이는 신간울진지회와 울진이상촌비사는 같은 맥락에서 사업
을 진행하고 있었던 것을 추정할 수 있다.

행사를 치러야 찬조금을 낼 명분을 주어 기금을 조성할 수 있고 세탁할 방법이 생겨야
독립운동의 군자금을 조성할 기회가 되는 것이다.

제2기 신간울진지회는 일부 부서의 간사조차 구성하지 못한 급조한 흔적이 보이는 조

---

248) 국민부와 조선혁명당(위키백과, 2023.)

직체였다는 이유는 첫째, 실무위원을 제대로 구성하지 못하였다. 둘째, 5개월의 짧은 조
직체였다는 사실이다.

제2기 신간울진지회는 일제의 탄압 속에서도 굳건히 버티고 나갔지만, 급변하는 당시
의 국내 상황에 대처할 새로운 조직의 출범을 요구받게 되었다. 1929년 7월 21일 간사
회의 결정으로 동년 8월 4일 임시총회를 소집하려 하였으나, 일제의 간섭으로 8월 임시
대회를 또 연기하게 되었다.

【사진 8-14】 대회연기(조선일보, 1929.8.13.)

신간울진지회 대회 연기

신간회울진지회에서는 지난달 21일 간사회의 결
정으로 임시대회를 8월 4일 오후 1시부터 개최
하기로 하려든바 지난 31일에 울진경찰서 고등
계에서 지회 부회장 한후석씨를 불러 상부의 명
령이라 하야(여) 대회소집을 일○개연기(모든 대회
를 연기) 하라고 함으로 부득이 연기하였다 하더
라.【울진】

이런 와중에도 신간울진지회는 영남 관동방면 신간회 순회 강연회[249] 등 행사 등을 진
행하였다. 그러나, 새로운 환경변화와 비효율적인 운영 체제를 개편하고자 임시대회를
계속 시도하여 동년 8월 24일에 임시대회를 개최하게 되었다. 신간울진지회 제2기의 출
범 5개월 만에 제3기의 임원진이 구성되어 출범하게 된 것이다.

---

249) 관동방면 순회 강연대 금 14일 출발한다. 안철수, 박문희 양씨중외일보(1929.8.14.), 영남 관동에도 신간
회 순회대(동아일보, 1929.8.14.)와 같이 전국 단위의 신간회 사업에 울진지회는 참가하였다.

셋. 몸은 잠시 뒤로 물러나지만, 정신은 앞에 남아 밝은 빛이 된다

　신간울진지회(新幹蔚珍支會)는 1929년 8월 24일 임시대회를 개최하고 새로운 조직체제로 탈바꿈하며 제3기 임원진이 출범한다. 제2기 신간울진지회가 구성된 지 5개월 만의 일이다.

　제3기 신간울진지회의 임시대회에서 임명된 집행부의 명단과 사업에 대한 사항들을 신문보도의 내용을 살펴보면,

【사진 8-15】 신간울진지회 임시대회 (조선일보, 1929.9.2.)

신간울진지회 임시대회

　지난 24일 오후 2시에 신간회울진지회 임시대회를 동명유치원 내에서 이우영 씨 사회로 개최하고 제반 사항을 토의하엿(였)는바 알에와(아래와) 갓다더라(같다)【울진】

　□ 토의안

　-. 회원정리(會員整理)의 건(件)　　-. 회비(會費) 징수의 건

　-. 지회 세칙제정　　　　　　　　-. 도지회 연합회조직 촉성의 건

　-. 분회급반조직의 건　　　　　　-. 본부회관 건축의 건

　-. 본부회보행 조력의 건　　　　　-. 기타

□ 위원

-. 집행위원장 = 이우영, 위원 주진복, 김용운, 황택용, 이우정, 최익래, 이중엽, 안기원, 황병준, 장부칠, 최중모, 윤홍중

-. 동후보(부원) 남일성, 유대업, 이근태

-. 검사(檢査)위원 윤호규, 장식, 한후석

□ 위원회 - 지난 24일 오후 5시 임시대회를 맛(마)친 즉(卽)서(자리에서) 위원장 이우영씨 사회로 위원회를 개하고 좌기 부서를 정하엿(였)다더라【울진】

□ 부서(중략, 아래 표로 표기함)

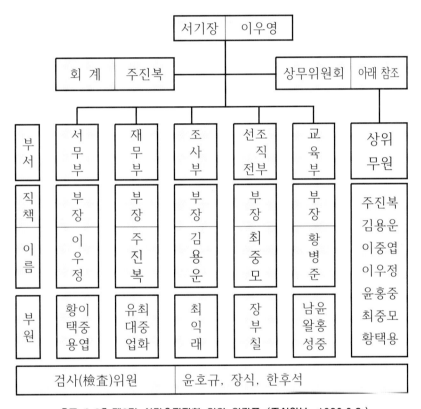

【표 8-3】 제3기 신간울진지회 임원 일람표 (조선일보, 1929.9.2.)

신간울진지회(新幹蔚珍支會) 제3기의 조직 형태를 보면 신간회가 주창한 좌우합작(左右合作)의 부서별 이원 체제[250]에서 부장 일인 체제로 전환하고, 별도의 상무위원회를 구성하였다. 그동안 좌우 통합의 완전체가 되지 못한 이원 체제의 한계를 극복하고, 업무 추진의 효율성을 높이기 위한 부장 일원 체제로 전환한 것이다. 하지만 신간회의 역

---

250) 신간울진지회의 제1~2기는 부서별 부장 대신 총무간사와 상무 간사의 이원 체제로 나눠 구성되었다.

사적 의미를 간과하지 않으려는 노력으로 상무위원회를 통하여 좌우의 통합과 배분을 염두에 두고 있었다.

다음으로 제3기 임원들의 면면을 보면 사회주의 사상에 팽배했던 인사들이 중심이 되어 구성되었으며, 제3기의 임원진은 앞으로 전개될 1930년대 울진독립운동(蔚珍獨立運動)의 방향(方向)을 엿볼 수 있다. 그리고 이 당시 장식(張植)은 검사위원(檢査委員)으로 임명되었고, 이우영의 동생 이우정은 신간회가 해소된 이후 조선공작당과 혁명적농민조합을 이끈 인물이었다. 이렇게 제3기의 신간울진지회 임원들은 신간회가 해소된 후 1930년 중후반의 울진독립운동을 주도하는 사람들이 대부분이었다.

제3기 신간울진지회는 일제의 탄압 속에서 보이지 않은 여러 활동을 전개하였다. 그리고 다음 편에 살펴볼 울진제동학교와 혁명적농민조합의 야학운동과 독서회 활동을 통하여 1930년대의 울진독립운동의 중심에 서게 된다. 이렇게 신간울진지회의 제3기는 울진독립운동사에 중요한 징검다리 역할을 함으로써, 1930~40년대 울진독립운동사의 근간을 찾을 수 있는 단서가 되는 중요한 조직체이다.

전국 신간회는 1930년에 점차 역량이 축소되었다. 1928년 말 조선공산당의 해체로 신간회 운동에 대한 개량화가 점차 되어 가는 분위기는 신간회 해소론이 대두된 것과 사회주의 진영의 운동 노선 변화 등이 원인이 되어 신간회 운동의 약화를 초래하였다. 그리하여 민족협동전선으로 신간회의 존속을 강조하는 세력과 신간회를 해체해야 한다는 세력과의 마찰 속에 결국 신간회는 결국 1931년에 해소되고 말았다. 신간울진지회도 지역 차원에서의 민족협동전선을 전개하지 못하고 자연 해소된다.

신간울진지회의 제3기는 1930~40년대의 울진독립운동사가 따로국밥처럼 되어 버린 잘못된 사실을 규명하여 줄 중요한 자료가 되며, 울진독립운동의 정체성을 밝혀주는 중요한 역할을 담당하게 된다.

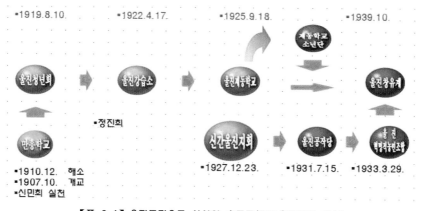

【표 8-4】울진독립운동 사상의 흐름도(신간울진지회 중심)

4. 신간울진지회는 역사(歷史)의 주인(主人)이었다

신간울진지회(新幹蔚珍支會)의 역사적 평가는 여타의 지방처럼 시대의 흐름에 탄생하고 사라졌던 시류의 한 부분으로 판단하였다. 하지만, 장식(張植)을 중심으로 울진청년회(蔚珍靑年會)와 사상단체인 정진회(正進會)의 노력으로 강원도의 신간회 설립을 위한 기반을 조성되었다.

그리고 신간울진지회의 설립을 위한 장식을 비롯한 울진청년회의 노력은 '선일약국(仙一藥局)에서 지핀 연기는 망향대(望鄕臺)를 감싸고 동해를 덮었다.'[251] 할 것이다.

전강원도에 걸쳐 신간회 설립을 위해 노력한 울진인들은 조국의 독립을 위한 역사의 주인이었다. 광복 이후 정치적 상황이 신간회의 공평한 평가를 할 수 없음을 이해하지만, 이제는 우리가 알고 있는 범위 내에서라도 사실을 찾아 기록해야 한다.

하나. 강원도사(2018)는 신간회 설립을 위하여 동분서주한 울진인들의 활동을 기록하고 있다. 하지만 경상북도가 되어 버린 울진에 대한 기록은 강원도 여타 지역에 비하여 상대적으로 박하다. 울진에서라도 신간회 설립을 위하여 강원도 전역에 걸쳐 활약한 울진인의 노력을 찾아 남겨야 한다.

둘. 신간회의 역사적 평가는 설립대회에 있다. 설립대회를 중심으로 신간울진지회의 활동들을 제대로 평가하고 살펴봐야 한다.

셋. 제3기로 출범한 신간울진지회의 구성원들이 과연 어떤 과정을 통하여 1930년대 울진독립운동으로 연계되어 가는 과정을 밝혀야 한다. 그동안 1930년대와 1940년대의 울진독립운동사는 각개전투 양상의 모래알 같았다. 하지만 그토록 긴 시간을 치열하게 버틸 수 있게 한 것은 우리가 찾지 못한 중심의 실체가 있었던 것으로 판단이 되며, 그 실체를 밝힘으로써 우리의 정체성을 확인할 수 있을 것이다.

신간울진지회와 관련하여 이 당시 발생한 사건들의 연계성이 있는 여부를 찾아 확인해 보고자 한다.

하나. 장식은 약상독립[252]보다도 더 중요한 일이 있었기에 강원도 전역에 걸쳐 신간회 설립을 위해 열정을 쏟아야 했을까?

---

251) 망향대는 동명유치원이 있는 월성공원의 정상에 평평한 둔 턱을 말하고, 동해를 덮었다고 한 것은 강원도 전역에 걸쳐 조국 독립을 위한 울진의 위상을 보여준 것으로 표현함. 주석 243)과 같음.
252) 안정적이고 지속적인 군자금의 조성을 위하여 이루어지는 선일약국의 상업 회계처리 등의 일을 말함.

먼저 중국의 국공합작의 영향으로 만주 전역에 흩어진 재외독립운동기지들의 통합을 실행한 민족유일당 운동이다. 스승 주진수는 대한정의부 일인으로 민족유일당 운동의 중심에서 활동하였다. 이상룡과 황만영 역시 상해 임시정부로 가기 전까지 대한정의부의 일원이었다. 따라서 이들은 국내 신간회 활동을 통하여 전국 단위의 활동을 전개해야 할 목적과 만주 일대의 민족유일당 운동을 위하여 군자금이 절실했던 시기였다.

둘. 황만영이 울진으로 돌아와 머문 시간이 긴 이유는 무엇일까? 이상룡을 모시기 위하여 상해임시정부의 요직을 마다하고 8월에 만주로 돌아온 황만영이다. 그리고 동년 8월에 울진으로 돌아왔다는 황만영은 10만원의 독립운동자금을 만들어 갔다고 한다. 하지만 황만영은 바로 만주로 가지 못한 이유는 1927년 12월 신간울진지회장을 맡게 된 까닭일 것이다. 황만영이 군자금 조성을 위해 고향으로 왔지만, 실제로 군자금 조성이 어려웠을 것으로 파악된다. 1910년 만주 이주 때 본인의 가산을 대부분 정리한 상태이고, 국내의 군자금 조성의 분위기도 어려웠다. 이런 이유와 함께 독립운동자금의 빈번한 사고 등은 황만영이 직접 울진에 머물러야 했던 이유로 보인다.

셋. 황만영이 울진으로 돌아온 시기가 1925년 8월 하순이며, 조훈석이 울진에 온 시기는 여름이 아닌 1926년 6월 하순[253]으로 확인된다. 아마도 황만영이 독립운동 군자금의 조성이 쉽지 않게 되자 새로운 프로젝트를 준비하여 영양의 조훈석이 10개월 뒤 울진으로 들어오게 된 것으로 추측된다. 울진으로 온 조훈석은 울진청년회 간부와 신간울진지회의 창립 임원이 된다. 그렇다며 이들은 같은 목적을 갖고 울진으로 들어 왔다는 것을 알 수 있다.

넷. 주진복은 신간울진지회의 자금 담당을 제1기부터 해소까지 맡았으며, 울진이상촌비사사건의 청송 수리 관개공사 울진 측 책임자였다. 그렇다면 신간울진지회와 울진이상촌비사사건은 연관성이 있음을 추측하게 한다.

【사진 8-16】 차가운 얼음 땅에도 봄은 찾아온다. (행섭, 2022.)

253) 시대일보 사고, 조훈석-울진지국 총무 임명(시대일보, 1926.6.25.)

신간울진지회의 설립 과정과 해소까지의 소사(小史)

No.	신간울진지회 중심	관련 사실 중심	비고
1925 8/? 8/?		▪황만영-이상룡과 함께 만주로 돌아옴 ▪황만영-(군자금 조성) 울진으로 잠입	
1926 4/5 6/25		▪주진수-고려혁명당 창당에 참여 ▪조훈석 -울진 입성(울진시대일보 총무)	민족유일당 운동(만주) 확인된 일자 기준
1927 2/2 봄 5/19 7/11 8/10 9/28 12/10 12/23	 ▪전조선사회단체중앙협의회에 출석한 강원도 지방 대의원 10여 명의 회합 ▪강원도사회운동자(단체)대회 개최 ▪전강원청년연맹 집행위원회 개최 ▪강원청년회 혁신대회 개최 ▪신간울진지회 발기대회 ▪신간울진지회 설립대회(제1기 출범)	▪장식-울진이상촌비사 1차 회합 주도 ▪주진수-블라디보스토크로 돌아감.	 이화여관-장식 울진정 진회 대표(주도 추정) 장식-울진정진회 조훈석 선일약국 초대회장-황만영
1928 4/3 ? 12/23	 ▪신간울진지회 1주년 설립 창립기념대회	▪울진이상촌비사 2차 모임 ▪울진이상촌비사-청송관개수로공사 개시	 준비부족으로 연기
1929 2/9 3/16 8/4 8/24	▪신간울진지회 정기총회 금지 조치 ▪신간울진지회 임시대회(제2기 출범) ▪신간울진지회 임시대회 금지 조치 ▪신간울진지회 임시대회(제3기 출범)	 ▪황만영-금강산으로 요양 감	울진경찰서 탄압 2기 회장-장인환 울진경찰서 탄압 서기장-이우영
1930 5/5 5/21 10/?		▪울진이상촌비사-청송관개수로공사 완료 ▪울진이상촌비사-청송공사 변제 완료 ▪조훈석-영양으로 돌아감	수리공사 과지출 몰리토지 대금 미확인 영덕적색농조사건에 개입
1931 ?/? 10/? 11/7	▪신간울진지회 자연 해소	 ▪울진이상촌비사-관련자 구속 수사 시작 ▪조훈석-금화군 취재 면허 취득	 이겸호-증거물 적발
1932 1/4 11/30		▪울진이상촌비사사건-강릉검찰국 송치 ▪울진이상촌비사사건-면소 결정	전원(10명) 송치 완료일 10명 석방

울진장씨고산성파 소장
1937.3.

【한사이 8.】 울진제동학교 졸업 기념(1937년, 고산성파)254)

254) **한 장의 사진 속 이야기 8.** - 울진제동학교의 기록 중에서 가장 보존이 잘된 사진이다. 1937년 3월 졸업 기념으로 29명의 학생과 교사 3명으로 총 32명이 촬영하였다. 우측 사진은 원본에서 캡처한 사진으로 제일 상단의 교사가 울진 고성리 주진휴 선생이며, 아래 두 분은 확인되지 않고 있다.

제 9 장

보이는 것이 전부가 아니다
– 울진이상촌비사사건

1. 독립운동은 보이는 것만이 전부가 아니다... 187
하나. 보이는 것이 전부가 아니다... 187
둘. 신문으로 본 울진이상촌비사사건의 시작... 188
셋. 일제가 찾아낸 울진이상촌비사사건의 전모(全貌)... 192

2. 성공한 독립운동은 흔적을 찾기 어렵다... 195
하나. 치안유지법의 뿌리는 경제사범이며, 이들은 금융전문가들이다... 195
둘. 그들은 누구이며, 나는 누구인가?... 198
셋. 군자금 모금책의 국대 후보 리겸호(李謙浩)... 205
넷. 행동대장 조훈석은 동아일보 기자 출신의 영양인(英陽人)이다... 208

3. 기획부동산 ´The 담덕´을 고발하다... 210
하나. 울진이상촌비사사건의 전개... 210
둘. 기획부동산 ´The 담덕´에게 묻다.... 211

4. 약속의 땅인가 만남의 땅인가 – ´금화´... 217

5. 못다 한 ´The 담덕´의 아우성... 218
하나. 이상촌 건설의 실상(實像)과 허상(虛像)... 218
둘. ´The 담독´은 왜 이상촌 건설을 기획했는가?... 219
셋. 전과자(?) 이겸호를 왜 비사에 참여시켰을까?... 221
넷. 영양인 조훈석은 ´The 담덕´의 몸통인가 행동대장인가?... 221
다섯. 울진금융조합은 어떻게 연계되었을까?... 224
여섯. 신간울진지회는 연계된 사실은 없는 것일까?... 226
일곱. 왜 일제는 11개월 구속수사 후 면소 판결을 하였을까?... 226
여덟. 못다 한 ´The 담덕´의 아우성!... 227

營將搜討鬱陵島[255]
영 장 수 토 울 릉 도

영장(營將)이 울릉도에 온 왜적을 토벌하다.

장만시 글, 전광홍 譯

雲外鯨坡極杳茫
운 외 경 파 극 묘 망
구름밖의 고래바다 아득히 먼데

螺峯數點宛中央
라 봉 수 점 완 중 앙
소라모양 몇 점 봉우리 완연히 보이네

三年一勅邦家式
삼 년 일 칙 방 가 식
삼년에 한번씩 시행하는 행사인데

萬里孤帆鎭帥裝
만 리 고 범 진 수 장
만리 외로운 배 장군 깃발 요란하네

旗拂丹霄警大坂
기 불 단 소 경 대 판
깃발에 붉은 수슬은 대파(大坂)를 놀라게 하고

泡衝壁海動扶桑
포 충 벽 해 동 부 상
푸른 바다 대포소리는 바다가 동하네

蛟龍逈遁餘威振
교 룡 형 둔 여 위 진
악어 용이 도망가는 위풍이 당당한데[256]

隣國焉能覘此疆
린 국 언 능 첨 차 강
왜놈이 어찌 감히 우리강토 넘보리요.

【사진 9-1】 대풍헌 수토 2022.10.20.(스토리울진)

---

255) 울진의 대풍헌(待風軒)은 조선 중기 울릉도와 독도를 지키기 위해 떠나는 관리들이 머물렀던 숙소이다. 장식의 7대조 청파(靑坡) 장만시(張萬始, 1696~1769.)의 '영장수토울릉도'는 왜구로부터 나라를 지키려는 수토사들과 울진인들의 노력을 한시로 잘 표현하고 있으며, 이 당시는 3년마다 대풍헌 수토 행사를 한 것으로 확인된다. 아래의 사진은 2022년 10월 20일에 울진 대풍헌의 수토 행사를 재현한 당시의 사진이며, 한시는 덕초 전광홍의 역(譯)으로 옮겨본다.

256) 왜구가 위세를 부리다 혼쭐이 나서 도망을 가는 꼴에 위세(허세) 부리는 모양을 표현한 것 같음.

1. 독립운동은 보이는 것만이 전부가 아니다

장식(張植)의 다음 이야기를 당신의 묘갈문과 울진장씨 대동보의 국역을 옮겨보면,

『又與同志謀設理想村逮囚江陵者旬月餘』

【또 동지들과 더불어 이상촌(理想村)을 설립하려고 모의하다가 체포되어 강릉경찰서에 수감된 지 순월여(旬月餘)[257]나 되었다.】

장식은 울진이상촌비사사건(蔚珍理想村秘社事件)으로 강릉검찰국에 송치되어 구속수사를 받았다. 그리고, 11개월 이상을 옥고(獄苦) 아닌 옥고를 치른 후 함흥지방법원 강릉지청으로부터 면소 판결을 받고 석방된다. 과연 울진이상촌비사사건의 진실(眞實)은 무죄인가?

울진이상촌비사사건은 한때 '울진이상촌무옥사건(蔚珍理想村巫獄事件)'이라 하였다. 무옥(巫獄)은 아무 죄도 없는 사람을 죄가 있는 듯이 꾸미고 그 죄를 다스린 것 또는 그 옥사를 말한다. 그런데, 해당 사건의 내용을 추적하면서 무옥(巫獄)보다는 비사(秘社)가 적절한 표현일 것 같다. 아마도 자료가 부족한 시절에 겉으로 보이는 것에 의존한 잘못된 결과였다.

하나. '보이는 것이 전부가 아니다'

울진이상촌비사사건(蔚珍理想村秘社事件)은 말 그대로 비밀스러운 결사답게 흔적들을 찾기가 매우 어렵다. 만약 독립운동의 군자금 조성과 관련된 비사(秘社)였다면, 성공한 독립운동은 증거를 남기지 않아 소문만 무성하다.

반대로 보이는 것에 의존한 섣부른 판단은 조국의 독립을 위하여 목숨을 초개같이 던져버린 그들의 숭고한 정신에 먹칠하는 것으로, 평가는 신중하여야 한다. 그래서 한국의 독립운동사는 '보이는 것만이 전부가 아니다.'

만약 이 사건이 1920년대 중·후반의 재외독립운동기지의 군자금 조성을 위한 비사(秘社)였다면, 군자금 조성에 대한 방법의 전환과 자금의 규모로 보아 한국독립운동사에 주목받을 사건(事件)이다. 강릉검사국에 송치되어 구속된 상태로 조사받으며, 11개월 뒤에 면소 판결된 울진이상촌비사사건은 참여자들의 면면(面面)과 긴 조사 기간을 고려하면 아쉽게도 한국독립운동사에서 정확하게 기억되지 못한 가슴 아픈 사건이다.

---

257) 순월(旬月)은 1. 열흘이나 한 달가량. 2. 열 달. 실제 구속수사는 11개월 이상 받았음을 기록함.

둘. 신문으로 본 울진이상촌비사사건의 시작

1) 동아일보(1932.1.6.)로 본 울진이상촌비사사건의 진위(眞僞)

울진이상촌비사사건을 최초로 보도한 동아일보(1932.1.6.)의 기사 내용을 자세히 살펴보면 다음과 같은 사실이 확인된다.

이상촌건설(理想村建設)
현제도부인(現制度否認)
"물적 증거로는 계약서뿐"
울진비사사건 진상
(蔚珍秘社事件 眞相)

【사진 9-2】 울진이상촌비사사건(동아일보, 1932.1.6.)

【강릉】 강원도 울진군(江原道 蔚珍郡) 경찰서에서는 당지 청년(관할구역의 청년) 십여명(열여명)을 검거하야(여) 강릉검사국에 송치하였다 함은 긔보한바와(보도한 바와) 갓거니와(같다). 이제 그 사건의 내용을 조훈한바(조사한바)에 의하건대(의하면) 지금부터 4년 전에 울진에 사는 노긔일(노기일, 盧箕一), 장식(張植), 영양(英陽) 조훈석(趙薰錫) 등이 **만주에서 드러온(들어 온) 원적 경북 영해군 창수면 오초리(慶北 寧海郡 蒼水面 梧村里)의 리겸호(李謙浩)를 중심으로 전긔(전개-展開)** 울진, 경북영양(英陽)·영해(녕해, 寧海), 강원정선(旌善) 동지를 규합하여 사유재산제도를 부인할 목적으로 리상촌(이상촌) 건설을 계획한 혐의이라 한다.

그런데 사실로는 소위 리상촌이라는 것은 공산제도를 시행하려는 것이 아니고 다만 리상촌을 건설하는데에 출자할 동지를 규합하야(여) 공동으로 토지를 매입하고 공동경작의 모범 농원을 경영하려든 계획이엇섯다는데(계획이었다는데), 이것을 모종의 결사나(가) 아닌가 하야(하여) 그와가티(이와같이) 검거를 보게(하게)된 것이며 이에 관한 물적 증거로는 출자하겠다는 계약서를 전긔(전거-典據)[258] 리겸호의 집에서 발견한 것이 사건의 단서인듯 하다는데 그들의 씨명은 다음과 갓다(같다).

張植(장식), 노기일(盧箕一), 朱鎭福(주진복), 朱鎭熙(주진희), 朱鎭休(주진휴), 張在煥(장재환), 朱鎭喆(주진철), 朱鎭輝(주진휘) 以上蔚珍(이상 울진), 旅帶(?)(타지역) 李謙浩=寧海(이겸호-영해), 趙薰錫(조훈석), 權國燦(권국찬)=英陽(영양) 以上(이상)[259]

---

258) 전긔(전거-典據): 말이나 문장 따위의 근거가 되는 문헌상의 출처를 말함.
259) ( )의 작은 글씨는 현재의 한글로 새로 병기를 하였고, ( )의 큰 글씨는 원문의 내용을 기록함.

이상과 같이 동아일보는 울진이상촌비사사건(蔚珍理想村秘社事件)으로 총 11명의 구속자 명단과 함께 보도하였다.

울진이상촌비사사건의 첫 보도(동아일보, 1932.1.6.)의 내용을 살펴보면,

하나. 울진이상촌비사사건의 시작은 4년 전으로 거슬러 올라가며, 물적증거로는 이상촌 건설을 위한 출자 계약서가 영해의 이겸호 집에서 발견된 것이 사건의 단서로 확인되었다. 그런데, 관할 경찰서가 영해가 아닌 울진경찰서이며, 울진인들이 절반이 넘는다.

둘. 사건의 흐름이 **'만주에서 들어 온 이겸호를 중심으로'** 전개되었음을 암시하였다. 영해의 이겸호는 만주에서 들어 왔다는 것이 중요한 단서인 듯하다.

2) 동아일보의 제2차 기사를 통한 울진이상촌비사사건의 변신(變身)

동아일보는 1932년 1월 6일 울진이상촌비사사건을 처음으로 보도한 후 얼마가 되지 않은 동년 1월 15일에 사건의 진행 상황을 두 번째로 기사화하였다.

십명(十名)을 기소(起訴)

예심(豫審)에 회부(廻附)

네고을에서 협의자를 검거

울진이상촌결사사건

(蔚珍理想村結社事件)

【사진 9-3】 울진이상촌결사사건(동아일보, 1932.1.15.)

【**강릉**】강원도 울진(蔚珍), 경북영양(英陽), 녕해(寧海), 청송(靑松)군을 중심으로 동지를 규합하야(여) **이상촌 건설을 목적으로 결사를 조직하얏다는**(조직하였다는) **혐의로** 울진경찰서 손으로 검거되어 강릉검사국에 송치되엇든(되었던) 사건은 지난 7일에 11명 중 1명만 석방되고 나머지 10명은 전부 예심에 회부되엇다는바(회부가 되었다는데) 그들의 씨명과 주소는 아래와 갓다(같다).

원적 강원도 울진군 울진면 노음리 농업 노기일(34), 강원도 울진군 근남면 행곡리 농업 장식(41), 약종상 주진복(39), 농업 주진희(37), 금융조합 서기 주진철(31), 경북 울릉도 도동 양복점 장재환(33), 경북 영양군 읍내 양복점 조훈석(33), 동군 동면 화천리 농업 권국찬(44), 동 청송군 부남면 행촌리 농업 박영석(26), 강원도 울진군 울진면 읍내 농업 이겸호(27)[260]

동아일보의 1932년 1월 15일 자에 보도된 내용을 자세히 살펴보면,

하나. 동아일보는 1932년 1월 6일 보도에 울진이상촌비사사건을 비사(秘社)로 보도하였으나, 동년 동월 15일 자 신문에 결사(結社) 사건으로 표현하여 다소 순화된 단어를 사용하고 있다.

둘. 보도 내용과 면소 판결문에 나이가 다른 이유는 12월부터 검거된 까닭이며, 이겸호의 나이는 오기된 것으로 27세가 아니라 37세다.

셋. 노기일의 주소는 면소 결정문에 있는 근남면 산포리로 정정되어야 하며 본적은 명도리다. 또한, 이겸호의 주소가 울진으로 표기된 것은 오기다.

넷. 청송의 박영석은 면소 결정문에 나와 있는 박경봉의 자(字)이거나 이명으로 주소와 인물이 불분명하다.

다섯. 강릉검사국에 송치 인원이 1월 6일 자 보도에 따르면 11명이었는데, 1월 15일 자 보도는 11명 중 1명이 석방되고, 10명이 구속되었다는 사실이 추가되었다. 하지만 실제 석방된 사람은 2명으로 주진휴와 주진휘이며, 추가로 구속된 사람은 청송의 박영석으로 총 10명이 구속되었다.

여섯. 보도 당시 구속자의 명단의 맨 처음이 노기일부터 보도하여 사건의 주동자인 듯 보이며, 조훈석과 이겸호는 맨 뒤에 있다. 그러나, 면소 처분 당시 판결문의 순서는 첫 번째가 장식이며, 노기일, 조훈석, 이겸호 순이다. 울진이상촌비사사건은 비밀 결사답게 사건의 진위를 정확하게 판단할 수 없어 사건의 몸통이 누군지는 결국 판결문의 내용에 주목하게 된다.

---

260) 아래의 씨명과 주소의 한자를 제외하면 문맥이 어렵지 않아 신문의 원문을 그대로 옮김.

3) 동아일보의 마무리가 보이지 않는 보도의 편향성(?)

동아일보의 보도는 시작만 있고, 마무리가 없다. 면소가 판결이 된 1932년 11월 30일 경의 동아일보 신문에 울진이상촌비사의 면소 판결 관련 기사를 찾을 수 없다. 무슨 사연으로 동아일보는 두 번에 걸쳐 보도한[261] 사건의 결과를 기사화하지 않았을까?

그런데 면소 판결과 관련하여 매일신보[262]는 다음과 같이 보도하였다.

【울진】 예심에 걸렸던 10명 전부 석방 "증거가 불충분하여"

강원도 울진군 근남면 행곡리 장식 외 9명은 수년 전에 이상촌을 건설한다고 비밀로 모중대 사건과 연락을 취하여 오다가 작년 10월경에 사건이 발각되어 연루자 전부를 검거하여 강릉 검찰국에 송치된바 사건은 예심에 걸려 1년 동안이나 취조를 당하다가 결국 사건은 모든 증거가 불충분한고로 지난 3일에 10명 전부 무죄 석방되었다 한다.

매일신보의 보도 내용에 의하면 사건의 발생은 1년 전인 1932년 10월경에 영해의 이겸호가 붙잡힌 것으로 추정되며, 울진인들은 그 이후에 붙잡힌 시기로 본다. 동아일보의 신문 자료에 의하면 장식은 동아일보 울진지국 총무에서 의원 해직된 기사[263]를 1932년 12월 11일 자로 보도하였다. 그렇다면 장식이 울진경찰서에서 조사받은 시기는 12월 초로 추측된다. 그리고, 강릉검찰국으로 송치된 10명의 관련자는 1932년 11월 30일 면소 판결을 받고 12월 3일에 전원 석방되었다.

매일신보의 자료가 없었다면 울진이상촌비사와 관련하여 구속수사를 받은 10명 전원이 11개월간 강릉검찰국에서 옥고가 아닌 옥고를 치른 사실을 확인할 수 없었다. 왜냐하면 이들은 법원 판결 전인 미결수(未決囚)로 구속수사 중에 풀려날 수 있었기 때문이다. 이 사실은 울진이상촌비사와 관련하여 그동안 장식의 묘갈문에 의존해 왔던 한계를 벗어날 수 있는 중요한 근거가 된다. 또한 장식의 묘갈문이 사실에 근거한 정확한 사실임을 반증하는 것이다.

동아일보는 울진이상촌비사사건과 관련하여 이례적으로 두 번에 걸쳐 보도하였지만, 면소 판결과 관련된 보도는 하지 않았다. 이는 동아일보와 울진이상촌비사자들과 관계가 긴밀하게 형성되어 있었음을 알 수 있다. 특히, 이번 보도의 편향성(?)은 장식, 노기일, 조훈석, 주진복 등 모두가 동아일보 기자 출신이라는 사실이 다시 한번 확인시켜 주고 있다.

---

261) 두 번의 기사 모두가 강릉지국에서 보도한 사실을 주목할 필요가 있음.
262) 매일신보 1932년 12월 13일 자 보도 자료는 최근(2023.1.14.)에 필자가 확인하였음.
263) 동아일보 1932.12.11. 필자는 장기(張杞)로 표기하고 있으나, 기(杞) 자(字)는 나무목(木)변에 뱀사(巳) 자를 사용하고 있어 한자어를 찾지 못하여 기(杞)로 표기하였다. 당시 동아일보 울진지국의 총무를 맡을 정도의 장기라는 인물은 울진의 역사에 확인되지 않는다. 장기(張杞)는 장식의 또 다른 표기(이명-異名)임.

또한, 비사(祕社)를 순화된 의미의 결사(結社)로 표현하고, 면소 판결에 따른 일제의 실수를 자극하지 않으려는 동아일보의 노력이 엿보인다. 이는 울진이상촌비사사건의 참여자들이 또다시 어려움을 겪을 것을 걱정하는 까닭으로 판단된다.

셋. 일제가 찾아낸 울진이상촌비사사건의 전모(全貌)

울진이상촌비사사건(蔚珍理想村祕社事件)의 남아 있는 기록은 불행하게도 해당 사건의 판결문뿐이다. 일제가 조사하고 작성한 면소 판결문을 모두 사실로 받아들일 수 없다. 하지만, 구속할 수 없었던 사실과 증거들까지 거짓일 가능성은 희박하다. 따라서 면소 판결문이 구속까지 가지 못한 증거불충분의 판결문이라면 일제가 조사한 내용이 최소한 사실일 것이다.

울진이상촌비사사건(蔚珍理想村祕社事件) 면소 판결문을 울진장씨(蔚珍張氏) 고산성파(古山城派)에서 보관하고 있으며, 장식의 손자 장학중(張學重)의 해서(解書)가 있어 다행스럽게도 쉽게 내용을 확인할 수 있다.

다음은 해서의 내용을 중심으로 울진이상촌비사사건의 면소 판결문을 옮겨본다.

울진이상촌비사사건의 면소 판결문[한글본]

장식, 노기일, 조훈석, 이겸호, 권국찬, 주진복, 주진희, 장재환, 박경봉(박영석), 주진철 이상 10명[264] (우)피고인 등에 대한 치안유지법 위반 피고사건에 대하여 예심을 마치고 결정한 것은 (좌)와 같다.

주문 피고인 10명을 면소(免訴)한다.

이유

피고인 등에 대한 본건의 공소사실은 피고인들은 모두 농후한 공산민족주의를 포지(抱持-안아 일으킴)한 자로서 상호 연결 호응하여 사유재산제도를 부인하는 공산주의 사회의 실현을 기도하고, 소화 2년 2월 24일(1927.2.24.) 피고인 장식 방에서 피고인 10명이 일원이 공산주의 이상촌 즉 공산부락의 조직을 모의하여 피고인 10명의 전재산을 피고인 등의 공동시설에 제공함. 기다과(其多寡-수량이 많고 적음)에 불구하고 평등의 공유재산으로 하여 여하(如何-그 형편이나 정도가 어떠한가)한 이유를 불문하고 개인소유로 귀속하는 것을 불허한다.

또 절대로 반환청구를 할 수 없도록 하는 계약을 하여 피고인 등 전가족의 공동생활을 실행하려고 하는 소위 사유재산제도를 부인하는 공산주의 실행의 결사를 조직한 재산공유계약(등 제1호)를 체결하고, 피고인 등의 전가족을 수용하고져 가실(등 제5호)를 설계하고, (우)실행에

---

264) 원문의 주소와 직업은 다음 장에서 확인할 수 있음.

요하는 비용을 얻기 위하여 피고 장식의 주창(주의나 사상을 앞장서서 주장함)에 의하여 장식 외 수명의 공유로 되어 있는 울진군 서면 천축산 삼백여정보의 임야를 매수하여 다시 이것을 전 매하여 얻은 이익금(약 2만엔)과 전시 공유로 되어 있는 전재산의 매득금으로 비교적 지가가 저렴한 강원도 횡성 또는 금화 방면에 광대한 토지를 구입하여 이상촌을 건설할 것을 계획하 고 전시임야를 매수한 후 이것을 매각하려고 분주(奔走)하였다.

소화 3년 4월(1928년) 이를 타에 매각한 결과 예상외로 적은 일천여엔의 이익을 얻는데 불 과하므로서 경상북도 청송군 진보면 광덕동 수리 공사를 시공하면 약 구만평의 몽리면적(蒙利 面積-이익을 보는 면적)이 있는 토지가 있어 이것을 준성하면 그 1/3인(三分之一)인 3만평의 소유권을 수득할 수 있으므로 그 토지의 전시 피고인 등이 기도하는 이상촌을 건설하기로 함.

소화 3년 4월 3일(1928.4.3.) 피고인 주진희 방에서 모의한 끝에 임야매각으로 득한 금천여 엔을 자금으로 충당하고 부족금은 피고인 등이 출자하여 공사에 경험이 있는 피고인 권국찬· 주진복 양인으로 하여 담당 시공을 이룰 것을 결정함(하여). 관개공사 공동경영계약(등 제4 호)를 하고 이공사(此工事)에서 득한 이익을 이상촌(자작촌이라고도 칭함) 건설자금에 충당하 기로 하여 공사에 착수 소화 5년(1930년) 5월 공사는 완공되었으나 최초 예상과는 달리 소유 권을 수득한 토지는 이만평에 얻은데 불과하여 부대 공사비에 다대한 실비를 한 결과 다액의 채무를 변제할 수밖에 없는 형편에 이르러 소화 5년 5월 21일 이를 타에 매각하여 책무를 변제하고 산림 매각의 이익금 천여엔을 손실함에 이르러 피고인 등이 기도한 이상촌 즉 공산 부락을 아직까지 건설의 목적을 달성하지 못한 것이다.

이렇게 소위 공산촌에 부쳐 족할만한 범죄의 혐의(嫌疑)가 없으므로 형사소송법 제313조에 따라 피고인등 대한 면소(免訴)의 언도를 하기로 함.

이로 인하여 주문과 같이 결정함.

소화 7년(1932년) 11월 30일 함흥지방법원강릉지청

예심괘(豫審掛) 조선총독부 판사 金井豊治

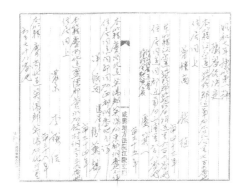

【사진 9-4~5】면소 판결문 원문 1쪽(강릉지청), 해설본 1쪽(장학중, 2006.)[265]**(고산성파)**

---

265) 울진이상촌비사사건 면소 판결문(함흥지방법원 강릉지청. 1932.11.30.-울진장씨 고산성파 소장)

울진이상촌비사사건(蔚珍理想村秘社事件)의 면소 판결문을 정리하면

하나. 사건은 시작은 4년 전의 일이며, 현재 사건이 종료되었다.

　둘. 사건의 발단은 영해의 이겸호의 집에서 사유재산제를 부인하는 계약서가 발견되어 영덕경찰서에서 조사를 받고 해당 관할구역인 울진경찰서로 이첩된 사안이다.

　셋. 증거 물증은 나타나는 것은 세 가지로, 재산공유계약(등 제1호), 전가족을 수용하고져 가실(등 제5호), 관개공사 공동경영계약(등 제4호) 등으로 보아 치안유지법 위반으로 구속되었다.

　넷. 비사(秘社)의 목적이 공산민족주의를 포지한 자들의 공산부락인 이상촌을 만들기 위한 모의로 사유재산제도를 부정하는 계약서를 작성하고, 각자 출자하여 기금을 조성하려고 하였다.

다섯. 이상촌 건설을 위하여 두 차례 걸쳐 임야를 매입하고 매각하면서 자금을 조성하였다. 청송의 관개공사를 실행한 결과 사업의 실패로 채무까지 발생하였고, 적자를 변제 처리하여 마무리한 것이 1930년 5월 25일이다. 그리고, 1년 7개월 뒤에 강릉검찰국으로 송치되었다.

여섯. 청송 수리 관개공사 이전까지 얻은 매득금(수득 또는 이익금)은 총 21,000원이며, 개인 출자금의 액수는 밝혀지지 않았다.

일곱. 사업 종료 후 1930년 5월 25일 발생한 채무의 변제까지 마무리한 이후 이들은 이상촌 건설을 위한 다른 노력한 사실이 전혀 없다.

결과를 보면 울진이상촌비사(蔚珍理想村秘社事件)에 참여자들은 그들이 꿈꿔 온 이상촌의 건설을 시도조차 하지 못하고 끝나 버렸다. 그런데, 이 사건을 통하여 이해할 수 없는 몇 가지는,

하나. 왜 이렇게 오랜 기간을 구속수사 하였는가?

　둘. 이들은 이상촌 건설의 꿈을 시작도 하지 않고 접었던 이유는 무엇인가?

　셋. 동원된 자금의 규모가 너무 크며, 사용처는 어딜까?

　넷. 만주에서 들어 온 이겸호는 울진이상촌비사에 참여하기 전 이력에 군자금 관련으로 첫 번째는 무혐의를 받았고, 두 번째는 구속당한 전과(?)가 있었다. 이런 사람을 이상촌 건설을 위하여 위험을 감수하면서까지 비사(祕事)에 참여시켜야 하는 이유가 무엇일까?

장식의 일대에서 울진이상촌비사사건의 진실을 찾아 이들의 숭고한 정신을 이 땅에 살아가고 있는 우리는 잊지 말아야 한다.

2. 성공한 독립운동은 흔적을 찾기가 어렵다

하나. 치안유지법의 뿌리는 경제사범이며, 이들은 금융전문가들이다

1) 울진이상촌비사사건의 죄명은 치안유지법 위반으로 구속되었다

치안유지법은 1925년(대정 14년) 일본의 법률 제46호로 천황제와 사유재산제도를 부인하는 일련의 활동을 단속하기 위한 목적으로 만들어진 일본의 법률이다. 하지만 당시이 법에 직접으로 저촉되는 사회주의운동의 '사유재산제도의 부인'에 국한하지 않았다. 조선 독립을 목적으로 하는 것은 제국 주권의 존립에 관한 사항이며, 국체 변혁을 목적으로 하는 것은 현 체제를 부인하는 것으로 두 활동 모두는 정치사범으로 확대하여 적용하였다.

이런 이유로 울진이상촌비사사건(蔚珍理想村秘社事件)의 제출된 다음의 증거자료들은 치안유지법 위반 사항들이다.

가) 재산공유계약서(증거자료 제1호)
- 평등의 공유재산으로 하여 절대로 반환청구를 할 수 없도록 하는 계약서를 작성하도록 함.

나) 공동체 생활을 위한 가실을 설계(증거자료 제5호)

다) 관개공사 공동경영계약서(증거자료 제4호) 등이다.

2) 물증은 있지만 구속할 수 없었던 울진이상촌비사사건의 진실(眞實)

일제는 울진이상촌비사사건을 치안유지법 위반으로 기소할 구속력을 갖지 못한 이유를 추성하여 보면,

가) 제출된 증거 1호와 증거 5호는 치안유지법 위반 사실로 충분하지만, 행위가 종료된 지 2년이 지났고 실행도 하지 못한 증거물이다.

나) 증거 4호 관개 수리 공사 공동 경영계약서는 시행했으니 치안유지법을 적용할 수 있으나, 이 역시 수익을 내지 못하고 채무까지 발생하여 공산부락을 만들지 못한 무상(無像)의 계약서이다.

다) 동아일보의 보도는 해당 사건의 소식을 전국으로 확대함으로써 확실한 증거없이 구속한다는 것은 부담이 있었을 것이다.

그러나, 이런 이유에도 불구하고 일제는 구속력이 없다고 면소하지는 않았을 것이다. 왜냐하면 없는 죄도 덮어씌우는 일제가 아닌가?

결사자들의 면면(面面)을 살펴보면 군자금 관련 전과 이력이 있는 자와 다수의 요시찰 대상자가 함께한 비사였다. 그렇다면 없는 죄도 덮어씌워 처벌했을 것이지만, 11개월을 구속수사를 하면서 면소를 판결한 이유는 동아일보 등의 보도로 인하여 전국적인 관심사가 되었고, 합법적인 거래와 확실한 회계처리 등 빈틈을 주지 않은 잘 설계된 비사(秘社)였기 때문이다. 그렇다면 울진이상촌비사에 참여한 이들은 회계처리의 전문가들이다.

울진금융조합[266]의 조합장 노기일과 서기 주진철은 판결문의 직업란에 울진금융조합의 임직원이며, 장식 또한 당시 감사에 중임된 금융 관련 전문가였음을 아래 자료로 확인되었다.

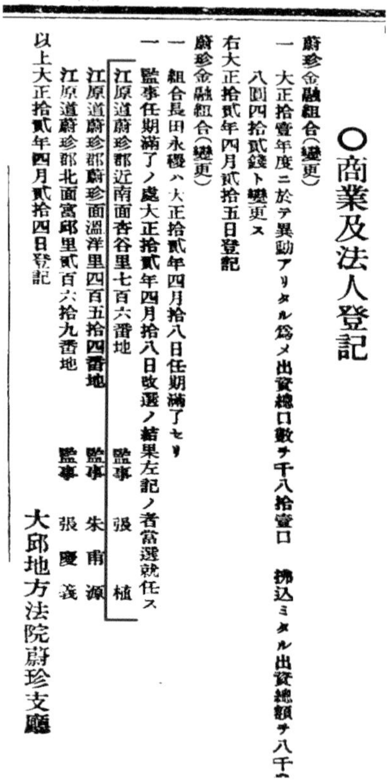
○商業及法人登記
蔚珍金融組合(變更)
一 大正拾壹年度ニ於テ異動アリタル爲メ出資總口數ヲ千八拾壹口 拂込ミタル出資總額ヲ八千[illegible]八圓四拾貳錢ト變更ス
右大正拾貳年四月貳拾五日登記
蔚珍金融組合(變更)
一 組合長田永稷ハ大正拾貳年四月拾八日任期滿了セリ
一 監事任期滿了ノ處大正拾貳年四月拾八日改選ノ結果左記ノ者當選就任ス
江原道蔚珍郡近南面杏谷里七百六番地 監事 張植
江原道蔚珍郡蔚珍面溫洋里四百五拾四番地 監事 朱甫源
江原道蔚珍郡北面富邱里貳百六拾九番地 監事 張慶義
以上大正拾貳年四月貳拾四日登記
大邱地方法院蔚珍支廳

【사진 9-6】 장식-울진금융조합감사 선임
(총독부 관보 제3226호, 1923.5.15.)

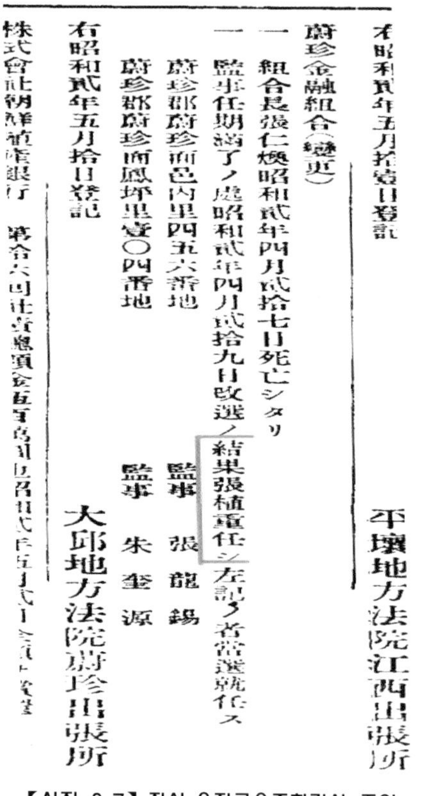
右昭和貳年五月拾壹日登記
平壤地方法院江西出張所
蔚珍金融組合(變更)
一 組合長張仁煥昭和貳年四月貳拾七日死亡シタリ
一 監事任期滿了ノ處昭和貳年四月貳拾九日改選ノ結果張植重任シ左記ノ者當選就任ス
蔚珍郡蔚珍面邑內里四五六番地 監事 張龍錫
蔚珍郡蔚珍面鳳坪里壹〇四番地 監事 朱奎源
右昭和貳年五月拾日登記
大邱地方法院蔚珍出張所
株式會社朝鮮殖産銀行 [illegible]

【사진 9-7】 장식-울진금융조합감사 중임
(총독부 관보 제180호, 1927.8.4.)

266) 울진금융조합의 친일 성향에 대한 분석은 해당 활동 시기의 금융조합 상황을 확인하고 평가해야 한다. 이 당시 울진금융조합은 반일 사상이 강한 금융조합으로 쌀값이 하락하자 조합원뿐만 아니라 일반 비조합원인 민중을 위하여 저금리의 융자를 했으며, 창고를 울진강습소의 교실로 사용하게 하였다.

그렇다면 일제가 물증으로 제시한 자료[267]들을 참여자들은 왜 만들었을까?

하나. 재산공유계약서(증거자료 제1호)는 결사자들의 비밀과 보안을 유지하기 위한 안전장치가 필요했다.

둘. 공동체 생활을 위한 가실의 설계(증거자료 제5호)는 이상촌비사가 발각될 경우를 대비하여 비사의 최종 목적은 끝까지 은폐하기 위한 안배로 이상촌 건설로 위장하기 위한 설계이다.

셋. 관개공사 공동경영 계약(증거자료 제4호)는 울진이 아닌 청송지역에 공사를 진행하면서 큰 자금이 오고 갔다. 이런 과정에서 개인의 일탈행위(일명 먹튀)를 막기 위한 것과 자금의 사용처를 울진이 아닌 제3의 지역으로 분산하게 하여 일제의 감시를 피하고자 하는 안전장치다.

이렇게 울진이상촌비사사건(蔚珍理想村秘社事件)은 비사자들의 면면(面面)과 자금의 조성과정 등으로 볼 때 어떤 목적을 위해 만들어진 기획된 사건으로 예측된다.

3) 잃어버린 시간과 반드시 찾아야 할 시간

울진경찰서에 입건 되어 강릉검사국에 송치된 후 11개월여 동안 혹독한 조사에 옥고 아닌 옥고를 치른 이들의 잃어버린 시간은 면소된 이유로 명예조차 찾아드리지 못함에 가슴 아프다.

그동안 관련된 자료는 울진군지(蔚珍郡誌)에 한 줄의 내용과 울진유지들이 헌정한 장식의 묘갈문, 그리고 입과 입의 전하는 이야기뿐이었다. 하지만 얼마 전 매일신보에서 면소 판결로 10명이 11개월의 구속수사를 끝으로 석방되었다는 사실을 찾았다.

당시 울진금융조합장인 노기일의 경우 석방을 위한 조합원들의 탄원서[268]가 제출되었다는 신문보도의 자료를 찾았지만, 석방 여부는 알 수 없었다. 매일신보(1932.12.13.)의 기사에서 노기일의 행적을 확인하게 되었다.

그리고 사건의 원인을 제공한 이겸호는 면소 판결 후 얼마 지나지 않아 무슨 이유인지 만주로 갔다. 만약 울진이상촌비사사건이 재외독립운동기지의 군자금 조성을 위한 비사였다면, 이 땅 위에 살아 숨을 쉬는 우리는 1920년대 울진독립운동사의 감춰진 시간 속에 비밀을 열어 그 진위를 밝힘으로써 잃어버린 시간을 되찾아 주어야 한다.

---

267) 일제가 물증으로 제시한 자료는 남은 것이 없으며, 면소 판결문만 확인됨.

268) 검사국에 진정(매일신보, 1932-02-15-02-08) [울진] 강원도 울진금융조합장 노기일 씨는 수년 전 이상촌을 건설한다고 비밀로 모종의 중대한 사건과 연락을 취해오다가 작년 12월경에 울진경찰서에 사건(이) 발각되어 연루자 11명이 검거되고 사건(을) 취조한 후에 강릉검사국(으로) 송치하였는데 이 사건은 지금 예심이 걸려 있는바 울진금융조합 각 총대 30명은 지난 5일 조합장(의) 관대한 처분을 해 달라고 검사국에 진정(을) 하였다 한다.(근대신문으로 본 울진. 울진군·울진문화원, 2014.)

둘. 그들은 누구이며, 나는 누구인가?

국가기록원에 남아 있는 울진이상촌비사사건(蔚珍理想村秘社事件)의 면소자(免訴者) 명단을 판결문의 순서대로 참가자의 면면(面面)을 정리하여 살펴보도록 한다.

No.	판결문의 인적사항	조사 내용
1	**장식** 당 43세 약종상 본적: 강원도 울진군 근남면 행곡리 760번지 주소: 동상(同上)	■特要(특별요시찰대상자) - 경성지방법원 검사국 문서, 사상문제에 관한 조사서, 어대례에 관한 관내 상황 제8보(1928.11.13. 참조) ■特要(특별요시찰대상자) - 조선총독부 강원도 관내 치안 상황 보고 (12쪽, 1938. 12. 강원도 경찰국, 참조) ■주진수 제자로 울진만흥학교 설립에 참여-국권회복운동에 앞장 ■주진수 비서로 만주 이주 후 신흥강습소에 근무 ■주진수의 옥사 시기의 신흥강습소에서 이시영의 서사로 근무 ■선일약국 운영 / 의생(강원도 울진군 서면 일대) ■울진 3.1 운동 시 기미독립선언문 전달 ■울진청년회 설립 발기인 및 초대 부회장 ■출판법 위반-벌금 50원 처분(1926년, 울진청년회 회우보 사건) ■전강원도사회운동자대회 울진대표로 7개 군 협력대회 추진 ■신간울진지회 설립을 주도 / 신간울진지회 초대 부회장 ■동아일보, 시대일보, 조선중앙일보 울진지국장 ■독립유공자 장호명의 부-울진혁명적농민조합 독서회 사건(1936년)
2	**노기일** (행정 서사업) 당 35세 울진금융조합장 본적: 강원도 울진군 울진면 명도리 609번지 주소: 강원도 울진군 근남면 산포리 808번지	■요시찰인 - 한국근대현대인물자료 장식편(국사편찬위원회) ■당시 울진금융조합장 ■울진 동아일보와 시대일보 기자 ■울진강습소, 울진청년회, 신간울진지회 간부 활동 ■광복 후 초대 울진군수 역임
3	**조훈석** 또는 은거 당 34세 양복상 본적: 경북 영양군 영양면 동부동 번지 미상 주소: 동도 동군 서부동 번지 미상	■동아일보 / 시대일보 영양지국장 겸 기자 ■영양 극렬무장항쟁 비밀결사대 "오오회 출신" ■서울혁청사 회원 및 안동기자단 창립 발기인 / 영양노동조합이사 ■울진청년회 및 전강원도사회운동자대회 울진대표 및 강원연맹 간부 ■신간울진지회 창립 발기인 및 간부 ■조선공작위원회 영양&울진 2군 담당자(1930~), 징역2년6개월 복역(1933.) ■2006 건국훈장 애족장 받음
4	**이겸호** 당 38세 농업 본적: 경북 영덕군 창수면 오촌동 329번지 주소: 동상	■만주신흥무관학교 수료, 서로군정서 출신 ■만주군자금 모금책 ■1923년 이덕숙 관련 독립군 군자금 모금활동(징역 1년 6개월 복역) ■만주의 이상촌 건설에 참여하다 사망한 것으로 되어 있음 ■1980 건국포장, 1990 건국훈장 애국장

【표 9-1】 울진이상촌비사사건 면소자 명단 1.

No.	판결문의 인적사항	조사 내용
5	**권국찬** 당 45세 농업 O씨 본적: 경북 영양군 영양면 산천리 678번지 주소:	■ 영양 극렬무장항쟁 비밀결사대 "오오회 출신" ■ 영양청년회, 신간영양지회 간부 ■ 주진복과 함께 청송 수리 관개공사 담당
6	**주진복** 당 40세 약종상 본적: 강원도 울진군 근남면 행곡리 688번지 주소: 동도 동군 울진면 읍내리 678번지	■ 울진청년회 간부 ■ 신간울진지회 창립위원 겸 규약기초위원과 초대 재정부 총무간사 ■ 신간울진지회 제2기 재정부 상무간사, 제3기 회계 ■ 동아일보 울진지국 자문, 시대일보 지국장 ■ 권국찬과 함께 청송 수리 관개공사 담당 ■ 주진철의 친형, 주진희 육촌 형
7	**주진희** 당 38세 농업 본적: 강원도 울진군 근남면 행곡리 724번지 주소: 동상(同上)	■ 울진청년회 ■ 신간울진지회 간부 ■ 주진복의 육촌 동생, 주진철의 육촌 형
8	**장재환** 당 34세 양복상 본적: 강원도 울진군 근남면 행곡리 172번지 주소: 경북 울릉도 남면 도동 번지 미상	■ 울진청년회 ■ 신간울진지회 제3기 조사연구부 상무간사 ■ 장식의 육촌 동생
9	**박경봉** 영석(永錫) 당 27세 농업 본적: 경북 청송군 부남면 감연동 773번지 주소: 동상	■ 미상 ■ 박영석(朴永錫)은 1925년 동아일보 영양지국 회계로 임명됨. ■ 검색어-박영석(朴永錫)은 청송 부남면과 가까운 영덕 출신 박영석(朴英錫)과 같은 나이이며, 총동원법의 위반으로 서대문형무소에 복역했던 인물이 있다.
10	**주진철** 당 33세 울진금융조합서기 본적: 강원도 울진군 근남면 노음리 663번지 주소: 강원도 울진군 울진면 읍내리 663번지	■ 要主(요주의 시찰대상자)-경성지방법원 검사국 문서, 사상문제에 관한 조사서, 어대례에 관한 관내 상황 제8보(1928.11.13. 참조) ■ 당시 울진금융조합 서기 ■ 울진청년회 간부, 신간울진지회 간부 활동 등 ■ 주진복의 친동생, 주진희의 육촌 동생 ■ 광복 후 제1대 강원도 도의원(자유당)

【 표 9-2 】 울진이상촌비사사건 면소자 명단 2.

　결사자의 면면을 보면 일제의 입장에서 상당히 부담스러웠던 인물들이다. 특히 이겸호는 군자금 모금의 전과자(?)이며, 조훈석과 권국찬은 영양의 무장단체 '오오회'의 회원이다. 그리고 울진의 장식과 노기일, 주진철은 특요 및 요시찰 대상자들이다. 과연 이들이 만드는 이상촌의 그림은 이 땅에서 무슨 색깔로 그려보려 하였는지 느낌이 오질 않는다.

　장식의 묘갈문을 중심으로 강릉지청의 면소 판결문을 따라가 보면 이 모의를 주창한 것으로 보이는 주주의자[269]는 장식(張植)이다. 그를 중심으로 인적관계(人的關係)를 살펴볼 필요가 있다.

1) 서간도 통화현(通化縣) 합니하(哈泥河)의 사람들

　이겸호(李謙浩)는 건국포장(1980.)과 건국훈장 애국장(1990.)에 추서된 독립운동가이며, 국가 공훈록에 만주 신흥무관학교의 졸업생으로 확인되었다. 장식은 신민회의 만주 이주 시 주진수의 비서로 서간도 통화현(通化縣) 합니하(哈泥河)에 있었다. 주진수가 105인 사건으로 2년간 옥고를 치르는 동안 신흥강습소에서 성재(省齋) 이시영의 서사(書士)로 있었다.[270] 그렇다면 두 사람은 신흥강습소 또는 신흥무관학교에서 만났을 것이다. 그런데 공교롭게도 1925년 8월경 군자금 모금을 위해 고향으로 잠입한 황만영은 이 당시 신흥무관학교의 재정 담당이었다.

　이겸호는 신흥무관학교를 졸업하고 서간도의 독립운동기지인 서로군정서에 가입한 후 군자금 모금책으로 고향인 영덕으로 잠입한다. 이후 영덕의 영해와 울진의 평해를 오가며 활동하였고, 울진이상촌비사사건의 이전인 1923년 '대한통의부 군자금 모금사건'으로 1년 6개월 복역 사실이 있다. 이겸호의 군자금 조성 권역이 영해와 울진이었다면 이겸호는 장식과 군자금 관련으로 접선했을 가능성이 매우 높다.

2) 동아일보 지국장 겸 기자 출신 장식과 조훈석의 빛깔은 초록이다

　조훈석(趙薰錫)은 건국훈장 애족장(2006.)에 추서된 독립운동가이다. 그는 경북 영양에서 동아일보의 지국을 운영하며 동아일보 기자를 겸한 것으로 보아 장식과 같은 빛깔의 초록으로 동색이라 할 것이다.

---

269) 1938년 조선총독부 자료에 의하면 특요(특별 요시찰인) 장식은 (중략) ~同郡內主主義者(울진군 내의 주모자)로 감시하고 있었음.(조선총독부 강원도 관내 치안 상황 보고 12쪽, 강원도 경찰국, 1938.12.)

270) 성재 이시영의 서사(書士-필경)로 있었다는 장식의 이력서(손자 장학중이 작성)에만 있는 기록이다. 이 당시 이시영은 영어 강사를 했다고 전하지만, 이시영의 자료에서 이를 확인할 수 없다. 단, 이시영은 1905년 외부(外部) 교섭국장을 역임하였는데 지금의 외무부에 해당한 부서로 영어에 익숙했을 것으로 보인다.

조훈석은 황만영이 1925년 8월경 만주에서 군자금 모금을 위해 들어 온 10개월 뒤, 영양에서 울진으로 왔다. 울진청년회에 가입하고, 울진청년회를 대표하여 강원청년연맹의 간부로 활동하였으며, 신간울진지회의 발기인으로 신간울진지회의 제1기 정치문화부 총무간사를 역임하기도 했다. 조훈석은 이겸호와 달리 울진에서 대외적인 활동을 전개하였는데, 이 당시 장식은 연령 제한으로 울진청년회의 회원 자격이 없어 청년회의 활동을 할 수 없었던 시절이다.

조훈석은 울진이상촌비사가 종결된 이후 다시 영양으로 돌아가 영양청년회와 신간영양지회에 가입하고, 조선공작위원회의 지령으로 '공작위원회'을 조직(1930년)하여 영양과 울진의 2군을 담당하였다. 그리고, 사건명 '영덕적색농조사건'에 관련되어 2년간 복역한 사실이 있다.

3) 금융이 바로 서야 국가가 바로 선다

울진이상촌비사사건은 울진금융조합(蔚珍金融組合)이 개입된 것으로 추측된다. 이 당시 조합장 노기일(盧箕一)과 서기 주진철(朱鎭喆)이 비사의 회원으로 참여했으며, 장식은 감사였다. 울진금융조합이 어떤 형식으로 개입되었는지 확인되지 않지만, 공유임야와 전시임야의 매입과 매각을 하는 과정에 개입하였을 가능성이 높다.

노기일(盧箕一)은 울진청년회 출신으로 동아일보 기자를 역임했고, 당시 울진금융조합의 조합장이었다. 일제의 요시찰 대상자[271]로 지목되어 감시 대상자였지만, 신간울진지회의 설립과정에서 그의 이름을 찾아볼 수 없다. 아마도 당시 울진 사회에서 울진금융조합장의 직함을 갖고 있었던 노기일이 갖는 사회적 위치가 신간울진지회의 임원으로 선임하기 어려웠을 수 있다. 그리고, 그는 광복 후 초대 울진군수를 역임한다.

주진철(朱鎭喆)은 울진청년회의 회원으로 당시 울진금융조합의 서기였다. 일제의 요시찰 대상자[272]로 울진청년회에서 중요한 역할과 왕성한 활동을 하였다. 그리고, 이상촌비사와 관련하여 주진복의 친동생이자 주진희의 사촌이며, 광복 후 제1대 강원도 도의원을 역임했다.

울진이상촌비사사건의 토지 거래로 얻은 이익금의 규모가 너무 큰 것으로 보아 회계처리와 관리를 위해서라도 울진금융조합이 개입되었을 것으로 판단된다.

---

271) (목록) 張植1-2. 인물개요-한국근현대인물자료 장식 편(국사편찬위원회 참조)
272) 어대례(御大禮)에 관한 관내 상황(사상문제에 관한 조사서류, 광고갑 제8282호, 1928.11.13. 조선총독부 강원도 경찰국 치안 보고 참조)

4) 내앞마을의 행곡인은 비밀을 무덤까지 품고 갔다

 울진이상촌비사에 참여한 행곡인은 다섯 명으로 장식과 주진복(朱鎭福)을 중심으로 한 친인척으로 구성되었다.

 먼저 장식과 그의 육촌 동생 장재환(張在煥)이다. 장재환은 신간울진지회 제3기 조사연구부 부장을 역임한 울진의 청년 운동가였다. 주소가 울릉도로 되어 있는 이유를 모르겠으나, 행곡리의 집은 장식의 옆집이다(사진 9-18~19 참조).

 또 한 가족은 주진복(朱鎭福)을 중심으로 친동생 주진철(朱鎭喆)과 사촌 동생 주진희(朱鎭熙)가 참가했다. 이들 모두 울진청년회와 신간울진지회에서 활동한 청년과 사회운동가이다. 특히, 주진복은 청송 관개공사의 울진 측의 책임자로 사업을 추진하였는데, 공교롭게도 주진복은 신간울진지회의 설립부터 해소 때까지 재정 담당(총무간사 또는 회계)을 줄곧 맡은 것으로 보아 울진이상촌비사와 신간울진지회의 자금관계는 연관성이 있을 것으로 추정된다.

 장식과 육촌 동생 장재환의 집은 나무울타리로 쉽게 다닐 수 있고, 작은 이면도로 건너에 주진복 형제들의 집이 나란히 붙어 있다.

【사진 9-8】 울진이상촌비사사건의 현장 - 울진 행곡2리의 터(네이버 지도 발췌 편집 2023.)

5) 사업의 기본은 현지의 적응이지만 마음은 딴 곳에 있다

울진이상촌비사의 참가자 중 영양인 권국찬과 청송인 박경복은 청송의 수리 관개공사를 위해 비사에 참가시킨 것으로 판단된다. 그런데, 이번 비사는 수입보다 지출에 무게를 두고 시작된 비사로 확인된다.

권국찬(權國燦)은 조훈석과 함께 영양의 무장단체인 '오오회(五五會)'[273] 출신으로 청송 수리 관개공사의 책임자 중 한 명이다.

박경봉은 청송인으로 기록되었지만, 행적은 확인할 수 없다. 다만, 박경봉의 자(字)인 박영석(朴永錫)으로 검색하면 조훈석의 동아일보 영양지국의 회계로 임명한 사실을 신문의 보도 자료에서 확인되어 박경봉과 동일인으로 보인다.

【사진 9-9】 박영석(朴永錫) 동아일보 영양지국 회계
선임(1925.7.3. 동아일보)

【사진 9-10】 영덕 박영석(朴英錫)
- 일제감시대상인물카드(국사편찬위원회)

그리고, 또 다른 자료에 의하면 박경봉(청송 박영석)은 청송의 부남면과 인접한 영덕 출신 박영석(朴英錫)과 같은 나이로 두 사람이 같은 인물일 가능성도 있다. 영덕의 박영

273) 오오회(五五會)는 호암(虎岩) 오현팔(吳鉉八)이 월남 이상재, 민세 안재홍, 몽아 남정석 등과 함께 민족정신에 고취·격려되어 실질적인 항일 교양 단체로 조직되었다. 이 비밀 결사 단체는 5인이 음력 5월 5일 단오에 모여 결사 항일을 결의한 오현팔, 권국찬(權國燦), 이철호(李喆浩), 주원술(朱元述), 조훈석(趙薰錫) 등으로, 나중에 구동로, 손문석이 가입하게 된다. 오오회는 광복단과 상해임시정부의 밀사와 영덕 출신의 해강(海岡) 이겸호(李謙浩) 등과 연락하면서 극비리에 무기를 도입하며 무력 항쟁을 도모하였으나 실패하였다.(2020 영양군지 참조)

석은 창씨개명으로 신정우영(新井佑榮)이라는 이름을 사용하고 있었으며, 일제감시대상 인물카드에 등재되어 있다. 1906년 9월 26일 출생으로 본적과 주소가 경북 영덕군 영덕면 창포동이며, 국가총동원법 위반으로 서대문형무소에서 8개월 복역한 사실이 있다. 하지만, 두 사람이 동일인이라는 확증은 아직 없지만, 심증(心證)으로는 동일인일 가능성이 매우 높다.

이상과 같이 장식을 중심으로 인적 관계를 살펴보았다. 이들은 개인의 안위를 위하여 무언가를 할 인물들로 보이지 않지만, 사람의 속마음을 어떻게 모두 알 수 있겠는가?

울진이상촌비사사건의 자금 규모가 천축산 공유임야의 원금이 포함되었는지는 알 수 없지만, 눈에 보이는 자금만 이만천원이다. 당시 군자금 명목으로 돈을 받아서 먹튀[274]를 하는 배달 사고가 빈번했던 것을 고려하면, 거금을 남에게 맡긴다는 것은 쉽지 않은 일이다.

처형에게 일금 300원의 군자금을 강요한 죄로 1년 6개월을 옥고를 치른 이겸호이다. 물론 이덕숙이 일경을 구타한 죄가 가중되었지만, 군자금과 관련된 죄는 최고의 처벌을 내렸던 일제였다. 그래서 안전장치를 마련하여 내부로는 참여자의 일탈을 막고 밖으로는 보안이 유지되도록 하였지만, 군자금과 관련된 사항은 겉으로 드러내지 못하니 먹튀를 해도 하소연할 방법이 없는 것이 시대적 상황일 것이다.

면소 판결문에 각자 출자한 금액에 대한 별다른 조사 내용이 없다. 애당초 출자금을 내지 않았거나, 모두가 비밀을 지킨 이유겠지만, 전자가 설득력이 있어 보인다. 결국 사실의 진위는 밝혀진 것이 없어 출자금에 대한 증거자료는 확인되지 않았다. 그리고, 울진이상촌비사의 면면을 보면 개인의 출자금을 낼 수 있는 인물들로 구성하지 않았으며, 누군가의 기획된 설계에 따라 돈세탁을 위해 움직인 정황이 포착된다.

예를 들어 지금의 기획부동산처럼 사리사욕에 눈이 멀었다면 행곡인 5명이면 충분하고, 일회성으로 독립자금의 조성하고 멀리 도망간다면 울진인 6명이면 족하였다. 그런데 장식은 울진에 계속 남아 독립활동의 자금을 계속해서 조성할 상황에서 자금을 세탁할 방법과 전달에 대한 문제를 고민하여야 했을 것으로 추정된다.

울진이상촌비사(蔚珍理想村秘社)를 정확한 이해를 위해서는 먼저 **만주에서 들어온 이겸호**와 **영양에서 온 조훈석**의 행적을 자세히 살펴볼 필요가 있다.

274) 먹튀는 [명사] 거액의 돈을 벌어들이고 그만큼의 구실은 하지 않은 채 수익만을 챙겨서 떠나는 것을 속되게 이르는 말.

셋. 군자금 모금책의 국대 후보 리겸호(李謙浩)

울진이상촌비사사건의 동아일보(1932.1.6.) 기사와 관련하여,

'만주에서 들어 온 원적 경북 영해군 창수면 오초리의 리겸호를 중심으로 강원 울진, 경북 영양, 영해, 강원 정선(에서) 동지를 규합하여 사유재산제도를 부인할 목적으로 이상촌건설을 계획한 혐의' 라 한다.

울진이상촌비사와 관련하여 일제는 이겸호를 통하여 만주의 독립운동기지와 연결고리로 엮을 의도가 엿보이는 관계로 이겸호에 대하여 알아볼 필요가 있다.

【사진 9-11】 이겸호-나무위키

1) 만주에서 들어 온 이겸호(李謙浩, 1895~1942)는 누구인가?

- 경상북도 영덕(盈德) 사람으로, 본관은 재령이며 창수면 오촌리 출신의 독립운동가이다.

- 1910년에 만주로 건너가 이상룡, 이시영[275], 김동삼 등과 독립운동기지 건설에 노력하였음.

- 1918년 유하현 삼원보(柳河縣三源堡)의 신흥무관학교[2]를 수료하고 서로군정서에 가입 항일독립운동을 전개함.

- 1920년에 군자금을 모으기 위하여 귀국하여 활동하였음.

- 1923년 대한통의부 제1소대원 이덕숙, 신형섭 등과 군자금을 모으던 중에 일제의 경찰에 체포되어 1년 6개월의 징역형을 선고받았음.

- 출옥 후 만주로 건너가 이상촌 건설[276] 위하여 항일독립운동을 하다 다시 1년 7개월 동안 구금되기도 하였음.

- 1980년 건국포장, 1990년 건국훈장 애국장이 추서됨.[277]

이겸호(李謙浩)는 조선조 성균관 진사를 지낸 면운재(眠雲齋) 이주원(李周遠, 1714~1796년) 공(公)의 7대손으로 구한말 영덕지방의 의병을 대표하는 가문의 자손이다.

---

275) 성재 이시영은 이회영의 동생으로 신흥강습소에서 영어 강사로 활동한 사실이 있음(장식 이력서. 장학중)
276) 만주로 가 이상촌 건설을 참여한 자료가 아직 없으며, 아마도 울진이상촌비사사건에 연루되어 제일 먼저 발각되어 시점(1931년 10월경)부터 1년 7개월로 추정한 것으로 판단됨.
277) 영덕군지, 제2절 인물편(영덕군, 2002.)와 한국학중앙연구원 자료에서 발췌함.

그 당시 이겸호의 가옥은 의병의 본거지로 활용될 정도로 지역 내에서의 입지가 높은 가문이었다. 아마도 만주의 독립운동 기지의 군자금을 모금하기 위하여 고향의 향리에서 입지가 높은 이겸호를 잠입시킨 것 같다.

그리고, 얼마 후 더욱더 열악해진 만주 독립운동 기지의 자금난에 이겸호를 찾아오게 되는 대한통의부[278] 소속 이덕숙과 신형섭을 만나면서 군자금과 관련된 이겸호의 실체가 드러났다.

【사진 9-12】이겸호 생가 면운재(나무위키)

2) 실패한 독립운동은 흔적을 남긴다 - 대한통의부 군자금 모금사건

이겸호의 실체가 드러난 사건이 '대한통의부 군자금 모금사건'으로 일명 '창수 사건'이라 하며, 사건의 전모는 다음과 같다.

이겸호 의사와 창수면의 대한통의부 군자금 모금 사건

1923년 6월 5일 창수면의 일본인 순사가 청년 한 사람을 주재소로 데리고 가던 중, 청년이 순사를 폭행하고 상처를 입힌 후 달아난 사건이 발생함. 한국인 순사가 이를 추격하고 청년은 등운산(騰雲山)으로 도피하며 권총을 쏘고는 대한독립만세를 부른 뒤 울진 쪽으로 자취를 감춘 일이 발생함.

이를 속칭 대한통의부(大韓統義府) 자금모집사건(資金募集事件) 혹은 창수사건이라고 함. 이 청년은 안동인 이덕숙(李德淑, 일명宣雨)으로 신흥무관학교를 졸업, 1923년 5월에 대한통의부 제4중대 1소대에 소속되어 항일 투쟁을 하던 중, 국내에 잠입 군자금을 모집하라는 명령을 받음. 국내의 신흥무관학교의 동기생인 이겸호(李謙浩)와 영양 청기의 권동호(權東鎬) 등과 비밀리에 합세하여 활동하기 시작하였음.

이들은 우선 영덕·영해지역의 지주와 부호를 상대로 군자금 모금하기로 결정, 그 첫째 대상으로 창수면의 김상락(金相洛)으로부터 군자금 300원을 지원받기로 약속받음. 그러나 이덕숙이 일본 순사 시마네(島根)로부터 불심검문을 받아 순사의 관할 주재소로 연행을 당하게 됨. 그러나 주재소에 도착하기 직전 이덕숙은 순사와 격투 끝에 등운산으로 도주함.

영덕의 일제고등경찰은 창수면 일대를 면밀히 수사하는 중에 이겸호를 체포함. 이겸호는 1910년에 만주로 가, 삼원포무관학교(三源浦武官學校)를 졸업하고 서로군정서(西路軍政署)[279]에서 근무하다가 귀국하여 서울 1919년 3·1 만세에 참여하고 다시 상해로 건너가 임시정부에서 활동하기도 한 항일 무장 독립 의사였음.

---

278) 대한통의부는 대한통군부의 전신으로 1922년 8월 만주에서 조직된 항일독립군 연합단체이며. 서로군정서는 대한통의부의 연합조직체인 8단(團) 9회(會)의 1개 단체임.
279) 1919년 5월 만주에서 조직된 무장독립운동단체로 신민회의 이상룡·이시영·김창환 등과 관련됨.

그는 이듬해인 1920년 11월에 군자금 모집의 명령을 받고 국내로 잠입하였다가 일본 경찰에 체포되어 7개월의 옥고[280]를 치른 후 고향인 창수면 오촌리에서 독립운동의 기회를 엿보고 있었음.

마침내 1923년 5월 대한통의부 소속의 이덕숙이 군자금을 모금하고자 창수면 오촌리로 방문하자 그와 공모하여 먼저 김상락에게 군자금 300여 원을 협조받기로 하였으나, 이덕숙의 총격 사건으로 이 사실이 탄로 나게 되자 김상락[281]을 협박하여 300여 원의 거금을 강탈하려 하였다는 죄목으로 일본 경찰에 체포되어 조사받게 되었음.

조사를 받던 중 3개월여 후인 1924년 9월 8일에 이덕숙이 경기도에서 잡혀 이 사건의 전모가 드러나게 되었고 이겸호 의사는 6월 19일에 검찰로 송치되어 대구형무소에서 2년 6개월의 옥고를 치름.[註 문화데이터 발췌]

이겸호는 1925. 3. 31. 대구복심법원에서 '대한통의부 경고문 4통과 권고문 3통 기타 통의부 관계 서류를 가지고 온 이의우를 은닉시켰으며 같이 군자금 모집을 계획하여 처형에게 군자금을 내놓으라 협박하였다'는 내용으로 '협박, 대정 8년 제령 제7호 위반, 총포화약류 취체령 시행규칙 위반' 죄로 1년 6개월의 징역을 받았다.

징역 1년 6개월 미결구류일수 180일 본형에 산입되어 1년 후인 1926년 3월 말경에 출소한 것으로 추정된다. 출소한 지 1년이 지나지 않은 1927. 2. 24.에 울진이상촌비사 사건을 모의하였다 하니 비사에 참여한 이들의 생각을 일반적인 상식으로는 이해가 되지 않는다. 그래서 결사(結社)가 아닌 비사(秘社)이다.

그리고, 이겸호의 기록에 1년 6개월의 징역을 마치고 '출옥 후 만주로 건너가 이상촌 건설을 위하여 항일독립운동을 하다 다시 1년 7개월 동안 **구금**되기도 하였다'는 기록에서 출옥 후 만주로 갔다는 내용은 수정되어야 하며, 1년 7개월 구금된 사실은 면소 판결된 울진이상촌비사사건으로 제일 먼저 영덕경찰서에 구속된 시점에서 면소가 처리된 기간을 기록하면서 오기된 것으로 추정된다.

이겸호가 울진에서 서로군정서의 군자금 모금책으로 담당 지역이 울진까지 활동했다는 단면을 보여주는 노곡 백무의 회고[282]에서

'창수 오말(梧村)의 겸호씨는 늘 육혈포를 차고 다녔는데, 자금 모금 때문에........ (중략) 전에 여러 번 만나 영해와 평해에 동행한 적이 있었다.'고 회고하였다.

이겸호의 군자금 모금지역이 울진까지도 포함된 것으로 보아 장식의 선일약국과 밀접한 관계가 있었던 것으로 파악된다.

---

280) 7개월간 구속이 아니라 훈방 조치 되었다 하는 주장이 있는데, 이겸호의 판결문에 7개월 구속된 내용이 없는 것으로 보아 훈방 조치가 되었을 가능성이 있다. 따라서 필자는 신빙성이 높은 판결문을 중심으로 7개월의 구속이 아닌 훈방 조치로 판단하였음.

281) 김상락은 이겸호의 매형이 되며, 6줄 아래의 '이의우'는 이덕숙의 이명이다.

282) 노곡 백무(영덕 영해 출신 독립운동가) 선생의 항일 투쟁사(네이버 블로그 선각 2014.4.6. 발췌)

넷. 행동대장 조훈석은 동아일보 기자 출신의 영양인(英陽人)이다

역사 속에 조훈석(趙薰錫)은 왼쪽 독립운동가로 기록되었다. 장식의 열 살 아래로 1899년 7월 27일 영양에서 태어나 1973년 5월 23일 졸한다. 대한민국 정부는 2006년이 되어서 건국훈장 애족장을 추서했다.

조훈석의 청년기는 자랑스러운 영양인으로 1918년 3월 대구공립농업학교를 졸업하고 4월에 경상북도 상주군 농회의 기수가 되었으며, 이듬해 고향으로 돌아와 영양군 농회의 기수가 되었다.

조훈석이 역사의 현장으로 나오기 시작한 시기는 1924년 봄 영양지국 동아일보와 시대일보의 운영 겸 기자를 하면서였다.

【사진 9-13】 조훈석 - 나무위키

- 경북 영양청년회에 가입(1924.3.)
- 동아일보와 시대일보 영양지국의 기자 겸 경영(1924.3.)
- 안동기자단 창립발기인, 영양노동조합 이사(1925.)
- 7군 연합 기우단 창립[283](안동. 1925.11.5.)
- 서울 혁청사(革淸社)[284] 설립 발기인 겸 남쪽지방 주선위원(1925.12.)
- 울진청년회 가입(1926.6.)
- 울진이상촌비사 1차 모임(장식의 방에서) 참가(1927.2.2.)
- 강원도사회운동단체대회 준비위원(1927.7.11.)
- 전강원전강원청년연맹 집행위원회(1927.8.10.)
- 신간울진지회 발기인 겸 제1기 정치문화부 총무간사(1927.12.23.)
- 울진이상촌비사 2차 모임(주진희의 방에서) 참가(1928.4.3.)
  청송관개공사 공동경영계약 후 관개공사 시작(1928.4.3.~)
- 청송관개공사 완료(1930. 5. 21. 변제 처리 후 사업 종료. 1930.5.5.)
- 신간영양지회 가입(울진에서 다시 영양으로 감. 1930.10.)

---

283) 7군 연합 기우단 창립(시대일보 1925.11.5.)
284) 혁청사는 대중에게 지식을 보급하며 대중이 잘살 수 있는 방도를 알리기 위해 주식회사로 조직하고, 대중 본위의 기관 잡지를 발간할 계획을 세웠다. 그리고 인쇄물. 도서 판매. 신문. 월간잡지 등도 경영할 예정이었다.

- 공작위원회 영동 6부 중 울진과 영양의 2군을 담당(1930.12.23.)
- 금화군 취재 영업 허가 면허 취득(1931.11.7.)
- 울진이상촌비사사건으로 강릉검찰국에 구속(1932.1.4.)
- 경주지청 검찰분국에서 횡령죄로 불구속 처분(1932.2.2.-강릉검찰국에 구속 중)
- 울진이상촌비사사건의 면소 판결(1932.11.30.)
- 대구지방법원에서 징역 2년 언도 받음(영덕적색농민조합사건, 1933.12.27.)
- 졸하다.(1973.5.23.)

이렇게 조훈석은 뼛속까지 영양인이었다.

울진이상촌비사사건에 2명이 참여한 영양인 조훈석과 함께 권국찬을 이해할 필요가 있어 '오오회(五五會)'를 살펴보도록 한다. 오오회는 언제 결성이 되었는지는 정확한 기록이 없어 확인되지 않는다. 여러 자료를 검토한 결과, 1920년 영양군청년회가 조직되면서 결성된 것으로 추정되며, 오오회와 관련하여 다음과 같이 영양군지는 기록하고 있다.

> 오오회(五五會)는 호암(虎岩) 오현팔(吳鉉八)이 월남 이상재, 민세 안재홍, 몽아 남정석 등의 민족정신에 고취, 격려되어 실질적인 항일교양단체로 조직되었다. 이 비밀결사 단체는 5인이 음력 5월 5일(단오일)에 모여 결사 항일을 결의한 단체로 오현팔, 권국찬(權國燦), 이철호(李喆浩), 주원술(朱元述), 조훈석(趙薰錫) 등이며, 나중에 구동로, 손문석이 가입하였다.
>
> 오오회는 광복단과 상해임시정부의 밀사인 영덕 출신의 해강(海岡) 이겸호(李謙浩) 등과 연락하면서 극비리에 무기를 도입하여 무력 항쟁을 도모하였으나 실패하였다. (註 2020 영양군지)

조훈석이 울진으로 온 이유는 무엇일까?

한마디로 울진이상촌비사와 신간울진지회이 설립과정에는 숨겨진 비밀이 있는 것으로 보인다. 그런데 조훈석의 울진 입성 시기는 국내의 신간회 설립 이전이며, 그 당시 울진청년회의 역량이 영양청년회를 압도했음을 여러 자료에서 확인되는바, 울진으로 입성한 주목적이 신간울지지회의 설립보다 울진이상촌비사에 집중되는 이유이다.

그렇다. 조훈석은 조국의 독립을 위해 분연히 일어선 뜨거운 가슴의 영양인이었다.

3. 기획부동산 'The 담덕'을 고발하다

하나. 울진이상촌비사사건의 전개

강릉지청 면소 판결문(1931.11.30.)에 의하면 울진이상촌비사의 1차 모임은 1927년 2월 2일 장식(張植)의 방에서 시작한 것으로 밝혀졌다. 그러나, 1차 모임을 준비하기 위해서 누군가 기획하고 연락했는지는 판결문에 언급되지 않았다. 하지만, 1차 모임 장소를 장식의 방에서 한 것으로 미뤄 짐작하건대 장식이 주도(主導)한 것으로 보인다.

면소 판결문을 따라 울진이상촌비사의 전개 과정을 표로 살펴보면,

No.	일자	내용	수입	지출	잔액	비고
1	-	※ 사전 모의가 있었을 것으로 판단되지만, 내용은 확인 안됨.	-	-	-	
2	1927. 2.2.	■이상존비사사건 1차 협의 - 장식 방에서	-			※참가자 출자금의 내용 없음
3	-	■천축산 공유 임야 매입 (대금 미상)	0	0	0	공유임야의 매입 금액 정보 없음
4	-	■천축산 공유 임야 매각 1차 이익금(대금 미상)	20,000	0	20,000	1차 이익금
5	-	■전시 임야 매입	0	미확인	미확인	
6	1928. 4.○.	■전시 임야 매각	미상 (+1,000)	0	21,000	2차 이익금 1,000원
7	1928. 4.3.	■이상촌 건설 2차 협의- 주진희 방 (청송 관개공사는 전시임야 매득금 일천원으로 시작함)	-	-	21,000	공동경영 계약서 작성 관개공사 시행
			0	20,000	1,000	2만원에 지출 등 내용 없음
8	-	■수리공사 시작	-	-	21,000 285)	수리공사
9	1930. 5.5.	■수리공사 완료 - 토지 소유권이 예상치 3만평에서 2만평 확보(예정 수익 1만평 감소) ■수리공사비 과다 지출로 채무 발생	2만평 + 채무 발생	1,000 +∂	다액의 채무 발생	
10	1930. 5.21.	■수리공사비 과지출로 발생한 채무를 변제 처리함.	0	2만평 매각	다액의 채무변제	
11	1931. ○.○.	■이겸호 집에서 이상촌 건설을 위한 계약서 발견	-	-	-	
12	1932. 1.4.	■강릉지청 송치(조훈석 자료참조) ※ 동아일보 기사는 1932.1.6.자	-	-	-	
13	1932. 2.2.	■조훈석 횡령죄로 경주지청 검사분국에서 불기소 처분 받음	-	-	-	
14	1932. 11.30.	■치안유지법 면소 결정(10명)	-	-	-	

【표 9-3】 면소 판결문의 울진이상촌비사 일정표

사건의 전개를 보면 도저히 이상촌 건설을 위한 모임으로 볼 수가 없다. 개인의 출자금 없이 판결문에 나온 수입 금액만 21,000원이다. 청송 관개공사는 수익금 21,000원 중에서 전시임야 매득금(이익금) 1,000여원을 자본금으로 투자하였다. 그럼 20,000원의 행방은 어디로 갔는지 밝혀지지 않았다. 일제가 조사한 면소 판결문에도 명시되지 않은 이유는 무엇일까?

그리고, 청송 관개공사는 계획했던 것보다 큰 토지를 얻지 못했다고 하더라도 투자금(1,000원)을 다 날리고 적자까지 발생하여 변제 처리했다. 하지만 비사에 참여한 어떤 누구도 문제를 제기하지 않았는데, 최소한 일제의 조사과정에서 불만을 토로했을 것으로 보이지만 별다른 이의가 없었다. 그리고, 변제 처리한 자금의 출처도 밝혀지지 않았다.

조훈석의 기록에 의하면 1932년 2월 2일 경주지청 검찰 분국으로부터 횡령죄로 기소되어 불기소처분을 받는다. 하지만, 어떤 이유로 고발이 되었는지는 아직 확인하지 못하였다. 이 당시 조훈석은 울진이상촌비사사건으로 강릉지청 검찰국에서 구속수사를 받고 있었다.

주목해야 할 또 다른 관점은 사업이 종료된 2년 전의 일이지만, 영덕 이겸호의 자택에서 재산공유계약서가 발각되기 전까지 울진경찰서는 울진이상촌비사에 대한 사실을 전혀 알지 못하였으니, 해당 관할 경찰서의 입장은 난감했을 것이 자명한 일이다. 이 당시 비사에 참가한 대부분의 행곡인은 대외적으로 신간울진지회의 설립과 활동으로 분주히 움직이고 있을 때였다.

둘. 기획부동산 'The 담덕'에게 묻다

울진이상촌비사사건의 자금 조성과정을 살펴보면 토지를 저렴한 가격에 사서 비싸게 팔아 그 수익을 챙기는 이른바 지금의 기획부동산이다.[286] 울진이상촌비사의 첫 모임이 있었던 장식의 방(房)을 필자는 '**부동산 The 담덕**'[287](이하 'The 담덕'이라 함)이라 칭하였다.

---

285) 천축산 공유임야 매득금 20,000원은 보이지 않는다. 전시임야 매득금 1,000원을 청송의 관개공사 시공비로 사용한 것으로 판결문에 명시되어 20,000원의 행방은 어디로 갔는지 확인되지 않았다. 천축산 공유임야의 매입과 매도는 계약서를 작성하였을 것으로 보아 차익을 취득한 사실이 맞을 것 같다. 2만원의 행방에 대한 설명은 없지만 청송 관개공사 종료 후 변제에 사용하였을 가능성이 높다. 그렇지만 변제액이 2만원을 넘지 않았을 것이며 취득한 몽리토지 이만평의 땅은 어디로 갔을까?

286) 천축산 공유임야의 매득금에 원금이 포함되었는지는 확인할 여력이 없으나, 자금의 규모로 보아 포함된 것으로 보인다. 하지만 여기서는 원금의 출처를 접어 두고 판결문의 사실에 주목함.

287) 울진이상촌비사의 첫 모임을 장식의 방에서 한 이유로 필자는 '**부동산 The 담덕**'이라 부른다. 담덕은 장식 집안의 택호로 담장의 우리말 '담'과 댁(宅)의 사투리 '덕'이 아닌가 생각된다. 부자를 다른 말로 담이 높아 '담덕'이라 했다는 이야기도 있음.

The 담덕은 천축산 마을 공유임야를 싸게 매입한 후 비싼 가격에 매도하고 그 수익을 챙기는 방식이었다. 그렇다면 공유임야의 매입금은 어디서 준비하였을까? 만약 원금이 포함된 매득금일 경우 시세보다 조금 비싸게 팔아 수익을 극대화할 수 있을 것이다.

The 담덕에게 또 다른 과제가 남아 있다. 매입과 매도를 통하여 얻은 수익금을 사용하여 근거를 남겨야 했다. 왜냐하면 참가자들의 면면을 보면 사용처가 불분명할 경우 일제로서는 불순한 행위로 볼 수 있기 때문이다. 이는 개인이든 단체이든 수익금을 갖고 있거나 사용했다면 사용처를 밝혀야 한다.

이 당시 재외독립운동기지는 군자금이 절실히 필요하였으나, 동포들의 모금에는 한계가 있었고, 일제의 감시로 어려움이 처하자 강도로 돌변하여 강탈한 사례가 빈번하였다. 하지만 이런 행동과 자금 모금 방식은 동포들의 지지를 받지 못하였고, 그 대상을 일본인과 친일파들에게 향하여 강탈하였지만, 이 또한 감시가 강화되자 군자금 조성이 더욱 더 어려워졌다. 한편으로 일제는 군자금 조성을 체제 전복의 가장 심각한 사안으로 규정하고 처벌을 강화하고 있었다. 이런 까닭에 자금을 주는 이도 처벌받는 처지에 있고 보면 군자금을 지원하고 싶은 동포가 있어도 할 수 없는 상황이었다. 백산상회와 선일약국 등은 이런 시대적 환경에서 합법적 거래를 통하여 군자금을 조성하였으니, 일제는 명확한 근거 없이 처벌하기 쉽지 않았다.

울진이상촌비사사건은 말 그대로 비사답게 흔적을 찾을 수 없어 사실 여부를 밝힘에 합리적 의심으로 추정할 수밖에 없다. 따라서 질의응답의 방법으로 울진이상촌비사사건의 진실에 접근해 가는 것이 수월할 것 같다.

질문 1. 울진이상촌비사사건의 면소 판결문에 천축산 공유임야 매득금 2만원에 대한 지출한 내용이 없다. 혹, 비사자들이 균등하게 나눠 개인이 갖고 간 사실이 있는가?

응답 1-1. 천축산 공유임야는 행곡에 있었다. 개인의 영달을 위하여 나눠 가질 요량이라면 조훈석을 비롯한 외지인들을 비사에 참여시켜 본인들의 몫을 줄일 필요가 없었을 것이다. 그리고, 참가자들의 면면(面面)을 보면 자신의 안위를 위하여 비사에 참여한 사람이 보이질 않는다. 결론적으로 참가자들의 구성으로 보아 개인의 안위를 위해 비사에 참여하지 않았음을 알 수 있다.

응답 1-2. 또 다른 목적을 위하여 일명 돈세탁이 필요했다면 일제의 감시를 피할 요량으로 큰돈보다 적은 돈이 수월할 수 있다. 그렇다면 일정액을 분배하고 돈세탁을 하였을 것이다. 하지만, 적은 돈이 아님에 서로를 믿지 못하면 이 또한 쉽지 않은 선택으로 여겨진다.

응답 1-3. 권국찬과 박경봉(박영석)은 청송의 수리 관개공사를 위해 참가시킨 사람으로 판단되며, 천축산 공유임야의 매득금을 위한 분배가 목적이 있다면 역시 비사에 참가시킬 명분이 전혀 없는 사람들이다.

 그런데 1929년에서부터 1932년 사이에 장식의 주위에는 이해되지 않는 여러 일이 발견된다. 먼저 장식 부모의 전면 사진과 반명함판 개인 사진이다.

사례 1-1. 울진의 고산성파 자택에는 여러 장의 사진들이 걸려 있다. 전해 오는 이야기에 의하면 영해의 사진사를 불러 찍었다고 한다.

【사진 9-14】 장규한 당 61세

【사진 9-15】 장규한의 처 당 62세

 필자가 어릴 적의 판단으로는 이 당시 택호가 담덕일 정도로 돈이 많았으니 가능한 일이라 무심코 넘겼었다. 사진을 찍은 연도가 1929년으로 아버지 죽치 장규한(張奎漢)은 61세(1869년생)이고, 모친은 62세이다. 이렇게 지긋한 어른들의 전면 독사진을 찍는다는 것은 쉽지 않은 결정이었다.

 특히, 독립자금을 준비했던 장식을 생각하면, 너무 경제적이지 못한 판단으로 쉽게 이해가 되지 않았다. 한 가정의 개인사로 환갑을 기념하여 남겼을 가능성도 있다. 그렇다면 자손들과 함께 찍을 수 있을 것이지만, 남은 사진이 없다.

 뒷면에 보이는 배경이 너무나 어색해 보인다. 사진을 찍는 것에는 큰 의미가 없는 것 같다.

그리고 흔적을 남기지 않기로 유
명한 장식도 사진을 찍었으니 더
욱더 이해되지 않은 상황이다.

아마도 장식과 영해의 사진사가
담합을 했을 가능성이 농후하다.

사례 1-2. 동아일보 울진지국에서는 울진
장날의 개장을 맞아 독자를 위한
위안 잔치를 하였다. 과연 중앙일
간지의 군 단위 지방 지국에서 단
독으로 가능한 일이 아닐 것 같
다. 이 당시 신문의 내용을 살펴
보면 아래와 같다.

【사진 9-16】 장식 당 41세(고산성파, 1929.)

울진본보지국(蔚珍本報支局)
독자(讀者)를 위안(慰安)

【울진】 본보 울진(蔚珍)지국에서는 조선순회극
단에서는 명성이 잇는(있는) 락천회(樂天會) 일
행이 옴을 기회하야(여) 본월 1일부터 4일까지
련하야 개연하얏는데(공연하였는데) 첫날과 이튼
날엔 본보 독자에게 한하야 우대권을 배부하얏스
며(하였으며) 제3일과 4일에는 전시민에게 우대
권을 배부하얏는데 성황리에 폐회하엇다.(하였다.)

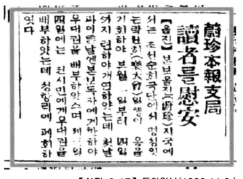

【사진 9-17】 동아일보(1930.11.9.)

질문 2. 'The 담덕'은 군자금 관련 전과자(?)로 일제의 특별 감시 대상인 이겸호를
비사에 참여시킨 까닭은 무엇인가?

응답 2-1. 'The 담덕'의 수익 구조는 1차로 저렴한 가격에 물건을 구매해야 이익금
이 보장된다. 그런데 어느 누가 시가보다 싸게 줄 수 있을까? 답은 바로 이겸
호다. 행곡 사람들은 마을의 공유임야를 시가보다 저렴하게 팔 수 있었던 것은
재외독립운동기지의 군자금 모금책 이겸호가 함께 하였기에 'The 담덕'의 수익
금이 재외독립운동기지의 군자금으로 간다는 무언의 믿음이 필요했다.

이겸호의 참가는 자금 규모를 보아 서로를 믿게 하는 아이콘이 필요했던 것 같
다. 이는 군자금 관련 전과자(?)라는 무리수가 있더라도 자금 조성이 더욱 절실
했기 때문이다.

응답 2-2. 반면 구매자도 비밀이 유지된다는 보장 아래 이 사실을 알게 된다면 시가보다 비싸게 매입하여 조국의 독립을 위한 자금을 합법적으로 낼 수 있도록 하였을 것으로 판단된다.

응답 2-3. 공유임야의 수익금이 이만원(貳萬원)인 것은 임야의 전체 대금일 수 있다. 왜냐하면, 매매의 수익금만 이만원은 너무 큰 액수이며, 원금을 포함한 금액이라도 이 당시에 큰돈이다. 아마도 공유임야의 공동명의가 장식을 비롯한 비사에 참가한 이들이 아닐까 추정한다.

질문 3. 'The 담덕'은 물증 증거 세가지 중 '재산공유계약(등 제1호)', '전가족을 수용하고져 가실(등 제5호)' 등을 왜 작성하여 남겨 두었는가?

응답 3. 흔적을 남긴 이유는 참가자들의 배신을 막기 위함이며, 일제에 발각 시 최종 목적을 은폐하기 위한 장치이기도 하다.

- 제1호 재산공유계약서는 회원들의 배신과 같은 일탈행위를 막고자 하는 최소한의 안전장치이다.

- 제5호 '전가족을 수용하고져 가실(등 제5호)'는 이상촌 비사가 발각될 경우를 가정하여 최종 목적만은 은폐하기 위한 안배였다. 특히, 증거 등 제5호는 표면적으로 이상촌 건설을 위한 구체적인 활동 증거를 남기기 위해 만들어 놓음으로써, 이상촌 장소의 선정을 위한 답사의 명분이 생기고 내면적으로 독립자금의 전달을 위한 은폐의 수단으로 사용하려는 의도가 보인다. 그런데, 증거 제5호는 신흥무관학교의 기숙사를 연관케 하는 느낌이 오는 이유는 무엇 때문인가?

질문 4. 'The 담덕'은 '관개공사 공동경영계약(등 제4호)' 등을 작성하였다. 무엇 때문에 작성하였을까?

응답 4-1. 'The 담덕'이 울진이 아닌 청송에서 사업을 시행하였다. 일제의 감시망을 피하기에는 울진이 아닌 곳에서 회계를 처리하는 것이 수월하고 다양한 방법이 가능했을 것으로 판단된다.

응답 4-2. 공동경영계약을 체결한 이유는

- 청송의 관개공사는 비사가 아닌 밖으로 드러난 사업으로 수익성을 가장한 다른 목적이 있었던 사업이었다. 다른 목적을 위한 목적을 은폐하기 위해서라도 만일을 대비하여 합법적인 계약에 의한 자료를 마련해야 했다.

- 수리 관개공사에 투자한 금액이 1,000여 원이지만 적자가 발생한 비용을 포함하면 더 이상으로 이 당시 화폐가치로 큰돈이었다. 만약 먹튀를 할 경우를 대비하여 안전장치가 필요했다.

- 수리 관개공사를 핑계로 이동이 자유로워 울진에서 조성된 독립자금을 군자금 조달책에게 전달하기 쉬워졌을 것이다. 아마도 천축산 공유임야 매각 대금과 신간울진지회에서 조성된 자금들을 전달할 알리바이로 활용했을 것으로 추측된다.

이상과 같이 살펴본 내용으로는 울진이상촌비사의 'The 담덕'은 천축산 공유임야와 전시임야의 매입과 매각을 위해 모여진 모임이기보다는 조성된 자금의 처리를 위한 일명 돈세탁을 위한 비사였음이 확인된다.

【사진 9-18~19】 울진이상촌비사에 참여자 장재환의 행곡리 생가(生家)와 안채 전경(2023. 송죽)[288]

---

288) 장재환의 생가는 육촌 형인 장식의 옆집이다. 건축한 연도는 확인하지 못하였지만, 보존이 아쉬운 고택이다. 집의 구조는 뜰집의 형태인 가운데에 안뜰이 있는 전체적으로 보면 ㅁ자 모양을 이루고 있다. 전통적인 뜰집의 모양답게 안방을 중심으로 전면의 중문을 두었고 안방에서 중문을 바라보고 왼편에 창고와 안쪽으로 부엌을 두었다. 반대편은 사랑채와 뒷방이 있고 안방과 뒷방은 연결된 구조이다. 안뜰에서 바라보는 사각 하늘은 또 다른 세상의 별천지를 체험하는 아름다움에 아늑하며 정겨움이 더한다.

4. 약속의 땅인가 만남의 땅인가 - '금화'

만주로 가는 길목의 '금화'는 만남을 위한 약속의 땅인가?

면소 판결문에 천축산 공유임야의 매각으로 2만원의 수익금을 취득한 후,

> '비교적 지가가 저렴한 강원도 횡성 또는 **금화방면**에 광대한 토지를 구입한 후 이상촌을 건설할 것을 계획하고 전시임야를 매수 이것을 매각하고자 분주하였다.'

라고 되어 있다. 울진이상촌비사에 참가한 비사자들이 횡성과 금화 방면의 임야를 구하기 위해 분주하게 움직인 시기는 판결문의 내용을 볼 때 청송의 수리 관개공사 이전 또는 공사 기간 중일 때이다. 진정으로 이들이 횡성과 금화 방면의 토지를 매입하여 이상촌을 건설할 의사가 있었을까?

앞에서 언급한 바와 같이 이들은 이상촌을 건설할 의지가 없었고 국내의 상황은 이상촌을 건설할 여건이 되질 않았다. 그렇다면 이들은 왜 횡성과 금화 방면의 땅을 구하러 분주히 움직였을까? 한마디로 횡성은 장식과 연계된 것으로 추측되는 군자금 전달책 전상요가 산속에 은둔한 곳이며, 금화는 만주로 가는 교통의 요충지였다.

국내에서 이상촌을 건설할 의지가 없는 이들이 횡성과 금화 방면에 땅을 구하러 다닌 것은 다른 목적이 있었으며 천축산을 매각하여 취득한 2만원의 행방은 오리무중이다.

금화군은 일제강점기의 행정구역이 강원도에 속해 있었고, 분단 이후 남쪽 일부는 철원군에 편입되었지만, 나머지 대부분은 김화군이란 지명으로 변경되어 지금은 북한 땅이다.

일제강점기의 금화(김화)군는 척박한 땅이 많은 곳이지만, 철로와 함께 서울과 원산 간 도로가 관통하는 교통의 요충지였다.

후일 황만영이 건강상의 이유로 요양 간 곳은 금화군의 인근인 금강산이고, 영양으로 돌아간 조훈석이 금화군의 취재면허를 취득한 부분도 의심스러운 일들이다.

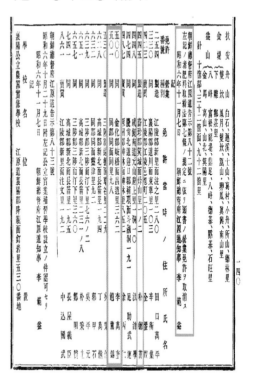

【사진 9-19】 조훈석, 금화군 취재권 취득(조선총독부 관보, 1930.11.7.)

5. 못다 한 'The 담덕'의 아우성

하나. 이상촌 건설의 실상(實像)과 허상(虛像)

그들은 국내에서 이상촌을 건설할 계획은 있었을까? 일제의 감시망을 피한다는 것은 현실적으로 불가능한 일이다. 이런 근거는 청송 수리 관개공사가 종료된 후 이들은 더 이상의 이상촌 건설을 위한 노력이 전혀 보이지 않았다. 그리고, 천축산 공유임야 이익금의 행방을 찾지 못한 상태이며, 막대한 손실이 발생한 사업에 대한 불만이 없이 마무리된 것은 애당초 이들에게 이상촌 건설을 위한 진정성이 보이지 않았다.

이들은 무엇 때문에 공산부락을 공모할 계획을 기획하면서 일부 증거 물증인 면소 판결문의 '재산공유계약(등 제1호)', '전가족을 수용하고져 가실(등 제5호)'을 남겼을까?

첫째, 비사자들의 일탈을 막기 위한 수단이었다.

둘째, 들통이 날 것을 대비하여 최종 목적만은 감춰야 했다.

> 비사자의 일탈을 막기 위한 안전장치였다면 비사의 목적이 일제의 감시 대상이며, 현실적으로 국내에서 이상촌을 만들 목적이 없었다면 비사의 진실은 무얼까? 개인의 사유재산을 부정하는 행위는 치안유지법 위반으로 일제의 입장에서 중차대한 범죄이며, 이를 들러리로 만들 정도의 다른 목적은 무엇인가?

만약 재외독립운동기지의 군자금 조성이 최종 목적이었다면 'The 담덕'에게는 두 가지의 과제가 있었다.

첫째, 합법적 계약에 의한 자금 조성은 사용처에 대한 회계가 분명해야 한다.

> 회계장부의 관리는 울진에 있었다면 일제의 감시로부터 먼 울진 인근의 타지에서 사업을 하는 것이 가짜 회계처리와 많은 자금을 조성할 수 있다.

둘째, 군자금의 안전한 전달 방법을 찾아야 한다.

> 군자금의 전달 방식이 백산상회처럼 무역에 의한 방식이 아니라면 인편에 의한 만남이 필요하고, 일제의 감시망을 피하려면 이동에 명분이 있어야 했다. 청송 공사책임자 울진의 주진복의 역할은 이런 자금의 이동과 혹시 모를 또 다른 책임자 권국찬의 먹티(?)를 감시해야 하는 안배가 아닐까 추측해 본다.

이렇게 울진이상촌비사의 허상(虛像)은 공산부락의 건설을 위한 활동이었으며, 실상(實像)은 재외독립운동기지의 군자금 조성과 전달을 위한 비사였다고 추정한다.

1920년대 중반의 재외독립운동기지에서는 군자금 조성을 위한 다양한 방법적 모색이 강구되고 있었다. 그동안 만주 지역의 동포들에 의존하려 했던 군자금 조성의 한계와 폭력적인 방법에 대한 반성으로 지속적이고 안정적인 방법을 찾아 나섰다. 이런 방법적 선택이 국내에서 합법적 거래에 의한 조성방안의 대표적인 곳이 백산상회와 선일약국이었다.

울진이상촌비사사건이 군자금 조성을 위한 일회성 사업이었다면 노출이 많은 여러 지역의 참가자들과 함께 비사(祕社)를 감행하지 않았다. 장식은 내일의 군자금을 조성해서 보내야 하는 책무 때문에 합법적 거래를 통한 회계 정산은 일제의 감시망을 피하고 안정적이고 지속적인 독립활동의 자금을 전달할 수 있어야 했다. 그래서 감시망을 피하고 이동하는 핑계를 갖기 위하여 청송에서 사업을 계획했고, 청송 사업을 위해 연고지의 믿을 사람으로 조훈석과 가까운 권국찬과 박영석을 비사자로 참여케 한 것이다. 어쩌면 울진이상촌비사의 실질적인 목적은 합법적인 회계처리 통한 군자금의 세탁과 전달에 있었다.

그럼 무슨 이유로 목숨을 담보로 할 만큼 험난한 길을 가야 했는지 'The 담덕'을 소환하여 살펴보도록 한다.

둘. 'The 담덕'은 왜 이상촌 건설을 기획했는가?

신민회 재외독립운동기지 건설의 강원도 책임자인 주진수는 서간도 답사를 다녀온 후 안동의 유학자 이상룡과 김대락에게 상황을 설명하고 만주로 이주를 시작한다. 주진수는 만주 이주 시 제자인 장식을 비서로 임명하고 지린성(吉林省) 류하현(柳河縣) 삼원보(三源浦)에서 독립운동기지 건설에 노력하였지만, 얼마 지나지 않아 일제의 모함으로 조작된 105인 사건에 연루되어 구속되었다.

상관인 주진수가 서대문형무소에서 옥고를 치르는 동안 장식은 영어 강사를 하던 성재 이시영의 서사(書士)를 하며 국권 회복을 위한 독립군 양성에 노력한다. 신흥강습소의 어려운 경제 사정으로 장식은 좁쌀 장사하며 이시영[289]을 도왔다고 한다. 이 독립운동기지의 상황은 흉년과 가뭄은 물론 중국인들의 비협조로 가져온 자금은 바닥이 났고 생계조차 힘든 어려운 실정이었다. 장식은 이시영과 함께했던 시절에 조국의 독립은 의기만으로 할 수 없음을 깨닫는다.

장식은 주진수가 출옥하여 만주로 돌아오자 그의 비서로 돌아왔다. 이시영은 일제가

---

289) 실제 성재 이시영은 명문 세도가에서 태어나 장사나 일을 할 줄 몰랐다. 결국 장식이 궁여지책으로 좁쌀 장수를 하며 생계와 신흥강습소를 독립군 양성에 필요한 자금을 현지에서 충당했다.

자신을 암살하려 한다는 소식을 듣고 1913년 가을에 만주를 떠났고, 주진수는 1914년 제1차 세계대전이 일어나자 만주 독립운동기지의 한계를 판단하고 러시아의 블라디보스 토크로 이주하여 독립운동을 전개한다. 그리고, 얼마 후 주진수는 장식과 함께 고향으로 잠입하여 장식만 남기고 다시 블라디보스토크로 돌아갔다.

주진수의 고향 잠입은 몇 가지 중요한 의미를 남긴다.

첫째, 주진수는 블라디보스토크에서 조선인들을 규합하여 삼위기사단, 지인단, 애국 부인회, 소년애국단 등을 조직하여 조국광복 운동을 전개하였다. 따라서 이를 위한 군자금이 절실히 필요하였다.

둘째, 주진수는 블라디보스토크에서의 안정적인 군자금 조성할 수 있는 여건은 한 계가 있음을 파악하고 고향에서 자금을 확보하는 방안으로 장식을 울진에 머 물게 한다. 하지만 독립운동의 군자금이 갖는 특수성으로 인하여 장식은 자신 을 대신할 후견인이라는 사실을 암시할 필요가 있어 함께 잠입했다.

셋째, 장식은 주진수와 함께 울진인들의 만주 이주를 주도한 장본인으로 혼자만의 귀향은 배신자로 낙인될 오해의 소지가 있어 군자금 조성에 막대한 걸림돌임 을 파악하였다. 따라서 함께 고향으로 돌아옴으로써 오해를 해소하고 장식의 입지를 넓혀줄 목적이었다.

장식은 2년간만 치른 약종상 시험에 합격하고, 울진 북북 지역에서 유일한 양약 판매 업소인 선일약국을 개점했다. 장식의 손자 장학중의 자료에 의하면 외상장부만 5권으로 선일약국을 통하여 주진수의 독립운동 자금을 조성하여 전달했다 한다. 이 당시는 백산 상회의 안희제도 1914년 블라디보스토크에서 돌아와 부산에 머문 시기이며, 군자금의 조성방식 또한 합법적인 회계처리를 통하여 안정적인 지원을 구축한 때였다.

1925년경 만주에서는 무슨 일이 있었는가? 주진수의 정치적 동지인 석주 이상룡이 상 해임시정부의 국무령을 사임하고 만주로 귀국한 시기가 8월이다. 그리고 수행했던 황만 영이 군자금 조성을 위해 국내로 잠입한 것도 8월로 기록되었으니, 황만영은 이상룡을 수행하여 만주로 돌아온 후 같은 달 고향으로 잠입한 것으로 보인다. 이 당시 황만영이 만주로 가져간 독립운동 자금이 10만원이었다. 그런데 이 자금은 1925년 한해에 조성 한 자금이 아니라 1925년부터 1929년경까지 조성하여 가져간 돈으로 추정이 된다. 그 리고, 이상룡과 황만영은 1924년 11월 24일부터 정의부 간부로 활동하다 상해로 갔으 며, 임시정부에서 만주로 돌아온 후 다시 정의부에서 활동하였다.

그리고 주진수는 1926년 4월 5일에 정의부(正義府)의 유일당(唯一黨) 촉성에 참여하기 위하여 블라디보스토크에서 만주의 길림(吉林)으로 돌아왔다. 정의부·천도교·형평사의 간부들과 고려혁명당을 조직하고 중앙위원 및 선전부원에 선임되어 정의부의 산하 행정기관의 위원으로 당을 이끌 때였다.

따라서 이상룡과 주진수·황만영은 같은 목적을 가지고 독립운동을 전개하고 있었으며, 군자금이 절실히 필요한 시기였다. 그런데, 1925년 8월에 들어온 황만영은 군자금 조성이 쉽지 않았던 것으로 판단되는 이유는 만주 이주 당시 전 재산을 처분하였고, 1927년 12월에 신간울진지회장을 맡아 금강산으로 요양차 떠난 1929년 3월까지의 긴 시간을 이상룡을 만주에 홀로 두고 울진에 오랫동안 머물렀던 이유이다.

셋. 전과자(?) 이겸호를 왜 비사에 참여시켰을까?

울진이상촌비사의 수익금은 일제가 조사한 금액만 2만원이다. 이겸호가 처형에게 300원의 군자금을 내도록 협박한 죄가 1년 6개월이면, 2만원은 상당한 금액으로 일제의 입장으로 보면 중죄이다.

반대로 생각하면 군자금과 관련하여 배달 사고를 내거나, 먹튀를 하여도 무엇이라 말을 하지 못했던 시대 상황이고 보면, 아무리 친한 사이라도 비사에 참가하는 회원들에게는 군자금이라는 믿음을 줘야 했다.

이겸호는 신흥무관학교 출신으로 신흥강습소와 신흥무관학교에서 근무한 장식과 함께 하였고, 황만영은 이 당시 신흥무관학교의 재정을 담당하였다. 신흥강습소를 졸업한 이겸호는 곧 서로군정서의 군자금 조달을 위해 국내에 들어와 활동하던 중 대한통의부 사건으로 구속된 이력이 있어 비사의 목적이 재외독립운동기지의 군자금을 조성임을 묵시적으로 알릴 카드로 충분한 가치가 있었지만, 이겸호의 참여가 부담된다는 것을 장식은 누구보다 잘 알고 있었다.

그러나, 물건(마을의 공유임야)의 주인인 행곡 사람들에게는 마을의 공유임야를 공공의 이익을 넘어 조국의 독립운동을 위해 사용함으로써, 기획부동산 'The 담덕'과 함께 한 일들의 정당성과 당위성을 갖게 할 명분이 더 절실하여 이겸호를 참여시켰을 것이다.

넷. 영양인 조훈석은 'The 담덕'의 몸통인가 행동대장인가?

조훈석은 과연 누구인가?

황만영이 울진으로 잠입한 10개월 뒤 조훈석이 영양에서 울진으로 온다. 그리고 울진이상촌비사의 첫 모의가 1926년 2월 2일 장식의 방에서 있었다. 그럼, 조훈석은 울진이상촌비사의 실질적인 몸통일까? 라는 물음이 생긴다.

조훈석은 장식보다 아홉 살 아래로 영양에서 동아일보와 시대일보의 지국을 운영한 기자였다. 하지만, 울진이상촌비사의 자금 조성 중 핵심 사업은 천축산 공유임야의 매입과 매각을 통한 이득금의 수수(受隨)이다. 그런데 앞에서 살펴본 바와 같이 1차 모임 전에 천축산 공유임야를 처리할 준비가 되어 있었던 것으로 보아 이상촌건설을 위한 비사는 회계처리와 군자금 전달을 위한 비사임이 확인되었다. 그렇다면 조훈석은 몸통이 아닐 것이다.

왜, 조훈석은 울진으로 왔을까? 그 이유는 다음과 같이 유추(類推)할 수 있다.

첫째, 울진이상촌비사로 조성된 자금을 세탁할 적임자이다.

둘째, 일명 돈세탁으로 조성된 거금의 군자금을 책임지고 전달할 믿을 사람이다.

셋째, 군자금 모금의 확대를 위하여 장식을 대신하여 울진청년회와 신간울진지회의 지원에 앞장설 장식의 대역으로 최고의 적임자였다.

울진이상촌비사사건의 면소 판결문에 언급된 자금 규모로 보아 이를 울진에서 회계 처리하는 것은 비밀의 유지와 이후 군자금의 전달 과정이 어려울 것으로 장식은 판단했다. 그렇다면 울진 인근의 지역에서 자금을 세탁하고 전방위(신간울진지회 사업 등)에 걸쳐 자금을 전달할 적임자가 누구인가? 바로 조훈석이었다.

그럼, 조훈석은 믿을 수 있었던 사람이었을까? 조훈석이 동아일보 기자 시절 정의로운 청년임을 알 수 있는 사건이 있다. 당시 일제의 앞잡이였던 지역의 공립보통학교를 상대로 의로움을 다한 조훈석의 투철한 기자정신을 엿볼 수 있는 사건이 있었다.

【동아일보 영양지국 명예훼손 건으로 피소】 290)

영양군 석보 공립보통학교 교사 신주택이 제자 여학생과 추한 관계가 있다하여, 동교 학부형들이 '불량교사를 면직시켜 줄 것'을 당국에 진정한 사실이 있어 이를 보도한 동아일보에 대해 신(신주택)이 고소하였다.

이로인해 동아일보 영양 지국장 조훈석과 기자 정세무가 1925년 10월 5일에 구속되었다가 10일 만에 석방되었다.

이 사건은 일제로부터 많은 회유와 협박에도 사실을 보도하려는 기자정신과 함께 정의로운 조훈석의 인간 됨을 알 수 있는 사건이었다. 이렇듯 조훈석은 정의로움이 넘치는 청년 기자였으며, 1930년 조선공작당의 지령으로 영양과 울진의 2군을 담당하는 역할을 맡았던 사실들은 당시 역량이 남다른 독립운동가이자 사회운동가로 평가된다.

---

290) 조훈석-명예훼손 피소사건 사설, 한민족 독립운동사 8권, 1. 국내민족운동(국사편찬위원회)

　앞서 언급한 바와 같이 군자금의 배달 사고와 먹튀가 횡횡하던 시절에 누구에게 함부로 맡길 수 없는 상황이었다. 더욱이 거금이면 가까운 친인척도 믿지 못하며, 이때 나타난 믿을 맨(Man) 조훈석은 최고의 적임자였다.

　조선총독부 자료에 의하면 조훈석이 영양으로 돌아간 뒤 금화군의 취재면허[291]를 취득하였다. 동명이인이라 하기에는 기자 출신의 한자어까지 같을 수 없다.

　금화군은 일제의 면소 판결문에서 언급된 '금화 방면으로 시세보다 저렴한 땅을 구하러 분주하였다.'에서 1929년 3월 금강산으로 요양 간 황만영과 1931년 11월에 금화군의 취재면허를 취득한 조훈석이 원주로 가는 길목의 금화에서 무슨 일을 하고 있었는지 이들은 흔적을 남기지 않았다.

　조훈석은 울진이상촌비사사건으로 강릉지청 검찰국에서 구속수사를 받던 와중인 1932년 2월 2일 경주지청 검사 분국으로부터 횡령죄로 불기소처분[292]을 받은 사실이 있다. 그런데 횡령 내용이 무엇인지 아직 밝히지 못하였다.

　군자금이 절실했던 주진수를 중심으로 이상룡과 황만영 등은 당시 만주 정의부(正義府)의 유일당(唯一黨)운동을 지원하기 위해 장식은 국내의 신간회 설립을 주도한 것으로 보인다. 따라서 장식은 신간회 운동을 통하여 새로운 조국의 독립운동을 위한 돌파구를 찾는 동시에 만주 독립운동기지의 군자금 조성을 확대할 필요가 있었다.

　장식이 주도한 전강원도 사회운동자대회의 명분은 강원 영서 지방의 사회운동 활성화를 위하여 춘천에서 발기하고, 강원도 전체 사회주의운동단체의 활성화를 위한 것으로 보이지만, 실제는 신간회 설립을 위하여 먼저 사회운동단체들의 의견을 결집하였다. 그리고, 이 사실을 바탕으로 강원도 청년연맹을 통하여 민족주의 단체와 협동전선으로 국내 신간회의 결성을 촉구했다. 그러나, 장식은 청년연맹의 회원 자격인 나이가 걸림돌이 되었다. 이는 강원도 청년연맹 산하의 울진청년회도 1926년 1월 15일에 울진청년회 혁신대회[293]를 통하여 회원의 나이를 만 18세 이상 25세 이하로 제한했다. 따라서 고려혁명당과 본인을 대신하여 청년회의 활동을 대변할 수 있는 적임자가 동아일보 기자 출신 영양의 조훈석이었다. 이런 목적으로 조훈석은 1926년 6월경 울진으로 와 울진청년회에 가입하게 되었다.

　조훈석이 울진청년회를 대표해서 삼척청년회의 강연회에 참가하여 '미래는 뉘 것이냐'[294]라는 주제로 강의하는 등 강원도 청년운동에 적극 활동하였다. 그리고, 신간울진지회의 발기인으로 참여하고 설립대회에서 초대 정치문화부 총무간사를 맡았다.

---

291) 조선총독부 관보, 177쪽, (1930.11.7. 조선총독부, 국사편찬위원회)
292) 조훈석(나무위키, 인물편)
293) 울진청년 혁신 군연맹까지 발기(동아일보, 1926.1.15.)
294) 삼척 시사 강연 - 미래는 뉘 것이냐? (동아일보, 1929.10.13.)

조훈석은 청송의 수리 관개공사가 종료되고 적자까지 변제 처리된 후, 1930년 10월에 영양으로 돌아가 영양청년회와 신간영양지회에 가입했다. 그리고, 이른바 '영덕적색농조'라고 불리는 사건에 개입되어 2년의 옥고를 치렀고, 대한민국 정부는 2006년에 건국훈장 애족장을 추서하였다.

'The 담덕'에게 있어 조훈석은 행동대장이다.

다섯. 울진금융조합은 어떻게 연계되었을까?

울진금융조합[295]이 울진이상촌비사에 어떻게 개입되었는지는 정확하게 알 수는 없다. 다만, 현직 금융조합장과 서기 및 감사가 참여하였다는 사실뿐이다. 일제의 면소 판결문에 천축산 매득금이 2만원이다. 그런데 매각하여 얻은 수수료가 2만원이라면 천축산의 땅값을 추정하기 어렵다. 그런데 확인된 2만원은 어디로 갔을까?

1) 공유임야의 원금(땅값)이 포함된 수익일 수 있다.
2) 독립운동 자금으로 사용될 명분(이겸호를 들러리로 세움)으로 아주 저렴하게 사서 시세보다 많이 받았을 수 있다.
3) 실제 수임료다.

위 내용을 근거로 다음과 같이 추정해 본다.

첫째, 원금(땅값)이 포함된 이익금이 2만원으로 땅값은 마을에 돌려주었다.

   - 그렇다면 매득금까지 줘야 하는데 비사를 할 이유가 없다.

둘째, 매득금으로 불리는 2만원에 원금과 수수에 대한 이익금이 포함된 금액일 가능성이 매우 높다.

셋째, 수임료가 이 정도면 천축산[296]의 땅값이 엄청난 액수인 관계로 가능성이 희박하다고 판단되지만, 천축산의 상징성으로 보아 가능성이 있다.

   - 이렇게 많은 마을 자산을 어떻게 관리할 것인가? 가능성이 희박하다.

그렇다면 울진금융조합은 어떤 형태로 울진이상촌비사에 관여하였을까?

---

295) 울진금융조합의 정체성에 대한 문제는 앞에서 언급한 바와 같이 비교하는 시대에 따라 개별화시켜 판단하여야 한다. 예를 들어 민중들의 교육을 위해 창고를 내어 주고, 저금리 융자를 비조합원들에게 확대한 사실은 울진금융조합을 일제의 어용 기관으로 무조건 호도하는 것은 잘못된 판단이다.
296) 천축산 공유임야는 앞으로 울진이 조사할 대상으로 천축산이라면 불영사 주위의 산을 의미한다. 추후 검토하여야 할 과제이다.

첫째, 울진금융조합이 선매입 후 팔았을 가능성이다.

이 당시 울진금융조합의 자료를 찾지 못하였지만, 1933년 울진금융조합의 총자산[297]이 41,000원이었다고 한다. 이는 공유임야의 원금과 매득금이 2만 원일 경우 가능한 부분으로 높은 가격에 매입할 매수자를 찾을 때까지 매입하였다 팔았을 가능성이다. 이러한 추정은 긴급한 독립자금의 조성과 회계 정산을 투명하게 하려는 의도성으로 울진금융조합을 들러리로 세울 필요가 있었을 경우다.

둘째, 매득금을 울진금융조합에 맡겼을 가능성도 있다. 쌀값 안정을 위해 1930년 11월경 비조합원에게까지 저리로 대출을 지원해 준 사실이 있다.

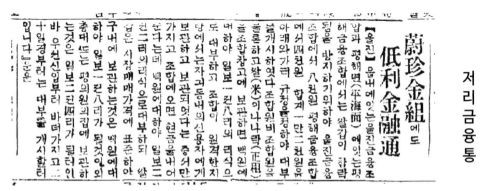

【사진 9-20】 울진금융에도 저금리 용통, 울진금융조합 - 2단 편집(동아일보, 1930.11.11.)

【울진】 (중략) ~**쌀값이 침락**[298]됨을 방지하기 위하여 ~ **조합원 비조합원은 물론하고 같이** 쌀이나 나락을 조합 창고에 보관하면 100원에 대하여 일 1전 8리의 리식으로 대부하고 원격한(멀리 떨어진) **지방에서는 자긔(자기) 동네의 신용자에게 보관되었다는 증서만** 가지고 조합에 오면 현금을 내어 준다는데 백원에 대하여 일보 2전2리의 리식으로 대부하되 (이하생략)

동아일보의 기사를 살펴보면,

첫째, 울진금융조합은 1930년 당시 쌀값의 안정을 위하여 저금리의 대부를 시행했다.

둘째, 조합원뿐만 아니라 비조합원들에게까지 확대하였다.

셋째, 조합에서 먼 동네는 마을의 신용자 확인만 있으면, 현금을 내어 주었다.

위의 사실들을 주목해 보면 누가 이런 금융조합을 일제의 앞잡이라 하여 민중들의 고혈을 빨아먹는 흡혈귀라 할 수 있는가? 이 당시 울진금융조합은 일제의 앞잡이가 아니었다.

---

297) 조선은행회사조합요록(朝鮮銀行會社組合要錄 1933)와 동아경제시보사(국사편찬위원회 참조)
298) 참락(慘落): 파는 사람이 손해 볼 정도로 물건의 가격이 크게 떨어짐.

여섯. 신간울진지회는 연계된 사실은 없는 것일까?

울진이상촌비사는 표현대로 비사이며, 비사의 비밀을 공유하면 모두 치안유지법 위반 사항이다.

황만영의 신간울진지회 회장을 맡은 것은 어려운 결정이었다. 상해임시정부의 요직을 마다하고 만주로 돌아온 이유는 석주 이상룡을 수행하기 위함이었다. 그런데 1925년 8월부터 1929년 3월[299])까지 울진에 머문 황만영에게 울진이상촌비사의 군자금은 물론 신간울진지회를 통하여 모금된 독립운동 자금이 절실하였다.

신간울진지회에서 줄곧 재무와 회계를 담당했던 주진복은 울진이상촌비사의 청송 수리 관개공사에서 울진측 책임자이기도 한 사실은 두 단체가 서로 연관이 있음을 추측하게 한다. 그리고, 신간울진지회는 다른 지역들과 달리 지속적인 총회와 임시대회를 개최하려고 무진장 노력한 흔적들이 보인다. 이런 일련의 활동들을 어떻게 해석하여야 할 것인가?

대회를 치러야 찬조금을 조성할 수 있고, 조성된 자금을 세탁하기 위해서는 행사를 치러야 했다. 그래서 신간울진지회는 다른 지역에 비하여 유난히 신간회의 (임시) 총회를 개최하려고 노력한 흔적이 역력하게 기록되어 있다.

또 다른 의문은 1929년 3월에 긴급 임시대회를 개최하여 제2기 신간울진지회 임원진을 출연시킨다. 회장 황만영이 건강상의 이유로 사임을 하면 다음으로 부회장 장식이 위임받아 조직을 운영하는 것이 관례인데 동시에 사임을 한 사실은 무언가 이들에게 위험이나, 문제가 생겼을 것으로 여겨진다.

일곱. 왜 일제는 11개월 구속수사 후 면소 판결을 하였을까?

일제가 찾아낸 증거자료 1.2.3.은 치안유지법으로 처벌할 충분한 증거가 된다. 하지만 면소 판결 내린 이유는 무엇일까? 일제는 이겸호와 관련하여 군자금과 연계된 증거를 찾으려 주력하였다. 1931년 1월 6일 자 동아일보의 기사에 의하면 '만주에서 들어 온 이겸호를 중심으로'라고 한 사실과 이겸호의 이력에서 확인된다.

그런데 결국 일제는 군자금과 연계된 증거를 찾지 못하였다. 그렇다고 이들이 죄가 없어 무혐의 판결을 받은 것일까? 아니다. 면소 판결문에도 일제의 치안유지법에 저촉된 사실을 명시하였는데, 왜 면소 결정을 할 수밖에 없는 이유는 첫째, 구속수사로 인하여 지금까지 밝힌 증거자료로 처벌할 수 있는 형량과 구속수사 기간을 산입하면 더 이상

---

299) 황만영의 울진 체류 기간은 명확하지 않지만 1925년 8월에 군자금 조성을 위해 입국하였고, 1929년 3월에 금강산으로 요양 간 사실만 있다.

복역시킬 형량이 없을 것으로 추정된다. 둘째는 이 사건이 판결까지 간다면 또다시 공론화되어 일어날 수 있는 비난 여론을 덮어야 하는 이유에서다.

따라서 울진이상촌비사에 참여한 10명의 참여자는 혐의가 없어 면소 판결을 받은 사실이 아니라 더 이상 복역을 치를 물증이 발견되지 않아 면소가 결정된 이른바 징역을 마치고 나온 전과자(?)들이다. 하지만 끝까지 침묵하였던 것은 사실로 보인다.

만약 울진이상촌비사가 군자금 조성을 위한 비사였다면 무엇이 이들을 끝까지 침묵하게 만들 수 있었을까? 아마도 군자금 관련 사실이 밝혀지면 일제의 회유조차 거짓임을 누구보다 잘 알고 있었고, 동지들의 처결 또한 감당해야 한다는 사실을 갖고 있지 않으면 불가능한 일로 여겨진다.

울진이상촌비사의 참여자 중에서 사건의 빌미를 제공한 이겸호는 면소 판결 후 만주로 돌아가 조국의 독립을 보지 못하고 사망한 것으로 역사에 기록되었지만, 죽음에 대한 자세한 내용은 찾을 수 없다. 노기일은 독립된 조국에서 초대 울진군수로 선출되었으며, 주진철은 초대 강원도 도의원이 되었다.

영양의 조훈석은 영양으로 돌아가 일명 '영덕적색농민조합 사건'으로 구속되어 징역 2년을 선고받고 옥고를 치른다. 대한민국 정부는 2006년 뒤늦게 건국훈장 애족장을 추서하였다.

여덟. 못다 한 'The 담덕'의 아우성!

일부 자료에 의하면 1925년 황만영이 고향으로 잠입하여 가져간 군자금이 10만원이라 한다. 아마도 황만영이 상해에서 만주로 돌아와 8월에 고향으로 온 일자를 확인하고 간략하게 결과를 기록한 것이다. 1925년 황만영은 10만원의 거금을 조성할 수 없었던 이유를 앞에서 언급하였다. 아마도 1925년 8월부터 신간울진지회 회장을 사임하고 금강산으로 요양 갈 때인 1929년 3월까지 조성한 금액의 총액으로 추정된다.

황만영은 1910년경 만주로 이주 시 가산을 대부분 처분하여 남아 있는 재산은 없었다. 1927년 12월 23일 신간울신시회 회상을 맡은 것도 재외독립운동기지의 군자금 조성을 위한 절박함의 선택이었다. 황만영은 만주에 있는 이상룡을 두고 국내에 있을 시간적 여유가 없었음에도 울진에 머물러야 했던 이유는 군자금 조성이 예전보다 어려웠던 까닭이다.

울진이상촌비사는 만주 정의부의 이상룡과 주진수가 주도하는 재외독립운동기지의 군자금 조성을 위한 장식의 설계로 선일약국과 신간울진지회 등에서 조성된 독립운동 자금을 'The 담덕'을 통하여 세탁하고 전달했던 비사였다.

울진이상촌비사사건(蔚珍理想村秘社事件)을 살펴보면서

하나. 천축산 공유임야의 수익금 2만원의 행방은 침묵하고 있다.

　둘. 1929년 3월 황만영이 신간울진지회의 회장직을 갑자기 사임한 이유가 건강 상의 이유가 그런데 부회장인 장식까지 사임을 하고 제2기 신간울진지회의 임원을 일절 맡지 않았다. 대부분 회장이 궐위가 되면 부회장이 위임을 맡는 것이 관례이지만, 무슨 이유로 두 사람이 모두 사임을 했을까?

　셋. 1930년 11월 동아일보 총무부장에 장기라는 사람이 임명되었다가 한 달 뒤에 의원 해직되었다. 장기라는 사람은 울진에 없으며 다름 아닌 장식이다. 아마도 영덕의 이겸호가 구속되어 10월경 울진경찰서에서 조사받기 시작하면서 불똥이 동아일보에 피해를 줄 가능성이 있어 사표를 낸 것으로 보인다. 결국 다음 해인 1월에 강릉검사국으로 송치되었다.

　넷. 공사의 경험이 있는 자(?)에게 맡겼음에도 많은 적자가 발생이 되었지만, 비사자들의 불만을 표현한 흔적이 남아 있지 않았다. 왜일까?

　기상청의 강수량에 대한 자료[300]에 의하면 1시간 최대 강수량의 3위가 1927년 9월 10일~11일에 내린 제주의 105mm로 총강수량 301.2mm이다. 그런데 1927년 8월 4일 제주지방의 총 강수량이 281.7mm로 기록되어 있다. 따라서 1927년의 여름은 한반도가 장마로 고생한 해였다.

　어쩌면 이런 날씨의 조건이 하천 수리 관개공사에 과다한 지출을 통한 부당한 자금(?)을 조성할 수 있었던 기회가 될 수 있었을 것으로 여겨진다.

　청송 관개공사는 투자금 1,000원으로 시작하여 사업으로 생긴 몽리토지 2만평과 변제한 적자 금액을 합하면 큰돈이었다. 그런데 비사자들은 조용했다.

다섯. 이들은 청송 수리 관개공사가 적자로 끝난 후 더 이사 이상촌 건설을 위한 노력을 하지 않았다. 이들에게 이상촌은 실상(實像)인가, 허상(虛像)인가?

　영양으로 돌아온 조훈석은 조선공작당의 지령으로 영양과 울진의 2군을 담당 하였다라고 기록되어 있다. 하지만 울진이상촌비사 이후 울진에 대한 발걸음조차 주지 않고 침묵한다. 이렇게 2년 동안 울진이상촌비사는 역사에 사라진 듯하였는데, 이겸호의 자택에서 사유재산을 부정하는 계약서가 발각되기 전까지 아무런 일이 없어 보였다.

　조훈석이 강릉지청 검사국에 이송된 날이 1931년 1월 4일이었고, 울진인들이 조사받은 일자는 1930년 10월경으로 구속된 일자는 1930년 겨울로 추정된다. 그렇다면 영덕경찰서에서 체포되어 조사받은 이겸호는 울진인들이 체포되기 전으로 판단되며, 그 시

---

300) 우리나라 역대 강수량 비교표(기상청. 2020.4.6.)

기는 밝혀지지 않고 있다. 다만 그의 기록에 만주로 돌아가 이상촌건설을 위하여 노력하다 일제에 발각되어 1년 7개월 동안 고초를 당하였다는 내용이 기록되어 있어 이를 정리하면 1930년 5월경이지만 이 기록도 명확하지 않다. 다만, 신문 자료에 명시된 1930년 10월경이 조사를 받게 되는 시기로 보는 것이 타당하다.

1931년 1월 4일 조훈석이 강릉검찰청 검사분국에 이송되어 구속수사를 받던 중 같은 해인 2월경 횡령 혐의로 경주지청 검찰분국에 불기소처분[301]을 받은 사실에 대하여 자세한 내용은 알려지지 않고 있다.

조훈석은 1930년부터 영덕적색농조사건에 개입되어 구속 초기에는 관련자로 분류가 되었지만, 조사과정에서 깊이 개입한 사실이 드러난다. 실제 조훈석은 울진이상촌비사를 거울삼아 영덕에서도 실행하려고 시도한 것으로 보인다. 영덕적색농조사건을 자세히 살펴보면 울진이상촌비사와 닮은 부분이 많지만, 다른 점은 울진처럼 비밀이 지켜지지 않았다는 것이다.

하지만, 조훈석은 울진의 사건들에 대하여 언급하지 않았다. 조훈석은 조선공작당의 울진군 담당자였지만, 1933년 울진적색농조사건(울진혁명적농민조합)[302]으로 수 십명의 청장년들이 구속되었지만, 공작위원회의 조훈석이란 이름을 찾아볼 수 없었다.

조훈석과 울진인들은 비밀을 무덤까지 가지고 갔다.

이상과 같이 울진이상촌비사사건(蔚珍理想村秘社事件)은 만주 지역의 정의부 소속 이상룡과 주진수·황만영이 주도한 민족유일당 운동과 연계된 재외독립운동기지의 군자금 조성을 위한 장식의 설계로 'The 담덕'은 자금의 세탁과 전달을 위한 비사였다.

【사진 9-21~22】 조훈석의 자녀 조영욱의 컨테이너 집과 새로 단장한 소형 주택(해피민[303], 2020.)

---

301) 1932.2.2. 경주지청 검사분국에서 횡령으로 불기소처분을 받았음(국가보훈처, 국가기록원).
302) '울진혁명적농민조합'이 정확한 명칭이며, 일제의 판결문에 사건명은 '울진적색농조사건'으로 등재되어 이 글에서는 혼용하여 사용됨을 주의해야 하며, 필자는 '울진농민조합'으로 불러야 함을 주장함.
303) 해피민은 독립유공자의 후손 지원사업으로 컨테이너에 살고 있는 조훈석의 아들 조영욱 씨에게 새로운 안식처를 마련해 준 시민단체이다. 대부분의 독립운동가 자손이 힘들게 살아가고 있는 현실을 정부가 아닌 시민단체가 일반인들의 찬조를 받아 쾌적한 삶을 살아갈 수 있도록 소형 주택을 지어 드리는 프로젝트이다. 조영욱씨도 다행스럽게 도움을 받아 조금은 노후를 편하게 보낼 수 있게 되었다.(네이버, 2020.)

【한사이 9.】 울진제동학교 1938년 3월 졸업 기념(추정)(울진뉴스 2008.)[304]

304) 한 장의 사진 속 이야기 9. - 사진 속의 하단에 적힌 기록 내용이 선명하지 못해 언제 찍은 것인지 명확하게 알 수 없다. 1937년 졸업 기념사진과 같은 장소인 명륜당 건물인 것과 1938년 8월에 울진제동학교 신축 건물을 건립되어 교실로 사용했던 사실을 추정하여 보면, 1938년 울진제동학교 졸업 기념사진으로 확인되며, 2008년 울진 뉴스에 실린 사진들은 대부분 울진장씨 고산성파에서 소장한 사진이지만, 이 사진은 고산성파 자택에서 찾지 못하였음.

제 10 장
슬픔이 모이면 아픔으로 병이 된다

1. 또 다른 이야기 하나 - 병의 시작은 이별이다... 233

2. 영글다 만 꽃은 그릇의 크기를 알 수 없다... 237

3. 또 다른 이야기 둘 - 슬픔이 모이면 병이 된다... 244

庭梅爲雪所摧(정매위설소최) ³⁰⁵⁾

매화나무가 눈에 부러지다.　　　장만시 글, 전광홍 譯

最愛庭前樹	제일 아끼는 매화나무가
唅香待歲新	향기를 머금고 봄을 기다렸네
殘枝摧虐雪	가지 하나가 눈에 부러지니
破碎一團春	봄 한자락을 부셔버렸네

【ima-10】백매화-장시원, 2023.

---

305) 자연과 함께 살다 간 장식의 7대조 장만시(張萬始. 1696~1769.)의 한시 '정매위설소최'는 울진의 정신이 깃든 만흥학교의 매화리를 기억하고. 부러진 가지는 영글다 만 장식의 아들 장호명의 안타까운 사연을 담아 제10장에 수록함.

1. 또 다른 이야기 하나 - 병의 시작은 이별이다

 1936년은 장식(張植)에게 잊을 수 없는 한 해였다. 그동안 뒤에서 묵묵히 지원해 주던 부친 죽차(竹此) 장규한(張奎漢)306)이 4월 6일(음력 3월 15일)에 졸(卒)한다. 장규한은 아들 장식이 어릴 때부터 사재를 내어 만흥학교(晩興學校)의 설립에 참여하게 하며, 국권 회복을 위한 독립운동을 지지했던 아버지이자 후원자였다. 장식은 아버지가 세상을 떠나자 내앞마을 뒷산(모시골)에 선영을 마련하였다.

 죽차 장규한은 선대로부터 불렸던 담덕이란 택호(宅號)처럼 물려받은 재산은 여유가 있었다. 담이 높으니 부(富)의 부족함이 없고, 인심이 후하여 나눔이 남달라 마을 사람들의 칭송이 자자했다. 현재 행곡2리의 마을 공유재산인 송이산(공동채취림-당시에는 송이가 나오지 않았음)은 장규한이 마을에 기증한 임야로 훗날 송이가 나오면서 마을의 경제적 여유로움을 갖게 했다. 또한, 개관사업에 관심이 높아 마을 앞 천전(川前)의 보를 활용하여 마을에 농수(農水)를 보급하는 등 관개 수로의 개선에 노력하여 내앞마을의 풍요와 단합을 가져왔다.

【사진 10-1】 죽차 장규한(고산성파, 1929.)307)

 그리고, 장규한은 개간 사업에도 관심이 많았으며 이런 관심은 아들인 장식에게 영향을 주어 현재 민물고기 전시관의 내수면 시험장 부지는 장식이 개간한 둔치308)다.

 그리고, 장규한(張奎漢)의 또 다른 진면목(眞面目)을 확인할 수 있는 대목이 있으니 바로 '연호정 건축기(蓮湖亭 建築記)'다.

 울진군지에 의하면 장규한은 한학에 조예가 깊고 풍류를 즐길 줄 아는 호방(豪放)한 성격이 소유자라고 하며, 울진의 정신(精神)을 정립하고 계승하기 위하여 뜻있는 유지들과 함께 울진 연호의 정자를 보수하는 일에 앞장섰다고 기록되었다.

306) 장규한(張奎漢)은 울진인(蔚珍人)으로 호(號)는 죽차(竹此)이고, 청파(靑坡) 장만시(張萬始)의 후손이다. 기품이 호방하고 시원스러우며 일찍이 문학을 성취하였다. 특히 산업진흥을 위해 수리시설을 넓게 개발하니, 많은 사람이 그의 노력에 대해 신뢰하고 따랐으며,「유고(遺稿)」가 있다(울진군지, 2022.).
307)【사진 10-1】은 '제9장 3절 나항'의 관련으로 같은 사진을 게재함.
308) 둔치는 강, 호수 등 물가의 가장자리나 둔덕진 곳의 우리말이다. '고수부지(高水敷地)'는 둔치의 어려운 한자어임.

문헌에 의하면 연호정은 순조 15년(1815년) 연호의 북쪽 기슭에 정자를 세우고 울진의 대표적인 정신세계를 간직하며 향원정(香遠亭)이라 하였다. 그 후 향원정은 오랜 비바람으로 무너져 있었던 것을 뜻있는 울진의 유지들이 당시 울진군수인 이기원을 설득하여 1922년 7월에 옛 동헌의 객사 건물을 옮겨 세우고 연호정(蓮湖亭)이라 이름을 붙였다.

【사진 10-2】 연호정 건축기 원본309) (장규한, 고산성파)

그러나, 일부 자료에 의하면,

　ʹ(중략) 1922년 7월 당시 울진군수 이기원(李起遠)이 고을의 선비들과 함께 옛 동헌의 객사
　　건물을 옮겨 세우고 연호정이라 이름을 붙였다.ʹ310)

내용을 보면 이 당시 군수 이기원이 중심이 되어 연호정을 이축한 것으로 설명되어 있지만, 군수의 일거수일투족을 홍보하던 조선총독부 기관지인 매일신보에서 연호정의 이축에 대한 보도 내용을 찾을 수가 없다. 군수 이기원은 기록과 달리 연호정의 보수에 열정이 많지 않은 듯하다. 이기원 군수를 대신하여 장규한이 작성한 연호정 건축기는 이 당시 인정을 제대로 받지 못했거나, 군수로부터 외면받았을 가능성이 높다. 이기원 군수가 관심이 있었다면 당신의 이름으로 현판이나 비문으로 남겼거나, 신문을 통해 군수의 동정을 보도했을 것이기 때문이다.

이 당시 울진강습소의 신문 기사들을 보면 군수 이기원은 울진의 유지들과 관계가 우호적이었던 것으로 보여 옛 동헌의 옛 객사를 이축하고 연호정을 세우는 일에도 도움을 준 것은 사실로 보인다. 하지만, 울진의 정신세계를 정립하고 계승하는 일과는 거리가 멀었던 것으로 판단되어, 연호정에 대한 기록 중에서 최소한 군수 이기원이 연호정의 이축을 주도한 내용은 수정되어야 한다. 아울러 '연호정 건축기'에 대한 연구가 선행되어야 할 것이다.

---

309) 제2장 24쪽 연호정 건축기와 중복됨. 연호정 건축기는 안동의 문화권에서 해서가 나왔으며, 울진에서도 자세한 검토가 필요함.
310) 디지털울진문화대전-연호정(한국학중앙연구원-향토문화전자대전, 울진군, 2023.)

죽차 장규한은 연호정 건축기와 함께 한시(漢詩) 한 수[311]를 연호정에 남겼다.

名湖金幅有名亭	이름난 호숫가에 좋은 정자 있으니
春月秋風任醉醒	봄 달 가을바람에 취하고 깨는구나
十里平鋪花世界	십리 펼친 평야는 꽃 세계를 이루고
一生無恙鷺洲汀	해오라기 노니는 물가에서 일생을 보낸다
詩中竹此今年老	시인 죽차는 늙어 가는데
海上仙槎萬古靑	신선 노닐던 바다는 만고에 푸르구나
斜倚曲欄遐矚立	구부정한 난간에 기대어 저 멀리 바라보니
蓮歌漁笛互相停	연꽃 노래는 어부의 피리 소리와 어울리네

【사진 10-3】 연호정 전경(송죽, 2023.)

아버지의 죽음은 누구나 한번은 겪는 슬픔이다.

하지만, 3월에 세상을 떠난 아버지를 시작으로 석 달 뒤 장자 호명이 일제의 모진 고문을 이겨 내지 못하고 병석에서 1년여 동안 시름 하다 세상을 등진다. 그리고 10월에 정신적 지주였던 스승 주진수가 이역만리에서 세상을 떠나니, 슬픔이 모이면 아픔이 되고 아픔은 뼈에 사무치는 고통이 되어 정신과 몸이 피폐해지기 시작한 1936년이다.

---

311) 울진군지. 제1권 제3편 문화유산 제17장 금석문·시·기 제9절 시 813쪽(울진군지, 2022.)

그리고, 죽차 장규한은 당신의 이야기를 모아 작은 역사를 남겼다.

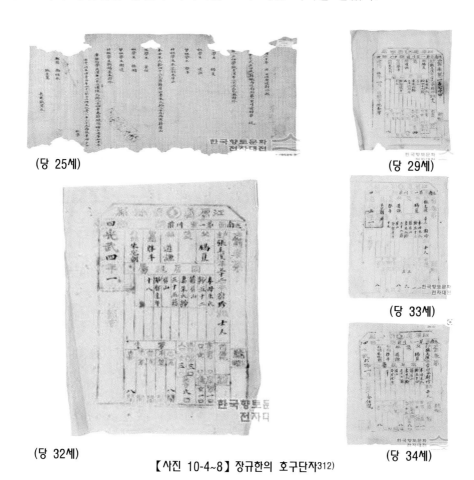

(당 25세)

(당 29세)

(당 32세)

(당 33세)

(당 34세)

【사진 10-4~8】 장규한의 호구단자[312]

울진장씨 고산성파의 경상북도 유형문화제 제395호에 등재된 122점 중에서 장규한이 관아에 제출한 5개의 호구단자는 이전 시대의 호구단자들과 함께 향촌 재야 사족의 경제 동향을 비교 분석할 수 있는 학술적 의미가 있는 자료로 평가받으며, 작은 역사가 되었다.

【사진 10-9】 울진장씨 고산성파 소장 호구단자 모음(경상북도 유형문화재 제395호)

---

312) 울진장씨 고산성파 소장문서(울진장씨 고산성파-안동의 국학진흥원에 기탁되어 관리되고 있음). 장규한의 호구단자는 선조들의 호구단자(【사진 10-9】의 호구단자)와 더불어 조선 중기 이후 향촌 재야 사족의 경제 동향을 분석하는 자료로 활용되고 있음.

2. 영글다 만 꽃은 그릇의 크기를 알 수 없다

장식의 묘갈문에 기록된 다음 이야기는 슬픔이 모여 아픔으로 병이 되었다.

『長子憲兌以獨立工作黨業事受毒刑者十一月而出獄因病致死』

【장자(長子) 헌태(憲兌)313)가 독립 공작당 사건으로 11월간 독형(毒刑)을 받고 출옥한 뒤에 인해(출옥한 뒤 이로 인해) 병으로 죽었고】

장호명(張祜明)은 서울 중동학교에서 수학하고 고향으로 내려와 독서회 활동하던 때인 1934년 2월경에 울진혁명 적농민조합(蔚珍革命的農民組合)이 노출되면서 행곡리 독서회 활동을 주도한 혐의로 체포되었다.

11개월 동안 구속수사를 받던 중 손목에 찬 수갑이 살을 파고들 정도의 잔혹한 고문으로 생명이 촌각에 이르자 1935년 7월 8일 함흥지방법원에서 기소유예 판결을 선고받고 석방되었다.

【사진 10-10】장호명(고산성파)314)

출옥 후 몸이 쇠약한 상태에서 1년 동안 투병하였으나 결국 병석에서 일어나지 못하고 1936년 7월 17일 순국하였는데, 그의 나이 24살의 꽃다운 청춘이었다.315)

석 달 전에 세상을 떠난 부친의 슬픔이 가시기도 전에 아들 호명이 유명을 달리하니 장식(張植)의 심정은 어찌 말로 표현할 수 있겠는가? 아들은 자신의 신념으로 인하여 더 잔혹한 고문을 당하고 급기야 다른 세상으로 먼저 보내는 아비의 마음은 찢어질 아픔으로 한(恨)이 되었다.

아들 호명의 무덤은 석 달 전 부친이 잠든 선영 아래 가매장(假埋葬)하였다. 그런데, 일제는 순사를 보내 직접 눈으로 시신을 확인하며, 감시의 고삐를 늦추지 않았다고 한다. 그 후 묘지를 행곡리 미래덕골로 이장하였다.

---

313) 장식의 장자(長子) 헌태(憲兌)는 자(字)가 호명(祜明)으로 국가 공훈록에 장호명으로 등재되어 있어 이하 '장호명'이라 함.
314) 단체 사진에서 캡처한 것으로 사진의 촬영 연도는 1929년이며, 우리나라의 나이로 17세이다.
315) 울진군지, 제2권 인물편 제3질 충의(忠義)와 효행(孝行) 400~401쪽 발췌(울진군, 2022.)

장자 호명은 중동학교(中東學校) 재학[316] 중 서울에 있는 한 독지가의 도움으로 일본 와세다 대학[317]의 유학을 준비하기 위해 잠시 울진에 내려와 있던 교외생[318]이었다.

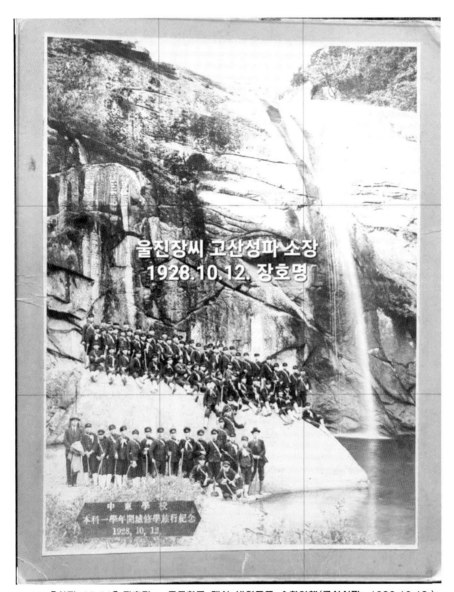

【사진 10-11】 장호명 - 중동학교 개성 박연폭포 수학여행(고산성파, 1928.10.12.)

---

316) 장호명의 중동학교에 재학한 기록은 1950년 한국전쟁 당시 학교의 화재로 인하여 찾을 수 없다고 한다. 다만, 고산성파에서 소장하고 있었던 개성 수학여행 단체 사진이 남아 있음.

317) 최익한은 자신이 졸업한 일본 와세다 대학에 장식의 맏아들 장호명을 유학 보내려 했음.

318) 국내의 많은 인사들이 와세다 대학 교외생 제도를 이용하였다(김재항-문과, 신중목-정치경제학과, 정인승-문학과 법률과, 강필승-법률과, 남송학-정치경제학과, 김명식-중학과, 김창제-정치경제학과 등). 장호명이 와세다 대학 교외생이었다는 사실도 이런 역사적인 상황을 배경으로 함.

장호명이 다닌 중동학교는 이 당시 울진 독립운동의 중심에 있던 최익한이 졸업한 학교이다. 그리고, 그의 아들 최학소가 중동학교를 중퇴하고 울진혁명적농민조합의 독서회 활동으로 구속되었다. 구속 당시 최학소는 21세였고 장호명은 22세였으니, 둘은 중동학교를 함께 다녔던 것으로 판단된다. 장호명의 학비를 지원해 주었다는 서울 독지가는 최익한과 최학소를 지원했었던 같은 계열의 인맥으로 보인다.

이런 사실은 당시 울진독립운동사의 방향을 가늠할 수 있는 중요한 부분으로 과거 장식이 경신학교에 편입학을 할 수 있었던 것도 주진수와 김도희가 관동학회와 신민회 일원으로 함께 활동한 이유 때문이며 장호명 또한 같은 맥락으로 설명이 된다.

장호명에 대한 기록을 울진군지[319] 등에서 정리하면,

1903년 5월 13일(음 4.17.)일 울진군 근남면 행곡리에서 일선공(一仙公) 장식(張植)의 아들로 태어났다. 본관은 울진(蔚珍)이고, 족보의 이름은 장헌태(張憲兌)이다.[320]

울진제동학교를 다니다 울진공립보통학교를 입학한 후 졸업[321]하였으며, 서울 중동학교를 재학(1928~)하다가 휴학하고 일본 와세다대학(早稻田大學) 교외생으로 공부했다.

1925년 살구야학이 설치되자 학생들을 가르쳤는데, 당시 학생 수는 약 18명이었다. 이때는 장호명이 나이 14세로 울진공립보통학교를 졸업한 후 아버지 장식을 대신하여 여타의 이유로 취학하지 못한 아이들을 가르쳤을 것으로 보인다. 장식이 당시 울진제동학교 설립에 동분서주하며 소년단을 집성할 시기였다면, 어떤 형태이든 행곡에 야학을 설치하고 아버지 장규한이 당신에게 하였던 것처럼 아들에게 살구야학을 맡겼을 것이다.

울진혁명적농민조합은 1933년 3월 29일 울진군 북면 덕구리 온천여관에서 윤두현(尹斗鉉), 최학소(崔學韶), 남왈성(南曰星), 주맹석(朱孟錫), 최재소(崔在韶), 남왈기(南曰紀), 전봉인(田鳳仁), 남석순(南石順) 등이 주도하여 당시 강원도 최초로 울진혁명적농민조합을 창립하였고, 장호명도 이 당시 가입해 활동하였다. 울진혁명적농민조합 회원들은 울진 각 지역에 독서회, 야학 등을 결성하여 농민의 대중 의식을 계몽하고, 청소년의 민족의식을 고취함으로써 일제에 저항하는 세력으로 길러내고자 조직되었다.

울진혁명적농민조합은 1933년 4월 22일 제1회 간부회의를 개최하여 지구별 비밀 독서회를 조직하였다. 이들은 일제의 농촌진흥운동을 이용하여 표면적으로 농촌진흥야학회를 개설하고, 이면에는 울진혁명적농민조합의 목적을 의식화시켜 나가자는 활동 방침을 결정함으로 5월 이후 지구마다 독서회가 조직되었다. 각 지구 독서회 책임자로는 울진

---

319) 울진군지, 제2권 인물편 제3절 충의(忠義)와 효행(孝行) 400쪽(울진군, 2022.)
320) 장호명의 출생 연도는 울진군지에서 언급한 바와 같이 1903년이 아닌 1913년으로 국가공훈록의 기록이 오기이며, 위의 자료는 울진장씨대동보에 근거함(울진군, 2022.)
321) 일제에 의한 조선교육령이 1922년 4월 1일에 선포되어 보통학교의 수업 기간을 4년제에서 6년제로 전환된다. 장호명은 입학 시기는 정확히 알 수 없으나, 입학 연령을 만 6세에서 만 10세까지 제한한 것으로 보아 1924~25년경에 졸업했을 것으로 보임.

면 정림리에 남왈성, 호월리, 고원리에 주맹석, 용제리에 전원강, 근남면 행곡리에 장호명·최경소, 울진제동학교 학생반에 남성덕을 선임하고, 지역의 청년과 울진제동학교 학생들을 회원으로 가입시켰다. 장호명은 소년구락부(少年俱樂部)로 가장해 독서회를 운영하면서, 「노동조합론」·「노동독본」·「계급투쟁의 필요성」·「사회주의 대의」 등 사회주의 관련 서적을 읽게 하면서 민족의식과 계급의식을 갖춘 활동가를 길러내고자 했다.

장호명의 구속 시기는 장식의 묘갈문으로 보아 1934년 6월경으로 늦은 감이 있다. 울진혁명적농민조합의 노출 시기는 2월이 아닌 4월경인 것으로 확인되며,[322] 검거 기간도 3개월 이상에 걸쳐 마구잡이로 구속하고 수사를 했었다.[323] 장호명의 경우 검거일이 늦은 이유는 일본으로 유학 준비로 울진에 없었거나, 먼저 잡혀간 동지들이 장식 때문에 장호명의 이름을 늦게 발설했을 수 있다.

강원도 최초의 혁명적농민조합으로 확인되는 사건명 '울진적색농조사건'은 검거 대상만 100여 명이며, 이 중에서 14명이 유죄 판결을 받았다. 장호명 역시 이때 체포되어 혹독한 조사와 잔혹한 고문으로 사경에 헤매자 1935년 7월 8일 함흥지방법원에서 기소유예 판결을 받고 석방되었다.

울진혁명적농민조합의 사건과 관련하여 많은 신문의 기사들은 대부분 공판에 회부가 된 14명을 중심으로만 보도하고 있지만, 1934년 12월 14일 자 동아일보의 보도 내용은 기타의 처분 사실을 구체적으로 다음과 같이 보도하고 있다.

> ´(중략) 이 사건 관계자는 전부 41명으로 예심에 회부된 피고인은 13명, 불기소 22명, 기소유예 5명이라 한다.(이하생략)´

보도 내용 중에서 예심에 회부가 된 최학소가 명단에서 누락이 된 것을 포함하면 예심에 전체 41명이 확인된다. 그리고, 최종 판결의 기사들은 1935년 7월 8일로 정신이상으로 분리 심리한 주유만을 제외한 13명의 판결만 보도했다.[324]

앞서 서술한 바와 같이 장호명은 11개월 동안 구속수사를 받던 중 손목에 찬 수갑이 살을 파고들 정도의 잔혹한 고문으로 인해 생명이 촌각에 이르자, 1935년 7월 8일 함흥지방법원에서 기소유예 판결을 선고받고 석방되었다.

석방 후 잔혹한 고문으로 인해 1년 동안을 투병하였으나 끝내 병석에서 일어나지 못하

---

322) 울진혁명적농민조합의 노출 시기에 대하여 여러 상황을 정리하면 검거 시기는 4월경으로 추정된다.
　　2월경 - 조선일보(1934.12.7. 피검자 백여명이든 울진적색농조사건)
　　3월경 - 동아일보(1935.6.21. 울진적색농조사건 14명 명일 공판, 함흥지방법원에서 개정할 터 ~)
　　4월경 - 조선중앙일보(1934.4.23. 울진경찰 대활동~)와 동아일보(1934.5.4. 모종 중대계획 발각~)
　　5월경 - 조선중앙일보(1935.5.4. 울진적색농조 14명 예심 종결 함흥지방법원에서)
323) 최종래의 경우 1934년 7월 1일경(동아일보. 1934.7.6.)에 검거된 사실과 보도 내용 중 3개월이 지나도록 취조 중이라 것은 첫 검거가 4월경이며, 구속자는 계속해서 검거하고 수사를 했던 것으로 판단된다.
324) '울진적농사건 구형과 같이 언도 주유만은 정신이상'(동아일보. 1935.7.9.)

고 1936년 7월 17일(양력)에 순국하였다. 대한민국 정부는 2000년에 대통령 표창을 추서하였다.

다음은 장호명을 구속한 울진혁명적농민조합사건은 몇 가지 특이한 점이 발견된다.

하나. 울진혁명적농민조합은 강원도에서 최초로 결성된 혁명적 농민조합이었다.

둘. 울진혁명적농민조합 사건의 참여자는 신간울진지회의 제3기에서 활동한 인사들이 주축이 되었고, 울진공작당과 극동공산주의동맹을 거쳐 혁명적 농민단체로 재조직을 한 사실을 여러 신문은 기사화했다.[325]

셋. 장식이 울진이상촌비사사건으로 강릉검사국에서 구속수사를 받던 기간은 울진을 포함한 강원도 일대가 사상자 검거의 무풍지대였다는 사실과 본 사건이 교통망과 광산의 발전으로 인한 것임을 여러 신문은 보도하고 있다.[326]

이를 정리하여 보면, 첫 번째 사실로 보아 울진인들의 조국 사랑의 역량을 다시 한번 확인할 수 있다. 두 번째 사실은 장호명은 아버지 장식 때문에 더 잔혹한 고문을 받으며 고초를 당한 것으로 판단된다. 어쩌면 울진경찰서는 사건명 '울진적색농조사건'으로 장호명을 구속수사를 하면서 장식을 옭아맬 궁리를 한 것이 아닐까 하는 의구심이 든다. 왜냐하면 울진혁명적농민조합은 신간울진지회 제3기의 적통이란 사실을 다음의 보도 자료를 통하여 확인되었다.

【사진 10-12】 울진적색농조 농민지도와 독서회 조직 활동(동아일보, 1935.5.5.-기사 6난 편집)

농민지도와 독서회 조직 활동

이제 그들의 활동 내용을 살펴보면 소화16년(1931년) 초 **신간회가 해소**된 (이)후 이우정을 수반으로 하고 소화 6년 6월 상순과 하순에 동지를 규합하야(여) **울진공작당**을 조직할 것을 협의하고 7월 15일 연대지(연호정)에서 총회를 열고 중앙책임 이우정, 조직부 책임 윤

---

325) 동아일보(1935.5.5.), 조선중앙일보(1935.5.5.), 동아일보(1935.6.1.) 자 보도 참조.
326) 동아일보(1935.11.13.), 매일신보(1934.11.13.), 신한민보(1934.12.20.) 자 보도 참조.

두현, 선전부 책임 주진황 등으로 부서를 선정하엿(였)으나 동년 9월 15일 이것을 **극동공산주의동맹**으로 변개하고 매월 1회씩 총회를 개최하고 기금을 모집하고저 획책하였다. 그러는 중 동년 10월 15일 전기극동공산주의자동맹의 상무기관으로 공작위원회를 조직하고 강원도 연해의 사회운동상황을 조사중이든바 동년 12월 8일 총회에서 피고 주윤만으로부터 결사의 중앙집권제도와 간부불신임으로 결국 전기 비사를 해체하게 되엇(었)다. 그리하야 피고 윤두현 등은 전기 극동공산주의동맹이 해체된 후 그 재건 계획을 획책하였으나 성공하지 못하고 1933년 3월 28일 전기 이우정 등은 울진면 고성리에서 동지와 회합하며 울진노조를 혁신적 지도에 의하여 조직을 개조하고자 하였으나 성공하지 못하고 1932년 11월경 윤두현은 **울진 혁명적농민조합** 발기문을 작성하여 배포하고 1933년 3월 29일 피고 9명은 북면 덕구리 온천여관에서 총회를 개최하고 강령으로 농민의 경제적 의식을 촉구하고 봉건적 사상을 배척한다는 등 글을 지었다. 그리고, 부서는 중앙사무국 책임 진기열, 조직선전부 책임 한일성, 고용부 책임 윤두현, 청년부 책임 주맹석, 부인부 책임 최재소 등을 결정하고 각리에 **독서회 야학** 등을 개최하여 의식 주입에 주력 활동하였다. 終

세 번째 사실에 근거하여 2년 전 울진이상촌비사사건으로 장식을 구속 수사할 시기에 조용했던 언론들은 '사상범 검거의 무풍지대'라 표현하였고, 강원도 내 사상범 검거의 증가 원인을 교통망의 확장과 광산개발의 발전 등이라고 보도하면서 무언가를 희석화시키려는 의도가 있어 보이는데, 이와 관련된 신문보도 자료를 살펴보면,

【사진 10-13】교통 광업의 발전에 따라 강원도 좌경사상 격화(동아일보, 1934.11.13.)

한때에 **무풍지대**로 지적되는 강원도 일대에도 최근에 이르러서는 검거 선풍이 일기 시작하야(여) 사상 사건이 뒤에 뒤를 맞물고 그칠 줄을 모르고 있다 한다.

격지 세상으로 아직까지는 교통이 불편하고 문화적 시설이 비교적 저하하야(여) 이 사상방면의 운동도 그다지 볼 것이 없더니 최근에 이르러서는 새로이 이 철도의 공사도 진전되고 잇(있)고 또는 자동차의 교통도 비교적 완비하여감으로 이에 따르는 인사의 왕래가 빈번하야

(여)질뿐아니라 지리적으로 함남일대와 인접하고 또는 그 지방사람들로서 간도와 기타 만주 방면 등지에 다수히 나가서 사는 관계로 말미암아 사상적으로 자연히 좌익색체를 주입 받게 되어 현재에 이르러서는 거의 함남일대와 같이 사상적으로 중요성을 갖게 되었다.

그리하여 최근 강원도 내서만 대량검거를 계속하고 있는 곳도 울진에 적색농민조합 사건으로 20여명이 검거되어 준엄한 취조를 받고 잇(있)으며, 삼척에도 적색농조사건으로 40여명이을 검거하고 이래 반개년이나 계속하야(여) 취조 중에 잇(있)다고 한다. 이외에 동도관내 모모처에서 다수한 인원을 검거하야(여) 이와같은 사상사건으로 검거되어 취조를 받고 잇(있)는 검거 총인원이 100여명에 달한다고 한다.

최근에 이와같이 사상적으로 중요성을 갖게 된 동지방을 시찰하고 울진삼척 지방을 시찰하고 돌아온 통정대부 경무관은 말하되 '강원도 지방도 교통의 발전과 대광산의 발전으로 말미암아 더욱더욱 이러한 운동이 침임되리라고 관측하고 상당한 경계를 요하여야 될 것이라 생각한다'고 한다. 終

언론은 울진혁명적민조합사건은 교통망의 확장과 광산의 발전으로 인한 정보의 공유가 원인이라고 보도하였다. 1930년 초반의 울진을 사상범 검거의 무풍지대라고 표현한 것은 1920년대의 울진인들이 보여준 역량들이 무색할 정도이다. 그래서 무언가를 희석화시키려는 의도성이 숨겨진 것으로 보이는데, 총독부 기관지인 매일신보[327]까지 이에 동참한 이유는 무엇인가?

울진혁명적농민조합의 사건 관련자로 장호명을 구속수사를 하면서 일제의 의도는 다른 곳을 향하고 있었던 의구심을 감출 수 없다. 어쩌면 울진경찰서는 장호명의 수사를 울진혁명적농민조합사건과 관련 없이 더 끌고 가려고 했을 것이다. 하지만 장호명이 고문으로 인하여 목숨이 사경에 이르자 급하게 기소유에 처리한 것으로 보인다.

이런 상황을 알고 있는 장식은 아들과 며느리에게 준 슬픔으로 말할 수 없는 번민과 죄책감에 고통의 세월을 보내야 했다.

아! 당신은
이렇게 청춘을 떠나보내며
담배를 곁에 두고 평생을 홀로 지내야 했다.

【사진10-14】 장호명의 처 남차남(당 28세, 1941. 울진장씨 고산성파)[328]

327) 영동에도 적색 선풍 사상범 연래 격증, 교통 개발과 광산이 많은 관계 경무당국 취재 전력(매일신보, 1934.11.13.)
328) 장호명의 처 영양남씨(남차남)의 단체 사진에서 캡처한 사진이다. 어린 나이에 홀로되어 시아버지와 아들을 키우느라 일생을 바친 가엾은 새색시였다. 생몰연대는 1913.7.26.~1989.12.8일(음력 11.11.)이다.

3. 또 다른 이야기 둘 - 슬픔이 모이면 병이 된다

 장식에게 1936년은 슬픔이 쌓이면 아픔이 되고, 아픔은 병(病)이 되어 몸은 피폐(疲弊)하였고, 정신은 혼돈(混沌)으로 인한 공포가 밀려왔던 잊을 수 없는 한 해였다.

【사진 10-15】주진수(울진군지 2022.)

 1936년 4월 6일(음력 3.15.)에 부친(父親) 장규한(張奎漢)이 졸(卒)하였고, 7월 17일(음력 5.29.)에 장자(長子) 호명(胡明)이 유명을 달리하였으며, 9월 16일(음력 8.1.)에 스승 주진수(朱鎭洙)[329]가 먼 이역 땅에서 세상과 이별을 하였다.

 주진수의 아이콘은 **'시대를 통찰한 독립운동가'**로 그는 시대를 앞서가며 국권회복운동과 조국의 독립을 위하여 헌신하였다.

 울진근대사의 중심이 되었던 선각자이지만, 신민회의 만주 이주를 주도하고 국외에서 독립운동에 전력한 이유로 울진 근대사에서 관심과 연구가 부실했던 아쉬움이 남는 독립운동가이다.

 주진수는 1875년 3월 11일 울진군 죽변면 후정리 매정마을에서 신안주씨 교수공파 12세손인 아버지 주병휘(朱秉輝)와 어머니 담양전씨(潭陽 田氏) 사이에서 외동으로 태어났으며, 이후 울진군 매화면 금매리로 주소를 두었다.[330]

 어려서 한학을 배웠고 지리·역사·수학 등 신학문을 독학하였으며, 「독립신문」,「황성신문」,「매일신보」 등을 읽으며 민족의식을 키웠다. 1896년경 독립협회에 가담하였고 1907년 4월경에는 신민회 회원이 되어 간부로 활동하였으며, 어린 장식을 영남으로 유학을 보내 주역을 배워 오게 하였다.

 1907년 10월에는 본향인 울진으로 돌아와 남상정·남재철·진규한·곽종욱·주병웅·최정순·**장식**·전오규와 지역의 동지들이 힘을 모아 울진 최초의 근대학교인 만흥학교(晚興學校)[331]를 설립하였다.

---

329) 주진수의 사망일에 대하여 여러 이견이 있으나 국가기록원에 등재된 내용을 기준으로 하며, 더 자세한 내용은 추후 조사하도록 함.
330) 매화면 금매리로 이주한 내용은 명확하지 않으며, 생가의 위치가 죽변면 후정리 매정마을이고 보면, 만흥학교와 관련하여 주소만 옮겼을 수 있음.
331) 만흥학교는 매화만흥학교와 울진만흥학교를 혼용하여 사용하는 것을 만흥학교로 통일하고자 한다. 매화만흥학교는 지역의 한계성을 벗어나지 못하고, 울진만흥학교는 매화리의 상징성이 부족하여 만흥학교로 학교명을 정하는 것이 바람직할 것으로 판단됨.

주진수는 신민회의 '모범'이 되는 만흥학교를 지역의 거점학교로 활용하여 울진 사동 대흥학교·강릉의 영주의숙(瀛洲義塾)·안동의 화산의숙(花山義塾)·영해의 송천의숙(松川義塾) 등 원근에 걸쳐 학교설립에 협력하였고, 교육과정을 공유하며 수많은 인재를 양성하였다. 그리고 학교설립에 협력하는 것에 그치지 않고 학교 운영을 지원했으니, 만흥학교 제자 장식과 곽무가 송천의숙에서 교편을 잡은 연유가 이런 이유이다.

1908년 관동학회[332] 회원이 되었으며, 1910년 3월경에는 신민회의 재외독립운동기지 건설을 위한 강원도 책임자가 되어 10만원을 모금할 임무를 맡았다. 8월경에는 김구·양기탁과 함께 조선총독부에 대항하는 도독부를 서울에 설치하였고, 11월경에는 만주독립운동기지를 답사[333]하고 돌아와 안동 유학자들의 만주 이주를 일사천리로 진행하게 한 결정적인 역할을 담당한다. 주진수의 만주 답사는 현재 핫한 이회영 형제들의 만주 이야기에 묻혀 저평가되고 있지만, 신민회의 기록에는 주진수의 만주 답사 이후 안동 유림을 시작으로 전국적인 이주가 시작된 사실은 부정할 수 없다. 그리고 주진수의 만주 답사 시 장식이 동행했을 것 같은 합리적인 의심이 드는 이유는 영남으로 주역을 배우게 한 주진수의 아이콘이 '시대를 통찰한 독립운동가'이기 때문이다.

1910년 12월경 만흥학교 출신들을 중심으로 울진인의 서간도 이주[334]는 대대적으로 감행한다. 백운선생실록[335]에 의하면 이들의 주체는 만흥학교와 대흥학교의 관계자 및 학생들의 가족이 중심이 되어 농가(農家) 일백여 호가 일거에 이주하였다. 만주에서 도별로 사람들을 부를 때 강원도 출신은 '울진인'이다 할 만큼 많았다고 한다. 주진수는 만주로의 이주 때 제자인 장식[336]을 비서로 임명함으로써 어린 장식에게 역할과 정체성을 명확하게 하여 재외독립운동기지의 건설에 매진하게 한다.

---

332) 강원도 출신 인사들과 유학생들을 중심으로 1907년 7월 동도흥학회(東道興學會)로 출발하여 1908년 3월 관동학우회로 발전하였으며 곧 관동학회로 개칭하였다. 서울에 중앙회를 두고, 각 지역에 지회를 설립하였으며, 비슷한 시기에 설립된 서북학회·기호학회·교남교육회 등의 단체와 함께 각 지방 출신 인사들이 출신 지역의 민중계몽과 지역 문화 향상을 위해 노력한 단체였다.

333) 역사의 기록에 신민회의 만주 독립운동기지에 대한 답사가 명확하지 않다. 주진수의 만주 답사는 1910년 8월경 1차 선발대로 이회영의 일원이 다녀올 때 함께 다녀왔다는 설과 가을에 이동녕과 함께 다녀왔다는 설이 있다. 신민회의 기록에는 후자가 정설로 되어 있으며, 일제에 의한 105인 사건 판결문에는 9월에 서간도로 다녀온 깃으로 조사되있다. 필지의 의견은 1차 선발대의 이회영으로부터 보고받은 정보에 대하여 신민회는 가을(9월~11월경으로 추정)에 이동녕과 주진수를 보내 이회영 일행의 답사 결과를 확인한 것으로 추측되며, 비용은 자비로 다녀왔다는 설이다. 만주에서 돌아온 주진수는 안동의 유학자 이상룡과 김대락에게 답사 결과를 전달하였고, 이에 안동의 유학자들은 만주 이주를 일사천리로 진행했다. 이 사실은 안동의 유학자들과 주진수가 사전에 논의가 되어 있었던 것으로 추측되며, 이회영에 대한 답사에 대한 검증이 필요했던 것으로 판단된다. 이때 제자 장식과 동행하였을 것으로 추정하는 이유는 영남으로의 주역을 배우게 한 이유가 서간도 답사를 위한 주진수의 안배가 아닌가 하는 짐작을 갖게 함.

334) 주진수를 포함한 울진인의 만주로의 이주에 대한 일자가 다른 이유는 양력과 음력이 혼용되어 발생한 듯하다. 음력으로 1910년 12월 말에 출발하여 유하현에 도착한 시기가 1911년 1월경으로 정리되어야 하며, 김대락이 유하현에 도착한 일자는 4월 15일(양력 5/31)이다.

335) 백운선생실록, 18쪽(전영경, 1959.)

336) 백하일기의 1912년 2월 22일(양력-김대락, 1912.), 백운선생실록(전영경, 1959.), 최해의 회고록(이달의 독립운동가, 2008.)에서 확인됨.

주진수는 만주(서간도) 이주 후 독립운동기지 건설을 위한 기반을 조성하고 신흥강습소를 운영할 시기에 일제의 105인 사건으로 구속되었다. 1911년 7월 22일 경성지방법원에서 소위 보안법 위반 혐의로 징역 2년 형을 언도받고 옥고를 치렀다. 주진수가 105인 사건으로 구속되면서 비서인 장식은 신흥강습소에서 영어 강사를 하던 성재 이시영의 서사(書士)[337]로 독립군 양성에 진력(盡力)하였다.

주진수가 출옥[338] 후 유하현 삼원보 추가가에서 이시영·이상룡·이동녕·김동삼 등과 함께 독립운동기지 건설에 참여하면서 장식을 주진수의 비서로 돌아왔다. 한편, 이시영은 당시 일제로부터 자신의 암살 계획을 듣고 만주를 떠나면서 장식과 헤어지게 되었다. 이시영이 만주를 떠난 시기를 1913년 3월경으로 되어 있으나, 조사 결과 초가을쯤으로 확인된다.[339] 신흥강습소에서 이시영과 함께하며 암울했던 시절의 독립군 양성을 위한 진정성은 후일 울진의 창유계가 중경의 임시정부와 연계한 사실을 추정하게 한다.

1914년 제1차 세계대전이 일어나자 주진수는 만주에서 러시아 블라디보스토크로 이주하여 그곳에서 조선인들을 규합하고, 삼위기사단·지인단·애국부인회·소년애국단 등을 조직하여 조국광복 운동[340]을 전개하였다. 따라서 주진수는 새로운 활동을 전개하기 위해서 안정적인 독립운동 군자금의 조달이 절실하였다. 1914년 블라디보스토크에서 귀국한 백산상회의 안희제와 같은 목적으로 장식과 함께 귀국하였다가 장식을 울진에 남기고 블라디보스토크로 돌아갔다.

장식은 한시적으로 2년간만 치러진 약종상 시험에 합격하고 울진 읍내에 선일약국을 개업하며 약상독립(藥上獨立)의 기초를 마련하게 되었다.

1919년 3월 13일 북간도에서 조선 동포들을 모아 대대적인 3·1만세운동을 전개하였으며, 그해 9월에는 상해임시정부 특파원 전영화(田榮化)와 니콜리스크 정부에서 함께 활동한 황만영(黃萬榮)과 신참 지방의 윤인보(尹仁甫)·신상무(申相武)·안기완(安基完)·이순(李舜) 등이 모여 미국차관 3백만불의 도입 문제와 지역 순회강연 계획 등을 논의하였다.

이 당시 장식은 선일약국을 운영하면서 군자금을 조성하고 있을 시기인 1919년 3·1만

337) 서사(書士)는 대서나 필사를 업으로 하는 직업으로 신흥강습소에서 이시영의 영어 수업 시 학생들이 글자를 따라 쓰도록 도와주는 일을 하였다고 함.
338) 주진수의 출옥 시기에 대한 명확한 날짜를 알 수 없다. 1912년 9월경은 조사 기간을 산입해도 너무 이르다. 1912년 9월 28일 제1심에서 무죄로 석방되었다고는 이해되지 않으며 다시 확인할 필요가 있음.
339) 성재 이시영 소전, 49쪽(박창화, 을유문화사, 1984.)
340) 1934년경 강원도 최초의 혁명적농민조합사건으로 알려진 사건명 '울진적색농민조합'의 조직 유형과 활동의 전개는 1914년경 주진수가 블라디보스토크에서 펼친 조국광복 운동과 비슷한 형태로 전개되었다. 따라서 울진의 독립운동의 정신은 신민회 국권회복운동의 실천인 만흥학교에서 출발하여 1920년대 울진청년회와 제동학교 및 신간울진지회를 거쳐 1930년대 울진공작당과 울진혁명적농민조합 및 1940년대 창유계로 이어지는 울진의 사상체계의 중심에 주진수와 장식이 있었음을 알 수 있음.

세운동을 참가하기 위하여 2월 말경에 서울행을 강행했다는 기록은 동기가 부족하다. 그리고 3월 1일 정재용과 동향인 황상봉을 탑골공원에서 만난 후 만세운동에 참여하였으나, 황상봉은 기마부대에 잡혀 며칠간을 조사받고 훈방 조치되었다. 그런데, 황상봉은 울진으로 돌아온 기록이 없고, 만주로 가서 간도국민회에 가입한 후 군자금 모금으로 활동하다 붙잡혀 서대문형무소에서 2년의 징역을 살았다. 대한민국 정부는 2006년 뒤늦게 건국훈장 애족장을 추서하였다.

그런데 장식은 울진에 돌아온 일자가 명확하지 않지만, 장식이 돌아온 후 울진의 3·1만세운동은 불을 지펴지기 시작했다. 그리고 황상봉의 이력은 독립운동을 위한 군자금 조성 및 전달이었다. 그렇다면, 만주 지역 3·1만세운동을 주도한 주진수를 지원하기 위하여 긴급 자금을 전달할 책임자로 황상봉이 울진에서 출발하였거나, 만주에서 들어왔을 수 있다. 그런데 후자가 더 설득력이 있어 보이는 이유는 필요한 자금의 전달이라면 서울을 거쳐 갈 이유가 없다. 또 다른 추정은 황상봉과 함께 만주로 갔다가 장식만 울진으로 돌아왔을 가능성으로 탑골공원에서 독립선언문을 전달받고 만주로 향했다면 한 사람은 독립선언문을 한사람은 군자금을 따로 하여 가지고 갔을 가능성이 더 설득력이 있는 가설이다.

주진수는 1926년 4월 5일에는 정의부(正義府)의 유일당(唯一黨) 결성에 참여하기 위하여 블라디보스토크에서 만주 길림(吉林)으로 돌아왔으며, 정의부와 천도교 및 형평사의 인사들과 함께 고려혁명당을 조직하였고, 중앙위원 및 선전부원에 선임되어 정의부의 산하 행정기관으로서 당을 이끌었다. 주진수는 당을 이끌 자금이 절실했으나, 재외동포들의 모금으로는 절대적으로 부족하였다. 결국 새로운 방법이 필요한 시기에 국내에 있던 장식이 준비했거나 울진이상촌비사를 통하여 준비하고 있었다.

고려혁명당을 일제는 '현재의 사유재산제도를 부인하고 또 조선의 독립을 목적한 결사'로 규정한 사실은 1932년 울진이상촌비사의 면소 판결문과 같은 내용인 것으로 보아 두 사건이 연계되었음을 알 수 있다.

민족주의와 공산주의 간의 이념 차이로 고려혁명당은 분열되었으며, 이런 와중에 지도부의 주진수와 이규풍이 소련으로 함께 돌아감으로써 고려혁명당은 유명무실하게 되었다. 그런데 이런 와숭에 정의부 군사위원장을 겸한 사령장 오동진의 체포가 고려혁명당의 결정적인 와해의 주원인이 되었다는 것이 정설이다.

주진수는 1936년 9월 16일 만주국 빈강성 영안현 해림보에서 세상을 떠난다. 비록 먼 이역에서 영면(永眠)하였지만, 나라 사랑의 정신은 장식을 통하여 울진에 남아 있었다.

대한민국 정부는 고인의 넋을 기리며 1968년 대통령 표창을 추서하였고, 1991년 건국훈장 애국장을 다시 추서하기에 이른다.

【한사이 10.】 주진수 커리커쳐(周, 2022.)[341]

주진수
시대를 통찰한 독립운동가

341) 한 장의 사진 속 이야기 10. - 주진수 선생은 사진을 남기지 않아 지금까지 단 한 장의 사진만 확인되고 있다. 그래서 장식의 고손녀가 그린 주진수의 캐리커처에 이런 사연을 담아 실어본다.

제 11 장
누군가는 독립의 종을 울려야 한다

1. 독립운동은 보이는 것이 전부가 아니다... 251

2. Made In Japan의 불온 분자들의 온상 '울진(蔚珍)'... 252

3. 강산은 변해도 변하지 않은 특별요시찰인 '장식(張植)'... 254

4. 변절인가 내일의 종을 울리기 위한 '안배'인가?... 255

5. 스승에게 배운 통찰력은 '강단을 거부하다'... 259

6. 목숨을 건 연극은 현실이 되다.... 261

7. 전국구 장식은 이름뿐이었다.... 264

風雪
풍 설

눈바람을 보며

장만시 글342), 전광홍 譯

玉龍交鬪漢河濱 옥 룡 교 투 한 하 빈	청룡과 황룡이 은하(銀河)에서 싸우는데
怒噴洪波散八垠 노 분 홍 파 산 팔 은	뿜어내는 물방울이 팔황(八荒)에 흩어지고
奕奕飜空分作舞 혁 혁 변 공 분 작 무	허공에 흩어지니 한바탕 춤이요.
稜稜落地積成銀 룽 룽 낙 지 적 성 은	땅위에 떨어져 쌓이니 이것은 은(銀)이로다.
江山戴白須臾老 강 산 대 백 수 유 노	산(山)이 이고 있으면 **백발 노인**인데
樹木含花況惚春 수 목 함 화 황 홀 준	나무에 꽃을 피우니 **황홀한 봄**이로다.
越犬如今休吠怪 월 견 여 금 휴 폐 괴	월견(越犬)아 괴이쩍다 **짖어대지 마라**
歲寒方喜識松筠 세 한 방 희 식 송 균	설송(雪松)의 참된 맛을 즐겨 볼까

【ima-11.】 울진의 설국 (스토리울진, 2023.)

---

342) 청파(靑坡) 장만시(張萬始. 1696~1745.)는 일찍이 청운의 꿈을 접고 자연과 더불어 유유자적하며 선비로서의 기개와 의기를 실천했던 유학자로 그의 시 풍설(風雪)을 전광홍의 역(譯)으로 옮겨본다.

1. 독립운동은 보이는 것이 전부가 아니다

장식(張植)의 다음 이야기를 당신의 묘갈문과 울진장씨 대동보의 국역을 옮겨보면,

『公亦累經艱險服暝眩之劑而日處廢人或自放山水或對人說仙學以』

【공 역시 어렵고 험한 일을 여러 번 겪었으므로 명현(暝眩)[343]한 약제를 복용하고 날로 폐인 자처하였으며 혹 산수간(山水間)에서 방랑하기도 하고 혹 사람을 대하야 선학(仙學)[344]을 말하기도 하였다.】

장식에게 1936년의 한 해는 천추의 한(恨)이 서린 혼돈의 시간이었다. 슬픔이 모이면 병이 되듯 몸은 지치고 정신은 혼미해져 갔다. 부친과 아들 그리고 정신적 지주였던 스승 주진수의 죽음을 한 해에 다 겪었으니 이 슬픔은 그 무엇으로 표현할 수 없었다. 그러나 장식의 여러 슬픔에도 불구하고 일제의 탄압은 더욱더 치밀하고 가혹하게 조여 왔다.

1930년대 중반은 일제의 민족말살정책으로 탄압은 더욱 가혹해졌다. 특히, 1937년경부터는 중일전쟁을 준비하면서 한국을 병참 기지화하여 전시 동원체제로 전환하고 인적·물적 수탈을 강행하면서 정치사범에 대한 사찰과 감시가 더욱 심하게 전개되고 있었다. 민족말살정책의 방법으로 시행된 황국신민화 정책은 우리 고유의 민족문화를 말살시키고 내선일체를 합리화하기 위해 사상범들의 전향과 강연을 요구하였다. 울진의 사회운동가들도 어쩔 수 없는 상황에서 사상전향을 하며 일제의 시국 강연을 하는 이가 많았다.

하지만 장식은 시국 강연의 연사로 나선 기록을 찾지 못하였다.[345]

장식은 1941년경 일제가 조선 사상범 예방 구금령을 내리기 전 에이스급(?) 국내의 사상범을 태평양의 무인도로 유배[346] 보내려는 정보를 입수했다. 이를 피할 수단으로 명

---

343) 명현한 약제는 대마초로 조제를 하지 않은 상태는 약재(藥材)지만, 조제를 한 것은 '명현한 약제(藥劑)'로 표현하는 것이 맞음.

344) 선학(仙學)은 천지인 합일 사상인 선교(仙敎)의 사상, 철학, 선도 수련을 학문적으로 정립하는 것으로 한민족의 신성을 회복하고 정체성을 확립하는 민족종교이자 철학이다. 여기서는 선학의 학문적 논의가 아닌 비현실적인 정신 상태를 의미함.

345) 이 당시 울진의 사상계를 이끌며 활동했던 사회운동가들이 표면적으로 사상전향을 했다는 증거가 '【사진 11-5】1938년 사상전향자 연설 일정표(국사편찬위원회)' 등에서 확인된다. 하지만, 장식의 이름은 사상전향 연설자 일정표에서 찾을 수 없다. 여러 상황을 고려하면 영동지역 최초의 사상 강연을 시작한 정진회의 대표가 장식으로 사상전향에 대한 연설만큼은 목숨보다 싫었을 것으로 추측됨

346) 주요 사상범들을 태평양의 무인도로 유배하려는 사업은 실제 계획만 하고 실행하지 않은 것으로 확인된다. 이는 전쟁 등의 상황과 밀접한 관계가 있었던 것으로 추측하지만 일제의 입장에서 계획만 하고 실행하지 못한 특별한 이유가 있었으리라 판단됨.

현(暝眩)한 약제를 복용하였으나, 결국 약의 부작용으로 정신착란 현상이 생겨 산속을 헤매기도 하고 사람을 대할 때 선학(仙學)을 말하기도 하였다. 명현한 약제는 대마초였으며, 장식은 잦은 약제의 복용으로 몸을 해하면서까지 무인도 유배의 음모에서 벗어나려고 하였다.

장식은 선일약국 외에도 태화당약국을 운영하였다고 하는 기록도 있지만, 자세한 자료를 찾지 못하였다. 고산성파 자택에서 태화당의 이름이 적힌 몇 권의 서적이 남아 있으며, 몇 해 전 작은아들의 집에서 태화당약국의 직인을 잃어버렸다고 한다. 그렇게 오랜 시간이 지나지 않은데 후손들조차 태화당약국에 대한 자세한 내용을 알고 있지 못한다고 하니 안타까울 따름이다.

그런데 하물며 40여 년을 한 지역에서 자리 잡고 국권회복운동과 조국의 광복을 위해 투쟁한 독립투사는 말도 많고 탈도 많은 법이다. 독립운동사는 눈에 보이는 사실만을 평가하는 섣부른 판단은 금물인데도 불구하고, 이 당시 어린아이들에게 물어본들 어찌 사실의 진의를 알고 설명할 수 있겠는가?[347]

성공한 독립운동은 그 흔적을 찾기가 어려워 그 후손들조차 자세히 알지 못하니 한국 독립운동사는 눈으로 보이는 것만으로 판단하지 말아야 한다.

2. Made In Japan[348]의 불온 분자들의 온상 '울진(蔚珍)'

1938년 조선총독부 강원도 관내 치안 상황 보고[349]의 강원도 내의 요시찰인 요주의인의 경찰서별(警察署別) 일람표를 확인하면 울진의 독립운동이 얼마나 치열하게 전개되었는지를 알 수 있다.

특히, 울진은 국외(鮮外居住) 요시찰 대상자가 많은 점을 고려하면 울진 관내의 요시찰 대상자의 수는 타군에 비해 엄청 많은 편이다. 어쩌면 내선일체를 주장한 일제(Made In Japan)에게 울진은 그들이 생각하는 불온 분자들의 온상(溫床)일 것이다.

---

347) 2006년 국가보훈처 국가공훈심사위원회의 2006년도 3·1절 계기 독립유공자 공적 심의 시 울진을 방문하여 탐문을 했던 나이 든 어른이 그 당시 어린 나이였음에 무엇을 알 것인가? 귀찮게 한 일만 기억될 나이이며, 어른들일지라도 한국독립운동사에서 성공한 독립운동은 흔적을 찾기 어렵고 눈에 보이는 사실이 전부 진실이 아님에 쉽게 판단해서는 아니 된다는 내용임.(국가보훈처 문서번호, 공훈심사과 - 575(2006.2.22.) 2006년도 3·1절 계기 독립유공자 공적 심사 결과 안내)
348) 황국신민화 정책은 내선일체로 민족문화를 말살하고 조선을 일본화 시키려는 식민 통치정책임.
349) 조선총독부 강원도 관내 치안 상황 보고, 15~16쪽(조선총독부 강원도 경찰국, 1938.12. - 국사편찬위원회)은 정기적인 일제의 보고문서로 확인됨.

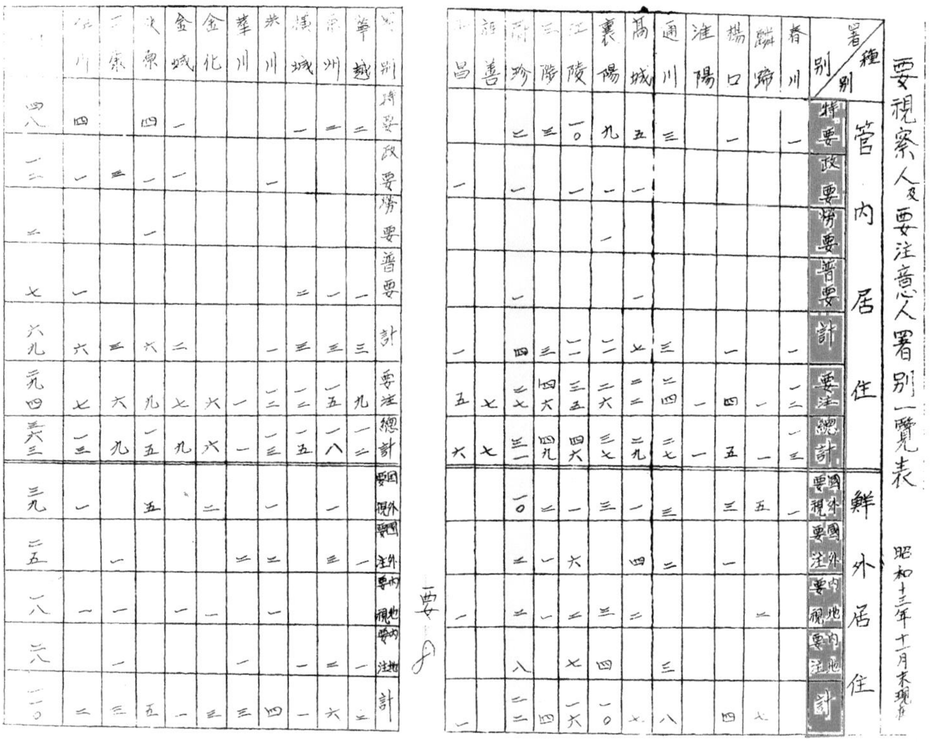

【사진 11-2】 조선총독부 강원도 관내 치안 상황 보고, 15~16쪽(강원도 경찰국, 1938.12.)

울진군의 요시찰 대상자[350]를 살펴보면 관내 거주자의 경우 특요(特要-특별요시찰인) 2명, 정요(政要-정치 요시찰인) 1명, 노요(勞要-노동 관련 요시찰인) 0명, 보요(普要-중간&보통 요시찰인) 1명, 요주(要注-요주의인) 27명으로 총 31명이다. 이 수치는 강릉과 삼척에 이어 세 번째지만, 관외 감시 대상자는 단독 1위로 압도적이다.

그리고, 관내와 관외의 요시찰 인원을 합하면 강릉 다음으로 두 번째이며, 울진의 경우 국외 지역의 요시찰 대상자가 많은 이유는 1910년 신민회의 만주 이주 시 주진수와 황만영을 따라 함께 민주로 집단 이주를 하였기 때문이다.

이런 상황임에도 울진 관내의 요시찰 인원과 요주의 인원이 많았던 이유는 충절의 고향답게 울진의 나라 사랑이 남다른 까닭일 것이다.

당시 장식은 특요(특별요시찰) 대상으로 울진 관내의 2명 중 일인이다.

---

350) 요시찰 대상자에 대한 정확한 구분은 일제의 '일제감시대상 인물카드'가 있으나, 이 문서는 일제의 내부 보고문서인 총독부 치안 보고 상황으로 요시찰대상의 구분은 필자가 일부 풀어 쓴 의견이 포함되어 있다. 예) '특요'를 풀어 쓴 '특별요시찰인'은 필자의 의견임을 밝힘.

3. 강산은 변해도 변하지 않은 특별요시찰인 '장식(張植)'

1928년 11월 13일 어대례(御大禮)에 관한 관내 상황(8쪽, 사상문제에 관한 조사서류, 광고 갑 제8282호)에 의하면 장식은 특요(**특별요시찰인**)이다. 그런데 1938년 12월의 조선총독부 강원도 치안 상황 보고에서도 장식은 특요(特要)로 분류되어 있다. 10년이면 강산도 변한다지만 장식은 여전히 특요(特要)로 분류된 이른바 특별 감시 대상자였다.

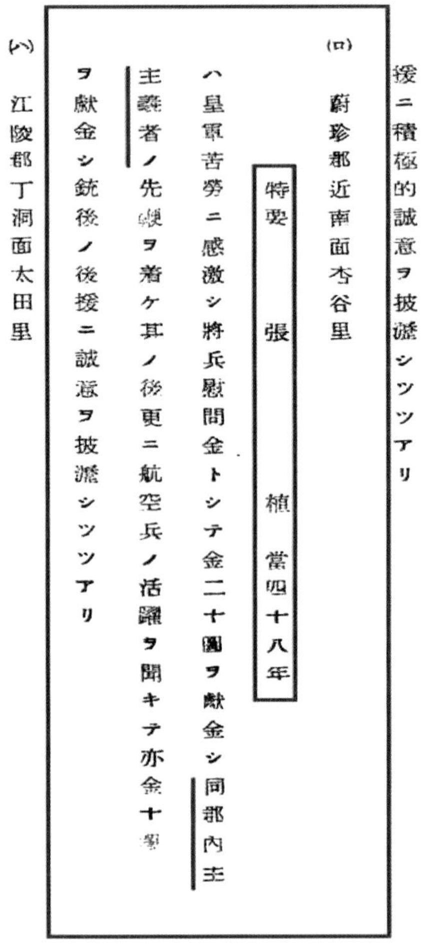

1930년대의 조선총독부의 치안 상황 보고는 매년 했을 것으로 보이나, 다른 연도의 자료는 아직 확인하지 못했으며 계속 조사 중이다.

그런데 주소 위의 표기된 기호 '(ㅁ)'는 준전향자(準轉向者)의 표시로 이전 자료에는 없는 내용이다.

1938년 12월 조선총독부 치안 상황 보고의 내용을 살펴보면,

(ㅁ)(준전향자) 울진군 근남면 행곡리

특요(特要)　장식　당 48년(세)

ハ(특수분류기호) 황군의 노고에 감격하여 장병 위문금 금 20원을 헌금함 /

동군내주주의자(同郡內主主義者 - 울진군내 주모자) /먼저 ~(이하 암호문은 해독 중으로 생략)

장식의 국방헌금에 대하여 강원도 경찰국의 보고는 자화자찬(自畵自讚)과 더불어 준전향자(準轉向者)로 분류하였지만, 특별요시찰인으로 구분하고 울진군 내의 주모자[351]로 감시의 끈을 놓지 않았다.

【사진 11-3】조선총독부 강원도 관내 치안 상황 보고, 12쪽(강원도 경찰국, 1938.12.)

---

351) 주주의자(主主義者)는 중국어로 주모자(主謀者)이다.

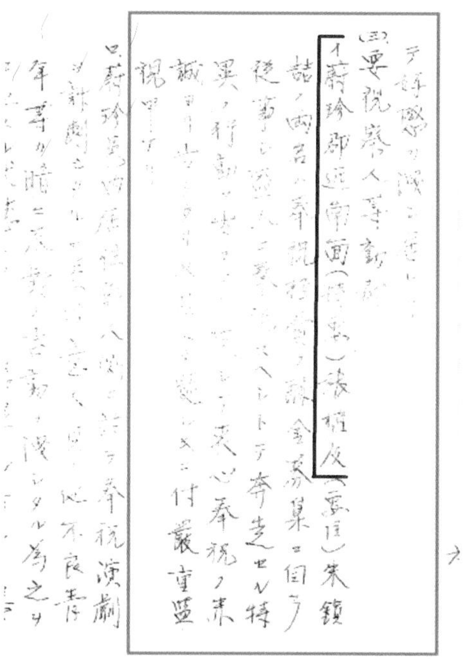

그런데 장식의 국방헌금에 대한 평가는 먼저 헌금을 낸 일자와 강원도 치안 상황의 보고 일자를 확인할 필요가 있다.

동아일보 신문보도에 의하면 국방헌금은 1937년 9월 25일 이전이며, 조선총독부 강원도 치안 상황 보고는 10개월 뒤인 1938년 12월이다. 그렇다면 국방헌금과 무관하게 장식은 여전히 울진군 내 주모자로 특요(特要)의 대상이었다.

겉으로 보이지 않은 내면의 속사정을 알수 없어 추측하면 국방헌금을 낸 장식을 준전향자로 분류한 것은 울진경찰서 또는 강원도 경찰국의 자의적 판단이다. 내용을 분석하면 울진경찰서를 포함한 강릉경찰국은 자신들의 치적을 우회적으로 표현한 사실을 확인할 수 있다.

【사진 11-4】 어대례(御大禮)에 관한 관내 상황(조선총독부, 1928.11.13.)[352]

그렇다면, 장식은 국방헌금의 제출로 얻은 것은 무엇일까?

4. 변절인가? 내일의 종을 울리기 위한 '안배'인가!

장식이 일본 해군의 휼병금 20원을 보낸 사실은 핵심이다.

그런데 이 사실을 중앙일간지인 동아일보가 대서특필(?)하고, 반대로 강원도 경찰국은 1938년 치안 상황 보고 시 자신들의 치적에 감동과 함께 동군내주주의자(**울진군 내의 주모자**)로 분류하면서 특별요시찰 대상자로 감시의 끈을 놓지 않았다.

조국의 독립을 위한 변절은 금액으로 판단할 수 없다. 그동안 국방헌금에 대하여 일절 관심이 없던 전국의 중앙일간지에서 장식이 20원의 휼병금을 낸 사실을 군이 보도할 이유가 있었겠는가? 그리고, 이 사실이 전국적으로 관심을 끌 만한 기사인지를 판단할 필요가 있다. 아니라면 이 당시 징식은 전국구었을 것이다.

---

352) 1928.11.13. 御大禮에 관한 관내 상황 보고 8쪽(사상문제에 관한 조사서류. 광고갑 제8282호, 조선총독부) - 울진이상촌비사의 참여자 주진절도 요주(要注)의 인물로 확인됨.

하나. 1/58의 20원짜리 전국구 약종상 장식(張植)

울진의 국방헌금과 관련하여 총독부 기관지인 매일신보는 기사를 보도하면서 일제의 전쟁 준비를 위해 민중들을 탄압하며 더욱 가혹하게 고혈을 짜내는데 협조하고 있었다. 1937년 10월 30일 자 매일신보에 의하면 그동안 거둬들인 울진군 국방헌금 총액이 11,741원 39전[353]이며, 개인 헌금자들은 1원에서 40원까지 다양하게 확인된다.

하지만 국방헌금에 대한 역사적 평가는 금액이 문제가 아니라 헌금을 낸 사실이 문제가 될 것이다. 비록 20원의 헌금은 전체의 금액에 비하여(1/58) 적은 액수지만, 과전불납리(瓜田不納履)[354]의 고사처럼 하지 말아야 할 일을 했음은 잘못이다.

장식의 휼병금 제출과 관련하여 이 당시 국내의 상황 등을 고려할 때 우리가 알지 못하는 다른 속내가 있었다면, 보이는 것이 전부가 아니다. 만약 장식이 재외독립운동기지의 독립자금을 조성하고 전달한 당사자였다면, 지난 울진이상촌비사사건으로 11개월 동안 구속수사를 받을 동안에 동토의 동지들은 암흑의 고통 속에 지냈음을 기억하고 있다. 따라서 한국독립운동사는 보이는 것만이 전부가 아니므로 신중한 판단이 필요하다.

다음은 장식의 국방헌금에 대한 동아일보의 보도 내용을 옮겨보면,

【사진 11-5】 장식의 휼병금 (동아일보, 1937.9.25.)

蔚珍一藥種商
(울진 일 약종상)
海軍에 獻金
(해군)　(헌금)

강원도 울진군 울진읍내(蔚珍邑內) 약종상 장식(張植)씨는 상해방면에 있는 제국해군의 용감한 활약에 감격하야 '약소하나마 **약종상의 배상금인데** 해군휼병금으로 써주시오' 하고 **울진경찰서에 제출**하였다 동서에서는 이를 廿四(감사)일 총독부동향(同鄕)해군 어용괘에 부처왓으므로 곧 헌금과 수속을 취하엿다 한다.

353) 울진의 제종헌금 총액 1만 1천 700여원(매일신보, 1937.10.30.)
354) 오이밭에서 신발이 벗겨져도 고쳐 신지 말라는 의미로 남에게 도둑으로 오해받을 행동을 하지 말라는 뜻.

다음은 매일신보(1937.9.26.)의 보도 내용[355]을 옮겨보면,

> 강원도 울진군 울진면 읍내리 장씨는 상해 방면에서의 황군이 활약함에 감격하여 **약행상을 하여 매상한 것을** 병사위로비로 보내겠다고 총독부 어용괘에 송부하여 왔으므로 현금의 수속을 하였다 한다.

이상과 같이 동아일보(1937.9.25.)와 매일신보(1937.9.26.)의 기사 내용을 살펴보면,

하나. 동아일보가 총독부 기관지인 매일신보보다 하루 빠르게 보도했다.

둘. 동아일보의 기사를 낸 발신처가 없다.

셋. 신문 모두 약종상의 **판매배상금과 매상한 것을 중점**으로 보도하고 있다.

요즘의 시세 말로 무언가 석연치 않은 냄새가 물씬 풍기는 동시에 치밀한 계산이 깔린 보도 내용으로 보인다. 동아일보의 입장에서 장식은 동지인가? 아니면 민족의 배신에 대한 분노의 표현인가?

둘. 오늘의 승자(勝者)는 내일의 치욕을 홀로 받는다

장식의 국방헌금에 대한 사실을 동아일보와 매일신보의 기사를 중심으로 분석하면,

하나. 동아일보는 장식의 국방헌금에 대한 보도를 왜 하였을까?

울진의 국방헌금과 관련된 기사는 총독부 기관지인 매일신보가 매일 같이 보도했다. 지금까지 확인된 자료에 의하면 동아일보는 한 번도 울진의 국방헌금에 대한 보도를 내보낸 사실이 없다. 그런데 왜 장식의 휼병금은 대서특필하였을까?

배신에 대한 분노인가? 아닌 까닭은 장식의 휼병금은 울진경찰서에 제출하였는데 동아일보가 매일신보보다 하루 빠르게 보도하였다. 아마도 동아일보는 사전에 알고 있었다는 결론이다. 그렇다면 장식과 사전에 모의가 된 의도된 기사였음을 알 수 있다.

둘. 동아일보의 기사를 낸 발신처가 없다.

동아일보에 의하면 장식이 휼병금을 제출한 곳은 울진경찰서로 명기하였다. 그렇다면 울진지국에서 기사를 내는 것이 일반적인데, 기사를 낸 지역이 없음

---

355) 약행 상인 휼병금 헌납. 근대신문으로 본 울진. 596쪽(매일신보, 울진군·울진문화원, 2014.)

은 동아일보의 본사[356)]에서 기사를 작성한 것으로 보인다.

셋. 신문 모두 약종상의 판매배상금과 매상한 것을 주 내용으로 보도하고 있다.

20원의 국방헌금보다는 울진 약종상 장식이 키워드로 동아일보의 **'약종상의 배상금인데'**와, 매일신보의 **'약행상을 하여 매상한 것'**에 주목할 필요가 있다. 어쩌면 약종상을 계속하겠다는 역설적인 의지를 표현한 것으로 무엇 때문에 이런 내용으로 보도했을까?

장식에게는 지난날의 아픈 기억이 있었다. 울진이상촌비사사건으로 인하여 11개월간 강릉검찰국에서 구속수사를 받았다. 이 기간에 본업인 독립운동 자금을 조성하지 못함으로써 동토(凍土)에 남은 동지들을 생각하면 가슴이 찢어지는 고통의 시간을 보낸 기억이 있다.

따라서 울진경찰서에 약종상을 계속하게 해달라는 무언의 압력으로 묵시적 합의가 포함된 계획된 의도가 엿보인다. 하지만 그 진위는 정확하게 알 수 없다.

무슨 이유가 숨겨져 있는 것일까? 앞에서 살펴보았듯이 장식은 20원의 휼병금을 낸 것은 사실이다. 그런데 의문이 되는 첫 번째는 동아일보가 기사의 진위다. 그동안 일절 보도하지 않은 국방헌금의 기사를 동아일보는 대서특필했다. 변절자에 대한 심판이라면 울진경찰서에 제출한 장식의 휼병금을 매일신보보다 하루 빠르게 보도할 수 있었을까? 배신을 선전포고하지 않았다면 짜고 치는 고스톱이 명백하다.

두 번째는 휼병금의 금액이다. 20원의 휼병금 때문에 동아일보가 대서특필했다면 이는 장식이 전국구로 세인들의 관심을 받을 정도의 대상이었다면 가능한 일이다. 과연 장식이 휼병금 20원을 냈다고 동아일보가 대서특필할 정도의 전국구였을까? 하지만 울진경찰서는 장식의 휼병금 20원보다 잿밥인 동아일보의 보도 사실에 관심이 있었던 것이 아닐까 추정된다. 다시 말하면 동아일보의 기사로 울진경찰서는 그동안의 고민거리인 장식을 준전향자로 보고하면서 자신들의 치적을 포장했다면, 20원의 적은 액수도 울진경찰서의 입장으로 보면 문제가 되지 않았을 것이다. 이런 이유는 장식을 준전향자로 분류해 놓고 최고의 요주의 시찰 대상자(특요)로 감시의 끈을 놓지 않았다.

세 번째는 동아일보와 매일신보 모두 약종상의 배상금을 언급하며 약종상을 계속해야 한다는 명분을 신문의 기사를 통하여 역설적으로 일제를 압박하고 있는 양상이다. 이는 지난 시절 울진이상촌비사사건으로 인하여 구속되어 독립운동 군자금을 보내지 못한 반성과 앞으로 하여야 할 일들을 생각했을 것이다. 어쩌면 1938년경의 사상전향자의 시국강연회를 거부했던 명분이 되었으며, 울진 최초의 사상 강연을 시작했던 울진정진회를 이끈 장식은 일제에 의한 사상전향 강연만큼은 죽음보다 힘들었을 것으로 추정된다.

---

356) 동아일보의 울진이상촌비사사건의 발신처는 강릉이고, 울진지국에서 보도한 기사는 모두 울진이라 표기하고 있다. 그런데 장식의 휼병금 기사는 발신처가 없는 것으로 보아 본사에서 기사를 낸 것으로 추정됨.

이상같이 살펴본 바에 의하면, 약상독립의 기조 아래 약종상을 계속 유지하며 독립운동 자금을 조성해야 하는 이유가 있었기에 전략적인 선택이 필요했을 것이다. 그 옛날 울진이상촌비사사건로 인해 11개월 동안을 본업[357]에 충실할 수 없었던 일로 스승 주진수를 볼 낯이 없었다. 이제는 스승인 주진수가 세상에 없지만, 이역만리의 또 다른 동지[358]들을 생각하면 본업에 충실하지 못한 죄는 일제의 고문보다 더 처절했을 것이다.

그런데 휼병금과 관련하여 오늘의 승자(勝者)는 장식이었지만, 훗날 이 결과는 부메랑처럼 돌아와 잊지 못할 치욕을 홀대받아야 했다.

장식이 울진에서 해야 했던 일을 역으로 추적하면, 1930~40년대 울진독립운동사의 근간은 만흥학교에서부터 시작된 씨앗이 울진청년회와 신간울진지회를 거쳐 울진공작당과 울진혁명적농민조합으로 발전하며, 울진창유계로 이어졌다. 이러한 울진독립운동이란 거대한 물줄기의 중심에 장식이 있었다.

울진창유계의 규모와 활동을 살펴보면 이 당시 이해되지 않을 정도의 비밀 조직이 가능할 수 있었을까 하는 의문은 장식을 조사하면서 어렴풋이 이해되고 있다. 그동안 모르고 지나쳤던 울진제동학교의 소년단은 1920년대 중반부터 장식이 준비한 안배로 정성스럽게 뿌린 씨앗이 성장하여 신간울진지회의 젊은 회원들과 융합되면서 1930년대 초·중반의 울진혁명적농민조합과 1930년 후반의 울진창유계[359]의 주역이 되었다.

5. 스승에게 배운 통찰력은 '강단을 거부하다'

일제는 1936년 조선사상범보호관찰령을 제정하고 전시체제로 전환하면서 국방헌금과 더불어 일제의 시국 강연에 대한 홍보가 많아졌다. 장식이 휼병금을 낸 얼마 후 울진의 청년운동과 사회운동을 주도한 주요 인물들은 대부분 사상전향자 시국강연[360]을 참여하였다.

그러나 울진 사상단체인 정진회를 이끈 장식은 강사의 명단에서 보이지 않는다. 어쩌면 해군 휼빙금 세술은 약송상을 유지함과 동시에 사상 전환 연설만큼은 하고 싶지 않은 장식의 의도가 엿보인다.

---

357) 본업은 약상독립의 기반으로 독립자금을 조성하는 일을 의미함.
358) 신흥강습소에서의 성재 이시영을 비롯한 제 동지들을 의미함.
359) 울진창유계의 관련자만 102명을 검거하여 무혐의로 61명을 석방하고 41명을 입건 구속하였다. 1943년의 시대적 상황을 고려하면 이렇게 많은 관련자가 1942년 5월까지 집회를 64회에 걸쳐 가졌다면 이들을 묶어 줄 고리는 무엇일까? 이는 울진제동학교의 소년단을 중심으로 한 실체와 신간회 간부들의 후인들이 중심이 된 것으로 추정되며, 그 중심에 장식이 있었을 것으로 판단됨.
360) 思想에 關한 情報11, 江高제2983호, 思想轉向者의 防共講演會에 관한 건(강원도 경찰부장, 1938.11.19.)

이런 이유로 장식의 휼병금 제출로 반사 이익을 얻을 수 있는 울진경찰서와 독립자금을 몰래 조성해야 하는 장식이 모종의 거래가 이루어진 것이 아닌가 하는 의구심을 갖는다. 그리고 동아일보는 이런 장식의 대의에 과감하게 동참하여 준 것 같은 밑그림이 보인다.

이렇게 시대를 통찰한 스승 주진수의 가르침은 장식에게 투영되어 다른 지역에 앞서 청년회를 조직하고 신간회 및 제동학교의 설립에 주도적으로 참여하게 된다. 그리고 울진제동학교 소년단은 울진창유계의 중심이 되어 1930년대 후반의 울진독립운동의 근간이 된 것들은 모두 '시대를 통찰한' 스승 주진수의 가르침이었다.

다음은 1938년 울진의 사상전향자 시국 강연회 연설의 목록표이다.

十一月十七日	十一月十二日	十一月十四日	十一月五日	十一月二日
午後一時 / 午後三時	午前十二時 / 午前十時	午後七時 / 午後九時	午後七時 / 午後十一時	午後七時 / 午後九時
公會堂	公會堂	彙城劇場	公會堂	近德小學校
襄陽防共團 襄陽支部	蔚珍防共團 蔚珍支部	高城防共團 高城支部	三陟防共團 協同油脂防	同三陟支部 近德防共團
同 支部長	同 水谷庚次郎	同 加藤孫市 支部長	同 右仝	同 右仝
金南相軫 金東起	成興支部辭職 金鮮思根...	金貞城支部辭職 金燮淵 金南相孝	大山少尉 藤川檢事 右仝及	右仝
二五〇	八五〇	二五〇	四〇〇	二五〇
四	二	八	九	一二

【사진 11-6】 1938년 사상전향자 연설 계획표(국사편찬위원회 주석10. 참조-편집)

1937~1938년경 울진의 소식을 전하는 총독부 기관지인 매일신보는 일제의 전시체제를 위한 발판으로 시국 강연에 대한 보도가 유난히 많아졌다. 시국 강연과 관련하여 사상전향을 했던 주요 인사들은 시대적 상황에 어쩔 수 없는 선택으로 소낙비는 일단 피해야 했을 것이다.

하지만 장식은 이름은 명단에서 찾아볼 수 없다. 이러한 이유는 휼병금 20원을 낸 장식은 동아일보의 기사로 면피하였던 것이 아닌가 하는 추측이다. 장식은 신민회의 학교 설립과 만주로의 이주를 독려하며 국권회복운동과 독립운동에 매진했고, 영동지역의 최초로 사상 강연을 시작했던 울진정진회와 울진제동학교 소년단을 이끌던 장식에게 사상 전향 연설은 죽음보다 싫었을 것이다.

장식은 변절하지 않았으며 안위만을 생각하지 않았다. 울진의 북부지역에서 유일하게 양약을 팔고 한약을 조제 했던 선일약국의 주인인 장식이 광복 당시 남은 재산은 개간한 박토 3두락(450평)과 그 당시 쓸모가 없었던 하천부지뿐이었다.

장식의 일대를 기록하면서 독립운동사는 눈에 보이는 것이 전부가 아님을 새삼 깨닫게 된다. 특히, 조선총독부의 치안 상황 보고는 일제가 보고한 감찰 비밀문서이고 보면, 울진독립운동사에 가장 많이 등장하는 장식에 대한 평가에서 섣부른 판단은 금물이다. 특히 울진이상촌비사사건의 진실은 이런 맥락에서 재조명해야 할 가치가 있는 까닭에 국방헌금은 장식의 일대기에 옥에 티가 아니라 지속적인 독립자금을 준비하려는 시대적 상황에 따른 차선의 선택이었다.

하지만 오늘의 승리는 훗날 치욕의 아픔으로 돌아오고 이를 홀로 감내해야 했다.

6. 목숨을 건 연극은 현실이 되다

1938년경 일제는 사상범들의 무인도 유배설이 계획되기 전 장식은 명현한 약제를 복용하고 의도적으로 폐인 행색을 하며 산과 들을 방랑하고 헤매기도 하였다. 그리고 사람을 대할 때 선학(仙學)을 말하며, 명현한 약제의 복용은 몸을 피폐하게 만들었다.

일제의 무인도 유배설은 전시 상황의 변화로 이루어지지 않은 듯하다. 하지만 명현한 약제의 복용으로 인하여 장식의 행적은 역사 속에 멈춰 버렸다. 장식은 조국 독립을 위한 선택으로 목숨을 건 연극은 현실이 되어 생사의 위험까지 다다르게 되었다.

하지만, 만흥을 느껴 보지도 않고 눈을 감을 수 없었다. 아무리 밟아도 살아나는 잡초보다 강인한 울진인 일지라도 일제의 집요한 감시와 총칼 앞에 무력할 수밖에 없는 현실에서 살아남아야 하는 이유가 있있으며, 그 배경을 살펴볼 필요가 있다.

하나. 3·1만세운동이 다른 지역보다 늦었던 이유와 관련이 있다.

> 울진인의 역량으로 보아 4월 10일경 만세운동이 일어난 것은 너무 늦은 느낌이다. 신문 자료에 의하면 1919년 3월 23일에 울진 읍내에서 움직임이 감지되지만 일제의 사전검속으로 실행하지 못한 것으로 보인다.

> 그런데 장식이 서울에서 울진으로 돌아온 다음 만흥학교 출신들이 중심이 되어 매화와 울진 그리고 흥부장터의 만세운동이 계획되고 실제 만세운동은 매화

와 흥부장터에서 전개되었다. 이는 울진독립운동사에서 지도자의 역할에 대한 중요성을 설명하는 대목이다. 따라서 누군가는 살아남아 독립의 종을 울려야 했다.

둘. 1930년대 초반의 울진은 검거의 무풍지대 불리었던 때가 있었다는 신문 기사[361]가 여럿 있다. 무슨 이유로 울진은 사상범 검거의 무풍지대였는가? 근대사만 둘러봐도 시대를 앞선 만흥학교의 설립과 울진청년회의 창립 그리고, 신간울진지회의 활동 등으로 비견할 때 울진인의 역량은 사상범 검거의 무풍지대라는 단어가 무색할 정도다.

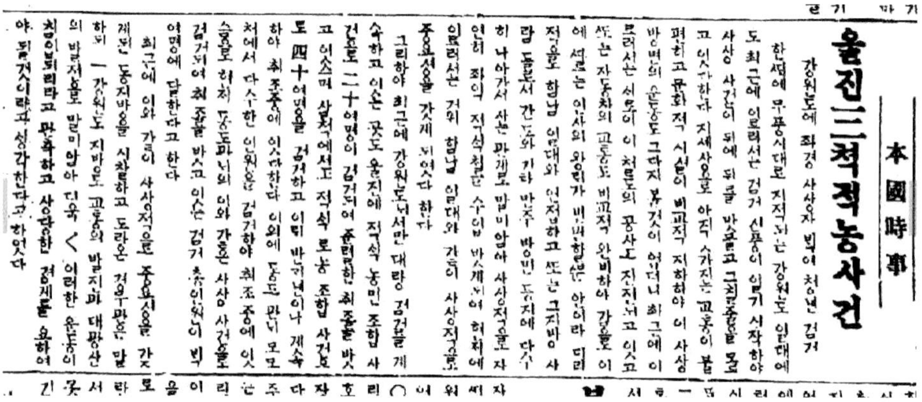

【사진 11-7】울진삼척적적농사건 강원도에 좌경 사상자 100여 청년 검거(신한민보 1934.12.20.)

한때에 무풍지대로 지적되는 강원도 일대에는 최근에 이르러서는 검거 선풍이 일기 시작하여 (중략) 교통이 불편하고 문화시설이 비교적 저하하여 이 사상 방면의 운동도 그다지 볼 것이 없더니 최근에 이르러서는 새로이 이 **철도의 공사가 진전되고~**(이하생략)

이 당시 장식은 울진이상촌비사사건으로 참가자 10명 전원이 강릉검찰국에서 11개월간 구속수사를 받은 후 1932년 11월 30일에 면소 판결을 받고 석방되었다. 어쩌면 지도자의 부재에 의한 활동의 제한이 아니라 지도자들의 석방을 위하여 활동을 자제하였다고 볼 수도 있다. 하지만 신문에서는 모두가 무풍지대로의 원인을 열악한 교통시설과 상대적인 문화의 저하로 보고 있는 것은 오판이거나 의도된 내용으로 보인다. 왜냐하면 1920년대의 치열했던 울진독립운동사는 어떻게 설명할 것인가?

따라서 장식의 살아 있는 존재 자체가 청년 운동가들에게 정신적 지주가 되었으므로 죽고 싶어도 죽지 못하는 이유가 되었다.

361) 동아일보(1934.11.13.), 매일신보(1934.11.13.), 신한민보(1934.12.20.) 등 신문보도의 내용을 보면 의도된 냄새가 나는 부분으로 매일신보도 동참하였다. 그 진위를 알 수가 없음.

1930~40년대 국내의 독립운동은 공산주의가 팽배한 사회주의운동이 중심이 되었지만, 울진창유계는 다른 지역과 차이가 있었다. 중경 임시정부에 군자금을 전달하고 울진의 상황을 전달하려다 발각되어 대대적인 검거의 단초가 된 사실 때문에 사회주의를 바탕으로 한 민족주의적 성향이 짙게 나타나는 비밀 결사 조직이었다는 것이다.

이는 장식과 함께 울진독립운동사의 정체성을 확인시켜 주는 중요한 단서가 된다.[362]

결론적으로 실패한 두 번의 사건은 확인되었지만, 성공한 독립운동은 밝혀지지 않아 울진에서 임시정부로 얼마가 몇 번에 걸쳐 갔는지는 아무도 모르고 있다. 이 당시 임시정부의 재무부장은 이시영으로 과거 장식과 신흥학교에서 독립군을 양성한 상관이자 동지였음은 두 사람이 밀접한 관계가 형성되었음을 알 수 있다. 아마도 중경 임시정부에 직접 전달하려는 했던 시대적 정황을 고찰해 볼 필요가 있다.

이렇게 장식은 무대의 전면에 나오지 않았을 뿐 1920년대부터 뿌린 씨앗은 1930년을 지나 1940년대 울진의 독립운동으로 이어졌다.

살아있어도
살아있지 못하였고,
죽고 싶어도
죽을 수 없었던
목숨을 건 연극은
염화시중(拈花示衆)의
이심전심(以心傳心) 이어라!

【사진11-8】 장식의 처 담양전씨 전신호(田新湖)(1941. 울진장씨 고산성파)[363]

---

362) 제7장 117쪽 주석 참조, 조성운, 일제하 영동지역의 농민운동연구, 동국대 박사학위 논문, 1998. 170쪽 (국사편찬위원회, 2023.)

363) 장식의 처 담양전씨의 사신이다. 장식의 손자 장학중이 1941년 단체 사진에서 캡처한 사진으로 뒤편의 옷고름을 보면 집안의 여자들이 함께 찍은 모습이 보인다. 집안에 어떤 행사였는지는 모르나 이 당시 쉽지 않은 조합으로 사진의 주인은 자리에 앉은 모습이다. 파란만장한 남편 장식과 아들을 먼저 보낸 어미의 심정이 얼굴에 고스란히 남아 있다. 생몰연대는 1892.3.13.~1948.4.28.이다.

7. 전국구 장식은 이름뿐이었다

 광복을 맞이하는 장식은 동아일보와 매일신보에 보도된 20원의 국방헌금으로 인하여 반민족특위의 조사 대상 되지만, 바로 기소유예 처리되었다. 당시 격동하는 국내의 상황 등으로 장식이 기소유예 처리된 사실을 아는 이는 드물다. 얼마 전 조선중앙일보 (1949.9.8.)의 보도 자료를 통해 이 사실을 필자가 직접 확인하였다.

반민족행위처벌법 공소시효 종료로 불기소 처분된 피의자 명단

특위의 실질적인 사업은 지난 31로 종지부를 찍었으며 아울러 特檢의 공소사무도 결말을 보게 되었던 것이다. 그런데 지난 31일 현재로 특위에서 특검으로 송치된 자의 총수는 159건이며 특위에서 발표된 31일 상오 현재의 기소자의 총수는 221건이었으며, 나머지 300여 명에 대한 기소 여부에 관해서는 일절 발표가 없었다.

이에 관하여 지난 8월 28일부터 8월 31일까지에 걸쳐 특검에서 처분한 불기소 처분상황을 보면 불과 나흘 동안에 기소유예가 張稷相 등 111건, 혐의 없는 자 閔大植 등 34건, 기소중지가 崔錫鉉 등 52건으로 4일 간에 걸친 총 불기소처분건수만 하여도 197건에 달하고 있으며 특검에서는 이에 대한 상세한 발표를 특히 회피하고 있다.

불기소 처분을 당한 197명의 성명은 다음과 같다.

◇ 무험의자: 閔大植 元宜常 金承洙 乐國赫 崔良金 金德三 李元九 洪陽明 柳時煥 李鍾淳 片德烈 金泰勳 金東 金泳煥 方奎煥 金龍根 任興淳 金有聲 李德杭 李恒植 李演 洪鍾大 元普蕓 李尙 曹奎洵 李宜淸 宋秉憲(이상 34건)

◇ 기소유예자: 金漢昇 孫東夏 李基權 張明遠 李鄕雨 韓圭復 尹强老 盧泳煥 李照池 金虎未 金均照 文鍾龜 車南鎭 崔乙成 金龍濟 元憙營 崔卓 金赫 片茂林 金相洪 閔丙憶 閔泳瓚 趙龍鍮 張稷 玄俊鍋 吳禮泳 金正大 趙黙濟 李麟熙 申斗珠 柳龍 高平富 車載貞 趙源興 金炳年 高雲德 洪淳索 姜世杭 權相老 李載申 申榮淳 方羲錫 朴緖澤 辛泰獻 許智 韓駿海 禹夏榮 申鉉大 金正 高一晴 金斗河 李範金 尹敞宴 鄭震基 李丙周 宋文憲 琴永柱 林明洵 金箕大 李福成 全學日 高昌恒 金奎勉 李弼純 朱明浩 裵永憙 金雨英 李昌根 尹泰甲 金基秀 許逸(외 2인) 朴富溫 金思演 李基방 金慶泰(외 1인) 成元慶 李英九 矢元 金元根 張綠葉 李影洙 崔昇黙 吳誼寬 金八生 洪鍾畹 崔載瑞 張穠相 李宅柱 崔準集 金衡翼 李吉石 李鍾承(이상 111건)

◇ 기소중지: 朴頳緖 權寧薰 閔蘭基 洪海龍 崔煥東 林炳照 金鳳生 李鍾斐 孫承億 姜濱鍋 金六闕 金仁鳳 文憲造 洪性媛 李相馬 劉根洙 徐承烈 崔俊植 裵相기 李昌永 柳昌茂 李翰圭 梁連宇 裵容杓 金盃鐵 尹章斐 柳志昌 金斗邑 姜洛中 張成船 趙熙彰(이상 52건)

조선중앙일보 1949년 09월 08일

【사진 11-8】 반민족특위 불기소처분 피의자 명단(조선중앙일보, 1949.9.8.- 국사편찬위원회)

 언론의 힘으로 전국구가 된 장식은 한편으로는 황당한 일을 당하게 된다. 목숨을 건 투쟁의 끝에 얻은 만흥(晚興)을 살갑게 느끼지도 못한 시간에 죽음보다 더한 치욕을 얻었다.

 죄는 있으나 벌하지 않겠다는 반민족특위의 기소유예 판결로 피는 끊고 가슴은 찢어지는 아픔이 밀려왔다. 그동안 약으로 달래 왔던 장식은 선학의 세계와 일상의 세계가 혼재하였으나, 이런 어려운 상황 속에서도 마지막 일을 갈무리하려 진력(盡力)을 쏟아부었다.

 장식의 정체성을 확인할 수 있는 중요한 사실은 6·25 전쟁 중 정치적 동지인 최익한의 배려(?)에도 공산당에 동조하지 않은 이른바 완장을 차지 않았다. 장식을 공산주의를 포지(抱持)한 사회운동가로 분류한 독립된 조국의 판단은 신민회의 '자신(自新)'을 실천하며 민족주의를 바탕으로 사회운동을 펼친 장식을 이해하지 못하였다.364)

하지만 장식은 마지막 사업으로 스승 주진수의 공덕을 세상에 알리고 만흥의 정신을 후손들이 표본으로 삼아 주길 바라는 마음으로 주진수의 공덕비를 세우려고 분주하였다. 이는 그 옛날 장만시가 조상의 덕풍유업(德風遺業)을 후손들이 생활의 귀감(龜鑑)으로 삼길 바라는 마음과 같은 의미였지만 끝내 이루지 못하였다.

장식은 결국 꿈을 실현하지 못하고 1957년 4월 1일(양력 1957.4.30.)에 한(恨)을 품고 졸(卒)한다. 그리고 2년 뒤 1959년 3월 1일에 울진교육청과 지방 유지들이 뜻을 모아 울진초등학교의 초입에 백운 주진수 선생 기념비를 세웠다. 비문은 어린 후학들이 나라 사랑의 정신을 읽기 쉽게 한글로 새겨 후세에 남겼다.

울진 근대사의 정신적 중심이 되었던 주진수 선생과 이를 실천한 장식의 나라 사랑과 민중계몽의 정신이 후세에 제대로 전달되었는지는 미지수이다. 울진군지[365]에 기록된 주진수의 행적은 시작과 중간은 있으나 끝이 너무나 궁색하다. 3·1만세운동에서 만난 정재용과 황상봉, 울진이상촌비사에 참여한 조훈석과 이경호는 독립유공자로 추서가 되었지만, 장식과 함께 울진이상촌비사에 참여한 울진인들은 아직도 ing의 진행형이다.

님의 만흥(晚興)은 꿈속에서 보았고,[366]

당신의 만흥(晚興)은 어깨춤의 장단이어라.[367]

그토록 보고 싶었던 당신의 만흥(晚興)을

어쩌면 님이 꿈꿨을 만흥(晚興)일 때가 좋았던 것을.......

【사진 11-10】 주진수 선생 기념비 - 울진초교 입구 (송죽 2023.)

364) 주진수가 그랬듯이 장식 또한 시대적 조류에 편승은 했지만, 근간은 신민회의 정신을 실천하고 있었음.
365) 울진군지, 제1권 지리·역사·문화유산, 430쪽(울진군, 2022.)
366) 님은 주진수이며, 만흥은 조국의 독립을 보지 못하고 졸하였음을 꿈으로 표현하였음.
367) 당신은 장식이며 만흥을 직접 겪었으니 만세를 부른 어깨춤으로 표현했다. 하지만, 다음 장의 동기들을 볶은 자들의 떳떳하지 못함을 지적하며 장식이 꿈꿔 온 만흥은 아니었음을 한탄으로 표현하였음.

【한사이 11.】 불영사 달족 기념(울진공립보통학교, 1940년, 고산성파)368)

---

368) 한 장의 사진 속 이야기 11. - 1940년 울진공립보통학교 불영사 방문 기념사진이다. 지금의 체험학습을 달족(達足)이란 표현으로 사용한 것이 흥미롭다. 작은 사진은 큰 사진에서 캡처한 것으로 사진 속의 인물은 장식의 막내딸 장명자다. 실제 장식은 자녀들의 교육에 많은 관심과 열의가 있었음이 확인되는 것은 신민회의 '자신(自新)'을 실천한 까닭으로 한 장의 사진 속 이야기의 소재가 되었다.

제 12 장
사이불사애국지혼(死而不死愛國之魂)을 제(祭)하다

1. 착함은 복으로 돌아오니 뜰 안에 자손들이 가득하다... 269

2. 사이불사애국지혼(死而不死愛國之魂)을 제(祭)하다... 271

【ima-12.】 남수산(유영국, 유영국미술문화재단 제공)

登 高369)
등 고

높은 산에 오르다　장만시 글, 전광홍 譯

硨兀尖峯絶世氛
올 올 점 봉 절 세 분

돌비탈 높은 봉이 속세를 떠났는데

冥冥鶴唳耳如聞
명 명 학 려 이 여 문

학의 울음소리 아득히 들리는 같네

身頎手掬三淸露
신 기 수 국 삼 청 로

손으로 삼청(三淸)의 이슬을 움켜 마시고

眼濶心通萬里雲
안 활 심 통 만 리 운

눈으론 만리의 구름밖이 보이는구나

海作水王朝百派
해 작 수 왕 조 백 파

바다는 물의 제왕이라 백천(百川)이 래조(來朝)하고

山撑天柱拱千群
산 탱 천 주 공 천 군

산은 하늘의 기둥이라 천산(千山)이 공읍(拱揖)하네

男兒壯矚於斯快
남 아 장 촉 어 사 쾌

남아(男兒)라면 이같이 장쾌한 안목을 배워

蕩滌胸370)中意緒紛
탕 척 흉　　중 의 서 분

가슴속의 속진들을 말끔하게 씻어야지

---

369) 청파(靑坡) 장만시(張萬始, 1696~1745.)의 청파유고의 첫 시문인 등고(登高)를 장식의 마지막 장에 덕초 전광홍의 역으로 옮겨보면서 끝이 아닌 또 다른 시작을 기약해본다.

370) 흉(胸)은 오랑캐 흉(匈)자 아래에 달(月)자가 있는 흉으로 한자를 찾지 못하여 같은 글자인 가슴 흉(胸)으로 기록함.

1. 착함이 복으로 돌아오니 자손들이 뜰 안에 가득하다

장식(張植)의 다음 이야기는 자손들의 가족사이다.

누군가의 아들이자 누군가의 아버지인 것처럼 장식의 가족과 가문의 이야기는 평범하면서 평범하지 않은 가족의 이야기이다. 묘갈문에 전하는 내용은 당신의 나라 사랑이 자손들에게 이어지고, 당신의 힘든 역경들은 자손들에게 복이 되어 돌아오길 축원한다.

자손이 귀한 울진장씨 고산성파의 내력을 기억한다면 장식(張植)의 후손들이 121명에 이르니 큰 복이 아니겠는가?

이를 당신의 묘갈문과 울진장씨 대동보의 국역을 옮겨보면,

『丁酉四月一日卒配江陵劉載天女無育后配潭陽田在經女子憲兌憲復憲坤婿林炳珏憲兌子學重憲復子文重武重國重大重英重聖重憲坤子日重林子仁圭正圭碩圭』

【정유년 4월 1일에 졸하였다. 배위는 강릉 유재천(劉載天)의 따님이니 길은 자녀가 없었고, 후배(后配)는 담양 전재경(田在經)의 따님이니 아들 헌태(憲兌) 헌복(憲復) 헌곤(憲坤)과 여는 서(婿) 임병각(林炳珏)을 두었다. 헌태의 아들은 학중(學重)이요 헌복의 아들은 문중(文重) 무중(武重) 국중(國重) 대중(大重) 영중(英重) 성중(聖重)이요 헌곤의 아들은 일중(日重)이요 사위 임씨의 아들은 인규(仁圭) 정규(正圭) 석규(碩圭)이다.】

굴곡의 역사 속에 파란만장한 삶을 살다 간 장식(張植) 선생은

『丁酉四月一日卒』

정유년 4월 1일(양력 1957년 5월 25일)에 울진군 근남면 행곡리의 자택에서 세상을 떠나니 향년 68세이다.

『配江陵劉載天女無育后配潭陽田在經女』

첫 부인은 강릉유씨로 부친은 유재천(劉載天)이며, 울진 최고의 거부인 유재업(劉載業)[371]의 친조카로 꽃다운 방년 18세의 나이에 세상을 떠나니 슬하에 자녀가 없었다. 유재업(劉載業)은 장식(張植)의 진면목(眞面目)을 일찍부터 알아보고 사위로 삼고자 하였다. 하지만 슬하에 아들만 둘이 있었던 까닭에 동생 유재천(劉載天)의 딸을 장식에게 시

---

371) 유재업(劉載業, 1845~?) 울진 최고의 거부, 큰아들은 유문종이고 셋째 손자 유영백은 한국을 대표하는 추상 화가임.

집보내 조카사위로 맞이한다. 조카딸이 방년 18세에 세상을 졸(卒)하니 집안끼리 원수지간이 될 수 있었지만, 유재업의 아들 유문종(劉文鍾)은 장식(張植)이 주도한 울진제동학교(蔚珍濟東學校)의 설립에 거금(巨金) 천원(당시 농우(農牛) 1마리 20원)을 기부하였다. 아픈 가족사를 제쳐두고 민족정신의 함양과 인재 육성을 위한 대의(大義)에 함께 했으니 이들에게 피보다 진한 나라 사랑의 정신이 있었다.

둘째 부인인 담양전씨는 전재경(田在經)의 따님으로 슬하에 3남 1녀를 두었는데, 후대에 이르러 자손들이 121명[372]으로 뜰 안이 가득하였다.

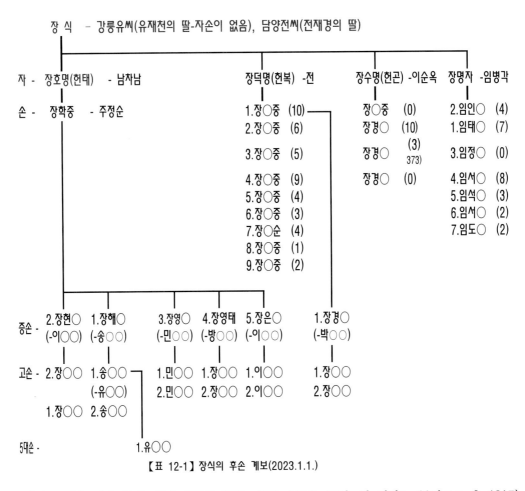

【표 12-1】 장식의 후손 계보(2023.1.1.)

※ 장남 호명은 가내 18명, 둘째 덕명은 53명, 셋째 수명은 17명, 딸 명자는 33명으로 총 121명의 후손을 거두었다.

---

372) 며느리와 사위는 자손의 인원수에 포함하지 않았음.
373) ( )의 수는 본인을 제외한 자손의 인원을 표기함.

2. 사이불사애국지혼(死而不死愛國之魂)을 제(祭)하다

장식(張植)이 세상을 떠난 후 자손들은 여럿 있었어도 비석을 세울 여력이 없었다. 선대로부터 물려받은 것 중에 돈이 되는 것은 하나도 남아 있질 않았고, 울진 북부의 유일한 양약 취급 약국인 선일약국(仙一藥局)의 수입도 자신의 안위를 위하여 사용하지 않았으니 자손들에게 남길 유산이 없었다. 여러 자료에 의하면 금융전문가[374]이고 개간사업[375] 등으로 부를 쌓았음에도 자신의 비석조차 세울 자산을 남기지 않았으니, 무엇 때문에 이 어려운 길을 선택하였는지 지켜보는 이의 마음이 저려 온다.

다행스럽게도 울진의 유지(有志)들이 십시일반(十匙一飯) 정성을 모아 비석을 세우고 다음과 같이 마지막 기록을 남겼다.

『嗚呼公四十年始終者皆韓國之事也彼事讎如父箕煮同氣者將何顏於今日哉
是爲之銘銘曰生昏胸包萬彙謝入仙門死而不死愛國之魂穀以在後滿庭兒孫
【蔚珍有志一同】』

【아! 40년을 시종 노력한 것은 다 한국의 일이다. 저것들은 원수를 아비같이 생각하고 동기(同氣)[376]를 볶은 자들이 오늘날 무슨 얼굴로 살겠는가? 이리하여 명을 하노니 명에 가로대 생존 시에 만 가지를 가슴에 안고 세상을 떠나 선문(仙門)으로 들어가셨네. 죽었어도 죽지 아니한 것은 나라 사랑하는 혼령이로세. 착한 것으로 인한 복이 후세에 있어서 자손이 뜰 안에 가득하누나! 울진유지 일동】

장식(張植)은 40년간을 조국의 국권회복운동과 독립을 위하여 노력하였다. 그의 일대를 살펴보면서 울진에서 펼친 독립운동의 근간은 신민회의 국권회복운동에서 출발하여 1920년대 민족주의를 바탕으로 한 사회주의운동을 전개하였다. 이는 스승 주진수(朱鎭壽)가 1910년부터 만주 유하현과 러시아 블라디보스토크로 이동하며 펼친 활동들의 실천은 신민회의 '자신(自新)'이었다.

장식에 대한 평가에서 일제 치하의 40여 년을 한 지역에서 조국의 독립운동을 위하여 끊임없이 전개하였다는 사실은 놀라운 일이다. 무엇이 장식을 이렇게 오랜 세월 동안을 버티게 할 수 있었을까? 라는 의문에 필자가 직접 겪은 일화를 소개하면,

1980년대 후반 대학 시절에 부친 장학중의 심부름으로 제기동(서울 소재)에서 약종상을 하시던 장재영 어른을 찾아갔다. (중략)

---

374) 장식은 울진금융조합 감사와 광산사업권 취득(註: 조선총독부 관보) 등 이 방면 전문가였음이 확인됨.
375) 울진군 근남면의 내수면 시험장 부지는 장식이 개간 사업 등으로 조성한 토지라고 함.
376) 동기(同氣)는 형제와 자매의 의미지만, 여기서는 일제의 통치에 반대한 모든 이를 통틀어 일컫는 말임.

장재영 어른이 약종상에 함께 있던 한의사를 보고 하시는 말씀이

´당신들은 의사도 아니야!

이 친구 증조부는 약 두 첩(貼)으로 없는 아들도 낳게 해´

라고 하시며 사연을 들려주었다.

장재영과 필자의 부친 장학중은 친구 사이인데 아이러니하게도 장재영의 부친과 장학중의 조부가 친구 사이이다. 사연인즉 장재영의 부친은 한동안 자녀가 없어 근심하기를 수십 년, 이를 지켜본 친구 장식(張植)이 아들을 낳게 하는 한약을 지어 줄 터이니 다음 대(代)는 자손이 끊어지는데 먹겠냐고 물었다 한다. 사정이 급한 장재영의 부친은 흔쾌히 승낙하고 받은 약이 겨우 한약 두 첩으로 이 약을 먹고 낳은 아들이 당신이었다. 그래서 한집의 아들과 다른 집의 손자는 친구가 되어 두 집안은 20년의 세대 차가 생겼다.

이후 장재영은 결혼 후 아들 욕심에 딸을 셋 두고서 선친의 말씀이 생각나 아들 욕심을 버렸다고 하며, 과거 대(代)가 끊긴다는 것은 아들을 낳을 수 없다는 이야기였음을 깨닫고 욕심을 접었다고 한다.

이 일화는 당시는 집안 어른의 칭찬이라 생각하니 기분이 좋았지만 큰 의미를 부여하지 않았다. 그런데 장식(張植)의 일대를 살펴보면서 일제의 총칼 앞에서 이토록 오랜 시간을 한 지역에서 버틸 수 있었던 것은 주역에 통달하고 한약과 양약을 겸업한 당신의 능력 때문이라 생각하니 문득 지난 장재영 어른의 이야기가 떠올랐다.

이 당시 울진은 모든 면에서 열악한 외진 지역이었다. 특히 의료 부분은 더욱더 심하여 울진에 거주하는 관인을 포함한 일본인이 역시 병에 자유로울 수 없었다. 울진 북부의 유일한 양약 판매상이며 한약 또한 탁월한 효험이 있는 약종상이었다면, 일본의 관인과 일본인은 물론 동기(同氣)를 볶은 자들까지도 무시하지 못하였을 것으로 보인다.

그리고, 동아일보와 중외일보 등 신문지국을 운영하면서 울진의 소식들을 중앙언론에 지속적인 보도하는 등 언론까지 장악하였다면, 일제의 입장에서 다루기 어려웠던 특요(特要)의 감시 대상자였다. 울진이상촌비사사건으로 장식이 검거되자 동아일보가 보여준 두 차례의 보도는 전국적인 관심의 대상으로 충분하였고, 구속기간 동안 동해안 일대에 사상범 검거가 없었던 이른바 사상범 무풍지대였던 이유가 장식의 구명을 위해 노력했던 독립운동단체들의 노력이 있었다. 이런 이유는 1926년과 1938년 총독부 기밀문서인 '강원도 치안 상황 보고'에서 특요(特要)로 분류되었지만, 명분이 없이 체포할 수 없었을 것이다. 그리고 울진청년회와 신간울진지회 등에서 보여준 치밀한 자기관리 능력은 일경에게 구속의 빌미를 갖게 하지 않았으며, 울진제동학교의 이야기는 아직 진행형이다.

장식은 약상독립(藥上獨立)이란 가장 강한 무기로 울진에서 40년의 세월을 조국의 국권 회복과 독립을 위해 한평생을 바친 이 땅의 진(眞) 한국인이다.

하지만, 1920년 중반의 국내 독립운동의 방향은 사회주의 사상으로 팽배했던 시대적 흐름에 울진의 사상단체 정진회를 이끌었고, 강원도 사회주의 운동자 울진 대표로서 역할을 맡은 사실과 휼병금 제출 때문에 광복된 조국의 논공행상에서 배제되었다. 이런 일에 대하여 뜻있는 울진유지들은 '**다 한국의 일이다**'라고 일갈했다.

그리고 광복 이후 친일 세력과 친일파를 아비처럼 따른 추종자들을 질책하며, 같은 하늘 아래 형제자매들을 못살게 볶은 자들과 사는 것이 부끄러운 일임을 울진의 유지들은 장식의 묘갈문에 비통한 심정을 새겨 두었다.

이제 뜻있는 울진의 유지들이 일선(一仙) 장식(張植) 선생의 묘갈문에 기록한 전문(前文)과 함께 제(祭)한다.

아!

참다운 한국인(眞韓人)이신 장식(張植) 선생이시여

당신은

나라가 있을 적에 태어나 성장하여

나라가 없을 적에 험란한 일을 감당하였고

나라가 있을 적에 늙어 죽었으나

죽었어도 나머지 한(恨)이 있다.

나라는 한번 변하였으나

그 심사(心事)는 마침내 변하지 아니하였으니

참된 한인(韓人)이라고 한 것이 역시 옳지 아니하겠는가?

살아생전 만 가지를 가슴에 안고

세상을 떠나 선문(仙門)으로 들어가셨네

죽었어도 죽지 아니한 것은

나라 사랑하는 혼령(魂靈)이로세

착한 것으로 인한 복이 후세에 있어서

자손이 뜰 안에 가득 하누나!

울진유지 일동

【사진 12-1】 진(眞) 한국인 일선공 장식 선생
편히 잠드소서!

【한사이 12.】 장식의 처 담양전씨(전신호-田新湖)(년도 미상. 울진장씨 고산성파)377)

---

377) **한** 장의 **사진** 속 **이야기** 12. 장식의 처 담양전씨의 30대 사진으로 보인다. 그동안 소장하고 있었던 울진장씨 고산성파에서도 사진의 주인을 정확하게 알지 못했다. 손주며느리 역시 90세의 나이지만 시집을 오기 전에 시할머니가 사망했으니 사진 속의 주인이 누군지 확인할 수 없었다. 다행스럽게도 【사진 11-8】의 40대 후반 사진(단체 사진에서 캡처)에서 오른 눈과 얼굴선이 너무나 같은 장식의 처(妻)이다. **한** 장의 **사진** 속 **이야기**의 마지막 앞선 정거장은 장식과 함께 굴곡의 삶을 살았던 아내의 사진을 실어본다.

부록

성공한 독립운동은 흔적이 없다
- 울진이상촌비사사건 -

1. 울진장씨 중랑장공파 계열 고산성파 세계도... 276
   (蔚珍張氏 中郎將公派 系列 古山城派 世系圖)

2. 장식 이력서... 278
   (張植 履歷書)

3. 만흥학교 출신 관계자 및 (졸업)수학생 명단... 286

4. 신간울진지회 임원 명단... 288

5. 신간울진지회·혁명적농민조합·창유계 관련자 명단... 290

6. 찾아보기... 293

7. 영감(靈感)을 확인하게 한 책과 자료들... 300

8. 못다 한 한 장의 사진 속 이야기... 302

부록 1.

울진장씨 중랑장공파 계열 고산성파 세계도
(蔚珍張氏 中郎將公派 系列 古山城派 世系圖)

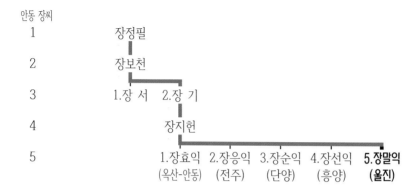

안동 장씨					
1	장정필				
2	장보천				
3	1.장 서 2.장 기				
4	장지헌				
5	1.장효익 (옥산-안동)	2.장응익 (전주)	3.장순익 (단양)	4.장선익 (흥양)	5.장말익 (울진)

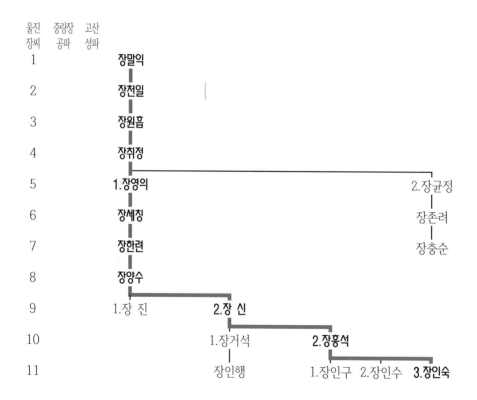

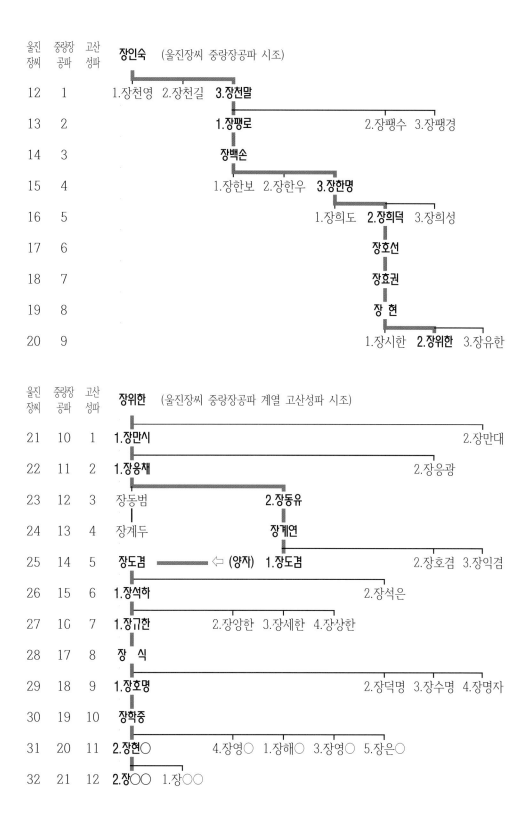

울진 장씨	중랑장 공파	고산 성파		
			장인숙 (울진장씨 중랑장공파 시조)	
12	1		1.장천영 2.장천길 **3.장천말**	
13	2		**1.장팽로**	2.장팽수 3.장팽경
14	3		장백손	
15	4		1.장한보 2.장한우 **3.장한명**	
16	5		1.장희도 **2.장희덕** 3.장희성	
17	6		장호선	
18	7		장효권	
19	8		장 현	
20	9		1.장시한 **2.장위한** 3.장유한	

울진 장씨	중랑장 공파	고산 성파		
			장위한 (울진장씨 중랑장공파 계열 고산성파 시조)	
21	10	1	**1.장만시**	2.장만대
22	11	2	**1.장응채**	2.장응광
23	12	3	장동범 **2.장동유**	
24	13	4	장계두 장계연	
25	14	5	장도겸 ⇐ (양자) **1.장도겸**	2.장호겸 3.장익겸
26	15	6	**1.장석하**	2.장석은
27	16	7	**1.장기한** 2.장앙한 3.장세한 4.장상한	
28	17	8	장 식	
29	18	9	**1.장호명**	2.장덕명 3.장수명 4.장명자
30	19	10	장학중	
31	20	11	**2.장현○** 4.장영○ 1.장해○ 3.장영○ 5.장은○	
32	21	12	**2.장○○** 1.장○○	

부록 2.

장식 이력서 (張植 履歷書)

성명	한자	한글	이명	호(號)		주민등록번호	
	張 植	장 식	미상	일선(一仙)		없음	
생년월일	(陽) /		사망년월일		(陽) 1957.4.30.	성별	남
	(陰) 1890.8.19.				(陰) 1957.4.1.		
원 적	경상북도 울진군 근남면 행곡리 706번지						
본 적	상동						
주 소	상동						
독립운동 당시 주 소	상동						

부터		까지		활동지 (거주지)	학력·경력·독립운동 사항
년	월일	년	월일		
~	/	1903	/	울진 행곡리	한문 수학1)
1903	/	1904	/	안동 일대	주역을 배우러 영남으로 유학2)
~	/	1907	5/2(음)	울진 행곡리	첫 부인 유씨와 결혼 후 사별3)
1907	3/	1907	10/	울진 매화리	만흥학교 설립에 참여4)
~	/	1909	3/	영해 병곡리	영해 송천의숙 교사5)
1909	4/	1910	12/	서울	경신학교 수학6)

---

1) 주진수는 장식의 총명함을 알아보고 스승을 자처하며 사제의 연을 맺었다고 함. 그런데 한학을 가르쳐 준 스승이 온전히 주진수였는지 정확히 확인되지 않는다. 다만 장식의 묘갈문에 기록된 내용의 핵심은 그의 총명함으로 주진수가 자청하여 한학을 가르쳤다는 사실이다.
2) 시대를 통찰한 혜안(慧眼)을 가진 주진수의 권유로 영남에서 주역을 배우고 돌아오게 했던 장식은 신민회의 만주 독립운동기지 선정을 위한 최종답사 시 풍수와 지리에 밝은 장식을 데리고 다녀왔을 주진수의 안배(按排)로 추정(推定)된다.
3) 장식은 첫 부인 유씨(劉氏)와 언제 결혼하였는지는 알 수 없으나, 방년 18세에 졸(卒)한 기록을 족보에서 찾았다. 장식은 자손이 귀했던 고산성파의 내력과 당신의 총명함으로 어린 나이임에도 불구하고 일찍 장가를 갔다.
4) 어린 나이였지만 부친의 도움으로 사재를 내어 만흥학교 설립에 참여하였고, 국권회복운동을 위하여 원근 각지를 돌며 원조를 구하려 동분서주하였는데 흥기하는 자가 많았다고 한다.
5) 만흥학교 출신 곽무와 함께 영해의 송천의숙에서 교편을 잡았다. 구체적인 기간은 확인되지 않지만, 송천의숙은 스승 주진수가 신민회의 정강을 실천하며 학교를 설립하고 이에 그치지 않고 안정적인 교육과정이 자리 잡을 때까지 교사 인프라를 지원하였다. 곽무와 장식이 교편을 잡은 것도 같은 이유로 파악된다.
6) 장식은 경신학교에 편입학한 후 월반한 것으로 추측되며, 장식의 손자 장학중이 작성한 장식의 이력서에 1909년 4월부터 경신학교에서 수학한 것으로 기록되었다.

부터		까지		활동지 (거주지)	학력·경력·독립운동 사항
년	월일	년	월일		
1911	1/	1911	?	만주 유하현	주진수선생 비서-만주 이주[7]
1911	/	1911	12/	서울	경신학교 2차 수학[8]
1911	12/	1913	/	만주 유하현	이시영선생 비서(서사-書士)[9]
1913	/	1914	/	합리하와 블라디보스토크	주진수의 비서로 돌아옴[10]
1914	/	1914	4/	?	만주에서 귀환[11]
1914	4/	1915	2/	울진 및 기타	기독교 전도사 활동(남감리교)[12]
1914	/	1915	/	서울 및 울진	약종상 면허 취득[13]
1915	3/	1948	4/	울진	선일약국 운영[14]

7) 신민회 만주 이주 시 주진수는 장식을 비서로 임명함(백운선생실록, 울진군지 2001.).
8) 주진수가 105인 사건으로 만주를 떠나 서울에서 구속수사를 받을 때 장식은 상관의 옥바라지를 위해 서울로 함께 올라왔다. 그리고 잠시 중단했던 경신학교를 다닌 것으로 파악됨.
9) 장식은 주진수의 구속이 오래 지속되는 등 여타의 이유로 다시 만주로 돌아와 신흥강습소에서 성재 이시영의 서사(書士)를 맡아 독립군 양성에 온 힘을 다하였다(백하일기의 임자록 참조).
10) 주진수가 서대문 형무소에서 출옥한 후 만주로 돌아오자 장식은 다시 주진수의 비서가 되었다. 하지만 주진수의 출옥 일자를 정확히 알 수 없는 이유는 첫째, 구속 일자가 명확하지 않으며, 두 번째는 일제의 모략으로 만들어진 105인 사건은 여러 재판을 거치는 과정에 허구의 사실이 드러나면서 판결 결과가 바뀌는 까닭에 많은 구속 인원의 정확한 출옥 일자를 찾기 힘들다. 다만, 2년의 넘지 않았다는 전제하에 1913년 7월 이전으로 구속수사 기간을 산입하면 더 이른 시기에 만주로 돌아왔을 것으로 추정되고 장식은 다시 주진수의 비서가 된다.
11) 1914년 주진수는 새로운 독립운동의 활동 근거지로 블라디보스토크를 선택하고 이동한다. 장식이 함께 블라디보스토크로 이동하였는지는 확인되지 않지만, 이 당시 주진수는 장식과 함께 고향으로 잠입하여 장식을 남기고 블라디보스토크로 돌아갔다. 주진수와 함께 고향으로 돌아온 이유는 장식의 귀향에 대한 명분과 더불어 울진의 동지들에게 자신을 대신할 장식에 대한 믿음을 술 필요가 있었다.
12) 장식은 이 당시 이동이 자유로운 남감리교 전도사를 하면서 주로 해당 교회의 인사들과 교류가 잦았다고 한다. 남감리교의 활동은 3·1만세운동 당시 탑골공원에서 경신학교 동창 선배 정재용과 만났을 충분한 이유가 된다. 그리고 약종상 면허도 이 시기에 취득했다.
13) 약업총합소의 기록에 의하면 약종상 면허를 한시적으로 주었던 기간이 1914년에서 1915년이다. 장식이 약종상 면허를 취득하고 울진의 북부지역에서 유일하게 양약을 취급한 선일약국을 운영했다면 이 시기에 약종상 면허를 취득했을 것으로 추정하는 이유이다.
14) 선일약국(仙一藥局)은 장식의 호(號) 일선(一仙)을 거꾸로 하여 붙인 약국의 이름이다. 선일약국의 개점 시기는 손자 장학중이 작성한 장식의 이력서에 기록된 사실로 여러 자료를 검토한 결과 일치하며, 이 시점을 시작으로 약상독립(藥上獨立)의 기초를 마련한 것으로 보인다. 선일약국은 파란만장한 울진의 역사 속에 함께 하며, 군자금 조성을 위한 약상독립의 중심에 있었다.

부터		까지		활동지 (거주지)	학력·경력·독립운동 사항
년	월일	년	월일		
1919	3/	1919	4/	울진	울진 3·1만세운동 주도15)
1919	/	1919	8/10	울진	울진청년회 창립 주도(초대 부회장)16)
1919	10/	1922	2/	울진	동아일보 울진지국 운영17)
1920	/	1920	10/7	울진	연극을 통한 민중계몽 활동 전개18)
1920	10/30	1921	6/11	울진	울진회우보 사건-벌금 50원 처분19)
1922	4/12	1925	9/17	울진	울진강습소 설치 및 운영20)
1923	5/15	1927	4/28	울진	울진금융조합 감사 선임21)

15) 울진의 역사는 1919년 4월 12일 매화장터 만세운동의 시작을 장식이 독립선언문을 만흥학교의 친구인 윤병관에게 몰래 전하면서 시작된 것으로 기록하였다. 하지만 여러 자료에서 드러나고 있는 사실을 정리하면 울진의 만세운동은 만흥학교의 출신들이 매화와 울진읍 그리고 부구의 만세운동을 치밀하게 계획하고 주도하였으며, 이 중심에 장식이 있었음이 추정된다.

16) 울진의 3·1 만세운동에서 살아남은 이들이 중심이 되어 울진청년회를 창립한다. 울진청년회는 전국적으로 청년운동이 확산이 되었던 1920년 이전에 설립된 단체로 장식은 신민회의 청년학우회와 신흥강습소의 신흥학우단을 벤치마킹하여 시대를 앞서 울진청년회를 조직하였다.

17) 장식은 동아일보 울진지국을 1919년 10월부터 1922년 2월까지 선일약국을 사무실로 하여 운영한 것으로 기록되었지만, 이후에도 동아일보 울진지국의 관계자로 꾸준하게 활동하였다. 장식은 동아일보 외에도 시대일보와 조선일보 울진지국을 선일약국에 사무실을 두고 운영하였다.

18) 울진 최초의 연극 '아브라함 링컨'은 울진청년회가 준비한 울진시장 개설 축하공연이다. 이 연극은 울진청년회가 주관이 되어 민중의 계몽운동으로 전개하였는데, 장식이 극본을 쓰고 주연(奏演-배경음악)을 하였다는 것은 연출을 맡았으며 공연에 필요한 경비 전액 지원했다고 한다. 공연의 목적은 일제에 의해 핍박받는 민중들에게 계몽의식을 고취하고, 노예해방을 나라의 독립에 빗댄 역사극이었다.

19) 연극을 준비하는 과정에서 형성된 나라 사랑의 정신은 울진청년회 회우보 사건으로 승화되었다. 1920년 10월 30일에 제작된 울진청년회의 회우보를 동년 11월 1일에 1차 배포하여 56부가 일제에 압수되었다. 그리고 1921년 2월 10일에 장용석이 단독으로 41부를 제작하여 배포한 혐의를 받고 체포되어 1차 회우보의 글을 기고했던 장식·이우영·장용석은 벌금 50원과 인쇄를 맡은 이순재는 벌금 20원을 처분받았다. 일제는 울진청년회의 왕성한 활동을 더 이상 두고 볼 수 없는 상황에서 과한 벌금(또는 부역)을 부과하여 울진청년회의 활동을 제한하였다.

20) 울진청년회는 여타의 이유로 교육받지 못한 취학 연령의 학생들에게 교육의 기회를 주고자 하는 '민중이 중심이 되어', '민중의 자신으로 거듭나'는 등 구국을 향한 애국 계몽 활동의 일환으로 울진강습소를 설치·운영하는데 앞장섰다.

21) 장식은 1923년 5월 15일 울진금융조합의 감사에 선임됨. 울진금융조합의 정체성은 시기별로 나눠 살펴볼 필요가 있는바, 이 당시 울진금융조합은 교실 부족으로 수업하지 못하는 울진강습소에 조합의 창고를 교실로 사용케 하였다. 또, 쌀값이 폭락하자 조합원과 비조합원을 구분하지 않고 저금리로 융통하게 하고, 원거리에 있는 사람들은 마을의 신용자에게 쌀을 맡기고 확인만 받아서 오면 선 대출을 해준 보도(동아일보 1919.11.11.)에서 이 당시 울진금융조합의 친일 성향은 찾아볼 수는 시기에 조합의 감사가 장식이었다.

부터		까지		활동지 (거주지)	학력·경력·독립운동 사항
년	월일	년	월일		
1923	10/16	1924	6/11	울진(서면일대)	의생 면허 취득 후 반납[22]
1925	9/18	1943	봄	울진	울진제동학교 설립 및 운영[23]
1925	9/18	1943	/	울진	울진제동학교 소년단 집대성[24]
1926	8/	~	/	울진	사상단체 울진 정진회 대표[25]
~	/	1927	2/2	울진	울진이상촌비사 1차 모임[26]
1927	4/29	~	/	울진	울진금융조합 감사 중임[27]
1927	5/	1927	5/19	서울	전조선사회단체중앙협의회 강원도 지방대의원 회동[28]

22) 조선총독부 관보 자료에 의하면 장식은 서면 일대의 의생 면허를 취득하였다(총독부 관보 제 3354호, 1923.10.16.). 그리고 1년 뒤 의생 면허를 반납(총독부 관보 제3547호, 1924.6.11.)한 사실 이 있다. 의생 제도는 의사가 부족했던 시절에 의사를 대신하여 치료할 수 있도록 한 제도로 지 역을 기반으로 한 면허로 의생은 해당 지역을 떠나지 말아야 하는 제한이 있었다. 장식은 민중들 의 진료를 위해 면허를 취득했기보다는 군자금 관련 활동의 필요를 위해 면허를 취득한 성격 이 강하였지만, 이동의 제약이 따른 의생 제도 때문에 1년 뒤 면허를 반납하게 되었다.

23) 울진강습소는 3년이 지난 1925년 9월 18일에 울진제동학교로 거듭났다. 울진강습소의 제1회 졸업생을 배출한 뒤 이루어진 민족사학의 출발은 장식을 중심으로 한 울진의 청년 동지들과 함께 주도하였다. 하지만 재정의 확보와 기타 운영의 어려움으로 인해 청년회가 아닌 육성회를 조직하여 민족사학의 발판을 다지게 되었다. 과거 스승 주진수가 그랬듯이 신민회의 정신을 이 어받은 만흥학교를 설립했듯이 만흥학교의 정신을 이어받은 울진제동학교를 설립하여 구국의 대의를 실천하였다.

24) 약상독립에서 출발하여 교육을 통한 구국 활동은 이념적 사상의 고취에서 출발한다는 통찰력 으로 울진제동학교의 소년단을 창단하고 필요한 경비의 일체를 지원하였다. 울진제동학교 설립 과 소년단 창단은 장식이 가장 심혈을 기울인 역점사업으로 1930년대 이후 울진 독립운동의 근간을 세우게 되었다. 이런 일련의 노력으로 뿌린 씨앗의 열매는 신간울진지회의 해소 이후 혁명적농민조합과 창유계의 주체적 역할을 담당하는 독립운동가들을 배출하게 되었다.

25) 1926년 울진청년회 혁신총회를 통하여 회원의 연령을 18~25세로 규정함으로써, 장식은 고문 자격으로 사상단체 정진회를 결성하여 활동하였다. 장식이 중심이 되었다는 근거는 1926년 8 월 21일 동명유치원에서 학술대회(울진의 사상단체 강연의 시발점)를 개최하였는데, 장식이 운 영했던 조선일보와 시대일보의 울진지국에서 후원한 사실과 강원도의 신간회 설립을 위한 사 회운동자대회의 울진정진회 대표가 장식인 사실에서 확인된다.

26) 1927년 2월 2일 장식의 방에서 울진이상촌비사의 첫 모임이 시작되었으며, 이 비사는 독립활 동 군자금의 조성을 위한 것보다 합법을 가장한 자금의 세탁을 위한 모임이었다.

27) 울진금융조합 감사에 중임(총독부 관보 제180호, 1927.8.4.). 울진금융조합 조합장과 간사 및 감사가 울진이상촌비사에 연루되어 11개월간 구속수사를 받은 사실은 이 당시 울진금융조합이 친일 성향이 아니었음을 증명한다.

28) 1927년 5월 19일 경성에서 개최된 전조선사회단체중앙협의회에 출석했던 강원도 지방대의원 10여 명이 인사동 이화여관에서 회합한다. 표면적으로 지지부진한 강원도 내 사회운동단체의 활성화를 꾀하고자 7개 단체가 연합 발기하여 '전강원도사회운동자대회의 개최'를 합의하고 준 비위원 15명을 선정하였지만, 내면의 이유는 강원도 내에 민족유일당 운동인 신간회 설립을

부터		까지		활동지 (거주지)	학력·경력·독립운동 사항
년	월일	년	월일		
~	/	1927	7/11	춘천	강원도사회운동자(단체)대회 주도[29]
~	/	1927	12/10	울진	신간울진지회 설립 발기대회 주관[30]
1927	12/23	1929	3/15	울진	신간울진지회 설립-초대 부회장[31]
~	/	1928	4/3	울진	울진이상촌비사 2차 모임[32]
~	/	1928	/	울진/청송	청송 수리 관개공사 개시
1928	/	1928	11/13	울진	특요-어대례 관한 상황 보고[33]
1929	3/16	~	/	울진	신간울진지회 부회장에서 사임[34]
~	/	1930	5/5	울진	청송 수리 관개공사 완료[35]

위한 포석으로 이 중심에 장식과 울진청년회의 사상단체 정진회가 주도한 사실이 있다.

29) 강원도 사회운동자(단체)대회가 예정일보다 하루 늦은 1927년 7월 11일에 춘천에서 개최되었다. 장식은 울진정진회의 대표로 조훈석과 참석하여 신간회 설립을 위하여 노력한 결과 18대 16이라는 힘든 결정으로 가결되어 강원청년연맹을 소집하게 된다. 장식은 다음 포석으로 조훈석에게 강원청년연맹에서 주도적인 역할을 맡기게 되며, 조훈석은 1927년 9월 28~29일 양일간 개최된 강원도 청년연맹 혁신대회에서 연령 제한으로 참석하지 못하는 장식을 대신하여 강원도 신간회 설립의 주도적인 역할을 담당하였다.

30) 1927년 12월 10일 신간울진지회 설립을 위한 발기대회를 장식의 선일약국에서 갖게 된다. 발기인 명단에 선일약국의 주인 장식을 빼고 대회를 개최한다는 것은 무언가 속내가 있었던 것으로 판단해야 한다. 그리고 선일약국이 신간회의 창립에서 해소 때까지 사무실로 사용한 것과 전강원도에서 신간회 설립을 위해 주도적인 역할은 한 장식은 신간울진지회의 설립과 운영을 주도했던 사실을 근거가 된다. 따라서 신간울진지회의 발기대회를 주도한 사람은 장식이다.

31) 1927년 12월 23일 신간울진지회 창립대회를 발기인대회를 치른 후 13일 만에 122명의 회원을 확보하고 55명이 참석하여 성황리에 마친 것으로 보도되었다. 창립대회를 통하여 황만영이 지회장을 장식이 부지회장으로 선출되었다. 하지만 신간울진지회의 설립과정에서 상당히 어려운 진통이 있었음이 추측된다. 강원청년연맹의 혁신대회에서 신간회의 설립을 결정하고 70여일이 지난 12월 10일 발기인대회를 늦게 개최한 것과 창립대회의 장소를 선일약국으로 보도한 사실은 울진 내부에서도 상당한 진통이 있었던 것으로 판단된다. 결국 창립대회는 예상과 달리 많은 회원과 방문객으로 동명유치원으로 옮겨 개최하게 되었다.

32) 울진이상촌비사의 2차 모임을 주진희 방에서 개최하고 청송 관개 수로 공사의 실시 계획을 모의하여 공사책임자로 권국찬과 울진 대표로 주진복을 결정하였다.

33) 조선총독부 어대례(御大禮)에 관한 관내 상황 보고 8쪽(1928.11.13. 사상 문제에 관한 조사서류, 광고갑 제8282호)에 의하면 장식은 특요(特要)의 특별 감시 대상으로 분류됨. 이 문서에는 울진이상촌비사에 참여한 주진철이 요주(要主)로 분류된 사실이 함께 보고되었음.

34) 1929년 3월 16일 제1기 신간울진지회 지회장 황만영과 부회장 장식이 동반 사퇴한다. 황만영은 건강상 이유로 사퇴하게 되었는데, 장식까지 사퇴하게 되는 이유가 불분명하다.

35) 청송 수리 관개공사가 완료됨. 예상과 달리 얻은 몽리 토지가 3만 평에서 2만 평으로 축소되었고 공사비 또한 적자가 발생함. 몽리토지 2만 평에 대한 처리가 불분명함.

부터		까지		활동지	학력·경력·독립운동 사항
년	월일	년	월일	(거주지)	
~	/	1930	5/1	울진	청송 공사 적자 변제 완료-종료[36]
~	/	1931	10/?	울진	울진이상촌비사 사건 조사 개시[37]
~	/	1932	1/4	강릉	강릉검사국 송치 완료[38]
~	/	1932	11/30	강릉	울진이상촌비사 사건 면소 처분[39]
1933	~	1945	8/15	울진	군자금 조성 및 울진독립운동 지원[40]

---

36) 청송 수리 관개공사의 적자를 모두 변제하고 이상촌 건설을 종료함. 적자를 누가 변제 처리했 는지는 확인되지 않음.

37) 영해의 이겸호 집에서 개인사유재산을 부정하는 문서가 발견된 시기가 1931년 10월경이며, 관할 경찰서인 울진으로 이첩되었고, 울진의 연루자들도 조사받기 시작한 시기는 동아일보 울 진지국 총무를 사임(동아일보 1931.12.11.자)한 이후인 12월경으로 추정된다.

38) 조훈석이 1932.1.4. 강릉검찰국에 구속됨으로써 10명의 관련자가 모두 강릉검사국에 송치되 었다. 이들의 죄목은 재산공유계약(등 제1호), 전가족을 수용하고져 가실(등 제5호), 관개공사 공동경영계약(등 제4호) 등의 치안유지법 위반이지만 일제는 군자금 관련으로 의심하였다.

39) 울진이상촌비사의 구속 근거로 제시된 물증과 주진수가 주도한 고려혁명당의 정강 정책과 비 슷하다. 고려혁명당을 일제는 '현재의 사유재산제도를 부인하고 또 조선의 독립을 목적한 결사' 로 규정한 사실에서 울진이상촌비사사건과 같은 맥락으로 이 두 사건은 연계되었음이 짐작하게 한다. 울진이상촌비사는 일제의 입장에서 범죄 사실이 없었던 것일까? 확보된 물증만으로도 징 역이 가능했었다. 하지만 일제는 군자금과 연계된 죄목을 확보하려고 11개월을 구속수사를 하 였지만, 더 이상의 물증과 자백을 받지 못했다. 결국 찾아낸 물증으로만 처벌해야 하는 상황에 서 긴 구속수사를 산입하면 확인된 물증으로 더 이상의 징계를 내릴 수 없게 되었고, 관련자들 의 동의하에 면소를 판결한 것으로 추측이 된다. 당시 매일신보(1932.12.13.)는 '강릉검찰국에 송치되어 예심에 걸렸던 10명이 1년간 조사 끝에 모두 석방이 되었다'라고 보도하였다.

40) 장식은 울진이상촌비사 사건으로 자신의 본업인 군자금 조성의 임무를 수행하고자 더욱 은밀 하게 준비한다. 특히, 신문 자료에서 밝혀진 사실에 의하면 장식이 구속된 기간은 동해안 일대 가 사상범 검거의 무풍지대로 알려진 바 영동지역의 독립운동 단체가 합심하여 장식의 구명을 위해 숨을 죽이고 노력한 사실을 여러 신문에서 확인되었다. 장식을 비롯한 울진이상촌비사에 가담했던 관련자가 모두 석방되자 영동의 사상단체들은 다시 꿈틀거리기 시작했고, 울진에서도 신간울진지회가 해소된 후 울진공작당으로 재결집한 후 혁명적농민조합으로 진화하였고, 독서 회와 야학 활동에 울진제농학교 출신들과 학생들이 참여하였는데, 이들의 수축은 울진제농학교 소년단원 출신들이었다. 장식은 울진이상촌비사를 반면교사로 삼고 밖으로 드러내지 않으며 울 진의 독립운동을 전개하였고, 혁명적농민조합이 일제에 의해 와해 되자 울진창유계가 결성되었 는데 이들은 울진제동학교 출신들과 신간울진지회의 관련 후인(後人)들이 중심이 되었다.

1940년대 독립운동사에서 찾기 힘든 창유계의 민족주의 특징으로 확인되는 중경의 임시정부 와 연결된 이유를 설명하지 못하였다. 하지만 이 당시 중경 임시정부의 재정부장이 장식과 신 흥강습소에서 함께했던 성재 이시영이었다. 주진수가 1936년 세상을 등지고 장식은 또 다른 상관인 이시영에게 독립운동 자금을 보냈을 것이다. 이런 일련의 활동들에서 장식은 밖으로 드 러내지 않으며 울진독립운동을 진두지휘하였는데, 마치 염화시중의 이심전심으로 말이다. 그리 고 울진의 역사는 은밀하게 이루어진 장식의 노력을 확인하지 않았다. 그래서 그동안 울진의 독립운동사가 모래알같이 산만해 보였던 것으로 판단된다.

부터		까지		활동지	학력·경력·독립운동 사항
년	월일	년	월일	(거주지)	
1934	4/?	1934	6/?	울진	장자 장호명 혁명적농민조합사건 구속41)
1934	6/?	1935	7/8	울진	장자 장호명 기소유예–석방42)
1936	3/24	1937	8/30	서면	광업권 설정 및 임의 탈퇴43)
~	/	1936	4/6	울진	부친 죽차 장규한 사망44)
~	/	1936	7/17	울진	아들 장호명 사망45)
~	/	1936	9/16	울진(만주)	스승 주진수 사망46)
-	-	1937	9/25	울진	약종상을 지키다.47)

41) 장자 장호명은 울진혁명적농민조합 독서회 사건으로 구속되었다. 이 사건의 구속 시기에 대하여 울진군지는 1934년 2월로 기록되어 있으나, 여러 신문의 자료를 정리하면 1934년 4월경으로 추정된다. 그리고, 구속기간은 3개월 걸쳐 관련자를 구속수사 하였는데 장호명의 경우 1934년 5~6월경에 구속된 것으로 추정된다.

42) 1934년 12월 14일 자 동아일보는 울진혁명적농민조합사건으로 관련된 기타 처분 대상자를 구분하여 보도한다. 그런데, 울진혁명적농민조합사건의 최종 판결은 정신이상이 있는 주유만을 제외하고 1935년 7월 8일 함흥지방법원에서 내려졌다. 100여 명을 구속하여 14명이 유죄 판결이 결정된 이번 사건은 많은 처분자로 인하여 대부분 신문은 유죄 판결이 결정된 사람을 중심으로 기사화했다. 장호명의 경우는 부친 장식으로 인해 더 가혹한 조사와 고문이 행하여졌고 결국 사경을 헤매자 기소유예로 석방되었다.

43) 장식은 독립운동 자금 조성을 위해 서면 광산개발 관련으로 다양한 활동은 전개하였으나, 여타의 이유로 포기하였다.

44) 1936년은 장식에게 잊을 수 없는 한해의 첫 슬픔은 부친이자 든든한 후원자였던 장규한이 세상을 떠난다. 장규한은 어린 장식을 위하여 사재를 지원하며 만흥학교 설립에 참여하게 하였다. 연호정 건축기는 장규한이 울진의 정신을 세우는 일에 적극적인 관심과 열정을 확인하게 한다.

45) 1936년의 두 번째 슬픔은 자신으로 인해 혹독한 고초를 당하여 세상을 먼저 등진 아들을 생각하면 아버지의 슬픔은 무엇으로 형용할 수 없었다. 갑작스러운 아들의 죽음으로 시신은 3개월 전 사망한 부친의 묘 아래에 임시 매장을 하였는데, 일제는 순사를 보내 시신을 확인까지 하며 감시의 끈을 놓지 않았다. 자신의 이념 때문에 아들의 죽음을 맞이해야 하는 아버지는 어떤 생각이었을까?

46) 슬픔이 모이면 아픔으로 병이 되었던 1936년은 스승 주진수가 먼 이역 땅에서 세상을 등졌다. 정신적 지주였던 스승 주진수의 죽음으로 슬픔이 모여 아픔이 되어 몸은 쇠약하고 정신은 피폐해진 1936년이었다.

47) 장식은 1937년 9월경 황군의 휼병금 20원을 울진경찰서에 제출한다. 그런데 그동안 국방헌금에 대한 보도를 일절 하지 않던 동아일보는 1937년 9월 30일 장식의 휼병금에 대하여 이례적으로 보도를 하였는데, 이는 국방헌금을 지속으로 보도한 매일신보보다 하루가 빠른 기사였다. 한국독립운동사는 보이는 것이 전부가 아님을 생각할 때 여러 의문이 남는 사건이다. 어떻게 동아일보는 그동안 관심이 없던 국방헌금의 기사를 냈으며, 장식이 울진경찰서에 제출한 휼병금을 매일신보에 앞서 보도할 수 있었을까? 기사의 발신처가 울진이 아닌 사실은 어떤 의미가

부터		까지		활동지 (거주지)	학력·경력·독립운동 사항
년	월일	년	월일		
~	-	1938	12/	울진/강릉	특요-강원도 치안상황 보고[48]
-	-	1949	9/8	울진	반민족특위-불기소처분[49]
~	/	1957	5/25	울진	졸(卒)하다-울진유지 헌정[50]

끝.

숨겨져 있을까? 만약 20원의 국방헌금이 전국의 관심사였다면 장식은 아마도 전국구였을 것이다. 양 신문의 기사 내용에 따르면 장식은 약종상을 계속해야 한다는 사실을 강하게 남김으로써 독립운동의 군자금 조성을 위한 안정적인 발판을 유지하였으며 이 당시 사상범 전향자의 강사 명단에 장식은 보이지 않았다.

48) 1937년 9월경 휼병금을 냈음에도 1938년 강원도 치안 상황 보고에 장식은 여전히 특요(特要)인 특별 감시 대상자였다. 1928년 11월 13일 어대례(御大禮)에 관한 관내 상황(8쪽, 사상문제에 관한 조사서류, 광고갑 제8282호)에서도 장식은 특요(**특별요시찰인**)이었고, 10년이 지난 1938년 12월의 조선총독부 강원도 치안 상황 보고에서도 장식은 특요(特要)로 분류되어 있다. 특히 1937년 휼병금 20원을 낸 사실에 일제는 대대적인 자축을 하면서도 특요의 요시찰대상에서 감시의 끈을 놓지 않은 이유는 무엇인가? 그리고 일제가 얻은 것과 장식이 얻은 것은 무엇일까?

49) 1948년 반민족행위특별조사위원회(반민족특위)에서 1937년 휼병금 20원의 보도 사실을 확인하고 친일 행위로 기소되었으나, 1949년 반민족특위에서 불기소처분(기소유예자)을 받았음(조선일보 1949.9.8.)
1937년 군자금 조성을 위한 장식의 선택은 1938년에도 변함없는 일제의 특별 감시 대상인 특요(特要)였으며, 사상범 전향을 거부한 장식의 선택은 광복 이후 부메랑으로 돌아와 민족의 변절자로 둔갑이 되었다. 이 얼마나 통탄한 일이란 말인가?
하지만 장식은 생을 마감하는 그 순간까지 자신의 안위보다 스승 주진수의 만흥을 실천하며 스승의 공덕을 후손들에게 알리기 위해 노력을 다하였다.

50) 장식은 1957년 5월 25일(음력-정유년 4월 1일)에 울진군 근남면 행곡리의 자택에서 세상을 떠나며, 향년 68세이다. 자손은 여럿이 있어도 비석을 세울 여력이 없었다. 하지만 울진의 유지들은 '향리의 여론은 더 많은 업적이 있다고 하여 울진유지 일동이 묘비(墓碑)를 세우고 추모하였다.' 한다.

부록 3.

만흥학교 출신 관계자 및 (졸업)수학생 명단
(가나다 순 / 백운실록 및 기타)

NO.	성 명	백운실록	기타기록51)	유공훈격	비 고52)
1	곽종목	○	■	애국장	이명:곽무 / 만주이주
2	곽종욱	○	■		설립자 / 만주이주
3	곽순기	○	■		
4	곽종렬	○	■		
5	금용직	○	■		
6	김석규	○	■		
7	김재철	○	■		
8	김기풍	○	■		
9	남광필	○	■		
10	남광호	○	■	대통령표창	이명:외출
11	남무호	○	■		
12	남상정	■	○		설립자
13	남성수	○	■		
14	남용섭	○	■		
15	남월출	○	■		
16	남재량	■	○	대통령표창	공훈록 참조
17	남재수	○	■		/ 만주이주
18	남재철	○	■		설립자
19	남재형	○	■		
20	노의명	○	■		
21	문용석	○	■		
22	박세걸	○	■		
23	박인교	○	■		
24	윤병관	■	○	대통령표창	
25	윤병정	○	■		
26	윤병헌	○	■		/ 만주이주
27	윤상표	○	■		
28	윤응규	○	■		
29	윤인보	○	■		/ 만주이주
30	이병건	○	■		
31	이병주	○	■		
32	이중두	○	■		
33	임병로	○	■		
34	임병용	○	■		
35	임성출	○	■		

---

51) 기타 기록은 백운선생실록(전영경, 1959.)에 수록된 내용 이외의 자료에서 확인된 사실을 찾아 만흥학교의 관계자 및 (졸업) 수학생 명단에 수록함.

52) 비고는 해당 인물의 이명(異名)과 1911년 1월 주진수 선생과 함께 만주로 이주가 확인된 사람임.

NO.	성 명	백운실록	기타기록	유공훈격	비 고
36	장동훈	○	■		
37	장봉균	○	■		
38	장 식	○	■		설립자 / 만주이주
39	장인환	○	■		
40	장재후	○	■		
41	장필희	○	■		
42	전동배	○	■		
43	전병겸	○	■	대통령표창	
44	전오규	○	■		설립자 / 만주이주
45	전재동	○	■		
46	전재호	■	○	애국장	
47	전주석	○	■		
48	전지우	○	■		
49	진규환	○	■		설립자 / 만주이주
50	주덕원	○	■		
51	주석준	○	■		
52	주대근	○	■		/ 만주이주
53	주병준	○	■		
54	주병륜	○	■		/ 만주이주
55	주병웅	○	■	독립장	설립자 / 만주이주
56	주진수	○	■	애국장	대표 설립자 / 만주이주
57	주진오	○	■		
58	최만순	○	■		
59	최인순	○	■		
60	최정순	○	■		설립자
61	최중모	○	■	대통령표창	
62	최중화	○	■		
63	황병문	○	■		/ 만주이주
64	황의영	○	■		/ 만주이주
65	황진환	○	■		/ 만주이주
66	홍세경	○	■		
67	홍종률	○	■		
68					
69					
70					

부록 4.

신간울진지회 임원 명단 (가나다 순)

NO.	성 명	발기인	제1기	제2기	제3기	비고
1	김계동	■	■	간사	■	
2	김병호	준비위원	간사/대표위원	■	■	
3	김용운	■	부원	간사	부장/상무위원	
4	남계원	준비/규약위원	부원	■	■	
5	남왈성	■	■	부원	부원	
6	남정호	준비위원	■	■	■	
7	송기화	■	부원	■	■	
8	안용섭	■	부원	■	■	
9	유대엽	■	■	■	부원	
10	윤호규	준비/규약위원	간사/대표위원	간사	검사위원	
11	윤흥중	■	■	■	부원/상무위원	
12	이도영	■	간사	■	■	
13	이우영	준비/규약위원	간사	간사	서기장	
14	이우정	■	■	■	부장/상무위원	
15	이중엽	■	부원	간사	부원/상무위원	
16	장동환	■	부원	■	■	
17	장범숙	■	부원	■	■	
18	장부칠	■	■	■	부원	
19	장 식	■	부회장/대표위원	■	검사위원	이상촌비사자
20	장원옥	■	부원	■	■	

NO.	성 명	발기인	제1기	제2기	제3기	비고
21	장인환	준비위원	간사/대표위원	회장	■	
22	장재환	■	■	간사	■	이상촌비사자
23	장재후	■	간사	■	■	
24	전병창	■	부원	■	■	
25	전병학	■	부원	■	■	
26	주진복	준비/규약위원	간사	간사	회계/상무위원	이상촌비사자
27	주진철	■	부원	■	부원	이상촌비사자
28	조훈석	준비/규약위원	간사	■	■	이상촌비사자
29	진경문	■	■	부원	■	
30	최대열	■	간사	간사	■	
31	최익래	■	부원	■	부원	
32	최중모	■	간사	간사	부장/상무위원	
33	최중화	■	■	■	부원	
34	한후석	■	간사	부회장	검사위원	
35	황만영	■	회장	■	■	
36	황병주	■	부원	■	■	
37	황병준	■	■	■	부장/상무위원	
38	황석곤	■	부원	■	■	
39	황택용	■	간사	■	부원/상무위원	

부록 5.

신간울진지회 · 혁명적농민조합 · 창유계 관련자 명단53)(가나다 순)

NO.	성 명	신간회	혁명적농민조합	창유계	포상 훈격	비고
1	강순형	■	○	■	□	
2	김봉규	■	○	■	□	
3	김순철	■	○	■	□	
4	김인보	■	■	○	□	
5	김태성	■	○	■	□	
6	남경랑	■	○	○	□	
7	남론미	■	○	■	□	
8	남복이		■	○	건국훈장 애국장	
9	남석순	■	○	○	건국훈장 애국장	
10	남왈기	■	○	■	건국훈장 애족장	
11	남왈성	○	○	■	건국훈장 애국장	
12	남용식	■	■	○	건국훈장 애국장	
13	남우년	■	○	■	□	
14	남원수	■	○	○	건국훈장 애국장	
15	남정규	■	■	○	건국훈장 애족장	이명;남정성
16	남지학	■	○	○	건국훈장 애국장	
17	남창룡	■	○	■	□	
18	노경성	■	○	■	□	
19	노하순	■	■	○	건국훈장 애국장	
20	반일출	■	○	■	□	
21	안재중	■	○	■	□	
22	윤대규	■	■	○	건국훈장 애국장	
23	윤두현	■	○	■	건국훈장 애국장	
24	윤종수	■	■	○	건국훈장 애국장	
25	이경우	■	○	■	□	
26	이두연	■	○	○	건국훈장 애국장	
27	이영재	■	○	■	□	
28	이우정	○	○	■	□	
29	이재봉	■	■	○	□	
30	이재선	■	■	○	대통령표창	
31	이춘석	■	○	■	□	
32	임시헌	■	■	○	건국훈장 애족장	이명;임시덕
33	장봉숙	■	■	○	건국훈장 애족장	
34	장상순	■	■	○		
35	장세균	■	○	■		
36	장세전	■	■	○	건국훈장 애국장	
37	장영인	■	■	○	건국훈장 애족장	
38	장영준	■	■	○	건국훈장 애국장	
39	장영호	■	■	○	□	
40	장호명	■	○	■	대통령표창	

---

53) 1920년대 중반부터 울진의 사상체계는 울진청년회 산하 울진정진회가 이끌었다. 이들은 신간회와 울진제동학교 소년단을 중심으로 중장기 계획에 의해 치밀하게 준비되고 있었다.

NO.	성 명	신간회	혁명적농민조합	창유계	포상 훈격	비고
41	전광표	■	○	■	□	
42	전기순	■	■	○	□	
43	전남출	■	■	○	대통령표창	
44	전만수	■	■	○	건국훈장 애국장	
45	전봉인	■	○	■	□	
46	전병찬	○	■	○	건국훈장 애국장	
47	전사술	■	■	○	□	
48	전석봉	■	○	■	□	
49	전영경	■	○	■	건국훈장 애국장	
50	전원강	■	○	○	건국훈장 애국장	
51	전지오	■	○	■	□	
52	전찬국	■	■	○	□	
53	전효석	■	■	○	□	
54	주대중	■	■	○	□	
55	주맹석	■	○	■	건국훈장 애국장	
56	주무학	■	○	■	□	
57	주인석	■	○	■	□	
58	주병권	■	○	■	□	
59	주병순	■	○	■	□	
60	주병천	■	○	■	□	
61	주병희	■	○	■	□	
62	주상준	■	■	○	□	
63	주영석	■	○	○	건국훈장 애국장	
64	주인석	■	○	■	□	
65	주예득	■	■	○	□	
66	주유만	■	○	■	건국훈장 애족장	
67	주유현	■	○	■	□	
68	주진욱	■	■	○	건국훈장 애국장	
69	주진황	■	○	■	□	
70	주하원	■	○	■	□	
71	주형덕	■	○	■	□	
72	진기열	■	○	■	□	
73	진병우	■	■	○	□	
74	최경소	■	○	■	□	
75	최명소	■	○	■	□	
76	최양술	■	○	■	□	
77	최연덕	■	■	○	□	
78	최연학	■	■	○	□	
79	최학소	■	○	■	□	
80	최재소	■	○	■	건국훈장 애족장	
81	최종래	■	○	■	□	
82	최황순	■	■	○	건국훈장 애국장	
83	최효대	■	■	○	건국훈장 애족장	
84	한윤담	■	■	○	□	
85	황태룡	○	○	■	□	
86	홍종기	■	■	○	□	

【한사이 13-1】울진장씨 고산성파 본가(本家) 전경(2019. 송죽)54)　　　【한사이 13-2】...(장시원, 2023.)

54) 한 장의 사진 속 이야기 13. 현(現) 울진장씨 고산성파의 본가(本家)다. 제동중학교 이사장인 장식의 육촌동생 장성업이 1940년대 후반 백두산 소나무로 집을 지으려 하였으나, 남북으로 분단되어 더 이상 백두산 소나무를 운반하지 못하였다. 결국 건물의 앞쪽은 백두산 소나무이고, 뒤쪽은 금강송으로 지었다고 한다. 한때 장성업 씨가 거주하다 부산으로 이사하면서 독립운동가의 후손이 대부분 그러했듯이 울진 읍내리에 집이 없어 세를 살던 종손 장학중(장식의 손자)에게 무상으로 사용케 하였다. 1980년 초에 장학중이 장성업 씨에게 매입하여 울진장씨 고산성파의 본가가 되었으며, 지금은 80년이 넘는 고택이다. 오른편 푸른 지붕의 창고는 일제강점기에 정미소로 목재는 그대로 남아 있고, 집터는 조선시대 역마(驛馬)였다.

찾아보기

ㄱ

가국록	48
간도국민회	114, 247
강릉 검사국	187, 215, 218
강릉 최씨	63
강원도사	18, 181
강원도 치안 상황 보고	254, 272
강원청년연맹	19, 201
강원청년연맹혁신대회	160, 166
경상북도유형문화재 제395호	37, 38, 48
경성복심법원	114
경성우체국	79
경성지방법원	88
경성약학전문학교	107
경신고등학교	76
경신중학교	76
경신학교	73, 74, 75, 93, 112, 136
경학사	87
계축록	93, 97
고려혁명당	22, 247
고려혁명당사건	154
고산성파	32
고산성파 고문서	46, 48
고성변성청년회	163
고성학	124
공동체 생활을 위한 가실 설계	194, 197, 215, 218

교궁태화루	144
곽무	66, 69, 71, 73, 245
곽종욱	60, 92, 244
관개공사 공동 경영계약서	194, 197, 215, 218
관동학회	60, 62, 68, 73
광주학생사건	151
광혜원	75
구동로	209
구명학교	109
구찬희	85
국가문화유산 포털 2022	39
국가수호사적지	22, 103, 169
국권회복운동	271
국방헌금	147, 254
국립서울대학교 약학대학	107
국사편찬위원회	17, 122
국학진흥원	40, 98
권국찬	189, 199, 203, 209, 213, 218
권동호	206
권순모	65
금강산	217
금화	193, 217
극동공산주의 동맹	214
기태진	64
김구	106, 108, 245
김계동	175

김대락	29, 46, 47, 50, 54, 73, 75, 88, 90, 92, 93, 219
김도희	73, 89, 239
김동삼	88, 205, 246
김사용	92
김병인	141
김병호	163, 167, 171
김상락	206
김영규	124
김영호	107
김용운	171, 175, 179
김원벽	118
김월송	64
김인준	31
김지간	54
김희선	54

ㄴ

남규백	51
남계원	167, 171
남대천	147
남병표	119
남사고	32, 49, 63
남상정	6, 32, 244
남석순	239
남석천	51
남성덕	240
남왈기	239
남왈성	175, 179, 239
남용국	124

남원수	149, 151	독립협회	60, 62, 86	ㅂ	
남재수	92	동삼성	93	박만준	90
남재철	61, 244	동아일보	139, 188, 189, 256	박문교	141
남정석	205	동아일보(울진)	107	박예철	64
남정섭	64	디지털울진문화대전	119	반민족특위	246
남정호	167			방공호	52
남차남	50			방병주	153
내선일체	251	ㄹ		백무	207,
내수면 시험장	233	류하현 삼원보	18, 23, 73, 219, 246	백산상회	104, 108, 211, 218, 246
내앞마을(안동)	28, 50	리우근	145	백하일기	29, 46, 50, 73, 92, 97
내앞마을(행곡)	28, 29, 30, 202			부민단	93
녕동학교	65, 67	ㅁ		부산	104,
노기일	123, 124, 141, 165, 188, 189, 197, 198, 201	만주육영소학교	71	북로군정서	18, 63, 74, 75, 91
		만흥학교	47, 59, 61, 62, 64, 66, 68, 69, 70, 73, 93, 98, 143, 154, 233, 244, 259	봉천성	87,
노예해방	80			봉화	18,
니콜리스크 정부	246	망향대	18	박경래	124,
		매조탄	35	박영석(박경복)	190, 199, 203, 213,
		매화장터	117, 119, 125	박운경	147,
ㄷ		맹보순	95	블라디보스토크	104, 108, 220, 271
단동	91	명동유치원	124	백운선생실록(기)	63, 64, 69, 73, 88, 94, 245
담덕	41, 233, 233	명동학교	68		
담양전씨	63	면운재	205	반성 영현 해탑보	247
대동청년당	105	명륜당	144		
대제학교	65	묘갈문	23, 27, 45, 50, 60, 69, 73, 122, 139, 159, 187, 237, 251, 269, 273	ㅅ	
대한매일신보	65, 69, 107, 143, 191, 244			살구	28
대한정의부	22, 182,220, 247	문성공	31	살구 야학	239
대한통의부 군자금 모금사건	200, 206	문화재청	39	사상범 검거 무풍지대	241
		물산장려운동	139		
대흥학교	60, 64, 69, 154, 245	민립대학	139	사오당	35
독립기념관	22	민족말살정책	251	사이불사애국지혼	271
동명유치원	142, 170	민족유일당운동	22, 247	사진으로 보는 경신학교 130년사	79
독립선언문	116	민영환	67		
독립신문	244				

삼원보	73, 75, 86, 205	신창학교	93	어대례에 관한 상황보고	255
삼척전진회	163	신채호	54	언더우드	74, 75, 80
상동교회	54	신상무	246	언더우드학당	74
상동청년학원	54	신안주씨	63	여준	54
상해임시정부	19, 22, 111	신용하	54	역학해	38, 46,
샘실(뜰)	52	신인극	137	연세대학교	76
서간도	47, 54	신형섭	205	연호정	40, 234
서로군정서	200	신흥강습소	21, 47, 50, 86, 93, 151, 246, 200, 221	연호장건축기	40, 234
서면	110			영양청년회	201, 204
서울약학대학	107	신흥무관학교	18, 22, 47, 71, 88, 200, 205, 221	영덕적색농조사건	201, 229
서전서숙	54			영돈측량학교	67,
서정록	93, 97	신흥중학교	87	영양	19,
선산목	119	신흥학교	87, 122, 263	영양남씨 송정공파	63, 50
선고처사부군실기	36, 37	신흥학우단	122		
선일약국	17, 22, 53, 80, 103, 108, 112, 117, 167, 169, 207, 211, 218, 246, 252, 271	시대일보(울진)	107	영주의숙	69, 71, 245,
				예수교학당	74, 76
설심부	48			예조입안	38
상재 이시영 소전	93, 96	ㅇ		오동진	247,
서대문형무소	204	아브라함링컨	80, 135,	오오회	203, 209,
소년 구락부	240	안기완	246,	오천경	74,
손문석	209	안동내앞마을	28,	옥관민	89
손필환	51	안용섭	171,	용정촌	38
송기화	171	안재홍	209,	왕피천	45
송천의숙	66, 68, 69, 71, 73, 93, 245	안중근	86,	오현팔	209,
송천정사	66, 68	안창렬	133,	와세다 대학 교외생	238
송파여관	118	안창호	54, 105,		
시국강령 목록표	258, 260	안태국	89,	요시찰대상목록	253,
시대일보(울진)	107	안향	31,	용정촌	54,
신간영양지회	168, 201, 224	안희제	104, 108, 128, 246	울진강습소	61, 109, 139,
신간울진지회	17, 19, 61, 93, 159, 180, 226, 241, 272	약업총합소	106,	울진경찰서	103, 118, 176
신경휴	107	양기탁	86, 88, 245,	울진공립농민학교	63
신민회	19, 22, 47, 54, 59, 62, 69, 73, 85, 108, 122, 143, 219, 239, 245, 271, 271	약상독립	111, 181, 246, 272	울진공립보통학교	139, 239
		양양동화청년회	163		
		양지아문	67		

울진공작당	239, 150, 241, 259	유대업	179	이기원	40, 140, 234
울진군지	23, 27, 59, 60, 64, 69, 112, 119, 123, 142, 162, 197, 234	울흥보통학교	144	이덕숙	204, 205, 206,
		유동열	54,	이도영	171,
울진동공립보통학교	153	유문종	59, 145, 269	이동녕	54, 93, 205, 219, 246
울진금융조합	196, 201, 222, 140, 142	유성룡	62	이동휘	70, 93, 104,
		유영국	63		
울진 예배당	126	유영준	141	이상룡	19, 23, 47, 54, 64, 88, 93, 160, 172, 182, 220,
울진이상촌비사	18, 19, 22, 23, 152, 166, 168, 176, 187, 247, 259, 272	유재업	59, 145, 269,	이상설	54, 93, 96
		유재천	269	이상재	209,
울진이상촌비사 판결문 해서	192,	유하현 삼원보	29, 73, 75, 86, 91, 151, 205, 271	이성계	18,
울진장씨	64	육영소학교	71	이순	246,
울진장씨 고산 성파	38, 40, 192	윤두현	239, 242	이순재	133, 135,
		윤병관	112, 116	이시백	153
울진장씨 고산 성파 소장문서	40	윤병헌	92	이시영	21, 47, 50, 75, 87, 93, 99, 105, 108, 200, 219.
		윤인보	92, 246		
울진장씨대동보	27, 33, 45, 60, 63, 122, 139, 159, 187, 237, 251, 269	윤일	92	이승훈	89
		윤치호	89	이언적	62
울진정진회	162, 163, 181, 259, 272	윤학이	124	이우근	141, 145
울진제동학교	59. 61, 109, 139, 145, 239, 269, 272	윤호규	167, 171, 175, 179	이우석	124, 141
		윤홍중	175, 179	이우영	122, 126, 133, 141, 160, 167, 171, 175, 179
울진제동학교 소년회	148, 151, 240	원산	91		
울진제동학교 연혁지	141	원주청년회	163	이우정	173, 179, 241
		월계서원	31	이이	31
울진지청	132	의법청년회	135	이익구	64
울진창유계	149, 246, 259	의성김씨	28	이장영	93
울진청년회	17, 19, 61, 93, 118, 122, 124, 125, 139, 160, 201, 259, 272	의생면허	80, 110	이종호	54
		의신학교	109	이주원	205
울진청년혁신대회	144,	이갑	54	이중엽	124, 171, 175, 179
울진향교 명륜당		이관직	54	이채연	66
울진혁명적 농민조합	149, 151, 159, 179, 237, 239, 240, 259	이겸호	188, 189, 190, 200, 205, 209, 211, 214, 221, 226, 265	이태영	124
				이토	86
		이규동	93, 233,	이철호	209
윤기섭	94	이규풍	247,	이황	31

이호벽	107	장세전	151,	전병문	124
이회영	19, 21, 28, 47, 54, 93, 151, 245, 246, 263	장승택	141,	전병창	124, 171
		장식의 이력서	21, 73, 74, 106	전병항	119
이희영	93	장양수	33, 34,	전병학	124, 171
임경필	146,	장양수 홍패 (국보 163호)	33, 34,	전봉인	239
임대덕	153			전상요	109
임봉출	124,	장용석	124, 133, 134, 140, 141,	전성수	51
임시린	141,	장유순	54, 95,	전영경	17, 88, 111, 123, 124, 141
임시호	122,	장원옥	171,	전영직	111, 123, 141
임자록	97	장원호	124,	전영화	246
임원화	141	장위한	32,	전오규	60, 92, 104, 244
임정필	124	장응채	35, 36, 48	전원강	149, 240
임치정	86, 88	장인숙	32	전인술	122,
		장인환	140, 141, 144, 159, 160, 167, 171, 175	전재경	270,
		장재영	272	전재호	68,
ㅈ		장재후	171	전조선사회단체 중앙협의회	162,
장곡천풍	120	장재환	124, 175, 189, 199, 202		
장규한 호구단자	236			전주석	60,
장규한	27, 31, 40, 71, 213, 233	장정필	31	전치규	51, 53
		장주윤	141	전태준	124,
장규한 한시	235	장진계	106	정동교회	51,
장도겸	27	장처사전	36, 37	정명강습소	140,
장동범	37, 39	장학중	32, 52, 73, 74, 111, 168, 192, 271	정명학교	68
장동유	31, 32, 36, 46	장한기	155	정선	109,
장동유 효자각	37	장현두	141	정선육임대관	48, 49,
장동환	171,	장호명	17, 237, 239,	정성화	113,
장만시	27, 31, 32, 33, 34,	재산공유계약서	197, 211, 215, 218,	정이품송	30
장말익	27, 31,	제동중학교	143, 153	정인숙	64,
장범숙	171,	제동학교	93	정재용	74, 78, 80, 112, 265
장보영	141,	제주 강수량	228	조선공작위원회	168, 201
장부칠	179,	전강원사회운동 자대회	162	조선독립공작당 사건	152, 154,
장사현	141,				
장상철	124,	전병겸	119	조선약학강습소	106,
장석하	27,	전병무	51, 119		
장성업	143, 153,				

조선약학교 106,

조선일보(울진) 107

조선중앙일보 264

조선총독부 245, 252,

조선총독부 관보 110,

조훈석 18, 19, 167, 176, 160, 164, 165, 167, 171, 182, 187, 190, 198, 200, 203, 208, 211, 217, 221, 227, 265

죤디웰슨기념당 79,

주경화 27, 31,

주대근 92, 93,

주맹석 149, 239,

주명기 29, 37

주명기 효자각 29

주병륜 92, 98

주병옹 60, 92, 244

주병휘 244

주보원 141

주역 학습장 46

주원술 209,

주진걸 140

주진복 167, 171, 175, 179, 182, 188, 189, 190, 199, 202, 218, 226

주진수 17, 18, 20, 21, 22, 23, 45, 47, 50, 54, 59, 60, 62, 69, 70, 75, 85, 87, 103, 104, 108, 116, 117, 139, 151, 154, 171, 182, 219, 239, 244, 251, 259, 271

주진식 140,

주진철 141, 171, 189, 190, 199, 201

주진휴 119, 122, 124, 141, 189

주진휘 189

주진희 189, 190, 199, 202

주진황 242

죽변항 91, 125,

중경임시정부 87, 151, 246, 263

중동학교 237, 238

중랑장공파 32

지린성 87,

진경문 175,

진규환 60, 92, 244,

진근익 141,

ㅊ

찰기 48, 49

창남학교 109

창수면 205

처진소나무 29, 30

천량암 28

천전 28, 45, 233

천축산 193, 204, 212

철원청년회 163

청년유지 123

청년학우회 122

청산리 91

청오경 48

청파유고 34

청파(문)집 34

촛대바위 42,

총독부 치안 상황 보고 109, 254

춘천청년회 163

최기룡 74

최경소 240

최대석 124

최대열 171, 175

최익래 171, 179

최익한 17, 19, 239

최재소 239, 242

최정순 60, 244

ㅎ

최중모	171, 173, 179	하나로 내과	111,	황상봉	112, 247, 265
최중화	179	한국학 중앙 연구원	106	황성신문	244
최진순	141	향도촌	92	황석곤	171
최진현	141	향원정	233, 234	황의영	92
최태영	80, 136	해당화 언덕	137,	황진환	92
최학소	149, 239	해림보	247,	황택룡	137, 171, 173, 179,
최해	18, 63, 73, 74, 91	행곡교회	46, 51	횡성	193, 217,
치안유지법	195, 226	현대약방	107	홀병금(동아일보)	256,
칠보산	119	협동학교	67	홀병금(매일신보)	257,
		현소	62	홍부장터(만세 운동)	117, 119, 125, 127, 261
ㅌ		호구단자	236	홍화학교	67,
탑골공원	80, 114,	홍기문	162		
태을교	124,	홍명희	162	기타	
태화관	80,	화산의숙	64, 68, 69, 71, 245	3·1 만세운 동(만주)	247
태화당 약국	252	황만영	19, 23, 60, 64, 90, 116, 139, 160, 171, 200, 217, 220, 246	100주년기념관 (경신학교)	78,
토지조사사업	68			105인 사건	86, 246,
동신묘결	48, 49,	황병문	92,		
통화현	87,	황병우	93,	2004 일반동산 문화재 대량소장 처 실태조사 보고	48
		황병일	93,		
ㅍ		황병주	171,		
파평윤씨	63	황병준	179,	The 담덕	210
파고다공원	109, 112, 113,	황병탕	93,		
평명학교	68				

부록 7.

영감(靈感)을 확인하게 한 **책과 자료들**

강원도, 2017 강원도사, 제20권 의병·독립운동, 강원도사편찬위원회, 2017.12.
강원도, 2018 강원도사, 제20권 의병·독립운동, 강원도사편찬위원회, 2018.12.
경신중·고등학교, 사진으로 보는 경신학교 130년사, 학교법인 경신학교, 2016.3.1.
경신중·고등학교, 경신학교 졸업생 명부, 학교법인 경신학교, 1962.
권대웅 외 5인, 영덕의 독립운동사, 영덕군·영덕문화원, 2019.12.
김대락, 백하일기(임자록), 1912.
김진문, 울진+산책1, 일 이엔씨, 2021.9.
영덕군, 영덕군지(上,下), 영덕군지편찬위원회, 2002. 3.
영양군, 디지털영양군지, 영양군청, 2020.2.28.
울진군, 2001 울진군지, 울진군지편찬위원회, 2021.12.
울진군, 2004 일반동산문화재 다량 소장처 실태조사, 울진군청, 2005.1.
울진군, 2022 울진군지, 울진군지편찬위원회, 2022.12.
울진군·울진문화원, 근대신문으로 본 울진!, 울진문화원, 2014.12.
울진문화원, 청파유고, 울진문화원, 2001.3.1.
울진장씨대종회, 울진장씨계보(蔚珍張氏系譜), 1991.9.30.
울진장씨대종회, 울진장씨대동보(蔚珍張氏大同譜), 1998.11.
박창화, 성제 이시영 소전, 을유문화사, 1984.
전영경, 백운선생실록, 주극중 필사본, 1959.3.
최기룡, 최해의 회고록, 경북독립기념관, 2005.
김병기, 신흥무관학교와 이시영의 독립운동(성재 이시영 선생 60주기 추모학술회의), 2013.
김주용, 1920년대 초 독립운동단체의 군자금 모금활동, 국방부전사편찬위원회, 2004.
김호진, 1920년대 전반 서간도지역 독립운동 회고록 검토, 국사편찬위원회, 2021.
문화재위원회 회의록, 일제감시대상 인물카드 문화재 등록, 문화재 재청, 2018.
신용하, 신민회의 결성과 활동, 민족문화대백과사전, 1997.
이애숙, 일제감시대상 인물카드, 국사편찬위원회, 2014. 12.
조성운, 일제하 영동지역의 농민운동연구, 동국대 박사학위 논문, 국사편찬위원회, 1998.
울진장씨 고산성파, 신간울진지회 규약, 장학중, 1929.12.
울진장씨 고산성파, 이상촌비사 판결문(함흥지방법원 강릉지청, 1932.11.30.)
울진장씨 고산성파, 경상북도 유형문화제 제395호 122점, 울진장씨 고산성파, 2007.
장학중, 이상촌비사 판결문 해서(解書), 울진장씨 고산성파, 2001.
장학중, 장식의 이력서, 울진장씨 고산성파, 2006.

총독부관보, 제3226호(1923.5.15.), 제3354호(1923.10.16.), 제3547호(1924.6.11.), 제180호(1927.8.4.), 제501호(1930.11.7.) 등

치안상황보고, 어대례(御大禮)에 관한 관내 상황, 조선총독부 강원도 경찰국, 1928.11.13. (사상문제에 관한 조사서류, 광고갑 제8282호)

치안상황보고, 조선총독부 강원도 관내 치안 상황 보고, 강원도 경찰국, 1938.12. (사회주의운동, 공산주의운동 14쪽)

치안상황보고, 사상전환자 연설 목록, 조선총독부 강원도 경찰부장, 1938.11.19. (思想에 關한 情報11, 江高제2983호, 思想轉向者의 防共講演會에 관한 건)

경상북도 독립운동기념관, 2023. (https://815gb.or.kr)

국가기록원, 독립운동 관련 판결문, 2023. (https://theme.archives.go.kr)

국가보훈처, 공훈전자사료관, 독립유공자 공적정보, 2023. (https://e-gonghun.mpva.go.kr)

국사편찬위원회, 한국사 데이터베이스, 한국 근현대사 인물편, 2023. (db.history.go.kr)

국학진흥원, 테마스토리, 백하일기, 국학진흥원, 2022. (http://www.koreastudy.or.kr)

기상청, 우리나라 역대 강수량 비교표, 기상청, 2020.4.6.

나무위키, 2023. (https://namu.wiki)

네이버, 2023. (https://www.naver.com)

독립기념관, 국가수호사적지. (http://sajeok.i815.or.kr)

두산백과, 2023. (http://www.doopedia.co.kr)

문화재청, 국가문화유산포털 2022. (http://www.heritage.go.kr)

울진장씨 고산성파, 울진장씨 고산성파 소장 고문서, 네이버, 2021. (https://www.naver.com)

울진군청, 디지털울진문화대전, 2023.(http://uljin.grandculture.net)

한국학중앙연구원, 한민족대백과 사전, 약업총합소, 2022. (https://www.aks.ac.kr)

대한매일신보, 1907.1.11.~1944.11.21. 발행된 기사, 대한매일신보와 매일신보

동아일보, 1920.4.1.~1949.12.31. 발행된 기사, 동아일보

스토리울진, 2022.12.~2023.6. 발행된 기사, 스토리울진

시대일보, 1924.6.6.~1926.7.5. 발행된 기사, 시대일보

신한민보, 1910.5.18.~1945.12.27. 발행된 기사, 신한민보

울진뉴스, '가장 아름다운 동문회 『제동학교(齊東學校)』 동창들 한자리에'(울진뉴스, 2008.9.24.)

조선일보, 1920.4.1.~1949.12.31. 발행된 기사, 조선일보

조선중앙일보, 1933.4.11.~1936.8.21. 발행된 기사, 조선중앙일보

중앙일보, 1932.11.16.~1933.2.6. 발행된 기사, 중앙일보

중외일보, 1927.6.5.~1930.9.27. 발행된 기사, 중외일보

부록 8.

못다 한 한 장의 사진 속 이야기

【한사이 14.】 울진중학교 제1회 졸업식(울진장씨 고산성파, 1951.8.)[55]

【한사이 15.】 울진농업고등학교 전경(울진장씨 고산성파, 1954.)[56]

---

55) 한 장의 사진 속 이야기 14. - 장식의 손자 장학중의 울진중학교 제1회 졸업 기념사진이다. 한국전쟁 중인 1951년 8월에 졸업식 기념사진을 찍었다. 아무리 생각해도 이 당시 교육에 대한 열의는 대단하였다.
56) 한 장의 사진 속 이야기 15. - 장식의 손자 장학중이 졸업한 울진농업고등학교 전경이다. 1950 년대 초는 사진 연하장이 유행하였다. 이 사진은 장학중의 친구가 보낸 연하장의 사진이다.

【한사이 16.】 울진제동학교 동창회 창립기념(울진장씨 고산성파, 1959.)[57]

【한사이 17.】 울진제동학교 동창회 임시총회 기념(울진장씨 고산성파, 1960.)[58]

---

57) 한 장의 사진 속 이야기 16. - 울진제동학교 동창회의 창립기념 단체 사진으로 장식 선생이 졸한 2년 뒤 1959년에 조직되었다.
58) 한 장의 사진 속 이야기 17. - 1960년 울진제동학교 동창회의 임시총회 기념사진으로 참석자들의 얼굴이 선명하여 알아볼 수 있는 이들이 보인다.

울진이상촌비사사건

성공한 독립운동은 흔적이 없다.

1판 1쇄   2023년 8월 4일

지 은 이   장영태
펴 낸 이   정연금
펴 낸 곳   (주)멘토르
교 　 정   방현숙
편집디자인   사오당
등 　 록   2004년 12월 30일 제302-2004-00081호
주 　 소   서울시 광진구 능동로 331(중곡동, 2층)
전 　 화   02-706-0911
팩 　 스   02-706-0913
이 메 일   mentorbooks@naver.com

I S B N   978-89-6305-141-3(03990)
가 　 격   19,000원